MEMORANDA

HANS FREY

FORTSCHRITT UND FIASKO

DIE ERSTEN 100 JAHRE DER DEUTSCHEN SCIENCE FICTION

Vom Vormärz
bis zum Ende
des Kaiserreichs

1810–1918

MEMORANDA ist ein Imprint des Golkonda Verlages
und wird herausgegeben von Hardy Kettlitz.

Hans Frey
Fortschritt und Fiasko

© 2018 by Hans Frey (Text)
Mit freundlicher Genehmigung des Autors
© dieser Ausgabe 2018 by Golkonda Verlag GmbH, München · Berlin
Alle Rechte vorbehalten

Lektorat: Melanie Wylutzki
Korrektur: Anne-Marie Wachs
Gestaltung: s.BENeš [http://benswerk.wordpress.com]
Satz: Hardy Kettlitz
Druck: Schaltungsdienst Lange

www.golkonda-verlag.de
www.memoranda.eu

ISBN: 978-3-946503-32-3 (Buchausgabe)
ISBN: 978-3-946503-33-0 (E-Book)

Inhalt

Danksagung
Mein herzlicher Dank gilt Wolfgang Both, Harun Raffael und Klaus Scheffler für die kritische Durchsicht des Manuskripts. Ihre kenntnisreichen und sachkundigen Anmerkungen und Korrekturen haben mir geholfen, den Text fachlich und sprachlich zu verbessern. Alle evtl. noch verbliebenen Fehler und Mängel sind ausschließlich mir zuzurechnen.

Hans Frey

I. Einleitung

1. Genre-Bezeichnung und zeitliche Einordnung

1.1. Der Name »Science Fiction«

Dieses Buch stellt die Geschichte der deutschen Science Fiction von 1810 bis 1918 dar. Obwohl ich sehr wohl weiß, dass im Kaiserreich und davor noch kein Mensch in Deutschland von Science Fiction gesprochen hat, benutze ich trotzdem bewusst und konsequent diese Bezeichnung bzw. das Kürzel SF. Deshalb vorab ein Wort zum Genrenamen »Science Fiction«.

Tatsache ist, dass sich der heute unumstrittene Gattungsname paradoxerweise erst durchsetzte, als die SF schon mehr als 100 Jahre alt war. Als Erfinder des Begriffs gilt der aus Luxemburg stammende US-Amerikaner Hugo Gernsback (1884–1967), der in den 1920er-Jahren in seinen Magazinen den Begriff verbreitete. Diese gängige Einschätzung ist allerdings nicht ganz korrekt, da laut Hans Joachim Alpers der britische Essayist William Wilson bereits 1851 in seinem *A Little Earnest Book Upon A Great Old Subject* die Bezeichnung »Science Fiction« verwendete (Alpers, Bd. 1, S. 24). Das war indes eine einsame Ausnahme. Es bleibt dabei: Gernsback hat den Begriff zum allgemeingültigen Namen des Genres gemacht.

Sprach man in den USA schon Ende der 1920er-Jahre generell von SF, so wurde der Begriff in Deutschland erst ab den 1960er-Jahren zum Allgemeingut. Zuvor waren Etikettierungen wie »technisches Märchen«, »naturwissenschaftlich-fantastischer Roman«, »Zukunftsroman«, »utopischer Roman«, »utopisch-technischer Zukunftsroman« oder auch nur »Zukunftsbild«, »Phantasiestück« bzw. »Phantasie« üblich. Faktisch beschreiben sie aber genau die Werke, die wir heute der SF zuordnen.

Daraus folgt: Unter dem Aspekt der internationalen literaturhistorischen Einheitlichkeit wie auch aufgrund der Tatsache, dass »Science

Fiction« die Vielfalt des Genres weit besser zu erfassen vermag als die o. g. alten deutschen Begriffe, benutze ich in diesem Buch durchgehend die Bezeichnung Science Fiction.

1.2.   Gab es vor 1800 Science Fiction?

Die Science Fiction ist als Zweig der Literatur eine originär neue geistige Schöpfung des mit der Aufklärung und der Dampfmaschine heraufziehenden Industriezeitalters. Sie ist untrennbar mit der explosionsartigen Entfaltung von Wissenschaft und Technik verbunden, welche die nicht zufällig so genannte industrielle Revolution erst möglich machte. Da dieser Umbruch in der Menschheitsgeschichte im Übergang vom 18. zum 19. Jahrhundert seinen Anfang nahm, ist mit dem Beginn des 19. Jahrhunderts auch die Entstehung des Genres zu datieren.

Kurz: Vor 1800 gab es keine SF! Allerdings gab es durchaus fantastisch-szientistische und futuristische Elemente in einzelnen literarischen Werken, die bereits, ihrer Zeit oft weit vorausgreifend, mit wissenschaftlich-technischen und sozialen Entwicklungen spekulierten und deren Auswirkungen auf die Menschen darstellten (z. B. die Fliegerei, die Raumfahrt, erste Außerirdische, utopische Idealgesellschaften u. v. m.). Derartige Geschichten werden als Proto-SF bezeichnet.

1.3.   Was ist Proto-SF?

Die Proto-SF ist zeitlich und inhaltlich bestimmt.

Zeitlich bezieht sie sich auf den Bereich zwischen 1500 und 1800, beginnt also mit der Neuzeit und den drei wegweisenden Utopien von Morus (*Utopia*), Campanella (*Der Sonnenstaat*) und Bacon (*Nova Atlantis*) und endet mit dem Beginn der SF am Anfang des 19. Jahrhunderts (Julius von Voß, Mary W. Shelley, E. T. A. Hoffmann).

Inhaltlich müssen die Werke der Proto-SF einen klaren Bezug zu den Botschaften der späteren SF haben, d. h. sie müssen in wichtigen Passagen Aussagen und Erzählelemente enthalten, die die SF dann aufgriff, ausführte, vertiefte oder sie inspirierte, neue Konzepte und Ideen zu entwickeln. Bedeutende internationale Werke der Proto-SF sind (neben den schon genannten drei Utopie-Büchern) Voltaires

Micromegas, de Bergeracs *Reise zum Mond und zur Sonne*, Defoes *Robinson Crusoe*, Swifts *Gullivers Reisen* und Merciers *Das Jahr 2440*, der wohl erste Zeitreiseroman.

1.4. Deutsche Proto-SF: Kepler und andere

Auch die deutsche Literatur hat Werke vorzuweisen, die man ganz oder zumindest in Teilen der Proto-SF zuordnen kann.

1634: Johannes Kepler

Einer der wichtigsten Romane der deutschen Proto-SF ist das Buch *Somnium (Der Traum)* von Johannes Kepler (1571–1630). Es erschien 1634, also vier Jahre nach dem Tod des großen Astronomen. Kepler beschreibt die Reise eines gewissen Duracotus zum Mond und das, was ihm dort begegnet. Wer das Buch heute liest, wird es zwar als Proto-SF bezeichnen, es aber in die Kategorie »belehrender Wissenschaftsroman« einzuordnen, scheint danebengegriffen zu sein, wirken Keplers Gedanken nun doch zu fantastisch.

So gelangt Duracotus durch übernatürliche Kräfte auf den Mond. Der Mond selbst hat eine stürmische Atmosphäre und ist von völlig andersartigen, äußerst kurzlebigen Wesen bewohnt, sodass an jedem Tag eine Generation stirbt und eine neue entsteht. (Dieses Motiv finden wir später auch bei der Mondgeschichte des sog. Lügenbarons Börries Freiherr von Münchhausen, unters Volk gebracht von Gottfried August Bürger, und 1943 von der UFA mit Hans Albers verschwenderisch verfilmt – und bei H. G. Wells in *Die ersten Menschen auf dem Mond*.)

Bei genauerer Betrachtung wird jedoch klar, dass Kepler seinen Mondroman dazu benutzt, den Wissensstand seiner Zeit über den Erdtrabanten und seine eigenen astronomischen Erkenntnisse, die er mittels eines kleinen Fernrohrs gewonnen hatte, an die Leser zu bringen. Ihm ist bekannt, dass ein Tag auf dem Mond einen Monat dauert und dass man von der Erde aus die Rückseite des Mondes nicht sehen kann. Uns begegnen eine zerklüftete Felslandschaft mit Bergen, die weit höher sind als die auf der Erde, und gewaltige Furchen und Abgründe. Kepler versucht durchaus, einen Eindruck von der Andersartigkeit des Mondes zu vermitteln – das allerdings auf der zugegebenermaßen mangelhaften, dennoch wissenschaftlichen Grundlage seines Jahrhunderts. Gleichzeitig verpackt er seine Erkenntnisse in einen belletristischen Text und erfindet so das Grundmuster der belehrenden Wissenschaftserzählung in der späteren SF.

1669: Hans Jacob Christoffel von Grimmelshausen

Neben Kepler gibt es noch andere interessante Namen und Bücher zum Thema »deutsche Proto-SF«. Zu nennen ist Hans Jacob Christoffel von Grimmelshausen (1622–1676) und sein Hauptwerk *Der abenteuerliche Simplicius Simplicissimus* (1669). Der *Simplicius*, insgesamt eine Schilderung der Wirren und Schrecken des Dreißigjährigen Krieges (1618–1648), die Grimmelshausen am eigenen Leib erfuhr, gilt als wichtigster Roman des deutschen Barock und stellt eine gelungene Mischung aus Abenteuererzählung, Bildungsroman, Kultur- und Gesellschaftskritik, Satire und pikareskem Roman (Schelmenroman) dar. Er besteht aus zehn Büchern, wobei die Bücher 1 bis 5 der »eigentliche« *Simplicius* sind.

Eine Bedeutung für die deutsche Proto-SF bekommt Grimmelshausen durch die utopischen Passagen, die sein *Simplicius* enthält. Das sind vor allem die »Mummelsee-Episode«, das »Wiedertäufer-Kapitel« und insbesondere die sog. Jupiter-Episode (Buch III). Hier entrollt sich ein Frage-und-Antwort-Spiel zwischen dem Helden des Romans und einem obskuren Mann, der sich Jupiter nennt, weil er sich für eine Reinkarnation des römischen Göttervaters hält. Beide spekulieren über die Zukunft Deutschlands. Der Diskurs enthält Vorstellungen über eine Abschaffung der Adelsherrschaft und der Einführung demokratischer Strukturen, über autonome Städte, die in einem freiwilligen Staatsverbund zusammenarbeiten, und über einen »ewigen Frieden«.

Ob Grimmelshausen das Ganze ernst meint, ist schwer zu sagen, weil die Figur des Jupiter, die das Zukunftsbild malt, in sich völlig widersprüchlich ist und als verrückt gilt. Ständig vermengt sie vernünftige Gedanken mit blankem Unsinn. Somit scheint sich der Autor von einem Großteil des Gesagten zu distanzieren, deutet aber auch an, dass Jupiter zuweilen durchaus Wahres und Richtiges von sich gibt – war man doch gerade zu jener Zeit davon überzeugt, dass geistig Verwirrte auch Tiefsinniges mitzuteilen hätten. Noch heute spiegelt sich diese Vorstellung in dem volkstümlichen Sprichwort »Narrenmund tut Wahrheit kund«.

Abentewerlicher
Simplicissimus.

Ich ward gleich wie Phoenix durchs Feuer geboren,
Ich flog durch die Lüffte? ward doch nicht verloren,
Ich wandert im waßer ich streiffte zu Land,
in solchem Umschwermen macht ich mir bekant
was offt mich betrübet und selten ergetzet.
was war das? Ich habs in dies Buch hier gesetzt,
Damit sich der Leser gleich wie ich itzt thu,
entferne der Thorheit, und Lebe in Ruh.

Wunderliche
FATA
einiger
See = Fahrer,
absonderlich
ALBERTI JULII,
eines gebohrnen Sachsens,

Welcher in seinem 18den Jahre zu Schiffe
gegangen, durch Schiff-Bruch selb 4te an eine
grausame Klippe geworffen worden, nach deren Ubersteigung
das schönste Land entdeckt, sich daselbst mit seiner Gefährtin
verheyrathet, aus solcher Ehe eine Familie von mehr als
300. Seelen erzeuget, das Land vortrefflich angebauet,
durch besondere Zufälle erstaunens-würdige Schätze ge-
sammlet, seine in Teutschland ausgekundschafften Freunde
glücklich gemacht, am Ende des 1728sten Jahres, als in
seinem Hunderten Jahre, annoch frisch und gesund gelebt,
und vermuthlich noch zu dato lebt,

entworffen
Von dessen Bruders-Sohnes-Sohnes-Sohne,
Monſ. Eberhard Julio,
Curieusen Lesern aber zum vermuthlichen
Gemüths-Vergnügen ausgefertiget, auch par Commission
dem Drucke übergeben
Von
GISANDERN.

NORDHAUSEN,
Bey Johann Heinrich Groß, Buchhändlern.
Anno 1731.

Um 1735: Johann Gottfried Schnabel

Die vierteilige *Wunderliche Fata einiger Seefahrer* (1731–1743), auch als *Insel Felsenburg* bekannt, von Johann Gottfried Schnabel (1692–1752) ist das nächste erwähnenswerte Werk. Auch diese »Fata« enthält neben vielen fantastischen Beigaben utopische Elemente wie z. B. eine Vorzeigekultur zivilisatorisch hochstehender Menschen, die auf ihrer Insel demonstrieren, dass es auch anders und besser geht.

Immerhin griff Kurd Laßwitz mit seiner Erzählung ›Apoikis‹ auf die *Insel Felsenburg* zurück. ›Apoikis‹ wiederum ist eine Vorarbeit zu seinem Roman *Auf zwei Planeten* (siehe 6.4.). In gewisser Weise kann Johann Gottfried Schnabel als Autor gelten, der einen Vorläufer des exotischen SF-Abenteuerromans erschuf.

1739: Eberhard Christian Kindermann

1739 (es wird auch das Jahr 1744 angegeben) veröffentlichte der Hofastronom Eberhard Christian Kindermann (1715–?) den ersten »unechten« Marsroman der Weltgeschichte mit dem Titel *Die geschwinde Reise auf dem Luftschiff in die obere Welt*. Der Erzähler Fama fliegt mit einem Segelschiff, das von Vakuumkugeln hochgezogen wird, und fünf Begleitern, die Allegorien der fünf Sinne sind, durch den Weltraum, der eigentlich nur eine endlos verlängerte, allerdings sehr dünne Erdatmosphäre ist. Fama landet nicht direkt auf dem Mars, sondern auf einem Marsmond und begegnet hochentwickelten Intelligenzen, deren Technik, Gesellschaft und Ethik weit über denen der Menschheit stehen. Das Buch hat auch eine religiöse Schlagseite, da die Außerirdischen direkt mit ihrem Gott reden, also eine Vermittlung z. B. durch Priester und heilige Bücher nicht brauchen. Wieder auf der Erde stellen die Forscher fest, dass die Reise acht Jahre gedauert hat, obwohl sie ihnen subjektiv ganz kurz vorkam.

Um 1790: Johann Friedrich Ernst Albrecht

Der Schriftsteller Johann Friedrich Ernst Albrecht (1752–1814), der eigentlich auf Ritter- und Räubergeschichten spezialisiert war, legte gleich drei Werke der deutschen Proto-SF vor. Das sind *Dreyerley Wirkungen: Eine Geschichte aus der Planetenwelt* (1789–1792), *Die Affenkönige oder Die Reformation des Affenlandes* (1788) und *Uranie: Königin von Sardanapalien im Planeten Sirius* (1790). Inhaltlich sind alle drei

Romane Satiren, die in utopischer Form die irdische Gesellschaft kritisieren.

1790: Carl Ignaz Geiger

1790 publizierte Carl Ignaz Geiger (1756–1791) mit *Reise eines Erdbewohners in den Mars* den ersten originären Marsroman, weil sein Protagonist direkt den Mars besucht und nicht wie bei Kindermann »nur« einen Mond. Hier dient ein Ballon als Weltraumgefährt, und man findet eine Marskultur vor, die – wenigstens in Teilen – bedeutend besser ist als die irdische. Im Prinzip ist Geigers Geschichte eine gesellschaftskritische Satire, die in Konfrontation zum europäischen Despotentum die Demokratie feiert, wie sie gerade in den blutjungen USA in der Entstehung ist. Das macht Geiger an verschiedenen Marsstaaten fest, die einerseits die alte Adelsherrschaft, andererseits die neue Demokratie repräsentieren.

Um 1793: Heinrich Zschokke

Heinrich Zschokkes (1771–1848) Trilogie *Die schwarzen Brüder* (1791–1795) befasst sich mit einer Geheimgesellschaft, die aus dem Hintergrund heraus die Entwicklung zu Aufklärung und Demokratie steuert. Im 3. Teil springt Zschokke ins 24. Jahrhundert. Hier wird der fortschrittliche Ansatz zurückgenommen, da in dieser Zukunft die Menschheit nur noch als Haustier und Nutzvieh für »höhere Intelligenzen« dient. Möglicherweise fühlte sich Zschokke von den Gräueln der Französischen Revolution abgestoßen, sodass er eine gewisse Kehrtwendung unternahm. Unabhängig davon gewann seine Idee ein Eigenleben, da sie in der SF des 19. und 20. Jahrhunderts öfter wieder aufgegriffen wurde – man denke an den weltberühmten SF-Roman *Die Zeitmaschine* (1895) von H.G. Wells, in dem sich die Reste der Menschenwelt (800.000 Jahre in der Zukunft) auch genetisch in zwei Gruppen aufgespalten haben. Es gibt die zarten, schönen, aber naiven Eloi, die in herrlichen Gärten wohnen, und die unter der Erde hausenden, tierhaften Morlocks. Die Morlocks aber (auch Morlocken genannt) sind die eigentlichen Herren, während die Eloi ihr »Vieh« sind, das sie auffressen.

1801: Jean Paul

Der zwischen Klassik und Romantik stehende Autor Jean Paul (1763–1825), eigentlich Johann Paul Friedrich Richter, schuf 1801 mit *Des Luftschiffers Giannozo Seebuch* einen der ersten originären Luftschifferromane der deutschen Literaturgeschichte (Seebuch = Logbuch).

Giannozos Ballon, faktisch ein lenkbares Luftschiff, ist nur vordergründig ein bloßes Instrument, um von A nach B zu gelangen. Tatsächlich gewinnt es eine eigenständige Qualität, weil sich der Held der Geschichte damit über die Menschenwelt erheben und aus einer keineswegs nur räumlich gemeinten Vogelperspektive ihre Dummheit, Banalität und Verkommenheit kommentieren kann. (Giannozo lässt sein Schiff zuweilen auch landen, um gegen besonders starke Auswüchse vorgehen zu können, scheitert allerdings regelmäßig.) Das Luftschiff in Jean Pauls Roman ist also nicht nur ein profanes Vehikel, sondern der Ausdruck der persönlichen Autonomie und Souveränität des Protagonisten. Somit kann Jean Pauls Werk in Teilen als Proto-SF gelten, weil er einen Topos vorgibt, der ca. 70 Jahre später in der boomenden Luftschiff-SF fest verankert ist – wenn auch meistens in ganz anderen Zusammenhängen.

II.   Blaue Blume vs. Dampfmaschine (1810–1870)

2.   Julius von Voß – der deutsche SF-Pionier

2.1.   Die gescheiterte deutsche Revolution von 1848 und ihre Folgen

Napoleon Bonaparte (1769–1821), der geniale, aber eigensinnige und größenwahnsinnige Emporkömmling, wollte nicht nur Kaiser von Frankreich, sondern auch Oberherr von Europa einschließlich Russlands werden. Damit scheiterte er 1815 in der Schlacht von Waterloo endgültig. Nachdem der Korse entmachtet worden war, verteilten die restaurativen Kräfte (der europäische Adel) auf dem Wiener Kongress 1814–1815 unter der Ägide des Fürsten von Metternich ihre Einflusssphären neu.

Gleichzeitig bildeten sich neue Kräfte und Einflüsse heraus, die sich (nicht nur) in Deutschland wissenschaftlich-technisch in der Fortentwicklung der Dampfmaschine (v. a. der Lokomotive), ökonomisch in einem rasant fortschreitenden Industriekapitalismus und politisch in einflussreichen Strömungen äußerten, die den glühenden Wunsch nach nationaler Einheit mit freiheitlichen und demokratischen Vorstellungen verbanden.

Deutschland war zu dieser Zeit ein politischer Flickenteppich, der sich aus Kleinststaaten sowie größeren bis großen Ländern (z. B. Sachsen oder Bayern) sowie dem mächtigsten deutschen Staat, dem Königtum Preußen, zusammensetzte und ohne Ausnahme von Feudalherren regiert wurde. Das wollten die neuen Bewegungen ändern. Sie favorisierten ein einiges Deutschland unter der Herrschaft des Volkes (gemeint war allerdings von den meisten eine Herrschaft des Bürgertums). In der deutschen Revolution von 1848 brachen sich diese Ideen Bahn. Ein erstes frei gewähltes deutsches Parlament trat in der Paulskirche zu Frankfurt am Main zusammen, um eine Verfassung für das neue, demokratische deutsche Reich zu beschließen.

Doch man hatte die Härte der Reaktion unterschätzt. Die feudale Klasse ließ mit einem ihr treu ergebenen Militär die Revolutionäre gnadenlos zusammenschießen, und es dauerte nicht lange, bis der »demokratische Spuk« zu Ende war. Die Stimmung kippte. Viele wollten zwar immer noch ein einiges Deutschland, aber Demokratie war in den bürgerlichen Kreisen kein Thema mehr.

Der Adel hatte triumphiert, und die neue Klasse der klein- und großbürgerlichen Kapitalisten arrangierte sich mit ihm prächtig. Die Leidtragenden waren ökonomisch vor allem die Arbeiter und politisch die fortschrittlich Gesinnten. Das war die Hypothek, mit der das deutsche Kaiserreich 1871 startete. Es trug gerade wegen dieses Vorlaufs bereits den Keim des Untergangs in sich, bevor es überhaupt zur echten historischen Qualität werden konnte.

2.2.   Wer hat das Geburtsrecht an der SF?

In meinem Buch *Philosophie und Science Fiction* habe ich, Brian W. Aldiss folgend, die Meinung vertreten, dass die Engländerin Mary Wollstonecraft Shelley mit *Frankenstein oder Der neue Prometheus* den ersten originären SF-Roman der Welt geschrieben hat. Shelleys Buch erschien 1818. Die Beschäftigung mit Julius von Voß, auf dessen Spur mich Claus Ritter setzte, brachte jedoch diese These ins Wanken. Tatsächlich hat der Deutsche schon acht Jahre vor Shelley im Jahr 1810 einen SF-Roman vorgelegt. Fakt ist, dass von Voß nach meinem jetzigen Wissen in der Tat für sich das Geburtsrecht des Genres in Anspruch nehmen kann.

Fakt ist aber auch, dass Mary Shelley den ersten weltweit bekannten SF-Roman erschaffen hat. Shelleys literarische Durchschlagskraft ist ungleich größer und mächtiger als die des Preußen. Während die Motivstruktur von *Frankenstein* als klar zuzuordnendes Metapherngeflecht bis heute wirkmächtig ist, kann man das von dem Roman *Ini*, dem Werk des Julius von Voß, nicht behaupten. Der Einfluss der von Voß'schen SF ist fast durchgehend namenlos und verhalten indirekt, der Einfluss von Mary Shelley dagegen eindeutig identifizierbar und überwältigend direkt.

Kann man die beiden trotzdem zusammenbringen?

Ich meine: Sie können je nach Perspektive als Vater oder Mutter der SF bezeichnet werden. Und ist die Vorstellung nicht schön und amüsant zugleich, dass eine wunderbare Engländerin und ein preußischer Haudegen ein Kind gezeugt haben, das später Science Fiction heißen sollte?

2.3.   Leben und Werk des Julius von Voß

Aufklärung und Romantik im 19. Jahrhundert

Schon in der Französischen Revolution von 1789, die die direkte Grundlage für die heutige demokratische Kultur des Westens darstellt, bildeten sich widersprüchliche Strömungen heraus, die später als die »Dialektik der Aufklärung« bezeichnet wurden. Eine wesentliche davon war die Romantik. Ihr war der scharfe Geist der Aufklärung zu rational und verkopft, man vermisste das Gefühl und die schwärmerische Sicht auf Mensch und Natur. Der Entfaltung von Wissenschaft und Technik stand man sowieso skeptisch bis offen ablehnend gegenüber, und auch die aufklärerische Geschichtsbetrachtung war der Romantik viel zu kalt und zu vernünftig.

So machte sie eine Kehrtwendung, indem sie sich ins Märchenhaft-Mythische flüchtete, mystische Elemente zu neuem Leben erweckte, rückwärtsgewandt ein fabulöses Mittelalter, das so nie existiert hatte, zum Vorbild nahm und gegen Wissenschaft und Technik eine individualistisch überhöhte Kunst ausspielte. In der Metapher der magischen »blauen Blume«, eine Erfindung des Dichters Novalis, eigentlich Friedrich Freiherr von Hardenberg (1772–1801), einem Hauptvertreter der Romantik, versinnbildlichte sich unter anderem diese Geisteshaltung.

Die Romantik hat eine immense Bedeutung für das 19. Jahrhundert (und noch weit darüber hinaus) wie auch in ihren Leistungen für die Kunst und selbst für die Wissenschaft (so sind die moderne Altertumsforschung, die Geschichtswissenschaft, die Romanistik und die Germanistik aus dem Geist der Romantik entstanden). Die Romantik, so meine ich, hätte die Chance gehabt, Tendenzen der Aufklärung, die in der Tat zu sehr ins Mechanistische abdrifteten, korrigieren zu können, hätte sie sich nicht von vornherein auf eine scharfe und unversöhnliche Konfrontation zur Moderne festgelegt. Leider verlief die Entwicklung anders. So verkam die Romantik mehr und mehr zu einem Ideenlieferanten für reaktionäre, antirationale und antidemokratische Kräfte.

In dem Konflikt zwischen Dampfmaschine und »blauer Blume« spiegelten sich vor allem die Realentwicklung der Industriegesellschaft mit ihren ökonomischen und politisch-sozialen Konsequenzen und ein mächtiger ideologischer Überbau wider, der das alles nicht wahrhaben wollte. Er kennzeichnete in Deutschland das gesamte 19. Jahrhundert und produzierte eine geistig-emotionale Befindlichkeit, die sich gerade in der aufkeimenden deutschen SF ihren widersprüchlichen Weg bahnte.

Vor diesem Hintergrund kommt zu Beginn des 19. Jahrhunderts ein Mann daher, der Kraft seines eigenen ungewöhnlichen Lebenswandels, seines Bildungshungers und seiner Fantasie etwas schuf, das tendenziell über diese Konfrontation hinausgriff. Sein Name ist Julius von Voß. Es ist die Leistung des Literaturwissenschaftlers Dr. Claus Ritter, ihn als den ersten SF-Autor Deutschlands (und damit sogar der Welt) wiederentdeckt zu haben (siehe Ritter, *Anno Utopia oder So war die Zukunft*, S. 57 ff.).

Wer war Julius von Voß?
Julius von Voß lebte von 1768–1832. Ritter nennt in *Anno Utopia* fälschlicherweise 1778 als Geburtsjahr; vielleicht ist es aber nur ein Druckfehler, da alle sonstigen Daten bei Ritter korrekt sind. Von Voß entstammte einer brandenburgischen Adels- und Offiziersfamilie. So war für ihn eine Karriere beim preußischen Heer vorprogrammiert. Schon mit 14 Jahren wurde er Fahnenjunker und geriet damit in ein rohes Milieu, das durch Zechgelage, Raufereien, flüchtige Affären und Schuldenmacherei gekennzeichnet war. Dieses »Landsknechtsleben« befriedigte ihn auf Dauer nicht. Er begann, sich autodidaktisch einen ansehnlichen Bildungsfundus anzueignen und sich

seinen literarischen und künstlerischen Neigungen zuzuwenden. Außerdem machte er kleine Erfindungen, mit denen er allerdings bei der preußischen Obrigkeit keinen Erfolg hatte. Da er durch seine kritische Haltung zu bestimmten Praktiken in der Truppe (z. B. dem Spießrutenlaufen) und auch sonst durch aufmüpfiges Verhalten immer wieder mit seinen Vorgesetzten aneinandergeriet, reichte er 1798 seinen Abschied ein. In einer seiner ersten Publikationen machte er seinem Zorn Luft, indem er die Zustände beim Militär scharf geißelte und sich nicht scheute, den Adel anzugreifen – obwohl er selbst ein Adeliger war. Das machte ihn bei den hohen Herrschaften auch nicht beliebter.

Im selben Jahr verlobte er sich mit einer Tochter aus begütertem Hause. Die Verlobung platzte jedoch mit der für ihn günstigen Folge, dass er eine »Entschädigung« bekam. Mit dem Geld finanzierte er eine Bildungsreise, die ihn durch weite Teile Europas führte. Zurückgekehrt stellte sich die Frage nach seiner weiteren beruflichen Existenz. Er entschied sich (angeblich durch Knopfabzählen), freier Schriftsteller zu werden. Zudem entflammte etwa um 1806 sein Interesse an Zukunftsfragen, der entscheidende Grundstein, auf dem dann seine späteren SF-Werke aufbauten.

In seinen letzten Jahren verarmte er zunehmend. Von Voß wohnte zeitweise in einem Berliner Elendsquartier, konnte dann zwar wieder in eine bessere Gegend umziehen, führte aber dennoch bis zu seinem Tod ein karges und vereinsamtes Leben. 1832 – übrigens auch das Todesjahr Goethes – starb er an der Cholera.

Literarische Vorurteile

Zu der Verelendung, die kein Mensch verdient, trug bei, dass Julius von Voß sein kleines Vermögen durch die Pleite einer Bank verlor. Auch wird berichtet, dass ihn die Finanzierung der Aussteuer seiner Tochter erheblich zur Ader gelassen hatte.

Mir erscheint jedoch gerade für unser Thema ein Umstand besonders erwähnenswert. Als freier Schriftsteller musste von Voß ständig produzieren, um von seinen Publikationen leben zu können. Das müssen heutige Autoren in der Regel auch. Verschärfend für von Voß kam aber hinzu, dass es zu seiner Zeit kein Urheberrecht gab. Das bedeutete: Sobald ein Roman von ihm auf dem Markt war, konnte ihn jeder nachdrucken, ohne ihm einen einzigen Pfennig dafür bezahlen zu müssen. Erst 1837 kam es in Preußen zu einem ersten Urheberschutz.

Ist das Copyright heute allgemein akzeptiert, so scheint das Klischee vom »hohen« und vom »niederen« Autor, das an der Geldfrage festgemacht wird, unausrottbar zu sein – vornehmlich beim elitär-bürgerlichen Feuilleton wie auch in breiten, literarisch eher ungebildeten Schichten. Das klingt dann so: Während sich der »hohe« Autor nur seiner Kunst widmet und seine genialischen Geistesblitze losgelöst vom schnöden Mammon zu Papier bringt, ist der »niedere« Autor ein Lohn- oder Vielschreiber, der seine Texte wie am Fließband produziert und dementsprechend nur Abfall zustande bringt.

Julius von Voß ist ein frühes Beispiel dafür, dass weder das eine noch das andere stimmt. Jeder Autor, der vom Schreiben lebt, muss das Materielle berücksichtigen. Gleichzeitig heißt das keineswegs, dass er deshalb quasi automatisch nur minderwertige Dutzendware hervorbringen kann. Es gibt viele Genreautoren, die hervorragende Werke geschaffen haben, obwohl sie erheblichen ökonomischen Zwängen unterlagen und entsprechend viel schrieben (z. B. Philip K. Dick).

Es verwundert unter diesen von Vorurteilen geprägten Umständen nicht, dass von Voß in der Kritik schlecht weg kam. Er wurde erst stark kritisiert und anschließend totgeschwiegen. Das hing weniger mit den Qualitäten seines Werks zusammen, sondern mit der verächtlichen Art und Weise, mit der eine blasierte Literaturkritik auf die Lebenssituation von Schriftstellern herabsah, die von der gymnasialen, humanistischen Idealdoktrin abwich. Auch die Auffassung, in der aufblühenden Wissenschaft und Technik durchaus einen literaturwürdigen Gegenstand sehen zu können, fand bis auf Ausnahmen im zeitgenössischen Feuilleton kein Gehör.

Ignoriert und vergessen – und doch ein Großer in der SF

Ca. 150 Jahre lang war Julius von Voß vergessen. Insgesamt schrieb von Voß über 100 Romane, Theaterstücke und Broschüren (in einigen Quellen wird sogar die Zahl 200 genannt), dazu noch eine unübersehbare Zahl von Zeitungsartikeln. In diesem Sinne war er tatsächlich ein Vielschreiber, weil er es aus finanziellen Gründen sein musste. Andererseits hat er literarische Leistungen vor allem in der deutschen SF vorzuweisen, die aus ihm deutlich mehr machen als einen sog.

Zeilenschinder. Julius von Voß – lebenszugewandt, trinkfest, keinem Streit aus dem Wege gehend und keinem amourösen Abenteuer abgeneigt – war zeitweise als Autor sehr bekannt und bei einem breiten Publikum (im Gegensatz zur Literaturkritik) ausgesprochen beliebt. Davon blieb allerdings zum Schluss nicht mehr viel übrig. Dennoch kann ihm keiner den Ruhm nehmen, einen Meilenstein in der SF gesetzt zu haben. Das zu würdigen, gehört auch zu den Absichten dieses Buches.

Aus der Fülle seiner Arbeiten greife ich hier zwei heraus, weil sie für die SF bedeutsam sind. Gemeint sind sein Roman *Ini. Ein Roman aus dem ein und zwanzigsten Jahrhundert* von 1810 und das Theaterstück *Berlin im Jahr 1924* von 1824. Beide zeigen, wie von Voß mit den sog. Zukunftsfragen umging und zu welchen Schlüssen er kam.

2.4.   Ini. Ein Roman aus dem 21. Jahrhundert

Von Voß teilt seinen Roman in sechs »Büchlein« ein. Im ersten Büchlein (heute würden wir Kapitel sagen) wird schon klar, dass im Gegensatz zum Titel nicht die hübsche, junge Frau Ini die Hauptfigur ist, sondern der zwanzigjährige Guido. Vom Zeitrahmen her spielt der Plot im letzten Viertel des 21. Jahrhunderts und endet mit dem ersten Tag des Jahres 2100.

Guido, ein Waisenkind von unbekannter Herkunft, wird nach seinem Aufenthalt im Kinderheim von dem vornehmen, gebildeten und wohlhabenden Gelino aufgenommen und erzogen. In der Nähe von Gelinos Villa wohnt Ini, ein wunderschönes, zur Frau erblühendes Mädchen, ebenfalls von geheimnisvoller Herkunft und betreut von einer Erzieherin. Schon bei der ersten Begegnung von Guido und Ini ist es um sie geschehen. Sie verlieben sich unsterblich ineinander und schwören sich ewige Treue. Da die zarte Ini aber ein sehr züchtiges und keusches Mädchen ist, verlangt sie von Guido Beweise seiner Reife und Aufrichtigkeit, bevor sie ihm ihre Gunst gewähren will. Inis Betreuerin und Gelino bekommen natürlich von der Romanze Wind, dulden sie auch, machen den Turteltäubchen aber gleichzeitig unmissverständlich klar, dass es eine dauerhafte Verbindung zwischen ihnen aus Gründen, über die man sich ausschweigt, nicht geben könnte. Davon lässt sich das Pärchen trotz einiger Irritationen

Ini.

Ein Roman

aus dem

ein und zwanzigsten Jahrhundert

von

Julius v. Voß.

Berlin, 1810.

Bei Karl Friedrich Amelang

nicht beeindrucken und verdrängt den Gedanken. Insbesondere Guido ist durch die neue Liebe hoch motiviert.

Nachdem die Protagonisten eingeführt worden sind, kommt die Handlung auch SF-mäßig in Fahrt. Eine Order von Inis leiblicher Mutter, zu ihr nach Afrika zu kommen, gibt dem Autor die Gelegenheit, sich ausführlich über den Luftverkehr seiner Zukunftswelt zu äußern. Dabei geht es um mit Stickstoff (!) gefüllte Ballonfahrzeuge, die von gezähmten Adlern gezogen werden. Einen lenkbaren Fallschirm gibt es auch. Als Guido in einer dramatischen Szene durch ein Missgeschick aus dem Luftschiff fällt, wird er durch den Fallschirm gerettet. Derweil ist sein Ziehvater von ganz oben angewiesen worden, mit Guido eine Bildungsweltreise anzutreten.

Im zweiten Kapitel geht es deshalb per Schiff nach Griechenland. Die Zukunftsschiffe sind wahre Wunderwerke. Sie haben eine perfekte Navigation, verfügen über ein mechanisches Ruderwerk, sind vollkommen wasserdicht und gleichen schwimmenden Luxus-Palästen – wie die modernen Kreuzfahrtschiffe unserer Zeit! Besonderes Beiwerk: Das Schiff verfügt über einen ausfahrbaren Unterwasserturm, aus dem man beobachten kann, was sich unter der Wasseroberfläche abspielt.

Während der Seereise gibt Gelino seinem Zögling Geschichtsunterricht. So erfährt der Leser, wie sich von Voß die historischen Abläufe vor der aktuellen Romanzeit vorgestellt hat. Nach einigen Kriegen im 21. Jahrhundert ist es zu einer Art Gleichgewicht der Mächte gekommen. Ganz Europa ist ein einheitlicher Staat, der sich Republik nennt, aber dennoch von einem Kaiser und von Fürsten regiert wird. Im Gegensatz zu früher entscheidet aber nicht die bloße Erbfolge über die Besetzung eines Herrscheramts. Die Adelskinder werden speziell erzogen und müssen als junge Erwachsene vor unabhängigen Kommissionen Prüfungen ablegen, um zu beweisen, dass sie für ihre Aufgabe geeignet sind. Wer sich als unfähig erweist, darf kein Amt übernehmen.

Die beiden erreichen die griechische Hauptstadt Athen, die ganz im antiken Stil der klassischen Perikles-Zeit wiederhergestellt worden ist. Dementsprechend ist sie der Hort aller Künste. In diesen Rahmen flicht von Voß Überlegungen zu einer neuen Religion ein, die in Europa herrscht. Ein Rat der Weisen hat sie aus dem Christentum entwickelt, aber neue Akzente gesetzt. Man orientiert sich nach wie vor an der christlichen Moral, die alte christliche Glaubenslehre hat sich jedoch verbraucht. Gott selbst gilt als unerkennbar und ist in den Hintergrund getreten. Verehrt wird eine symbolische Trinität, die aus Moses, Maria und Christus besteht, wobei Moses das Recht, Maria Liebe und Schönheit und Christus die Brüderlichkeit repräsentiert. Jeder der Verehrten erhält eine bestimmte Art von Tempel, wodurch diese direkt bestimmten Berufsgruppen und Funktionen zugeordnet werden. Die Moses-Tempel sind den Juristen vorbehalten und gleichzeitig Gerichte, die Marientempel sind die Domänen der Künstler, und die Christus-Tempel, betreut von Erziehern, sind nebenbei Schulen.

Gelino nutzt den Aufenthalt auch, um Guido die mächtigen Kriegsanlagen zu zeigen, die die Grenzen des Staates schützen. Neue Pulvermischungen, Schrapnelle, Minengürtel und Bomben von gewaltiger Zerstörungskraft können im Ernstfall eine verheerende Wirkung entfalten. Guido, von dieser Demonstration der Macht berauscht, wird von Gelino zur Ordnung gerufen: *»Bei dem allen sei aber nichts lebhafter zu wünschen, als dass die Völker des gesamten Erdbodens dem Beispiel jener von Europa folgten und, ein Welttribunal zum Schlichten aller Streitfälle unter Nationen errichtend, die Kriege für ewig aufhöben.«* (S. 76)

Weiter reisen sie mit einem »Frachtwagen« (ein Fahrzeug mit nur zwei, jeweils 15 Meter durchmessenden Rädern, gezogen von zwölf Pferden – damit können durch die Hebelwirkung schwerste Lasten transportiert werden – über 200 Meter breite, völlig ebene Straßen (die natürliche Topografie wurde beim Straßenbau ausgeglichen) nach Moskau, das laut von Voß ebenfalls zum vereinigten Europa gehört. Moskau ist das militärische Ausbildungszentrum der Republik mit einem enormen Arsenal modernster Waffen. Die Infanterie besitzt Zielfernrohre, die Luftwaffe Kriegsluftschiffe mit vielen kleinen Ballons (damit sie in der Luft bleiben, auch wenn einige Ballons getroffen worden sind), und die Artillerie nutzt Panzer (»feuerfeste Wandeltürme«) und rollende Festungen mit kompletten Geschützbatterien. Es scheint sogar eine Art Atombombe zu geben. *»Grausenvoller Krieg, schauderhafte Anwendung entsetzlicher Naturkräfte! Doch dies fürchterliche Verfahren war notwendig geworden, man durfte sich nicht ungestraft an Mordlust überbieten lassen. Und die Möglichkeit solcher Allverteidigung mahnte desto lauter an, den Frieden zur ersten Tugend der Menschheit zu erheben.«* (S. 95)

Ist schon die ahnende Antizipation einer Atombombe im Jahr 1810 erstaunlich genug, so entwickelt von Voß aus ihr heraus in einem Atemzug eine Form von Abschreckungsstrategie, die in der 2. Hälfte des 20. Jahrhunderts zwischen West und Ost historische Realität wurde. Ganz und gar erstaunlich!

Derweil muss Guido in Moskau das für alle jungen Männer obligatorische Militärjahr ableisten, welches aber nur aus drei Monaten Militärausbildung besteht. In den restlichen neun Monaten verrichten die Rekruten gemeinnützige Arbeit. Übrigens wird nicht jeder zugelassen. Wer bei der Musterung durchfällt, hat künftig ein schweres Los, denn es wird keine Frau von Anstand geben, die dem Gescheiterten irgendeine Aufmerksamkeit schenken würde. Selbstverständlich bleibt Guido von diesem Schicksal verschont. Im Gegenteil macht er seine Sache glänzend. Auch durch seine Erfindungen und Verbesserungsvorschläge erringt er hohes Ansehen. (Offensichtlich korrigiert von Voß im Roman seine eigene Erfolglosigkeit.) Endgültig avanciert er zur Koryphäe, als er in einem Kampf zwischen der europäischen Armee und einem »Trupp chinesischer Tataren« eine Heldentat begeht. Die Aggressoren arbeiten nämlich mit Giftpfeilen, die Seuchen verursachen. Sie selbst sind aufgrund eines Gegenmittels immun. In einem tollkühnen Einsatz stiehlt Guido das Gegengift aus dem Lager der Feinde und beendet so das Sterben der Europäer. Allseits gefeiert kehrt Guido zu seinem Mentor zurück, und die Reise geht weiter.

Da es Winter ist, gleitet man in einem großen Wohnschlitten über den Schnee nach St. Petersburg, der Stadt des Handels, des Schiffsbaus und des Wissens. Im Frühling besuchen die beiden Polen, das zu einem Land erlesenster Lebensmittelprodukte geworden ist.

In Warschau gibt es außerdem eine riesige Messe, auf der die wunderlichsten Dinge zu bestaunen sind. England präsentiert komplette Sternwarten mit feinsten Instrumenten. »*Fing man doch schon an, das Leben im Monde zu beobachten und seine Naturgeschichte zu entwerfen.*« (S. 157) Frankreich zeigt Apparaturen zur Erzeugung künstlichen Regens bei anhaltenden Dürren, ferner eine Maschine, in die man sich hineinstellt und flugs einen maßgeschneiderten Anzug bekommt, und medizinische Errungenschaften, z. B. künstliche Organe. Italiener bieten einen Musikapparat an, der ein ganzes

Orchester ersetzt, und die Deutschen offerieren einen wunderbaren Buchmarkt.

Die nächste Station heißt Deutschland, Teutonien genannt. Es ist mit seiner Riesenbevölkerung durch und durch verstädtert. Durch eine ausgeklügelte Agrarwirtschaft mit modernsten Landmaschinen gibt es aber keinerlei Versorgungsprobleme. Die Überbevölkerung hat ihre Schrecken verloren. In Berlin, dem Sitz des »europäischen Bundesgerichts« (das in lupenreiner Neutralität hauptsächlich über die korrekte Auswahl beim adeligen Führungspersonal wacht), besichtigt man ein umfassendes Kanalsystem, das die ganze Stadt durchzieht. Dadurch ist Berlin zu einem zentralen Binnenhafen geworden, und an den lieblichen Ufern der Kanäle wird sogar Wein angebaut. Bei Dunkelheit wird die Stadt durch ein Netz von Hohlspiegeln, die das Licht lodernder Feuer bis in den letzten Winkel werfen, taghell erleuchtet.

Bemerkenswert sind auch die Erläuterungen Gelinos zu einer Statue des Preußenkönigs Friedrich II. *»Diesem König war freilich Neigung zum blutigen Ruhm vorzuwerfen, und er führte Kriege, die allerdings zu vermeiden gewesen wären. Doch entschuldigt der rohe Charakter seiner Zeit viel daran.«* (S. 215 f.) Dass es jemand mitten im Preußen des beginnenden 19. Jahrhunderts wagt, dem Staatsidol eine »Neigung zum blutigem Ruhm« vorzuwerfen und den »alten Fritz« für »vermeidbare« Kriege verantwortlich zu machen (beides historisch richtig), zeugt von einem Rückgrat, das man später bei so manchen hochdekorierten Schriftstellern vergebens sucht.

Bei einem Besuch Guidos in der Sternwarte gibt von Voß erneut Anlass zur Verblüffung. Er beschreibt in einer fast schon präzisen Vorausschau den Einsatz der Spektralanalyse, die erst 1859 von Kirchhoff und Bunsen entdeckt wurde (siehe im von Voß'schen Roman S. 210 f.). Spektralanalyse = Das Lichtspektrum der Sterne wird eingefangen und benutzt, um die chemische Zusammensetzung der Himmelskörper zu ermitteln.

Die nächste Station ist Wien, das man schnell und bequem per Luftschiff erreicht. Wien, das über eine Art Wetterkontrolle verfügt, wird für Guido zum Ort einer Prüfung der besonderen Art. Er besucht nämlich einen Maskenball und wird prompt von einer maskierten Dame umgarnt. Das Geplänkel wird immer aufreizender, und Guido immer erregter. Schließlich lockt ihn die Verführerische in ihr Gartenhäuschen. Guido, das Bild Inis vor Augen, reißt sich im letzten Moment mit aller Gewalt zusammen und versucht zu fliehen. Doch die Tür ist verschlossen. Da gibt sich die Schöne zu erkennen: Es ist Ini selbst, und Guido hat auch diese schwere Prüfung bestanden. Ini, bewacht von ihrer Gouvernante, muss aber sofort wieder weg – ihre Mutter in Afrika verlangt nach ihr. Schweren Herzens erfolgt der Abschied, und während Ini in der Sternennacht mit einer Luftgondel gen Afrika entschwindet, macht sich Guido mit Gelino am nächsten Morgen auf den Weg nach Paris.

In der französischen Hauptstadt fällt den beiden sofort eine endlos lange, himmelwärts strebende Säule auf, die mitten in der Stadt in den Äther ragt. Sie entpuppt sich als überdimensionaler Regenschirm, der bei entsprechendem Wetter aufgeklappt wird und alle Einwohner vor dem Regen schützt. In Paris wird Guido zudem Zeuge eines medizinischen Experiments: Körper werden dabei über Jahrzehnte konserviert, um sie später wieder zum Leben erwecken zu können. Außerdem entdeckt er künstliche Diamanten, die von natürlichen nicht zu unterscheiden sind. Außerdem lernt er das vorbildliche Sozialsystem des europäischen Staates kennen.

In England, das mittlerweile durch einen Damm mit Frankreich verbunden ist, nehmen die Weltenbummler an einem Flottenmanöver teil, denn England ist Mittelpunkt der europäischen Seestreitmacht. Über Spanien gelangen sie nach Portugal und nach Lissabon. Im dortigen Hafen entdeckt der entzückte Guido eine schwimmende Insel, die von gezähmten Walen gezogen wird. Mit ihr setzen der Jüngling und sein Lehrer über den Atlantik und erreichen nach 14 Tagen die USA.

Da Julius von Voß im außereuropäischen Raum nichts aus eigenem Erleben kannte, beschränkt er sich in diesem Teil des Romans auf kurze Einsprengsel, die ebenso kurz abgehandelt werden. Am Ende der Weltreise landet man am Nordpol. Dort passiert ein schlimmes Unglück. Gelino erfriert, und Guido verirrt sich in der Eiswüste, sodass er monatelang unter größten Entbehrungen um sein Leben kämpfen muss. Als alles verloren scheint, taucht eine Suchexpedition auf und rettet Guido.

Erst gegen Ende des Buches wird ein erstes Rätsel aufgelöst: Guido, der in Wirklichkeit Titus heißt, ist gar kein Waisenjunge, sondern der Sohn des regierenden Kaisers von Europa. Seine Odyssee und seine Prüfungen galten einzig und allein seiner Erziehung, um einmal an die Stelle seines Vaters treten zu können, und wahrlich, Guido-Titus hat alle Herausforderungen bravourös gemeistert.

Doch kaum ist Titus zu seinem Vater, dem Kaiser, zurückgekehrt, droht neues Unheil. Afrika hat sich von Europa gelöst und einen eigenen Großstaat gegründet, der von einer Kaiserin regiert wird. Da die Europäer Machtverschiebungen zu ihren Lasten befürchten, kommt es mit Afrika zuerst zu Spannungen, dann zu Scharmützeln, bis schlussendlich ein offener Krieg ausbricht. Titus wird von seinem Vater zum Oberbefehlshaber der Truppen ernannt. Zwar ist Titus ein begnadeter Militär, aber trotzdem verfährt sich die Situation, und die Armeen beißen sich fest.

Da kommt man auf die geniale Idee, den Krieg durch eine Vereinigung von Europa und Afrika zu beenden, indem der Sohn des europäischen Kaisers die Tochter der afrikanischen Kaiserin heiratet. Zunächst wehrt sich Titus vehement, denn er liebt ja noch immer seine Ini. Ähnlich geht es am afrikanischen Hof zu, da auch die Tochter der Kaiserin einen anderen liebt. Schließlich geben beide aus Staatsraison nach. Sie sind bereit, ihre Liebe für den Frieden der Völker zu opfern. Man ahnt es schon. Als sich Braut und Bräutigam bei der pompösen Staatshochzeit am 1.1.2100 gegenüber stehen und Titus endlich den Brautschleier lüften darf, sieht er – Ini! Ja, Ini ist die Tochter der afrikanischen Kaiserin! So erfüllt sich ihre unendliche Liebe doch noch, und mit diesem herzzerreißenden Happy End können wir beruhigt das Buch zuklappen.

Ini. Ein Roman aus dem ein und zwanzigsten Jahrhundert besteht zwar aus sechs Kapiteln, ist aber faktisch als Dreiteiler komponiert. Im ersten Teil wird das zentrale Romanpersonal vorgestellt. Der zweite Teil, der Kern des Romans, beschreibt die abenteuerliche Reise von Guido und Gelino. Im dritten Teil schließlich lösen sich die Romanrätsel in einem Happy End auf. Schon hier ist zu erkennen, dass sich von Voß eines der vier literarischen Grundmuster des sich am Beginn des 19. Jahrhunderts ausformenden Genres Science Fiction bedient: gemeint ist der abenteuerliche Reiseroman, der eine lange Tradition hat und den dann Jules Verne gute 30 Jahre nach von Voß in seinen »voyages imaginaires« zur SF-Reife führte. (Es gibt fast keinen SF-Roman Vernes, der nicht auf dem Motiv der Reise beruht.)

Auch nach Verne bleibt die Reise »in unendliche Weiten« (RAUM-SCHIFF ENTERPRISE) ein unverzichtbares Standardmuster in der SF.

Bevor ich mich mit den Stärken, den überaus bemerkenswerten Ein- und Aussichten und den geradezu revolutionären Schneisen, die von Voß für das Genre geschlagen hat, befasse, sollen auch Schwächen und Mängel des Buches angesprochen werden. So ist die Liebesgeschichte zwischen Guido und Ini ausgesprochen klischeehaft, hölzern und manchmal auch albern dargestellt. Sie wirkt wie eine konventionelle Schablone, die sich ältliche Matronen ausgedacht haben, um sie dann zwei Marionetten überzustülpen. Überhaupt atmet die Geschichte auf ganzer Strecke mit ihren »züchtigen« Mädchen und den keuschen Jungs eine Prüderie, die aus heutiger Sicht lächerlich, unglaubwürdig und inakzeptabel ist. Meine Güte, was haben denn kräftige, gesunde, junge Menschen wie Guido und Ini mit ihrer Sexualität bloß angestellt? Sicher, die Zeit des schreibenden Preußen war in ihrer sexuellen Rigidität eine ganz andere als die unsrige, und auch ich bin keineswegs ein Anhänger der Promiskuität. Dennoch muss der Entwicklung einer erfüllten Sexualität Raum gelassen werden. Ich bin auch nicht der Auffassung, dass sich die Menschen der von Voß'schen Zeit trotz der engen Begrenzungen so verhalten haben. Begründet zu vermuten ist eher, dass der Autor, der ja durchaus lebenserfahren war, lediglich eine sexuelle Puppenstube, wie sie Pfarrer und vertrocknete Jungfern gern gesehen haben, für seinen Roman instrumentalisierte, um ihn besser verkaufen zu können. Die einzige Stelle, an der so etwas wie erotischer Pfiff in die Zeilen kommt, ist der Maskenball, bei der die inkognito auftretende Ini ihren Guido prüfen will. Das endet indes abrupt mit der Enttarnung und der kalkulierten Ernüchterung.

Damit sind wir bei den Figurenzeichnungen insgesamt: Auch sie sind klischeehaft unlebendig, sind also keine wirklichen Charaktere, sondern üben nur Funktionen aus. Guido, der asketische Jüngling, ist der Supermann. Gelino ist Lehrer und Mentor, aber als lebendigen Menschen kann man sich ihn kaum vorstellen. Ini ist derweil ein Weibchen, so wie es sich jeder Sittenwächter um 1810 nicht besser hätte ausmalen können. Weitere Figuren treten nur als Schemen auf, die wenig mit realen Menschen zu tun haben.

So eingängig diese Kritik für die meisten Rezensenten auch klingen mag, so muss ich doch an dieser Stelle einen Kontrapunkt setzen. Tatsache ist, dass in der Folge von Julius von Voß Heerscharen von nationalen und internationalen SF-Autoren/innen bis heute ähnlich vorgegangen sind. Das hängt schlicht damit zusammen, dass viele (nicht alle) SF-Romane keineswegs das Ziel haben, tiefsinnige Charakterstudien und die Auslotung der letzten psychischen Falte anzubieten, sondern ihr literarisches Interesse darin besteht, Ideen, Optionen oder auch nur farbige Geschichten in einem SF-Ambiente auszufabulieren. Was also (fast) alle Literaturkritiker als unverzeihlichen Makel anprangern, ist in der SF ein legitimes Mittel, um ihre Inhalte und Botschaften zu transportieren. Genauso macht es auch von Voß. Ihn interessieren die politischen, kulturellen und militärischen Spekulationen, ihn interessieren wissenschaftlich-technische Optionen, und er will seine Visionen mit den Zuständen seiner Zeit konfrontieren. Guido, Ini, Gelino und andere sind da nur »Messenger«, die zwar für den Roman notwendig sind, aber mehr auch nicht.

In seinen politischen Planspielen bleibt von Voß seiner Zeit verhaftet. Er redet zwar von einer Zukunftsrepublik und davon, dass die Französische Revolution Ausgangspunkt der neuen Ordnung ist, aber mit der Demokratie kann er sich nicht anfreunden. Deshalb kommt er zu einem merkwürdig konstruiert und künstlich wirkenden System, in dem echte demokratische Elemente ausgeschlossen sind, durch eine Kontrolle der Machtausübung des Adels aber kompensiert werden sollen. Für ihn stellt sich das Gesamtproblem letztlich als rein individuelle Frage dar, ob ein Angehöriger des Adels (bei ihm die geborene Politikerkaste) charakterlich und hinsichtlich seiner Intelligenz geeignet ist, eine Führungsrolle auszuüben oder nicht. So führt er für diese Kaste strenge Erziehungs- und Auslesekriterien ein, um zu gewährleisten, dass ihre Mitglieder ihrer Funktion tatsächlich gerecht werden können. Trotzdem bleibt es natürlich eine geschlossene Gesellschaft. Bei allem guten Willen des Autors verfolgt von Voß hier einen illusionären Ansatz, der zu nichts führen würde.

Und doch ist er auch im Politischen manchmal hellsichtig. Er propagiert ein friedlich vereintes Europa, zu dem auch Russland gehört. Von Nationalismus, gar Chauvinismus ist bei ihm nichts zu spüren. Er setzt auf eine Verständigungspolitik und warnt immer wieder eindringlich vor dem Krieg. Als Ideal sieht er den selbstbewussten, gebildeten Menschen, und wem es schlecht geht, dem muss geholfen werden. Solidarität ist ihm in Form eines staatlichen Sozialsystems nicht fremd. Trotzdem bleibt ebenso richtig: Sein Politikmodell ist nicht stimmig. Augenscheinlich konnte er sich bei aller sonstigen visionären Kraft aus seinen preußisch-militärischen Befindlichkeiten nicht lösen. Er sah z. T. glasklar die Verwerfungen des preußischen Systems, war aber nicht in der Lage, etwas wirklich Neues an dessen Stelle zu setzen.

Besonders interessant bei von Voß ist sein durchaus ambivalentes Verhältnis zum Militär, zu Waffen und zum Krieg, der aber exakt in diesen Kontext passt. Einerseits kann er aufgrund seiner Herkunft und seines Werdegangs seine Sympathie für die Armee, die Waffentechnik und die »Kriegskunst« nicht verleugnen. Von Voß ist kein Pazifist, sondern er hält die wehrhafte Landesverteidigung und damit einen gerüsteten Staat für unabdingbar notwendig. Andererseits ist er alles andere als ein schnarrender Kommisskopf, dem die Leiden der Soldaten und der betroffenen Zivilbevölkerung egal sind. Großmannsfantasien und falsches Heldentum sind nicht sein Fall. Eigentlich nimmt von Voß in dieser Frage eine sehr realistische Position ein. Er weiß, dass man in dieser und wohl auch in einer zukünftigen Welt nicht prinzipiell auf Gewalt verzichten kann. Aber: Gewaltanwendung kann nur das letzte Mittel sein, und das Ziel ist *immer*, jede Gewalt zu vermeiden und den Krieg ganz auszuschließen. Es ist schon großartig zu lesen, wie ein preußischer Offizier, der das Militär aus dem Effeff kennt, derartig klar Stellung bezieht. Angesichts der Legionen von Kriegstreibern, die ihm in Deutschland in den anschließenden Jahrzehnten folgen sollten, ist Julius von Voß geradezu eine Lichtgestalt. Dass er dies auch noch im Rahmen des ersten SF-Romans der Weltgeschichte tat, gereicht nicht nur ihm, sondern der ganzen SF zur Ehre.

Sie merken es schon. Selbst die negativen Punkte des Romans schlagen am Ende meist ins Positive um. Deshalb werde ich mich auch nicht mehr lange damit aufhalten. Anmerken möchte ich nur noch, dass manch wissenschaftlich-technische Prognose des Autors, von denen ich in meiner Inhaltsangabe nur einen Teil (und das nur stichwortartig) wiedergeben konnte, recht skurril sind. Die Ballonluftfahrt, gezogen von Adlern, ist noch streng verhaftet in den Vorstellungen der Utopisten des 17. und 18. Jahrhunderts. Die von Walen gezogene schwimmende Insel, der stadtumspannende Regenschirm in Paris sowie das Hohlspiegelbeleuchtungssystem in Berlin sind abwegige Schnurrigkeiten. Dagegen ist die Voraussage der Spektralanalyse verblüffend, ebenso wie die der künstlichen Organe, des Audio-Recorders, des Synthesizers, der weltumspannenden

Kommunikation, des globalen Luftverkehrs, der ebenen Autobahnen, der Luxus-Kreuzfahrtschiffe und der angedeuteten Weltraumforschung – um nur Weniges zu nennen.

Auch im Politisch-Kulturellen liegt von Voß nicht ganz falsch. Unsere heutigen, schon recht konkreten, wenn auch mühseligen Versuche, zu einem wirklich vereinten Europa zu kommen, waren für die Zeitgenossen des Autors völlig undenkbar, sind aber Realität geworden. Anderes Beispiel: Während heute die christlichen Dogmen wohl kaum mehr überzeugen, sind seine Vorstellungen einer säkularisierten Religion nicht so abwegig, wie man auf den ersten Blick meinen mag. Die Botschaft einer allumfassenden Menschenliebe entfaltet durchaus eine Faszination, die auch den modernen Menschen bewegen kann.

Geradezu beängstigend realistisch wird die von Voß'sche Prognostik im militärischen Bereich, von dem er auch am meisten versteht. Gewehre mit Zielfernrohren, Panzer, Minenfelder, Gewehre, die um die Ecke schießen können, Stellungskriege, in denen sich die Soldaten eingraben, Luftkriege und Bomben bis hin zu einer irgendwie schon vorausgeahnten Atombombe, die auf einen Schlag ganze Großstädte vernichten kann, und selbst die daraus resultierende Abschreckungsstrategie – alles das finden wir in *Ini*. Das alleine ist schon fast unglaublich.

Da aber die SF keine Prophezeiungs-, sondern eine Optionsliteratur ist, stellt sich die Frage: Was hat von Voß in diesem Sinne für die SF geleistet? Die Antwort: In nuce findet man bei von Voß einen SF-Kosmos, der eine Literaturgattung konstituierte, die seit gut 200 Jahren besteht. Das bezieht sich sowohl auf die formale Struktur seines Romans (das Reisemotiv, Figuren, deren Aufgabe es ist, SF-Inhalte zu transportieren, die Konfrontation von Gegenwart und Zukunft) wie auch auf die Inhalte (die Darstellung politischer, gesellschaftlicher und wissenschaftlich-technischer Möglichkeiten).

Über die Wirkungsgeschichte von *Ini* ließ sich nur wenig ermitteln. Nach Claus Ritter kannten sich von Voß und E. T. A. Hoffmann persönlich. Ob dies zu irgendwelchen Beeinflussungen geführt hat, ist offen. Offen bleibt auch die Frage, wie stark *Ini* die deutsche SF geprägt hat. Zu vermuten ist, dass nachfolgende SF-Autoren den Roman gelesen haben und davon vielleicht inspiriert wurden. Fakt ist, dass die Bilder und Muster, die in *Ini* erstmals als originäre SF auftauchen, anschließend in vielen SF-Romanen in unendlichen

Varianten und Schleifen immer wieder neue Gestalt annehmen. Von Voß bleibt ein Phänomen, dem in seiner Originalität und seiner indirekten Impulsgebung für die SF ein bedeutender Stellenwert zukommt.

2.5.   Berlin als Zukunftsstadt

Ein zweites, ausdrücklich als SF gemeintes Werk von Julius von Voß aus dem Jahr 1824 muss noch kurz angesprochen werden. Auch hier ist von Voß für eine Überraschung gut, denn diesmal handelt es sich nicht um einen Roman, sondern um ein Theaterstück. Von Voß, übrigens auch der Erfinder der Berliner Mundartposse, wartet in einer Komödientrilogie als Stück Nr. 3 mit *Berlin im Jahre 1924* auf. Der Inhalt ist für uns heute wenig interessant, und die zahlreichen SF-Elemente, die er einbaut, sind uns zum Großteil bereits aus *Ini* bekannt – wiewohl er das Repertoire durch Automaten (Roboter), fliegende Häuser, die Expansion Berlins, die Informationsflut und vieles mehr noch anreichert.

Noch gewitzter ist die geschickte Art, wie er mit den bescheidenen Mitteln der damaligen Bühnen- und Illusionstechnik sein Vorhaben umsetzt. Dabei bedient er sich raffinierter Tricks. Er lässt bspw. Passagen des Stücks in einem zeitgenössischen Zimmer spielen, erklärt dies aber zur »Rumpelkammer«, die man sich als nostalgischen Spaß leistet, und lässt dann durch die Einführung futuristischer Details (z. B. einen Roboter oder eine verrückte Damenmode) ein Zukunftsambiente aufblitzen. So nutzt er die Kulissen für weitere Effekte. Natürlich sind es hauptsächlich die Dialoge, die im Kopfkino der Zuschauer ein neues Berlin entstehen lassen. Aus diesem Mix entstehen auch die Gags, die das Publikum zum Lachen bringen. Hinter dem reinen Amüsement schwingen bei von Voß aber immer auch ernste Töne mit, denn er spart nicht mit kritischen Seitenhieben auf seine aktuelle Zeit. Wie wir sehen werden, sollte Berlin auch nach von Voß eine wichtige Rolle in den Utopien und Dystopien der deutschen SF des 19., 20. und selbst des 21. Jahrhunderts spielen. Von Voß war auch hier der Erste.

3. Mutanten und Roboter bei E. T. A. Hoffmann

3.1. Leben und Werk

Von anderem Schlag als Julius von Voß war E. T. A. Hoffmann. Obwohl er wie von Voß kein Kind von Traurigkeit war und die Feste feierte, so wie sie fielen, war er in seiner geistigen Verwurzelung ein Romantiker – während von Voß der fortschrittsorientierte Pragmatiker war, bei dem selbst in seinen skurrilsten SF-Visionen stets die nutzbringende Anwendung hindurchschimmerte.

Ernst Theodor Amadeus Hoffmann (1776–1822) – eigentlich Ernst Theodor Wilhelm; seine Bewunderung für Mozart veranlasste ihn, aus dem Wilhelm einen Amadeus zu machen – war ein bemerkenswerter Mensch, hochintelligent und begabt, ein Mann, der auf den unbeteiligten Beobachter fast wie ein Mensch mit gespaltener Persönlichkeit wirkte. So konnte er sehr realistisch sein, um sich dann im nächsten Moment in den wildesten romantischen Schwärmereien zu ergehen. Von Beruf her war er gewissenhafter Beamter, später Richter, im Privatleben fanatischer Künstler (auch das machte er zeitweise zu seinem Beruf).

Seine juristischen und kriminalistischen Erfahrungen verarbeitete er in der Novelle ›Das Fräulein von Scuderi‹, die er in die Sammlung *Die Serapionsbrüder* (1819/21) aufnahm – und schuf so »ganz nebenbei« die erste moderne Kriminalgeschichte der Weltliteratur. Neben dem Schreiben widmete er sich der Musik. Sein bekanntestes Musik-Opus ist die Oper *Undine*. Obendrein trank er gerne ein Gläschen, hatte Affären, widersprach gelegentlich der Obrigkeit und gab zuweilen mehr Geld aus, als er hatte.

Für die aufkeimende SF in Deutschland ist E. T. A. Hoffmann deshalb ein Brennpunkt, weil er einigen seiner Geschichten wissenschaftliche und technische Fragestellungen seiner Zeit zugrunde legte und daraus seine Handlung entwickelte. Er beschäftigte sich z. B. intensiv mit dem Mesmerismus, eine von dem Theologen und Mediziner Franz Anton Mesmer (1734–1815) begründete Lehre, die die Entdeckung der Magnetfelder auf den Menschen übertrug und darin eine allumfassende Lebenskraft vermutete, deren Beeinflussung wunderbare Heilungen zustande bringen würde. (Der Mesmerismus erwies sich zwar als falsch, war aber zu Hoffmanns Zeiten groß in Mode.) In ›Der Magnetiseur‹ (1813), ›Das öde Haus‹ (1816/17) und ›Der unheimliche Gast‹ (1818) variierte Hoffmann, inspiriert vom Mesmerismus, immer wieder das zentrale Motiv einer geheimnisvoll wirkenden psychischen Kraft, sodass es nicht abwegig ist, dem deutschen Romantiker ein gewisses Urheberrecht an den später in der SF zuhauf auftretenden Telepathen und anderen paranormal begabten Mutanten zuzuschreiben. E. T. A. Hoffmann war ein Allround-Genie, das trotz seiner romantischen Befangenheit seiner Zeit weit voraus war. Und er war ein begnadeter Literat, der wunderbare Geschichten zu erzählen verstand.

3.2.   Der Sandmann

Dichterisch verarbeitete er auch eine andere (technische) Entwicklung, nämlich die des Automaten, aus dem sich dann später der Roboter entwickelte. Grundlage meiner Betrachtung ist daher Hoffmanns Erzählung ›Der Sandmann‹ von 1815/16 (erschienen 1817 in dem Band *Nachtstücke*).

Nathanael, ein für Mystik, Spuk und romantische Schwärmereien anfälliger junger Mann, begegnet in seinem italienischen Studienort dem Mechaniker Coppola. In ihm meint er einen gewissen Coppelius wiederzuerkennen, der während seiner Kindheit im Haus seines Vaters verkehrte und mit diesem heimlich chemische Experimente durchführte. In Nathanaels kindlicher Fantasie ist Coppelius der schreckliche Sandmann, der unartige Kinder entführt und ihnen die Augen auspicken lässt. Tatsächlich ist Coppelius ein böser, hämischer Charakter, der schließlich sogar für den Tod des Vaters verantwortlich ist. (Angestiftet von Coppelius kommt der Vater bei einem der Experimente durch eine Explosion ums Leben.) Danach bleibt Coppelius unauffindbar.

Nathanaels Verlobte Clara, eine lebensfrohe, nüchterne Frau und

E.T.A. Hoffmann
Der Sandmann

Reclam

ihr ebenso pragmatischer Bruder Lothar versuchen in einem Briefwechsel, ihm seine düsteren Vermutungen auszureden. Als Nathanael von seinem Professor Spalanzani – bei dem Namen des Professors hat Hoffmann offenbar an den realen Biologen Lazzaro Spalanzani (1729–1799) gedacht, der sich mit Anatomie, Physiologie, Embryologie und künstlicher Befruchtung beschäftigte – erfährt, dass Coppola wirklich Italiener ist, lässt er seinen Verdacht widerwillig fallen, und obwohl er den Mechaniker nach wie vor abstoßend findet, kauft er von ihm ein Fernrohr.

Mit dem Fernrohr beobachtet Nathanael heimlich die scheue Tochter des Professors, Olimpia, für die in ihm eine wilde Leidenschaft aufflammt. Olimpias Verhalten ist jedoch äußerst merkwürdig. Stundenlang sitzt sie unbeweglich an ihrem Tisch, ihr Gang ist steif und ihr Blick starr. Nathanael deutet dies als Ausdruck besonderer Tiefe, Zurückhaltung und Vornehmheit. Als seine Liebe zu ihr übermächtig wird, entschließt er sich, ihr einen Heiratsantrag zu machen. Im Haus Olimpias aber findet er den Professor und den Mechaniker Coppola vor, die sich heftig um eine Puppe streiten. Jetzt fällt es ihm wie Schuppen von den Augen, denn die Puppe *ist* Olimpia, also nichts anderes als ein Automat, und Coppola ist doch der Dämon seiner Kindheit Coppelius. Wieder verschwindet dieser spurlos, wobei er den Automaten mit sich nimmt. Nathanael ist völlig zerrüttet. Er versucht, den Professor zu erwürgen, erleidet einen Nervenzusammenbruch und landet in einer Heilanstalt.

Als er aus seinem Koma erwacht, befindet er sich wieder zu Hause bei seiner Mutter, Clara und Lothar. Da er geheilt scheint, wird die Hochzeit mit Clara vorbereitet. Auf einem Spaziergang besteigen Clara und Nathanael den Turm des Rathauses. Oben angelangt blickt Nathanael durch das von Coppelius erstandene Fernrohr, um die Landschaft zu beobachten. Dabei gerät Clara in den Blickfeld, und ein neuer Anfall von Wahnsinn überwältigt ihn. Plötzlich meint er, dass auch Clara ein Automat sei. In seiner Raserei will er Clara über die Brüstung werfen. Lothar, von den verzweifelten Hilferufen seiner Schwester alarmiert, kann sie in letzter Sekunde retten. Für Nathanael aber kommt jede Hilfe zu spät. Denn zu seinem blanken Entsetzen erkennt er in der Menge, die sich durch die dramatischen Ereignisse vor dem Turm zusammengerottet hat, das Gesicht des schrecklichen Coppelius. Jetzt stürzt er sich selbst in die Tiefe und findet den Tod.

Was fällt an Hoffmanns Geschichte auf? Zunächst einmal führt E. T. A. Hoffmann den Roboter in die Literatur im Allgemeinen und in die SF im Besonderen ein. Entscheidend dabei ist, dass er seinen künstlichen Menschen nicht magisch-märchenhaft zum Leben erweckt, sondern ihn auf technischer (mechanischer) Basis plausibel macht.

Den realhistorischen Hintergrund liefern etliche Räderwerk-konstruktionen seiner Zeit, so z. B. der berühmte »schachspielende Türke«, 1769 in Bratislava von Wolfgang von Kempelen erbaut. Der »schachspielende Türke« entpuppte sich zwar als Betrug, da in seinem Inneren ein kleiner Mensch versteckt war, aber immerhin – von Kempelen animierte viele andere Tüftler, echte Automaten zu bauen. Hoffmann selbst wohnte 1813 in Dresden einer Vorführung des bewunderten Kaufmann'schen Musikautomaten bei, der diesmal kein Schwindel war. Beides machte auf Hoffmann einen derart großen Eindruck, dass er ihn in seiner Geschichte ›Die Automate‹ (1814) und natürlich dann im ›Sandmann‹ verarbeitete.

Noch bedeutungsvoller ist die Frage, mit welcher Haltung Hoffmann diesen Apparaten begegnet. ›Der Sandmann‹ gibt Aufschluss. Olimpia, die Automatenpuppe, muss sozusagen naturnotwendig den empfindsamen Nathanael in den Wahnsinn treiben, weil sie in ihrer abnormen Existenz ein Anschlag auf das menschlich-geistige Prinzip ist. Ebenso folgerichtig kann der Mechaniker, der sich solche Monstrositäten einfallen lässt und sie dann auch noch verwirklicht, nur ein dämonisches, abgrundtief böses Wesen sein.

In der Gestalt des Coppelius, der im weitesten Sinn den Wissenschaftler repräsentiert, wird diese Vorstellung lebendig. Coppelius scheint gar kein Mensch zu sein (siehe das Bild des Sandmanns), sondern er ist ein übernatürlicher Abgesandter des Bösen, todbringend und letztlich nicht greifbar. Die, die sich mit ihm einlassen – Nathanaels Vater, der an Coppelius' verbotenen Experimenten teilnimmt, und Nathanael selbst, der sich von Olimpia blenden lässt –, müssen ihren Leichtsinn mit dem Leben bezahlen. Selbst das eigentlich harmlose Fernrohr, auch von Coppelius hergestellt, bekommt in der Geschichte eine verhängnisvolle Bedeutung.

Dagegen erweisen sich die eher banalen, weil dem Alltäglichen verhafteten Figuren Clara und Lothar als immun. Sie wollen von einem teuflischen Coppelius und von merkwürdigen Automaten nichts wissen, erklären alles für Einbildung und halten Nathanael für einen überreizten Menschen mit zu viel Fantasie. Nur einmal, in der Attacke Nathanaels auf Clara, werden sie direkt mit der tödlichen Bedrohung konfrontiert, ohne sie allerdings in ihrem Wesen zu begreifen. So hat Clara ihre Liaison mit dem schwermütigen Nathanael schnell vergessen, denn die Geschichte endet mit dem Hinweis, dass Clara an der Seite eines anderen Mannes ein glückliches Familienleben führt.

Die Botschaft Hoffmanns heißt eindeutig: Finger weg von der »neumodischen« Technik, denn sie kann nur Verderben bringen! An anderer Stelle äußert er sich zu den Automaten unmissverständlich: »*Schon die Verbindung des Menschen mit toten, das Menschliche in Bildung und Bewegung nachäffenden Figuren zu gleichem Tun und Treiben hat für mich etwas Drückendes, Unheimliches, ja Entsetzliches (…) Das Streben der Mechaniker, immer mehr und mehr die menschlichen Organe zur Hervorbringung musikalischer Töne nachzuahmen oder durch mechanische Mittel zu ersetzen, ist nur der erklärte Krieg an das geistige Prinzip (…)*« (Hoffmann b, S. 419 f.) Hoffmanns Verhältnis zur Technik ist also ein anderes als das eines Julius von Voß, der in der Technik grundsätzlich etwas Positives sieht. Hoffmanns Haltung geht auch weit über einen kritischen Skeptizismus à la Mary Shelley hinaus. Bei Mary Shelley ist Baron Frankenstein weder verrückt noch ein irreales teuflisches Wesen, und das Monster ist auch nicht a priori böse, da es nicht zum Monster geworden wäre, hätte man es anders behandelt. Hoffmanns Einstellung ist, um es geradeheraus zu sagen, technik- und fortschrittsfeindlich, und seine Erzählung bestätigt diese Haltung. Selbst das unschuldige Fernrohr wird zu einem Instrument des Bösen.

Hier spürt man aber auch Hoffmanns Tiefe, denn viel früher als andere fühlt er die negativen, abgründigen Seiten einer entfesselten Technik. Doch als Romantiker ist er zu voreingenommen, um die richtigen Schlüsse ziehen zu können. Zwar erahnt er fast hellsichtig die Konturen einer heraufziehenden neuen Zeit, doch an Gestaltung denkt er nicht, sondern empfindet nur tiefe Ablehnung. So will er mit seinen Mitteln dazu beitragen, die Entstehung dieser schrecklichen neuen Welt zu verhindern oder zumindest zu diskreditieren. Das macht ihn auch zum idealtypischen Vorläufer einer gewissen deutschen SF-Entwicklung, die bei Hoffmann allerdings noch Größe hat.

Dass Hoffmann es bitterernst meint und das Geschehen nicht etwa rein psychologisierend als Wahnvorstellung seines Protagonisten darstellt, zeigt die Geschichte ebenfalls. Der Automat Olimpia und der gruselige Coppelius sind keine Hirngespinste Nathanaels, sondern sie begegnen ihm wirklich. Insofern entlarvt sich das Abwiegeln von Clara und Lothar als eigentliche Illusion. Denn während der sensible Nathanael zerbricht, weil er die Wahrheit geschaut hat, leben Clara und Lothar in ihrer naiven Unwissenheit weiter. In diesem Licht erscheint der Schluss der Geschichte geradezu ironisch, so als wollte sich Hoffmann über die Sorglosigkeit seiner Zeitgenossen angesichts der immer länger werdenden Schatten der Maschinen lustig machen.

Als begnadeter, aber »hoffnungsloser« Romantiker erweist sich Hoffmann schließlich auch in der Art, wie er seine Erzählung mit dem ganzen Repertoire romantischer Stilmittel klimatisch aufheizt. Da ist Nathanael, der hyperempfindsame, seelisch zerrissene junge Mann; da ist die hohe, reine Liebe, die ein tragisches Ende findet; da ist der spukhaft-reale Coppelius als Inkarnation des unfasslich Bösen; da ist das Gegenbild einer banalen Wirklichkeit in Form von Clara und Lothar; da gibt es den profanen Gegenstand, der plötzlich ein unheimliches Eigenleben entwickelt; all das vereint sich zu einer dichten romantischen, »romanhaften« Atmosphäre, in der Reales und Irreales, Natürliches und Übersinnliches, Wunder und Schrecken eine surreale Symbiose eingehen. Da Hoffmann das mit dem Roboter verbindet, der sogar zum handlungsleitenden Element wird, trägt er viel zur Entwicklung einer originären SF-Ästhetik bei – ein weiterer Grund, ihn trotz aller Kritik als großen Impulsgeber der SF zu feiern.

Alles in allem repräsentiert E. T. A. Hoffmann wie von Voß den Beginn der deutschen SF. Zugleich ist er weit mehr noch als Julius von Voß die spezifische deutsche Antwort auf Mary W. Shelley, weil auch sie ihre Wurzeln in der Romantik, speziell der *gothic novel* hat. Gerade wegen seiner letztlich antimodernen Orientierung kann Hoffmann ihre Bedeutung für die SF jedoch nicht erreichen. Den romantischen Schauer aber hat er, wegweisend für die SF, perfekt inszeniert!

4. Die Zeit bis 1870

Vormärz

Mit »Vormärz« ist der Zeitabschnitt gemeint, der in Deutschland das Ende der Napoleon-Ära 1814/15 bis zur (gescheiterten) deutschen Revolution von 1848 bezeichnet.

Nach den ersten großen Würfen fiel die taufrische deutsche SF wieder in eine Art Dornröschenschlaf, d. h. die Zeit zwischen 1820 und 1870 war für die SF relativ ereignislos. In dieser Zeit gab es keine herausragenden SF-Werke, sondern nur das eine oder andere Schlaglicht, dass die kommende SF-Zeit erahnen ließ. Zu erklären ist die lange Abwesenheit prägender Werke vielleicht mit der Tatsache, dass die deutschen Aktivbürger des Vormärz mit zwei ganz konkreten Utopien beschäftigt waren, die kurz vor ihrer Realisierung zu stehen schienen. Das waren einmal der Gedanke, die politische Zersplitterung Deutschlands durch einen einigen Nationalstaat zu überwinden, und zum anderen die Vision, die Feudalherrschaft abzuschütteln und eine bürgerliche Demokratie zu errichten. Beides war im Denken vieler Freiheitskämpfer untrennbar miteinander verbunden. Und: Es waren konkret fassbare Ziele, für die es sich zu streiten lohnte. Damit entfiel die Notwendigkeit, sich in fantastischen Geschichten eine bessere Welt der fernen Zukunft auszudenken, stand die neue Gesellschaft doch (vermeintlich) direkt vor der Haustür!

Eine Bestätigung meiner These findet sich gerade auch in der Tatsache, dass die deutsche SF erst dann wieder Fahrt aufnahm, als die politischen Träume endgültig zerplatzt waren. Das neue Kaiserreich schien für die Ewigkeit gebaut. Folglich verflüchtigten sich die konkreten Utopien, und der Spielraum für eine spekulative SF-Fantastik wurde wieder deutlich größer. Hier nun einige der rar gesäten Spots aus dieser SF-Zwischenzeit, die allerdings für den einen oder anderen Aha-Effekt sorgen könnten.

4.1.   Der Wiener Kongress 1814 und das Zukunftsjahr 1914

Der Publizist und Bühnenautor August von Kotzebue (1761–1819) präsentierte 1814 mit dem Theaterstück *Die hundertjährigen Eichen oder Das Jahr 1914. Ein Vorspiel mit Gesängen und Tänzen* ein interessantes Zeitdokument mit SF-Elementen.

Der Autor springt 100 Jahre in die Zukunft und konzipiert ein Jahr 1914, das technisch nichts anzubieten hat, was nicht schon seine Zeit hätte vorweisen können. Politisch-gesellschaftlich ist es jedoch ein Wunderland. In bekannt utopischer Manier herrscht hier ein »ewiger« Friede. Kein junger Mann muss mehr befürchten, in den Krieg geschickt zu werden. Zudem hören die Landesherren auf die Meinung des Volkes, und die Zeiten eines bedingungslosen Untertanentums sind vorbei. Demokratie in unserem Sinne gibt es zwar nicht, dennoch gibt es gegenseitigen Respekt und einen funktionierenden Konsens zwischen den Bürgern und ihrem Fürsten. Tatsächlich ging es von Kotzebue nicht um einen utopischen Entwurf des Jahres 1914, sondern sein kritischer Blick galt dem aktuell stattfindenden Wiener Kongress von 1814/15 mit dem Geschacher des europäischen Adels um Pfründe und Besitztümer. Das Stück *Die hundertjährigen Eichen oder Das Jahr 1914* sollte mithin ein Gegenbild zur feudalistischen Machtausübung entwerfen.

Der sogenannte Vielschreiber von Kotzebue, der heute noch als eher oberflächlicher Theaterschriftsteller gilt, war zu seiner Zeit sehr erfolgreich, aber auch heftig umstritten, wozu er selbst nicht unerheblich beitrug. Er legte sich mit Goethe an, distanzierte sich von der Romantik, polemisierte scharf gegen Napoleon und machte sich über die Burschenschaften mit ihren liberalen Ideen lustig. So blieb es nicht aus, dass er als literarischer Giftmischer und Verräter an der deutschen Sprache angegriffen wurde. Andere hielten ihn dagegen für das »eigentliche Theatertalent der Deutschen« – so kein Geringerer als Friedrich Nietzsche in *Menschliches, Allzumenschliches*.

Auch und gerade politisch wurde er zur Zielscheibe. Wegen seiner engen Nähe zum Zarenhof handelte er sich den Ruf eines russischen Spions ein, und bei den freiheitlich gesinnten Studenten war er regelrecht verhasst, was dazu führte, dass 1819 ein fanatisierter Student zur Waffe griff und von Kotzebue ermordete. So kann man etwas bemüht sagen, dass nicht sein Werk, sondern sein persönliches Schicksal die Gewalttätigkeit des Jahres 1914 vorweggenommen hat.

4.2. Zeitmaschinen und Androiden

Hier und da finden sich in dieser Zeit bei literarisch anerkannten Autoren Textstellen, die einen verblüffenden Bezug zur SF aufweisen. Als ein Beispiel sei der deutsch-französische Naturforscher und Dichter Adelbert von Chamisso (1781–1838) genannt, dessen bekanntestes Werk *Peter Schlemihls wundersame Geschichte* (1814) sein dürfte. Seine Faszination für die Lokomotive inspirierte ihn zu dem Gedicht ›Das Dampfross‹ (1830). Dort heißt es: »*Ich habe der Zeit ihr Geheimnis geraubt, / Von Gestern zu Gestern zurück sie geschraubt, / Und schraube zurück sie von Tag zu Tag, / Bis einst ich zu Adam gelangen mag.*« (zit. nach Schenkel, ›Wie die Menschen außerirdisch wurden‹, S. 141) Der Lyriker erkennt, dass eine beschleunigte Reise durch den Raum die Zeit selbst verändert. So wird bei Chamisso die Lok zu einer Art Zeitmaschine.

Für viele mag es ein noch lauterer Paukenschlag sein, wenn in einer SF-Literaturgeschichte der alles überstrahlende deutsche Dichterfürst Johann Wolfgang Goethe (1749–1832) genannt wird. Das hat seinen Grund. Goethe lässt nämlich im zweiten Teil des *Faust* (Werkerstellung zwischen 1825–1831) einen künstlichen Menschen (Homunkulus) entstehen, aber nicht durch Magie, sondern durch fiktive Wissenschaft, also SF-gemäß. Wagner, vom Assistenten zum eigenständigen Forscher avanciert, experimentiert in seinem Labor. Mephisto, der Teufel, erscheint und fragt interessiert nach Wagners Tun. Es entspinnt sich folgender Dialog:

> »*Mephistopheles: Was gibt es denn?*
> *Wagner: Es wird ein Mensch gemacht.*
> *Mephistopheles: Ein Mensch? Und welch verliebtes Paar habt Ihr ins Rauchloch eingeschlossen?*
> *Wagner: Behüte Gott!*
> *Wie sonst das Zeugen Mode war, erklären wir für eitel Possen. (...)*
> *Wenn sich das Tier noch weiter dran ergetzt,*
> *so muss der Mensch mit seinen großen Gaben*
> *doch künftig höhern, höhern Ursprung haben.*«
> (Goethe, *Faust II*, Leipzig 2002, S. 100 f.)

Bezeichnend ist, dass Mephisto bei dem Hinweis »es werde ein Mensch gemacht«, sofort an ein kopulierendes Pärchen denkt. Mit

der künstlichen Zeugung kann er jedoch nichts anfangen. Der Teufel als mythisch-mystische Person erscheint plötzlich wie ein Relikt einer sterbenden Welt. Nicht unwahrscheinlich ist, dass der dichtende Minister aus Weimar von Mary Shelleys Roman *Frankenstein* gehört hatte und den Gedanken eines künstlichen Menschen so faszinierend fand, dass er ihn in *Faust II* verarbeitete. Doch das bleibt eine Vermutung, während es eine Tatsache ist, was Ritter so beschreibt: *»Am Beginn dieser Revolution in den deutschen Landen* (gemeint ist die wissenschaftlich-technische Revolution, H. F.) *gehören Goethe und sein Freundeskreis zu den wenigen Schöngeistern, die sich auch ernsthaft und professionell um Natur, Wissenschaft und Technik kümmerten. Rückblickend gesehen sind sie für lange Zeit sogar die letzten, denen die Harmonie der edlen Künste mit den profanen selbstverständlich war.«* (*Anno Utopia*, S. 100) Man kann es auch so formulieren: Ausgerechnet Goethe, den ein gewichtiger Teil von nachfolgenden Bildungsbürgergenerationen für ihren rückwärtsgewandten, abgehobenen und wissenschafts- und technikfeindlichen Pseudohumanismus wie selbstverständlich in Anspruch nahm, war schon am Anfang des 19. Jahrhunderts ein Mensch, der keinen Gegensatz zwischen Naturerkenntnis und Poesie sah.

Dazu passt, dass der immer im gleichen Atemzug genannte Friedrich Schiller (1759–1805) zwar keinen SF-Roman, aber einen philosophisch unterfütterten Unterhaltungsroman im Horror-Genre verfasst hat, der allerdings fragmentarisch blieb. Sein Titel: *Der Geisterseher* (Fortsetzungen zwischen 1787 und 1789 in der Zeitschrift THALIA). Zugegeben: Der Roman ist in Schillers Gesamtwerk nicht mehr als eine größere Marginalie, zeigt aber trotzdem, dass Goethe und Schiller auch im Sinne der populären Literatur mehr Facetten haben, als es sich die deutschnationalen Kleingeister hatten träumen lassen. (Was war denn Goethes *Die Leiden des jungen Werther* anderes als *der* Pop-Roman seiner Zeit?)

4.3.   Vom Märchen zur SF

Auch der noch heute allseits bekannte dänische Märchendichter Hans Christian Andersen (1805–1875) muss im Zusammenhang der Entstehung der SF in Deutschland zur Verblüffung vieler genannt werden. Andersen, der so berühmte Kunstmärchen wie ›Die Prinzessin auf der Erbse‹, ›Des Kaisers neue Kleider‹, ›Die kleine Meerjungfrau‹, ›Däumelinchen‹, ›Der standhafte Zinnsoldat‹ oder ›Das Mädchen mit den Schwefelhölzern‹ geschrieben hat, tat sich, wenn auch als solitäre Aktion als SF-Schriftsteller hervor. Denn um 1845 inspirierte ihn ein Erlebnis mit einer Dampflokomotive in Sachsen, einen Text mit dem Titel *In Jahrtausenden* (1853) zu schreiben.

Ein kurzes Zitat:»*Ja, in Jahrtausenden kommen sie auf den Flügeln des Dampfes durch die Luft über die Weltmeere herüber. Die jungen Bewohner Amerikas besuchen das alte Europa (…) Das Luftschiff kommt, es ist mit Reisenden überfüllt, denn die Fahrt ist schneller als zur See, der elektromagnetische Draht unter dem Weltmeere hat bereits telegraphiert, wie groß die Luftkarawane ist. Schon ist Europa in Sicht (…); dort betreten sie den Boden Europas (…), im Lande der Politik, im Lande der Maschinen.*« (S. 136) Ich halte es für bemerkenswert, dass sich ein ausgewiesener Märchendichter plötzlich der neuen Welt der Maschinen zuwandte, und das auch noch mit einer nicht nur wohlwollenden, sondern sogar begeisterten Haltung.

4.4.   Die Wunder des Jahres 1857

Ritter macht auf eine weitere Vignette aufmerksam. Der ILLUSTRIRTE DORFBARBIER. EIN BLATT FÜR GEMÜTHLICHE LEUTE veröffentlichte am Sonntag, dem 14. Juni 1857, eine Geschichte mit dem Titel ›Eine Zeitreise aus dem Jahr 1811 ins Jahr 1857‹. Als Autor kann Ferdinand Stolle, der Chefredakteur der Unterhaltungszeitschrift, vermutet werden. Stolle geht von der für das Jahr 1811 »unerhörten« Tatsache aus, dass es gelungen sei, »in nur vier Tagen« (!) die Nachricht von der Geburt des »Königs von Rom« nach Wien zu übermitteln. Die Leute seien darüber derart schockiert gewesen, dass man an das Ende der Welt geglaubt habe.

Mit einem pfiffigen Kunstgriff kommt Stolle nun zu seinem eigentlichen Thema. Er fordert die Leser auf, sich vorzustellen, ein Zeitzeuge dieser »Blitznachricht« von 1811 sei eingeschlafen und erst im Jahr 1857 wieder ungealtert aufgewacht. In Dresden wird er freundlich aufgenommen und mit der Stadt vertraut gemacht. Der Zeitreisende kommt von da an aus dem Staunen und ständigen Überraschungsrufen nicht mehr heraus. Er erlebt ihm bisher völlig unbekannte Erfindungen wie das Streichholz, die ersten Fotografien, die Gasbeleuchtung und die Telegrafie. Am Bahnhof angelangt, hat er zuerst Angst vor der schnaufenden Dampflok. Als er aber erfährt, dass sie in nur drei Stunden in Leipzig ist, eine Reise, für die er als Student drei Tage gebraucht hatte, ist er vollends überwältigt und hilflos stöhnt er: »*S hört auf!*« Sein Begleiter verneint. »*S hört nicht auf, jetzt geht die Weltgeschichte erst richtig an!*« (S. 187)

Mit dem literarischen Kniff, einen Menschen aus der erst 46 Jahre zurückliegenden Vergangenheit in seine Gegenwart zu holen, kann Stolle nicht nur sehr glaubwürdig ein Hohelied auf den technischen Fortschritt singen, sondern auch die Furcht vieler Zeitgenossen vor dem Neuen als unbegründet und kleinmütig verulken. Dazu muss man wissen: Man hatte für den 13.6.1857 – wieder einmal – den Weltuntergang vorausgesagt. Wie die nur einen Tag später erschienene Ausgabe des DORFBARBIERS beweist, hatte dieser – wieder einmal – nicht stattgefunden. Witzig und geistreich versteht es der Autor, diffuse Zukunftsängste nicht verletzend, sondern in liebenswürdiger Weise zu »entlarven«. Das ist ein kleines Kunststück, das nur selten gelingt.

III. Träume und Albträume in einer verfallenden Welt (1871–1918)

5. Science Fiction im deutschen Kaiserreich

5.1. Das deutsche Kaiserreich 1871–1918

Zum historischen Hintergrund: 1871 hatte es Reichskanzler Otto von Bismarck (1815–1898) endlich geschafft. Nach dem für die Franzosen verlorenen Krieg von 1870/71 ließ er im Spiegelsaal von Versailles das einige Deutschland verkünden. Der preußische König Wilhelm (der Vater von Wilhelm II.) wurde der erste deutsche Kaiser.

Damit begann eine historisch kurze, lediglich 47 Jahre während Ära, die von Anfang an unter keinem guten Stern stand. In sich war das neue Kaiserreich ein von oben (vom preußischen Adel) diktiertes Gebilde, das nicht vom Volk geschaffen worden war und selbst vom nicht-preußischen Adel eher skeptisch betrachtet wurde. Politisch war es ein letztendlich verrücktes Konstrukt, das einen hoffnungslos veralteten Feudalismus mit dem vorwärtsstürmenden Industriekapitalismus, angetrieben durch Wissenschaft und Technik, verbinden wollte. Sozial war es völlig zerrissen, denn das stetig wachsende Heer der Arbeiterschaft, das sich aus proletarisierten Handwerkern und Landarbeitern rekrutierte, war auf Dauer nicht bereit, sich als willige Arbeitssklaven verheizen zu lassen. So wurde die SPD trotz aller Verfolgung immer größer und mächtiger, und im Grunde war klar zu spüren, dass es mit dieser Ambivalenz nicht so weitergehen konnte. Hinzu kam eine außenpolitische Situation, die einem Kartenhaus glich, das jeder Windhauch zum Einsturz bringen konnte. Die komplizierten Bündnis- und Interessenkonstellationen produzierten eine brisante Labilität, die einen drohenden Krieg immer wahrscheinlicher machte.

Anstatt nun Wege zum Ausgleich zu suchen, übertünchten die herrschenden Kreise in Deutschland das explosive Gemisch mit nationalem Getöse, Großmannssucht und Säbelrasseln. Die Folge war eine hochgefährliche, illusionäre Haltung weitester Kreise, vor allem auch der Intellektuellen zur tatsächlichen Lage. Nur so lässt sich erklären, dass der Kriegsausbruch 1914 einen beinahe hysterischen Begeisterungstaumel hervorrief.

Angemerkt sei noch, dass in der Zeit des Kaiserreichs auch alle Elemente des deutschen Faschismus vorgeprägt wurden. Nicht nur, aber auch deshalb konnten die Nazis in der Weimarer Republik groß werden und letztlich triumphieren.

5. 2.   Hegel, das Preußentum und die Moderne

Zwangsläufig wurde die Science Fiction vom Zeitgeist des Kaiserreichs beeinflusst. Dabei war für die Masse der sich intellektuell wähnenden Menschen die Philosophie des sog. deutschen Idealismus die einzig gültige Richtschnur. Der deutsche Idealismus vor allem in der Version des deutschen Philosophen Georg Friedrich Wilhelm Hegel (1770–1831) beinhaltete die geradezu kultische Überhöhung eines abstrakten Geistes, der als teleologischer »Weltgeist« Geschichte macht, und die Verächtlichmachung alles Stofflichen, vermengt mit einer religiös anmutenden Verehrung des preußischen Staates, einer nationalistischen Deutschtümelei und einer unerträglichen Arroganz gegenüber allem, was nicht in diesen Rahmen passte. Das bedeutete für die humanistisch gebildete Elite konkret: Reale Entwicklungen wie z. B. die von Wissenschaft und Technik wurden (wenn überhaupt) nur naserümpfend zur Kenntnis genommen, soziale Probleme waren lediglich dem umstürzlerischen Treiben der Sozialdemokratie zuzuschreiben, und generell waren die Deutschen das Volk, das die Welt beherrschen sollte.

Natürlich gab es auch andere. Bspw. wurde der Wissenschaftspublizist Wilhelm Bölsche (1861–1939) nicht müde zu betonen, dass auch Wissenschaft und Technik literaturwürdige Gegenstände seien. Es gab respektable Menschen wie Bertha von Suttner, die den sozialen Ausgleich und eine konsequente Friedenspolitik für unabdingbar notwendig hielten. Es gab Intellektuelle, die diese Bezeichnung zu Recht trugen, wie Kurd Laßwitz, Theodor Hertzka, Albert Daiber und Arnold von der Passer, die in ihren Utopien das Gegenteil des schlechten Preußentums darstellten. Und es gab viele sozial und demokratisch denkende Menschen, die sich mit den Zuständen nicht abfinden wollten. Allerdings zählten sie zu einer Minderheit, die zwar Gehör fand und ihre Schriften z.T. weit verbreiten konnte, aber ihre Wirksamkeit versank letztlich in einer ideologischen Deutschtums-Soße, mit der alles übergossen und jeder kritische Ansatz ertränkt wurde.

Verhängnisvoll wirkte sich die Verbindung des sog. humanistischen Gymnasiums in seiner Ausprägung des späten 19. Jahrhunderts als Rekrutierungsanstalt der gesellschaftlichen Elite mit seiner romantischen Rückwärtsgewandheit aus, zu der auch stets die märchenhafte Umdeutung der Wirklichkeit gehörte. Das führte letztlich zu einem menschenfeindlichen Weltbild und zu einer Missachtung gesellschaftlicher Realitäten. Das erschütternde Debakel des Ersten Weltkriegs, das der deutschen Geschichte ca. 100 Jahre lang ihren Stempel aufgedrückt hat, findet hier eine wesentliche Ursache.

In dieser Gemengelage wurde die Rolle der SF speziell von den genannten Kreisen (soweit diese die SF überhaupt registrierten) entweder als wohlfeiles Instrument definiert, das reaktionäre Inhalte breitenwirksam zu transportieren hatte, oder aber als diskussionsunwürdige Nichtliteratur, die generell kunstlos und indiskutabel sei. Dennoch behauptete sich trotz aller Anfeindungen die SF im Kaiserreich als eigenständiger Literaturzweig, der neben seinen tiefen Tälern in der Lage war, originäre, erstaunliche und bewundernswerte Leistungen zu vollbringen.

Um vorzugreifen: Die SF mauserte sich im Laufe der Literaturgeschichte des 20. Jahrhunderts von einem Schmuddelkind zum Star unter den literarischen Genres. Die Laufbahn der SF über die Jahrzehnte hinweg ist mithin eine beispiellose Erfolgsgeschichte, und das gilt nicht nur für Deutschland, sondern für die gesamte an der Aufklärung orientierte Kultur, also für den Westen weltweit. (Dass die SF aktuell an ihrem eigenen Erfolg zu ersticken droht, ist eine andere Geschichte.)

5.3.   Der erste deutsche SF-Boom

Die SF im deutschen Kaiserreich war über weite Strecken explizit politisch. Der Kampf der politischen und weltanschaulichen Richtungen tobte auch und gerade in den Geschichten und Romanen eines beträchtlichen Teils der SF-Autoren. Diese hatten die ausdrückliche Absicht, mit ihren Texten für diese oder jene Position Partei zu ergreifen und die Leser in ihrem Sinne politisch zu beeinflussen, ja sie zu agitieren und/oder zu manipulieren. Gerade politisch rechte Autoren erkannten die große Bedeutung der populären Literatur in der Meinungsmache und fanden vornehmlich in der SF-Utopie/Dystopie die Form, die diese Aufgabe am besten erfüllen konnte. Dies kombiniert mit den atemberaubenden Entwicklungen in Wissenschaft und Technik (z. B. der Luftfahrt oder der Elektrotechnik) und ihren möglichen politisch-sozialen Konsequenzen stieß schon vor 1900 das Tor für den ersten deutschen SF-Boom weit auf. Er dauerte ungefähr 20 Jahre bis zum Ausbruch des Krieges 1914.

5.4.   Ausländische Einflüsse auf die frühe deutsche SF

Dieser SF-Boom war überraschenderweise von seiner Entstehung her kein deutsches Eigengewächs. Trotz der »Deutschland, Deutschland über alles«-Kakophonie wurde er sinnigerweise von vier Ausländern ausgelöst bzw. stark beeinflusst. Es handelt sich hier um Edward Bellamy, Jules Verne, H. G. Wells und Georg Tomkyns Chesney.

Edward Bellamy

Der US-Bürger und Pfarrerssohn Edward Bellamy (1850–1898) schuf mit seinem Roman *Ein Rückblick aus dem Jahr 2000 auf das Jahr 1887* (erschienen 1887) eine einflussreiche SF-Sozialutopie, die auch in Europa Wellen schlug. In Bellamys Buch heißt der Held des Geschehens Julian West, ein Angehöriger der Bostoner Oberschicht des Jahres 1887. Da er immer wieder von unerträglichen Kopfschmerzen geplagt wird, baut er sich unter seinem Holzhaus eine abgeschottete Kammer, in der er sich von einem mesmeristischen Hypnotiseur in den Schlaf versetzen lässt. Als sich eines Tages Julian im hypnotischen Tiefschlaf befindet, brennt das Haus ab. Er wird vergessen und wacht erst wieder im Jahr 2000 auf, wobei er – oh Wunder des Mesmerismus – um keine Minute gealtert ist. Jetzt erlebt er ein neues Zeitalter in einem neuen Boston.

»Verwirrt und staunend wird Julian von seinem Gastgeber, dem Arzt Dr. Leete, in diese Welt eingeführt, die in jedem Punkt zu der gesellschaftlichen Ordnung im Widerspruch steht, die er aus der Vergangenheit kennt. Er erlebt die völlige Gleichberechtigung der Frau, die Befreiung der Ehe von materiellen Zwängen, eine polytechnische Erziehung und Ausbildung der Jugend, die jeden nach Anlagen und Fähigkeiten fördert, und eine Blüte der Künste und der Wissenschaften. Im Boston des Jahres 2000 sind die Wohnviertel durch ausgedehnte Grünflächen aufgelockert, die Bewohner versammeln sich zum Essen in freundlichen Speisehallen, Slums sowie unhygienische und umweltschädliche Fabrikanlagen sind verschwunden. Bellamys Theorien umfassen eine humane Justiz, einen menschenwürdigen Strafvollzug ebenso wie das Gesundheitswesen, die Kommunikationsmittel und den Güteraustausch zwischen den Nationen mit dem Ziel eines Weltstaates.« (Schütz VII) Bellamys Roman erfüllt alle Ansprüche, die an eine klassische Utopie gestellt werden. Es will den realen (schlechten) gesellschaftlichen Zuständen seiner kapitalistischen Gegenwart ein soziales und genossenschaftlich geprägtes Modell humaner Verkehrsformen entgegenstellen. Das Buch war ein riesiger Erfolg, der nicht nur eine Reformbewegung in den USA auslöste, sondern auch in Europa erhebliche Wirkung zeigte. In Deutschland waren es vor allem die Zeitungen und Druckschriften der SPD, die »Blick zurück« populär machten. Neben mehreren bereits vorhandenen Übersetzungen besorgte keine Geringere als Clara Zetkin (1857–1933) eine Neuübersetzung aus dem Englischen.

Gleichwohl war man sich in der europäischen Arbeiterbewegung einig, dass das Buch des amerikanischen Idealisten keine politische Perspektive bot. Bellamy gehörte eben zu den linksliberalen »utopischen« oder »Gefühlssozialisten«, wie die Marxisten sagten. Seine Hauptillusion bestand in dem Glauben, sein Zukunftsentwurf würde sich kraft reiner Überzeugung und Vernunft quasi von selbst durchsetzen. So sah Bellamy auch nie die Notwendigkeit, sich einem wirklichen politischen Kampf zu stellen, geschweige denn, sich in einer sozialistischen Partei zu organisieren. Bellamys Roman blieb ein Traum, immerhin aber ein Traum, der auch heute noch zum Nachdenken anregt.

Nichtsdestotrotz war das Buch gerade auch in Deutschland ein »Renner«. Es trat eine Lawine los, die nicht nur links Furore machte, sondern auch bei der politischen Rechten viel in Bewegung setzte – allerdings ganz anders, als es sich Bellamy, seine Anhänger und die SPD vorgestellt hatten.

Jules Verne

Der zweite ausländische Autor, der die deutsche SF nachhaltig prägen sollte, ist der überragende Franzose Jules Verne (1828–1905). Noch stärker als Bellamy gab er durch seine wegweisenden Romane grundlegende Sets, Metapherngeflechte und Motivstrukturen vor, die von den deutschen Autoren der SF begierig aufgesogen und in eigene, national umgeformte und umgebogene Werke verarbeitet wurden.

Der deutsche »utopisch-technische Zukunftsroman«, der bis in die 60er-Jahre des 20. Jahrhunderts hinein das vorherrschende Genre-Label für SF in Deutschland war, ist ohne Jules Verne nicht vorstellbar. So kam es nicht selten vor, dass sich deutsche SF-Autoren mit dem Franzosen verglichen, von ihren Verlagen als »deutscher Jules Verne« tituliert wurden oder sogar durch den expliziten Versuch, sich von ihm abzusetzen, indirekt und ungewollt doch dessen große Bedeutung herausstellten.

H. G. Wells

Der für die SF wegweisende Engländer H. G. Wells (1866–1946) war in diesem Zusammenhang nicht so dominant wie der Franzose Jules Verne, aber es besteht kein Zweifel, dass er ebenfalls einen erheblichen Einfluss auf die SF des Hohenzollernreiches ausgeübt hat. Die Bilder seiner um die Jahrhundertwende geschriebenen Romane flossen direkt oder indirekt in die deutsche Zukunftsbelletristik ein. Ein Beispiel: Dass die Raumschiffe der frühen deutschen Weltraum-SF fast ausschließlich mittels Antigravitation funktionieren, ist zum Teil seinem »Cavorit« zu verdanken, mit dem er die ersten Menschen auf den Mond schickt. Ein wichtigeres Beispiel: Sein SF-Roman *Der Krieg der Welten* fand zuweilen Eingang in die Texte deutscher Autoren, wurde dort aber von einer Anklage gegen den kolonialistischen Imperialismus in dessen Bejahung umgefälscht.

George Tomkyns Chesney

Zum Kreis der ausländischen SF-Inspiratoren gehört noch ein vierter, weniger bekannter Schriftsteller, der ein SF-Subgenre kreierte, das sich dann bei den sog. vaterländischen Autoren gerade im Deutschland des Wilhelm Zwo größter Beliebtheit erfreute. Gemeint ist der Brite Colonel George Tomkyns Chesney (1813–1895), der 1871 mit seinem *The Battle of Dorking* (dt. *Die Schlacht von Dorking*) zum Erfinder der Zukunftskriegsliteratur wurde (siehe Kapitel 10).

So wie die moderne SF-Sozialutopie als amerikanisches Produkt nach Deutschland hinüberschwappte, so wie Verne und Wells die Blaupause für zahllose deutsche Zukunftsromane lieferten, so war es ursprünglich kein deutscher Militarist, sondern der Engländer Chesney, der die Schleusen überkandidelter und abartiger Kriegsfantasien bei seinen deutschen Epigonen (und nicht nur hier) öffnete. Übrigens: Ganz verschwunden ist diese SF-Form selbst heute noch nicht. Die sog. Military-SF ist zwar deutlich abstrakter und fantastischer als die historische Zukunftskriegsliteratur, aber keineswegs weniger widerlich.

5.5. Den historisch richtigen Blick bewahren

Deutsch war nicht gleich deutsch

Das dominierende SF-Regelwerk, das den ersten deutschen SF-Boom prägte, kam also eindeutig von außen, was auch bedeutet, dass die SF von Anfang an eine internationale Erscheinung war. Das wurde allerdings in Deutschland gerade von den deutschnationalen Verlegern, Herausgebern und Autoren verdrängt. Man war krampfhaft bemüht, die SF einem umfassenden Deutschtum einzuverleiben.

So entstand die paradoxe Situation, dass ausgerechnet jene SF-Werke, die noch am ehesten den Anspruch erheben konnten, in einer originär deutschen Bildungstradition zu wurzeln, ignoriert oder niedergemacht wurden. Julius von Voß, der Urvater der SF, blieb vergessen oder wurde totgeschwiegen. E. T. A. Hoffmann wurde einseitig und verniedlichend auf das schwärmerische Romantisieren festgelegt und/oder mit der SF überhaupt nicht in Verbindung gebracht. Progressive wie Kurd Laßwitz, Hertzka, v. d. Passer, v. Suttner u. a. m. waren störende, undeutsche Elemente. Deutsch war eben nur deutsch, wenn die Ideologie stimmte. Wer nicht in das vorgehaltene preußisch-germanische Horn blies, gehörte nicht dazu. In diesem Fall spielte im Gegensatz zur Propaganda die Abstammung plötzlich keine Rolle mehr.

Dagegen galten rechtsgestrickte Autoren als die wahren Gralshüter der deutschen Zukunftsliteratur, obwohl sie in fremden Revieren wilderten. Tatsächlich konnten die Zukunftskriege der SF nur deutsch werden, weil der Engländer Chesney sie erfand. Zahllose deutsche SF-Texte hätten einer Wüste geglichen, hätten nicht Verne und Wells die Bilder und Kulissen geliefert, und ohne Bellamy hätte man die Dystopie und die Utopie nicht so komplett auf den Kopf stellen können, wie es dann reaktionäre und faschistische Autoren in Deutschland praktizierten. So üppig sich also die sich »urdeutsch« dünkenden Schriftsteller aus dem Ideenfundus ausländischer SF-Größen bedienten, so schmälerte das ihren Ruf als Siegelbewahrer der deutschen SF nicht. (Wohlgemerkt! Wenn Autoren von bedeutenden literarischen Vorbildern inspiriert werden, ist das kein Makel. Zum Makel wird es dann, wenn man derlei Fundamente als Eigenleistung ausgibt.)

Ideologisch motivierte »Ideologiekritik«

Die soeben aufgezeigte ungute Tradition war dafür verantwortlich, dass sich viele Jahrzehnte später ein verzerrtes Bild der frühen deutschen SF herausschälte, das zu Pauschalurteilen verführte. Im Teil V des Buches werden wir SF-Texte thematisieren, die in der Tat unvertretbar sind. Derartige Schriften (und andere) haben Anfang der 1970er-Jahren einige SF-Laien (wie z. B. den Wissenschaftsjournalisten Robert Jungk), aber auch pseudowissenschaftliche Fachbuchautoren wie Wolfgang Nagl (siehe sein Buch *Science Fiction in Deutschland*) dazu bewogen, die SF insgesamt und die deutsche SF insbesondere in Bausch und Bogen als technokratisch-reaktionär und faschistisch zu verdammen. Dieses Urteil ist trotz einiger richtiger Beispiele falsch. Dafür gibt es drei Gründe.

1. Die Autoren der sich als ideologiekritisch verstehenden Schule waren selbst ideologisch stark befangen. Insbesondere bei Nagl wird dessen eigene (kommunistisch-stalinistische) Weltanschauung zum einzigen Bewertungsmaßstab. Immer wieder fragt er, ob die SF der angestrebten sozialistischen Revolution diene oder nicht. Da das Genre in seiner Gesamtheit alles andere als eine marxistisch-leninistische Literatur ist, muss diese Frage logischerweise auch (fast) immer verneint werden. Auf die Schlussfolgerung, die SF sei deshalb generell faschistisch, kann somit nur jemand kommen, dessen Denken selbst gehörig »vernagelt« ist.

2. Auch unter rein literarischen Aspekten ist dieses Verfahren inakzeptabel. Kein SF-Werk wird aus seiner Zeit, seiner Struktur und Komposition heraus begriffen. Stattdessen wird ein außerhalb liegendes, dazu noch sehr schmalspuriges und in sich hoch dogmatisches Polit-Schema genommen, das den Autoren vorschreiben will, was sie zu schreiben haben. Meine Position: Solange sich jemand im weiten Rahmen der Aufklärung, der Menschenrechte und der Humanität bewegt, kann er schreiben, was er will. Ob es dann gute Literatur ist, steht auf einem anderen Blatt.

3. Schließlich ist ein Vorgehen à la Nagl methodisch unkorrekt, da nur Teile wiedergegeben, diese aber an die Stelle des Ganzen gesetzt werden. Die Vielfalt, die Vielschichtigkeit und die Tiefe der SF machen die genannten Bewertungen zu voreingenommenen und sachlich ungerechtfertigten Verbalinjurien.

Differenzierung ist notwendig

Mithin muss unseren Betrachtungen eine wichtige Differenzierung vorangestellt werden. Der generelle Ausgangspunkt ist dabei, dass es in der Belletristik keinen Text gibt, der nicht auch weltanschauliche und politische Aspekte hätte. Die Wasserscheide zwischen der Darstellung respektabler bis noch einigermaßen nachvollziehbarer Überzeugungen oder Ansichten und blanker, hasserfüllter Agitation liegt vor allem in der Beantwortung der Frage: Wo liegt das Schwergewicht, und welche Absicht verfolgt der/die Autor/in? Die Rede wird mithin von strammen Ideologen sein, die bewusst und gezielt politisieren und ihre »Heilslehren« indoktrinieren wollen.

Diese dürfen nicht gleichgesetzt werden mit politisch-weltanschaulich gemäßigten oder gar fortschrittlichen Autoren, die dann aber doch eher nebenbei ihre Texte mit gängigen Vorurteilen und Klischees anreicherten, welche sie mehr oder weniger unreflektiert übernommen hatten. Im Grunde wurden hier Stammtischparolen und sog. Volksweisheiten nachgeplappert, die zum üblichen Repertoire des »gesunden Volksempfindens« gehörten (z. B. ein abfälliges Frauenbild, rassistische Affekte oder ein gedankenloser Umgang mit Gewalt als scheinbar einfachste Form der Konfliktlösung). Auch derartige Texte sind streckenweise keineswegs ungefährlich, weil auch auf diese Weise Unheil stiftende Meinungen gemacht oder bestätigt werden. Aber sie haben doch eine andere Qualität als die ideologischen Hetzschriften.

> **Antisemitismus**
> In diesem Buch habe ich mich nur rudimentär mit dem Antisemitismus befasst, und zwar nicht, weil ich ihn für unwesentlich halte (das Gegenteil ist der Fall), sondern weil die seriöse Behandlung des Themas eine Dimension hat, die den Rahmen des Buches sprengen würde. Ich bitte also alle Leser/innen, immer im Hinterkopf zu behalten, dass ich ausdrücklich auch und stets den Hass auf jüdische Menschen meine, wenn ich allgemein von Rassismus spreche. Das ist zwar zugegebenermaßen unscharf, scheint mir aber in diesem Kontext gerechtfertigt zu sein.

Der Geschichte gerecht werden

Neben den ausgewiesen reaktionären und faschistischen Autoren gab es sehr viele, bei denen man auch politische Versatzstücke findet, die uns heute nicht gefallen. Trotzdem bleibt ein entscheidender Unterschied, denn die Absicht dieser Autoren war es nicht, in einem menschenverachtenden Sinn gezielt zu agitieren und zu indoktrinieren. Sie wollten entweder ihre tatsächlich fortschrittlichen Botschaften belletristisch transportieren, oder sie hatten das vorrangige, ja ausschließliche Interesse, spannende, gar reißerische Unterhaltung zu produzieren, die auch und gerade die Kasse klingeln lassen sollte. Was hier an problematischen Tönen überkam, war nicht das Musikstück, sondern einige falsch gespielte Noten. Das ist auch der Grund, warum nicht alles, was uns vom Kaiserreich bis zum

Ende der Weimarer Republik an Deutschtümelei, preußischem Protz und Pomp, übersteigertem Nationalismus und falschem Idealismus daherkommt, von vornherein Faschismus ist. Man darf nicht übersehen, dass der deutsche Zeitgeist in den ersten Jahrzehnten des 20. Jahrhunderts über Partei- und Klassengrenzen hinweg durchgehend eher nationalkonservativ und rechtspopulistisch war (z. B. ging die Kriegsbegeisterung 1914 bis weit in die ansonsten stramm sozialdemokratische Arbeiterschaft hinein). Wer also alles nur durch die Brille unserer heutigen »political correctness« sieht, wird der Historie nicht gerecht.

Bezogen auf die SF kann man sagen: Fast unausweichlich finden wir bei wichtigen deutschen SF-Autoren dieser Zeit (z. B. Theodor Hertzka, Hans Dominik, Bernhard Kellermann, Carl Grunert u. a. m.) Töne und Zungenschläge, die uns heute stutzen lassen oder sogar abstoßen. Das aber war epochenbedingt und hatte mit den tatsächlich rechtsnationalistischen und faschistischen Autoren nichts zu tun.

Die deutsche Sonderentwicklung

Im Gegensatz zu England, Frankreich oder Russland kam Deutschland erst spät (1871) zur nationalen Einheit – und diese war auch nicht das Werk des Volkes, sondern ein von der preußischen Herrschaftsschicht (also »von oben«) aufgezwungener autoritärer Staat. Die »verspätete Nation« wird als der »deutsche Sonderweg« bezeichnet, der nicht unwesentlich dazu beigetragen habe, so diese Theorie, die nationalsozialistische Gewaltherrschaft in Deutschland möglich gemacht zu haben.

Europäische Giftpflanzen und die einmalige deutsche Sumpfblüte

Ebenso wichtig: Die ausgesprochen problematische Gemütslage eines verhängnisvollen Zeitgeistes war keineswegs auf Deutschland beschränkt. Im Zeitalter des Nationalismus/Chauvinismus und des Imperialismus standen Länder wie England und Frankreich (und viele politisch weniger bedeutende Staaten wie Italien, Spanien etc.) der europaweiten Großmannssucht in nichts nach. So lassen sich selbst bei dem insgesamt linksliberalen Jules Verne Passagen festmachen, in denen der Kolonialismus als normale, selbstverständlich richtige

Angelegenheit und die »Neger« als wilde Tiere betrachtet werden (z. B. in Vernes Roman *Fünf Wochen im Ballon*).

Allerdings brachte die deutsche Sonderentwicklung eine einmalig abscheuliche Sumpfblüte hervor, den deutschen Nationalsozialismus. Dieser sollte alle sonstigen giftigen Polit-Gewächse des Kontinents weit in den Schatten stellen.

IV. Progressive SF

6. Ein großer Auftakt: Kurd Laßwitz

Just im Gründungsjahr der kaiserlichen Hohenzollernherrlichkeit 1871 trat ein 23jähriger Student mit der Geschichte ›Bis zum Nullpunkt des Seins. Eine Erzählung aus dem Jahr 2371‹ an die Öffentlichkeit. Er hieß Kurd Laßwitz (1848–1910), und er war der erste moderne deutsche Schriftsteller, der originäre und bedeutende SF schrieb. Deshalb wird er auch von vielen als »Vater der deutschen SF« bezeichnet. (In diesem Sinne wäre Julius von Voß, ohne das genealogische Bild überstrapazieren zu wollen, der Großvater der deutschen SF.) Mit seinem Gesamtwerk bewies Laßwitz, dass die Kaiserreichs-SF weder automatisch reaktionär noch naturnotwendig gehalt- und kunstlos sein musste. Im Gegenteil: Sie war (auch) in der Lage, Großes und Wichtiges zu erschaffen.

6.1. Wer war Kurd Laßwitz?

Carl Theodor Victor Kurd Laßwitz, geboren in Breslau, wuchs im Milieu des gehobenen Mittelstandes auf und dürfte in seiner demokratisch-liberalen Einstellung wesentlich von seinem Vater Karl Wilhelm, der Abgeordneter im Preußischen Landtag war (»der rote Demokrat«), beeinflusst worden sein. Nach der Promotion (Doktor der Philosophie) und dem Staatsexamen in Mathematik, Physik, Geografie und Philosophie schlug er die Laufbahn eines Gymnasiallehrers ein. Obwohl er ein engagierter und beliebter Pädagoge war, empfand er die Schule als Fron, wie später seine Frau verriet. Seine eigentliche Leidenschaft gehörte nämlich dem Schreiben, und so führte er sein ganzes Leben lang eine Art Doppelexistenz als lehrender, dem schulischen Alltagsbetrieb verpflichteter Pädagoge einerseits, und als schwärmerischer, sich der täglichen Banalität entziehender Poet andererseits. Philosophisch gesehen war der denkerische Ausgangspunkt bei Laßwitz immer das Individuum mit seinem autonomen Bewusstsein und seinen moralisch-ethischen Qualitäten. Ihm

schwebte eine allseits gebildete, tolerante, menschenfreundliche, in sich ruhende und mit einem festen ethischen Fundament (gründend auf Kant und Schiller) versehene Persönlichkeit vor, die in der Lage ist, friedlich und harmonisch mit ihren Mitmenschen zusammenleben zu können. Hier findet sich die Grundlage für seine diversen »Edelmenschen«, denen er Leben einzuhauchen vermochte. Der individualistische Ansatz war zudem der Grund, warum Laßwitz nie ein Sozialreformer oder ein politischer Autor im engeren Sinne gewesen war. Zwar finden sich bei ihm neben wissenschaftlich-technischen auch genügend politisch-soziale Ideen mit linksliberaler Orientierung, aber sein Hauptanliegen war es nicht, Politik und Gesellschaft zu erneuern oder gar umzuwälzen. Er glaubte vielmehr an den umgekehrten Weg. Wenn der Einzelne durch umfassende Persönlichkeitsbildung gereift sei, würde sich daraus auch eine gute Gesellschaft ergeben. Diese eher kleinbürgerlich wirkenden Züge sind in seinem Werk immer wieder anzutreffen.

Als Schriftsteller war Laßwitz äußerst vielseitig. Er schrieb nicht nur naturwissenschaftliche und philosophische Abhandlungen, sondern auch Kurzgeschichten und Romane. Gerade die Letzteren sind durchweg der Fantastik und der SF verpflichtet und zeichnen sich durch gedankliche Tiefe, aber auch durch humorige Ironie aus, die bis zur schrulligen Versponnenheit geht. Gleichzeitig wollte er nicht nur unterhalten, sondern immer auch belehren. Wirkungsgeschichtlich sind seine Non-Fiction-Werke heute weitgehend vergessen. Geblieben sind Teile seines fiktionales Werks, darunter in erster Linie der Doppelroman *Auf zwei Planeten* (1897).

Laßwitz verfügte über einen überbordenden Ideenreichtum, der zu einer wahren Fundgrube für nachfolgende Autorengenerationen wurde. Vielen ist z. B. die Vorstellung einer Weltraum-Orbitalstation in Form eines riesigen, sich drehenden Speichenrads geläufig, die auf seinem bereits erwähnten Doppelwerk basiert. Obwohl die heutige

Raumstation ISS anders aussieht, hat Laßwitz' Konstruktion jahrzehntelang das Denken der Menschen in diesem Punkt beherrscht und unter anderem Wernher von Braun auf die Idee des »Weltraumbahnhofs« gebracht. Noch in dem SF-Kultfilm von Stanley Kubrick *2001 – Odyssee im Weltraum* (1968) lässt sich in der legendären Eingangssequenz des Meisterwerks eine derartige Raumstation zu den Klängen des Donauwalzers bewundern.

6.2.   Seifenblasen, Wunderlampen und der Teufel

Einige kurze Beispiele für typische Kurd-Laßwitz-Geschichten finden sich in den Sammlungen *Bilder aus der Zukunft* (1878), *Seifenblasen* (1890) und *Nie und Immer* (1902). Bekannt sind auch die Kollektionen *Homchen* und *Traumkristalle*.

In der Geschichte ›Auf der Seifenblase‹ lässt er Menschen in den Mikrokosmos reisen, wo sie Zivilisationen entdecken, die auf Seifenblasen leben. In ›Aladins Wunderlampe‹ gibt es tatsächlich einen Geist, der in einer Lampe wohnt. Aber gegen die Naturgesetze ist auch er machtlos. Ein seltsamer Handlungsreisender, der mit Philosophie gefüllte Flaschen verkauft, begegnet uns in der Geschichte ›Psychotomie‹. Die märchenhafte Geschichte ›Prinzessin Jaja‹ macht uns mit der schönen Prinzessin im Königreich Drüberunddrunter bekannt, die dazu verdonnert wird, so lange ohne Mann leben zu müssen, bis sie die unnützeste aller Fragen gestellt und beantwortet hat.

In der Story ›Wie der Teufel den Professor holte‹ bedient sich der Höllenfürst modernster Mittel, um einem Professor seine Seele abzujagen. Er verführt ihn mit einem überlichtschnellen Raumschiff. Erstaunlicherweise verarbeitete Laßwitz darin die These vom gekrümmten Raum, die er bereits 1900 in seinem populärwissenschaftlichen Essay

›Vom gekrümmten Raum‹ erläuterte – und das vor Einsteins Veröffentlichung. Ein weiteres Blitzlicht macht diese Laßwitz-Geschichte über das normale Maß hinaus interessant. Es gibt nämlich einen Literaturnobelpreisträger namens Thomas Mann, der hier wohl abgekupfert hat. In seiner Verarbeitung des Faust-Stoffs *Doktor Faustus. Das Leben des deutschen Tonsetzers Adrian Leverkühn erzählt von einem Freunde* (1947) lässt Thomas Mann genau dieselbe Episode wieder aufleben – zweifellos ein Plagiat, oder?

6.3.   Kunst gegen Wissenschaft?

Die eingangs genannte Geschichte ›Bis zum Nullpunkt des Seins‹ gehört, obwohl ein frühes Werk, bereits zu den bedeutendsten Texten von Laßwitz.

Laßwitz beginnt mit einer recht anschaulichen Ausmalung des technischen Ambientes seiner Zukunftswelt, welche teilweise über die bekannten Vorstellungen seiner Zeitgenossen hinausgreift (so schildert er z. B. die »Luftdroschken« nicht als Ballongefährte – was damals gängig war –, sondern untypisch als eine Art Hubschrauber). Aufhorchen lässt, dass er sich zwar nicht agitatorisch, aber doch dezidiert zu politischen Verhältnissen äußert, die signifikant von seinen aktuellen Zuständen abweichen. Die Menschen des Jahres 2371 leben in einer Demokratie, die Frauen sind vollständig gleichberechtigt, es herrscht Meinungs- und Pressefreiheit, und der allgemeine ökonomische Wohlstand der gebildeten und informierten Menschen erlaubt ein gutes Leben. (Da müssen wohl so manchem kaisertreuen Preußen die Ohren geklingelt haben.)

Nun lässt der Autor seine Hauptpersonen auftreten. Zentral ist ein Paar, bestehend aus der Schönheit Aromasia, einer gefeierten Künstlerin, die an der Duftorgel die herrlichsten Geruchskompositionen zu schaffen vermag, und ihr Geliebter, der Wetterfabrikant Oxygen. Begleitet werden die beiden von ihrem gemeinsamen Freund Magnet, einem Schriftsteller. Ungetrübt ist das Verhältnis des Pärchens allerdings nicht, da sie vehement zwei unterschiedliche Anschauungen vertreten, die letztlich die gesamte Gesellschaft in zwei Fraktionen teilt. Aromasia vertritt die schönen Künste und das schwärmerische Gefühl, während Oxygen als nüchterner Rationalist nur Wissenschaft und Technik gelten lässt. Auf einem gemeinsamen Ausflug zu den Niagarafällen eskaliert der Streit. Oxygen bezeichnet die Kunst verächtlich als Spielerei und behauptet, dass sie demnächst sowieso überflüssig werde, da man durch die direkte Beeinflussung des Gehirns alles das hervorbringen könne, was jetzt noch mühselig und unzulänglich über den Umweg künstlerischer Darbietungen beim Menschen hervorgelockt werden müsste.

Aromasia fühlt sich zutiefst beleidigt und gedemütigt. Es kommt zum Bruch. Auch Magnet, der den Disput mitbekommen hat, kann der Radikalität seines Freundes nicht mehr folgen und schlägt sich auf die Seite der Künstlerin. Mit seiner wortgewandten Hilfe verfasst Aromasia ein Pamphlet, mit dem Oxygen öffentlich verspottet wird. Dieser wiederum sinnt ob der Rufschädigung auf Rache. Als chemisch Versierter weiß er, wie die Duftorgel funktioniert. Deshalb ist es ihm ein Leichtes, die »Füllbüchsen« mit stinkenden Substanzen zu vermengen. Aromasia soll bei ihrem nächsten Duftkonzert ein Debakel erleben.

Doch es kommt viel schlimmer, als es sich Oxygen ausgedacht hat. Das verunglückte Konzert regt das

Publikum derart auf, dass eine Panik ausbricht. Dabei werden die Gasbehälter beschädigt und explodieren. Ein verheerendes Feuer bricht im Saal aus, dem Aromasia zum Opfer fällt. Oxygen ist entsetzt und am Boden zerstört, denn das hat er nicht gewollt. Verzweifelt beschließt er, mit seiner neusten Erfindung, einer Glaskugel, die die Gravitation absorbiert, bis zum Nullpunkt des Seins zu gehen. Das bedeutet nichts anderes als Selbstmord. Er lässt sich in den Weltraum schleudern und wird dabei atomisiert.

Der zurückgebliebene Magnet, der nun zwei liebe Menschen zu betrauern hat, versinkt in philosophische Gedanken. Er erkennt, dass auch der Vernunftmensch bei allem Bemühen, sich die Natur untertan machen zu wollen, doch ein Teil von ihr bleibt und sich letztlich ihren Gesetzen unterordnen muss. Da kommt ihm die Idee, einen Zukunftsroman zu schreiben, in dem die Gegensätze, an denen Aromasia und Oxygen zerbrochen sind, aufgehoben werden.

Laßwitz greift in seiner ersten SF-Erzählung den Widerspruch von Kunst und Wissenschaft auf und geht der Frage nach, ob dieser eventuell nur ein vermeintlicher ist. In einem größer gesteckten Rahmen kann man sagen, dass es Laßwitz um das Verhältnis von Romantik und Aufklärung geht, womit er schon in jungen Jahren einen zentralen Konflikt seiner Zeit thematisiert. Wie ich an anderer Stelle ausgeführt habe, zog sich der Kampf zwischen »blauer Blume« und Dampfmaschine durch das ganze 19. Jahrhundert, und es ist erstaunlich, dass der junge Laßwitz im Gegensatz zu der Masse der schreibenden Zunft nach Wegen suchte, dem Dilemma zu entgehen, anstatt es zu verschärfen.

In ›Bis zum Nullpunkt des Seins‹ lässt der Autor das Geschehen zwar noch tragisch enden, aber in den abschließenden Überlegungen des fiktiven Schriftstellerkollegen Magnet deutet er nicht nur eine Aufhebung des Widerspruchs an, sondern eröffnet dem verblüfften Leser auch, dass er sich offensichtlich schon 1871 mit dem Gedanken getragen hat, einen großen Roman zum Thema zu schreiben. Dieser wurde dann 1897 durch *Auf zwei Planeten* Wirklichkeit.

6.4.   Auf zwei Planeten

Laßwitz' Hauptwerk ist der Roman *Auf zwei Planeten* (1897).

»Wer nach Vorbildern für die ›Kugelraumer‹ aus der PERRY RHODAN-*Serie sucht, wird hier ebenso fündig wie derjenige, der den literarischen Ursprüngen der Arkoniden nachspüren will. Wo findet man frühe poetische Beispiele für großäugige Aliens? In* Auf zwei Planeten. *Wo gibt es bereits den Typus des emotionslosen (Natur)-Wissenschaftlers à la Mr. Spock? Ebenfalls in diesem Roman. Selbst die Minbari und ihre Sprache aus der TV-Serie* BABYLON 5 *entstammen einer Traditionslinie der SF, die einen ihrer Anfänge in diesem bis 1933 überaus erfolgreichen Roman nahm.«* (Schweikert, S. 9 f.)

Kurd Lasswitz

Auf zwei Planeten

Der Roman *Auf zwei Planeten* hatte einen Vorläufer in Laßwitz' Kurzgeschichte ›Apoikis‹ (1882), mit der er wiederum zurückgriff auf die 150 Jahre ältere Erzählung *Insel Felsenburg* (1731) von Johann Gottfried Schnabel (1692–1752). Die utopische Skizze ›Apoikis‹ scheint sich auf den ersten Blick bruchlos in die Tradition des utopischen Staatsromans einzureihen, denn Laßwitz berichtet von der Insel Apoikis, was so viel wie Pflanzland heißt, auf der herrliche, parapsychisch begabte Menschen in einer völlig herrschaftsfreien Gesellschaft leben. Sie, die weder Institutionen noch Hierarchien kennen, haben das höchste Stadium eines selbstbestimmten, freien Menschseins erreicht und ähneln Göttern. *»Dies unterscheidet die Utopiekonzeptionen des Gothaer Romanciers gravierend von den geläufigen Staatsutopien, deren Hauptinteresse zumeist darin besteht, gesellschaftliche Institutionen des jeweiligen Utopia zu beschreiben.«* (Schweikert, S. 862)

Der Gymnasialprofessor schreibt also nicht einfach die üblichen Inhalte der überkommenen Utopien fort, sondern bricht gewissermaßen mit ihnen. Laßwitz schafft in ›Apoikis‹ den Staat selbst ab, weil die apoikischen Edelmenschen einen derart hohen Grad an Sittlichkeit und verantwortungsvoller Selbstbestimmung erreicht haben, dass sie ihn nicht mehr brauchen. Hier begegnet er unbeabsichtigt Karl Marx, wenn auch auf völlig unmarxistische Weise. Denn die Apoikier haben nicht Marx, sondern die Lehren Kants und Schillers verinnerlicht. Diese beiden großen Geister sind es dann auch, die das philosophische Fundament von *Auf zwei Planeten* legen. Laßwitz greift in dem Roman seine apoikische Vision von sittlich-kulturell hoch über den real existierenden Menschen stehenden Wesen auf und verarbeitet diese Grundidee zu einem umfangreichen Buch.

Allerdings verengt und erweitert er zugleich die Perspektive.

Er erweitert sie, indem er die gesamte Menschheit der Erde mit der Hochzivilisation der Marsianer (bei Laßwitz heißen sie »Martier«) konfrontiert und so aus dem eher unterkühlten, deskriptiven Bericht eines Reisenden über eine utopische Insel mit ihren außerordentlichen Bewohnern einen dramatischen interplanetaren Konflikt zwischen Erde und Mars kreiert. Gleichzeitig verengt er die Perspektive, weil er seine Marsbewohner gegenüber den göttergleichen Apoikiern wieder etwas glaubwürdiger macht. Die humanoiden Martier sind zwar immer noch wissenschaftlich-technisch und ethisch den Menschen haushoch überlegen, sie sind aber nicht mehr so makellos wie die Bewohner von Apoikis.

Durch diese beiden romantechnischen Einfälle verschafft sich der Autor einen erzählerischen Spielraum, der das weite Gemälde von *Auf zwei Planeten* erst möglich macht. Worum geht es?

Eine Nordpolexpedition, die per Ballon die Arktis erforschen will, gerät in schwere Bedrängnis, wird aber von Martiern gerettet, die am Nordpol eine geheime Station errichtet haben. Die Forscher werden auf eine über dem Pol schwebende Raumstation verfrachtet und erfahren anschließend die Wunder des Mars. Dessen Bewohner leben in einem technologischen und moralisch-ethischen Utopia. Die Martier, die sich selbst »Nume« und die Menschen »Bate« nennen, haben allerdings auch Energie- und Rohstoffprobleme, da der alte Mars sich zunehmend verbraucht hat – hier bewegt sich Laßwitz ganz eng im Mars-Mythos seiner Zeit. Ihnen stellt sich nun die Frage, wie sie mit der Erde und den Menschen umgehen sollen. Einerseits wollen sie die Reserven der Erde nutzen, andererseits möchten sie die Menschheit auf eine gehobene zivilisatorische Stufe heben. Soll das nun durch Kolonialisierung erzwungen werden, oder durch Mittel der Freiwilligkeit und der Einsicht geschehen?

Aus diesem Grundkonflikt erwächst die weitere Dramatik des Romans. Es formieren sich bei den Martiern zwei Fraktionen, eine pro-bate und eine anti-bate Fraktion. Eine militärische Provokation seitens aggressiver und säbelrasselnder menschlicher Machthaber verhilft der Anti-Bate-Fraktion zum Übergewicht. Es kommt zu kriegerischen Auseinandersetzungen, in denen die Martier ihre weit überlegenen Waffen gegen die Armeen der Erdbewohner einsetzen.

Indes bildet sich auf der Erde eine Art Partei, ein geheim agierender sog. Menschenbund, der zwar die Richtigkeit und die Höherwertigkeit der marsianischen Lebensauffassung anerkennt, eine Fremdherrschaft aber ablehnt. Die Menschen müssen aus eigener Kraft, so die Überzeugung des Bundes, eine humane, sittliche

Gesellschaft aufbauen. Tatsächlich gelingt es dem Bund, durch Überwindung militaristischer und nationalistischer Auffassungen die Menschheit in Richtung Nume zu führen. Die tief beeindruckten Marsbewohner sehen sich nun auf Grund ihrer eigenen ethischen Einstellung regelrecht gezwungen, von ihrem Weg abzulassen. Alle Kampfhandlungen werden eingestellt, und der interplanetare Frieden wird ausgerufen. Der Menschheit steht nun in gleichberechtigter Zusammenarbeit mit dem Mars eine glückliche Zukunft bevor.

Laßwitz ist das Synonym für eine humane, aufgeklärte Variante der utopischen SF, die Elemente der Weltraum-SF mit einbezieht. Im Gegensatz zu anderen ist er viel weniger Naturwissenschaftler und Ingenieur (obwohl er gerade auch auf diesen beiden Gebieten eine Fülle origineller Ideen vorzuweisen hat), sondern ihn interessieren primär philosophische und kulturelle Aspekte der menschlichen Zivilisation. Dabei dient der Weltraumverkehr bei ihm nur als Vehikel seiner Ideen. In der Kontaktaufnahme und der Konfrontation mit einem außerirdischen Volk, hier den Martiern, entwickelt er seine Thesen. Damit befasst sich die Laßwitz-SF schon frühzeitig auch mit den viel spannenderen und gewinnbringenderen potenziellen Konsequenzen des Raumfahrtzeitalters.

Auf zwei Planeten ist das Paradebeispiel eines philosophischen Ideenromans der SF. »*Im Mittelpunkt des Interesses von Laßwitz steht ein episch breit durchgespieltes Gedankenexperiment, das eigentlich sehr naheliegt: Was kann geschehen, wenn ‚tatsächlich' die Utopier kommen und uns sozusagen Knall auf Fall all das zu geben imstande sind, was wir erträumen? Was geschieht mit den Idealen und denen, die sie verkörpern, wenn sie sich an der irdisch-rauen Wirklichkeit bewähren müssen?*« (Schweikert, S. 874) Was in den Utopien vor ihm nur angedeutet oder gar nicht angesprochen wurde, wird bei Laßwitz seriös und detailreich sozusagen vor unserer kosmischen Haustür ausgetragen und inhaltlich verarbeitet, wobei über allen Wassern der Geist des großen Königsbergers Kant schwebt. »*Auf einen Satz gebracht, dreht es sich in* Auf zwei Planeten *darum, ‚den Ausgang des Menschen aus seiner selbst verschuldeten Unmündigkeit' zu zeigen. Das ist der philosophische ‚Kern' des Romans.*« (Schweikert, S. 881)

Zur Wirkungsgeschichte: Zwar hatte der Roman *Auf zwei Planeten* relativ großen Erfolg und wurde bis heute immer wieder neu aufgelegt. Trotzdem hat Laßwitz im Gegensatz zu seinen Kollegen Hans Dominik oder gar zu Verne oder Wells nie eine überragende Massenwirkung

erzielt. Das hängt sicherlich mit dem Werk selbst zusammen, welches eben keine gängige Fast-Food-Kost für einen oberflächlichen Geschmack ist. Hinzu kommt, dass sich Kurd Laßwitz nicht im politischen Mainstream seiner Zeit befand, der in Deutschland stark von einem hohlen, rechtsnationalen Pathos bestimmt war. Das führte nicht nur zu hämischen Rezensionen, sondern auch zu einem Verbot des Buches durch die Nazis. In der Nachkriegszeit gab es einige Wiederbelebungsversuche, die aber durch stark gekürzte, im Grunde verstümmelte Ausgaben nicht recht fruchteten. Erst 1979 brachte Zweitausendeins eine ungekürzte Neuausgabe des Originals heraus und 1984 folgte eine ungekürzten Ausgabe in gediegener Aufmachung im DDR-Verlag DAS NEUE BERLIN. Zum leicht verspäteten hundertjährigen Jubiläum des Romans folgte 1998 im Heyne-Verlag eine ebenfalls ungekürzte und zudem hervorragend editierte und kommentierte Hardcover-Neuausgabe.

Man muss nicht in allem mit Laßwitz übereinstimmen, aber seine Humanität und seine ernsthafte Auseinandersetzung mit politischen, sozialen und philosophischen Problemen, die sich einer modernen Menschheit stellen, gereichen der SF zur Ehre. Zudem zeichnet es die z. T. leidvolle, z. T. unappetitliche Geschichte der deutschsprachigen SF aus, dass wenigstens an ihrem Anfang ein intellektuell redlicher und tiefsinniger Linksliberaler wie Laßwitz stand. Dass er nicht nur in seinen technischen Visionen einflussreich war, zeigt das Beispiel des bedeutenden deutschen Schriftstellers Arno Schmidt, der des Öfteren angemerkt hat, wie prägend Laßwitz für ihn gewesen sei, was nebenbei auch deutlich macht, welchen Einfluss die SF auf die allgemeine Literatur genommen hat. (Er ist jedenfalls erheblich größer, als viele sich klug dünkende Literaturkritiker meinen.) Für die SF selbst bleibt das Wort Franz Rottensteiners entscheidend: *»Als Pionier der Science Fiction ist Kurd Laßwitz von bleibender Bedeutung.«* (zit. nach dem Klappentext des Erzählbandes *Traumkristalle*).

Es ist schön und der Größe des ersten wichtigen SF-Autors

deutscher Sprache (neben Julius von Voß und E.T.A. Hoffmann) angemessen, dass seit 1981 ein deutscher SF-Preis vergeben wird, der seinen Namen trägt.

7.   SF für eine humane Gesellschaft

Neben dem Maßstäbe setzenden Laßwitz meldeten sich andere Autoren (und eine Autorin) zu Wort, deren SF im weitesten Sinne fortschrittlich war. Obwohl die reaktionäre SF dem Zeitgeist entsprechend quantitativ dominierte, fristeten die progressiven Autoren keineswegs ein Dasein als Mauerblümchen, sondern erfreuten sich z.T. hoher Auflagen und einer weiten Verbreitung. Beispiele dieser Richtung stehen nun im Mittelpunkt des Interesses. Sie hatten im Kaiserreich durchaus eine Wirkung, konnten allerdings das Ruder gegenüber der mächtigeren deutschnationalen Grundströmung nicht herumwerfen.

7.1.   Theodor Hertzkas Freiland

Theodor Hertzka (1845–1924) schuf 1890 mit dem Roman *Freiland. Ein sociales Zukunftsbild* eine fachlich fundierte, auch deshalb bis heute nicht vergessene Utopie. In der Nachfolge Bellamys versuchte der studierte Nationalökonom die deutsche Version eines Zukunftsstaats zu kreieren, die konservative, liberal-demokratische und sozialdemokratisch-sozialistische Elemente miteinander verband, zugleich aber die von Marxisten für unabdingbar notwendig gehaltene Revolution umging. Mit *Eine Reise nach Freiland* erschien 1893 eine Fortsetzung, in der er seine Utopie detailreich weiterspann.

Im ersten Teil seines 677 Seiten starken Werks *Freiland* macht sich eine 200-köpfige, gut ausgerüstete Expedition (jeder hat z.B. eine sechsfache Garnitur spezieller Unterwäsche dabei) auf den Weg nach Afrika, um im Hochgebirge von Kenia den neuen Staat zu gründen, welcher zuerst »Eden« und dann »Freiland« genannt wird.

Seine Grundverfassung: »*Alle Produktionsmittel sind Gemeingut;*

über das Ausmaß des Nutzens, den ein jedlicher von uns von diesem gemeinsamen Eigentume beziehen darf, entscheidet nicht der Zufall des Besitzes – aber auch nicht die Fürsorge einer alles bevormundenden communistischen Obrigkeit, sondern einzig die Fähigkeit und der Fleiß eines Jeden.« (S. 160)

Eden-Freiland ist also genossenschaftlich organisiert. Privater Profit, Kapitalbildung und individueller Grundbesitz sind ausgeschlossen. Regiert wird das Land von einem demokratisch gewählten Zentralrat. Mutet dies eher links-sozialdemokratisch an, so konterkarieren andere Bausteine des utopischen Hauses diese Einschätzung. Das von Hertzka gezeichnete Frauenbild ist ein dafür gutes Beispiel: *»Die Gleichberechtigung des Weibes dadurch verwirklichen zu wollen, dass man ihm gestattet, im Broterwerb mit dem Manne zu konkurrieren, ist ebenso nutzlos als verderblich (…) Das Weib muss daher nicht bloß in seinem eigenen, sondern ebenso im Interesse des Mannes und insbesondere in jenem der zukünftigen Generationen dem Kampfe um des Lebens Notdurft gänzlich entrückt werden; (…) Nur eine ›Arbeit‹ ist dem Weibe angemessen: die der Kindererziehung und allenfalls noch die Pflege von Kranken und Gebrechlichen.«* (S. 215 f.) Fällt der Autor in solchen Passagen unvermittelt ins Stockkonservative zurück, so kann er im nächsten Moment wieder sehr modern sein. Bspw. bedienen sich die Freiland-Pioniere gerne und ausgiebig der neusten Technik, um sich und diesmal auch den »Weibern« das Leben so angenehm wie möglich zu machen. *»Keine schmutzige, aufreibende Handlangung verrichtet der Mensch; die sinnreichsten Apparate entheben ihn jedes wirklich unangenehmen Geschäftes; er hat der Hauptsache nach bloß seine unermüdlichen eisernen Sklaven zu überwachen.«* (S. 334 f.)

Mit dem zweiten Teil des Buches machen wir einen Sprung von 25 Jahren in die Zukunft. Freiland hat sich konsolidiert und entwickelt sich prächtig. Durch den Einbau einer Liebes- und Heiratsgeschichte vertieft Hertzka seine Vorstellungen von einem »richtigen« sozialen Verhalten, aber auch über Ehe und Familie.

Der junge, liebenswürdige Prinz Carlo Falieri, der als Diplomat nach Freiland kommt, verliebt sich in die junge, anmutige Freiländerin Bertha (offensichtlich eine Würdigung der Pazifistin Bertha von Suttner). Die jungen Leute verlieben sich und wollen heiraten. Jetzt tritt als Störfaktor Carlos herzoglicher Vater auf, der sich in der Rolle des »Brautwerbers« gefällt. Der italienische Adelige, tief verwurzelt in den konservativen und elitär-ausbeuterischen Vorstellungen seiner Klasse, erwartet quasi automatisch, dass sich sein Sohn und Bertha seinen Wünschen unterwerfen. Für den Senior steht außer Frage, dass das Pärchen eine standesgemäße Heirat mit entsprechenden Rechtsvereinbarungen vollzieht und dass anschließend Bertha ihre Heimat Freiland verlässt, um in Italien als Fürstin über eine Schar von Lakaien und Untergebenen zu herrschen. Bertha und der von ihr mitgezogene Carlo machen dem Alten allerdings einen Strich durch die Rechnung. Der Feudalherr muss nicht nur entsetzt feststellen, dass in Freiland eine einfache Willensbekundung ausreicht, um die Ehe einzugehen, sondern Bertha denkt auch nicht eine Sekunde daran, Fürstin sein zu wollen. »*Tausende von Knechten sollen das Mark ihrer Knochen hergeben, damit ich im Überfluss schwelge, Tausende von Flüchen zu Tode gequälter Menschen sollen haften an der Speise, die ich genieße, an der Kleidung, die meine Glieder umhüllt? (…) Uns ist es unmöglich, von der Ausbeutung geknechteter Mitmenschen zu leben. Ich kann nicht Fürstin werden, ich kann nicht!*« (S. 464 f.) Entnervt gibt der Herzog klein bei.

Nach diesem Intermezzo wird es für die Republik ernst. Dem Negus Johannes V., Kaiser von Abessinien (Äthiopien), gelüstet es nach dem reichen Freiland und er greift den Staat an. Doch die Volksarmee von Freiland gewinnt mithilfe der Engländer und Franzosen den Krieg. Das ist für Freiland auch ein politischer Durchbruch, wird es doch ob dieser Heldentat von den anderen Nationen endlich offiziell anerkannt. Die anderen Staaten müssen sich sogar intern mit Volksbewegungen herumschlagen, die für ihre Länder freiländische Strukturen fordern. Ein »Edenthaler Weltkongress« leitet schließlich eine globale Freiland-Reform ein.

Hertzkas Roman *Freiland* war ein Riesenerfolg. Noch wichtiger ist, dass es viele Menschen nicht bei der Lektüre und schwärmerischen Fantasien beließen. Sie waren – wie es schon im Zuge von Bellamys *Looking Backward* geschehen war – fest entschlossen, die Träume des Autors in die Wirklichkeit umzusetzen. So startete

1894 mit erheblichen Spendenmitteln unterfüttert und unter Leitung des Wieners Dr. Julius Wilhelm eine Expedition gen Afrika, um die Gründung eines realen Freilands vorzubereiten. Das Unternehmen scheiterte zwar am Widerstand der Engländer und an internen Zerwürfnissen der Gruppe (so nachzulesen bei Eugen Schmitt, *Der Idealstaat*, 1904), seine Relevanz aber für die Macht der SF-Wirklichkeitsmaschine ist ungebrochen. Wieder einmal hatte sich erwiesen, dass die SF nicht nur Spiegel war (und ist), sondern selbst in die Realität gestaltend eingriff. Weitere wichtige Aspekte des Romans:

Ein literarisches SF-Kunstwerk ist *Freiland* nicht, sondern eine in Romanform gegossene Abhandlung über Hertzkas ökonomische und politische Ideen. Freilich ist diese Form ein nicht ungeschickter Kunstgriff, der erheblich zur Wirksamkeit des Textes beigetragen hat. Geschickt von Hertzka ist es auch, seine »Revolutionsvermeidungsstrategie« plausibel zu machen, indem er den Aufbau des neuen Staates in unberührte Gefilde verlegt. Wie dies aber in Ländern mit gewachsenen historischen und ökonomischen Strukturen ohne blutige oder zumindest ohne harte und heftige politische Krisen durchgesetzt werden könnte, bleibt ein Rätsel. Offensichtlich hing Hertzka wie Bellamy der Illusion an, dass die Kraft des guten Arguments bereits ausreicht, um die Reichen und Mächtigen zur Umkehr zu bewegen.

Nicht nur hier sind inhaltliche Brüche beim Autor zu vermerken. So predigt er die Gleichheit aller Menschen, verweigert aber den Frauen, von denen er ein vorsintflutliches Bild zeichnet, strikt die Gleichberechtigung. Andererseits vermag es er, sich vom reaktionären Modernismus abzusetzen, indem er den Einsatz neuster Technik mit einem fortschrittlichen Gesellschaftsansatz verbindet. Politisch-ökonomisch beeindruckt sein Genossenschaftsmodell, das sich schon früh klar von einer »communistischen Obrigkeit« abgrenzt. Es gibt zwar Gemeineigentum, das aber auch gemeinsam verwaltet werden soll – und nicht von einer starren Staatsbürokratie, die sich im Namen des Volkes bzw. der Arbeiterklasse zum allumfassenden Bevormunder aufschwingt.

Beeindruckend und mutig ist seine offene Kritik am Feudalismus in der Auseinandersetzung zwischen dem italienischen Herzog und Bertha. Uns erscheint das heute nicht sonderlich aufregend, aber man darf nicht vergessen, dass im Erscheinungsjahr 1890 der deutsche

Adel fest im Sattel saß und über das Wohl und Wehe seiner Untertanen noch relativ beliebig entscheiden konnte.

Dennoch muss sich in der Gesamtwürdigung Hertzka einer Kritik stellen, die im Prinzip auf alle großen Utopien zutrifft. Politische und ökonomische Probleme, menschliche Unzulänglichkeiten, Interessenswidersprüche usw. werden da literarisch verdrängt, wo sie die unterstellte allumfassende Harmonie zu beschädigen drohen. Es wird einfach vorausgesetzt, dass sich allein durch das positive erzieherische Umfeld der neuen Gesellschaft das Verhalten der Menschen im Sinne der Utopie ändert. Alle sind sozusagen durch die Bank guten Willens, eine Vorstellung, an der realgeschichtlich schon mehrere neue Gesellschaftsentwürfe gescheitert sind. Zur Illustration des Gedankens greife ich noch einmal einen Punkt aus dem Roman heraus. Als Carlos Vater sich darüber aufregt, dass in Freiland die Ehe ohne genaue Regelungen und Verpflichtungen besiegelt wird, belehrt ihn Berthas Mutter eines Besseren: »*Eheliche Anhänglichkeit und Treue müssen natürliche Instinkte des Menschen sein, und sie sind es denn auch; alle Erscheinungen, die scheinbar auf das Gegenteil hindeuten, sind lediglich Konsequenzen vorübergehender Kulturauswüchse. Die sociale Ungleichheit war es, die, wie alle anderen Laster, auch die geschlechtlichen erst entstehen ließ.*« (S. 471)

Also: Die Mutter (d. i. in diesem Fall der Autor) erklärt den Ehebruch aus »falschen« gesellschaftlichen Umständen heraus, versteht aber im selben Atemzug die Einehe mit der berühmt-berüchtigten Liebe bis in den Tod oder sogar bis in die Ewigkeit hinein (faktisch eine bürgerliche Erfindung des 19. Jahrhunderts) als immerwährende Naturkonstante. Noch grotesker wird es, wenn Hertzka durch seine Romanfigur die sog. geschlechtlichen Laster aus der sozialen Ungleichheit heraus erklärt (wobei »das Laster« historisch gesehen stets eine Definitionsfrage ist – was in der einen Gesellschaft anerkannt oder geduldet ist, wird in der anderen mit schwersten Strafen geahndet).

Ungeachtet dieser kritischen Bemerkungen bleibt Hertzkas Roman *Freiland* eine deutsche Utopie, die wichtig und einen überdurchschnittlichen Stellenwert hat. Ausgesprochen wohltuend hebt sie sich von den beschämenden Ergüssen deutschnationaler und faschistischer Autoren ab. Theodor Hertzka war ein redlicher, ehrlicher und kompetenter Schriftsteller, der seine Überzeugungen in den Dienst einer humanen Sache stellte. Zwar erreicht er den großen Kurd Laßwitz nicht in seiner utopischen Kraft und seinen überreichen SF-Ideen, aber fraglos ist er nach ihm einer der wichtigste Vertreter der progressiven Utopie in der deutschen Kaiserzeit. So reiht er sich ein in die Ahnengalerie derer, die den zuweilen arg ramponierten Ruf der deutschen Science Fiction deutlich korrigiert und auch international hoffähig gemacht haben.

7.2.   Niederlage und Rettung der Vernunft

In Anknüpfung an Hertzkas *Freiland* veröffentlichte Arnold v. d. Passer (d. i. laut Hans-Edwin Friedrich, *Science Fiction in der deutschsprachigen Literatur*, S. 195, Franz Lewi Hoffmann – mehr ist mir über ihn leider nicht bekannt) schon drei Jahre später (1893) den Zukunftsroman *Mene tekel! Eine Entdeckungsreise nach Europa.*

Im Jahr 2398 feiert Freiland sein 500jähriges Bestehen. Freiland ist im Herzen Afrikas zu einem großen, blühenden und mächtigen Gemeinwesen mit lieblichen Orten, einer prächtigen Hauptstadt und glücklichen Menschen geworden. Nicht nur die Weißen leben friedlich und gleichberechtigt zusammen, sondern auch die Menschen unterschiedlicher Hautfarbe. Nur eins stört: Seit 200 Jahren gibt es keine Nachricht mehr aus Europa. Sämtliche Verbindungen sind abgebrochen. Um dies zu ändern, beschließt man die Entsendung einer großen Expedition zum alten Kontinent. Gesagt, getan. Die Forscher landen mit ihren Schiffen in einem ruinierten Hamburg. Die halbzerstörten Häuser werden von zerlumpten, verelendeten Menschen bevölkert, die verroht, gewalttätig und ohne jede Kultur sind. Auf ihrem Weg Richtung Süden treffen sie immer wieder auf ähnliche Zustände, aber auch auf völlig verödete Landstriche und Wüsteneien. Langsam, aber sicher formt sich ein erschütterndes Gesamtbild. *»Mit jedem Tagesmarsch wurde es den Mitgliedern der Expedition immer klarer, dass ganz Deutschland, vermutlich ganz Mitteleuropa, aus unbekannten Gründen eine Stätte des Elends und der Verzweiflung geworden, dass hier eine uralte, zweitausendjährige Cultur für immerdar untergangen sei.«* (S. 31)

Schließlich gelangen die Freiländer in eine Kleinstadt. Auch hier sind die Spuren des Verfalls unübersehbar, aber die ärmlichen Menschen wirken nicht ganz so heruntergekommen wie ihre Landsleute in Hamburg. Das hängt offensichtlich mit einem merkwürdigen Kult

zusammen. Die Forscher beobachten nämlich, wie sich die »Eingeborenen« auf dem zentralen Platz des Örtchens um ein Denkmal versammeln, auf die Knie sinken und beten. Die Statuen zeigen zwei Männer, die auf einem Sockel stehen. Der eine ist ein würde- voller, Respekt einflößender Älterer, der andere ein jüngerer Mann, der mit seinem edlen Antlitz verklärt in die Ferne blickt. Durch einen Einwohner erfahren sie, dass sie die Ausübung der Religion der Einheimischen mit- erleben. Sie glauben, dass die abgebil- deten Männer zwei Götter sind, die einst vom Himmel kamen, um das Licht zu bringen. Da die Men- schen aber verderbt und böse waren, hatten die Götter sie wieder verlassen. Nun betet man inbrünstig um ihre Rückkehr. Schließlich gibt die Sockelinschrift Aufschluss darüber, wo man sich befindet und wen das Denkmal darstellt. Man ist in Weimar, dem einstigen Zentrum der deutschen Klassik, und die Skulptur ist das berühmte Goethe-Schiller-Denkmal!

Nach diesem Zwischenspiel zieht die Truppe weiter und erreicht die Alpen. Dort entdeckt der Freiländer Kurt, der während eines Kampfes mit einem Bergstamm den Kontakt zu seinen Gefährten verloren hat, ein wunderschönes Mädchen namens Waltraud. Natür- lich verlieben sich die beiden sofort, wobei dieser Umstand hilft, ihm Zugang zu dem Bergstamm zu verschaffen, der sich als kerniges, zivi- lisiertes Völkchen entpuppt. Ihr Leben ist zwar einfach, aber sie verfü- gen über Ideale und kulturelle Werte. Das kommt nicht von ungefähr, sind doch die Alpenbewohner die Nachfahren eines ausgewanderten Weimarianers. Eben dieser Urahn hat auch eine Chronik verfasst, die genau beschreibt, wie es zum Untergang Europas gekommen ist. Als Kurt das volle Vertrauen des Stammes gewonnen hat, wird er durch Waltraud in die Geheimnisse der Chronik eingeweiht.

Die Geschichte beginnt in der nahen Zukunft v.d. Passers. Im Jahr 1900 ist die SPD zur stärksten Partei Deutschlands geworden. Das veranlasst die herrschende Klasse, endgültig mit der Demokra- tie und der Arbeiterbewegung aufzuräumen. Sie inszeniert einen

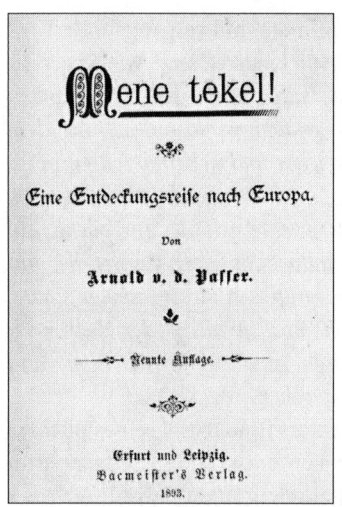

Staatsstreich. Der Reichstag wird aufgelöst, die SPD-Abgeordneten werden ins Zuchthaus gesperrt, und die Partei wird liquidiert. Damit beseitigt die neue Diktatur aus Großkapitalisten und Großgrundbesitzern auch noch die letzten Reste der Arbeiterrechte. Nachdem man den einzig ernstzunehmenden Gegner ausgeschaltet hat, kann die Oberschicht schalten und walten, wie sie will.

Die darauffolgenden Jahrzehnte werden durch einen gewaltigen, europaweiten Prozess gekennzeichnet. Es findet nämlich eine beispiellose Konzentration des Kapitals statt, die auch den Mittelstand vernichtet. Immer mehr Menschen werden rücksichtslos ausgebeutet und versinken in bitterste Armut. Während die Reichen und Superreichen in Saus und Braus leben und sich sexuellen Exzessen hingeben, gibt es auf dem Land und in den verelendeten Städten unsägliche Not. (So muss z. B. der Chronist erleben, dass ihm minderjährige Mädchen wie sauer Bier angedient werden – und das nur für ein Stück Brot.) Am Ende des 20. Jahrhunderts treibt diese Entwicklung unaufhaltsam ihrem Kollaps entgegen. Inzwischen gibt es nur noch zwölf Größtkapitalisten, denen alles (auch der Staat) gehört, und nur noch einen einzigen Konzern, der die gesamte Wirtschaft beherrscht. Dem steht ein riesiges Lumpenproletariat gegenüber, das alles Geld und somit die gesamte Kaufkraft verloren hat. Da es also nichts mehr zu verdienen gibt, setzen die wenigen Megareichen einen perfiden Plan um. Sie kaufen die Insel Kuba, um sich dorthin zurückzuziehen und ein Leben in unbeschreiblichem Luxus zu führen. Im gleichen Zug überlässt man Europa sich selbst. Der Hintergedanke: Es soll alles zusammenbrechen und zerstört werden. Denn erst danach gibt es wieder Aussicht auf neue Profite. Tatsächlich bricht in ganz Europa das absolute Chaos aus. Mord und Totschlag regieren, und die alte Kultur versinkt in die ultimative Barbarei.

Als Waltraud ihre Vorlesung beendet hat, ist Kurt tief erschüttert, findet aber doch die Kraft, von Freiland zu erzählen, um der europäischen Katastrophe ein Gegenbild vorzusetzen.

Es erfolgt ein Zeitsprung, einige Monate sind vergangen. Da wird Kurt von seinen Leuten, die auf dem Rückmarsch sind, wiedergefunden. Jetzt greift Freiland ein, denn das Buch endet mit einem wunderbaren Ausblick. »*So manches Jahr ist seitdem verflossen (...) Auf dem Boden des verwüsteten deutschen Reiches und der anderen europäischen Staaten erblühen von Jahr zu Jahr immer mehr Ansiedlungen, die ihre Bewohner aus Afrika erhalten; eine neue Kulturepoche, auf gesunder und vernunftgemäßer Grundlage ins Werk gesetzt, beginnt für das in tiefe Barbarei versunkene Europa. In diesem neuen Staate, der hier beginnt, wird es weder Reiche noch Arme, weder Hoch noch Nieder, weder Deutsche noch Franzosen, sondern nur Menschen, und zwar glückliche, zufriedene Menschen, geben.*« (S. 106)

Die politische Orientierung des Autors (und damit seines Buches) ist unschwer zu erkennen, bekennt sich doch v. d. Passer schon im Vorwort zu den Idealen der Arbeiterbewegung. Obwohl mir über den Verfasser nichts außer seinem Text und seinem bürgerlichen Namen bekannt ist, lässt sich mit Sicherheit davon ausgehen, dass v. d. Passer SPD-Mitglied oder zumindest SPD-Sympathisant war (zu diesem Zeitpunkt gab es noch keine andere Linkspartei in Deutschland). Es bedeutet ferner, dass er Karl Marx studiert hatte und dessen Theorie von der unaufhörlichen Konzentration des Kapitals kannte. Ebenfalls muss ihm geläufig gewesen sein, dass es nach Marx zur Funktionsweise des Kapitalismus gehört, in regelmäßig auftretenden Krisen Kapital vernichten zu müssen, um Spielraum für neue Profite zu schaffen. Man kann sogar sagen, dass v. d. Passer eine Variante des Marxismus skizziert, die später als »staatsmonopolistischer Kapitalismus« (Stamokap) bekannt und die erst ca. 30 Jahre nach v. d. Passer im Kommunismus stalinistischer Prägung zur Doktrin erhoben wurde. Genau auf diesen Theorien beruht seine Vision vom Untergang Europas. Er spielt sie romanhaft durch und treibt sie extrapolierend bis zum äußersten Extrem.

Weitere Besonderheiten zeichnen *Mene tekel!* aus. Von der Konstruktion her haben wir es faktisch mit zwei ineinander verschachtelten Romanen zu tun.

Einmal präsentiert der Autor eine Rahmenhandlung (die Expedition der Freiländer) und dann einen Kern, der als eigenständiger Roman gelesen werden kann (die Chronik über den Zusammenbruch Europas). Das ist auch handwerklich gut gemacht, denn die Zweigleisigkeit erhöht die Lebendigkeit und die Vielfalt der Handlung.

Darüber hinaus erlaubt ihm dieser Aufbau die Verarbeitung der zwei Grundmuster der Social Science Fiction in einem einzigen Roman. So ist die Rahmenhandlung eine Utopie, die Schilderung des Europa-Debakels eine Dystopie. Nimmt man schlussendlich noch hinzu, dass *Mene tekel!* eine besondere Form des Post Doomsday darstellt, dann zeigt sich insgesamt eine Komplexität, die sich im Vergleich mit anderen zeitgenössischen SF-Produkten mehr als sehen lassen kann.

Leicht getrübt wird dieser Blick durch den m. E. skurrilen Einfall, die Freiländer ausgerechnet in Weimar auftauchen zu lassen, damit sie dort einen ebenso skurrilen Goethe-Schiller-Kult miterleben. Das setzt sich mit den wackeren Alpenbewohnern fort. Sie werden eher bajuwarisch geschildert, sind aber zugleich so etwas wie die Bewahrer der deutschen Klassik. Vielleicht wollte v. d. Passer mit dem Rückgriff auf Goethe und Schiller zeigen, dass es auch in den dunkelsten Zeiten Menschen gibt, die ein Minimum an Kultur bewahren – immerhin entspricht das exakt dem SF-Subgenre des Post Doomsday.

Dennoch wirkt das Ganze gestelzt und wenig plausibel, zumal der Autor Wissenschaft und Technik keinerlei Beachtung schenkt. (Ich will gar nicht bestreiten, dass ein Goethe-Gedicht in finsterer Zeit eine erbauliche Wirkung haben kann, meine aber, dass der Bau einer funktionierenden Dampfmaschine – sie muss ja nicht kapitalistisch verwertet werden – den Menschen doch mehr helfen würde.) Ob schließlich die aufgesetzte Liebesgeschichte zwischen Kurt und Waltraud und die Klischees einer sittenlosen Oberschicht bzw. die Versuchungen durch sich hemmungslos anbietende Prostituierte für den Plot notwendig sind, kann bezweifelt werden. Möglicherweise wollte v. d. Passer nur den Unterhaltungswert seines Romans steigern und sich nicht der zu dieser Zeit wohl üblichen Masche verweigern, Schilderungen »verruchter« Sexpraktiken durch einen empörten Anklageton doch noch statthaft zu machen. »Sex sells« (Sex verkauft sich), würde man heute sagen.

Sieht man von diesen Schwächen ab, so ist *Mene tekel!* in der Tat ein deutscher SF-Text, dem besondere Aufmerksamkeit und Anerkennung gebührt. Er gehört zu den gelungenen, vom Duktus her stimmigen und in ihrer Botschaft humanen und aufklärerischen SF-Geschichten und Romanen, die das deutsche 19. Jahrhundert hervorgebracht hat. Dass es von ihnen nur eine Handvoll gibt, erhöht den Stellenwert von *Mene tekel!* Somit kann ich die Einschätzung Claus Ritters bestätigen. Er bezeichnet das Buch als »*bemerkenswertesten* und interessantesten Zukunftsroman in der Nachfolge Hertzkas« (*Start nach Utopolis*, S. 211).

Kleine Einschränkung: Ritters Lob orientiert sich nach meinem Eindruck zu stark an einer Vereinnahmung v. d. Passers im Sinne der Theorie des staatsmonopolistischen Kapitalismus – die ja auch die offizielle Lehrmeinung der SED-Führung bei der Beschreibung moderner kapitalistischer Staaten wie z. B. der BRD gewesen war. Nun gut (oder schlecht), Ritter war Publizist in der DDR und musste, wollte er veröffentlicht werden, linientreu schreiben. Das ändert wiederum nichts an einer Klarstellung. V. d. Passers Bedeutung liegt nicht darin, die SED-Linie bestätigt zu haben – von einer SED hat v. d. Passer nichts gewusst. *Mene tekel!* ist vielmehr deshalb bedeutsam, weil der Roman dem antidemokratischen und antisozialen Radau seiner Zeit fundiert Paroli geboten hat.

7.3. Ein Rührstück als Gesellschaftskritik

Ein weiterer Epigone Hertzkas ist Rudolf Elcho (1839–1923), der 1898 mit seinem Roman, für den er tatsächlich den Originaltitel *Freiland* verwendet, die ursprüngliche recht handfest gemeinte Vision ins rein Idealistische verschiebt, damit aber ein beachtenswertes Stück zeitgenössischer Gesellschaftskritik verbindet.

Vornehmlich geht es um zwei edle und hochgesinnte Menschen, den Arzt Dr. Leuthold und seine Tochter Marianne. Leuthold ist ein glühender Anhänger von Hertzkas *Freiland* und nutzt eine Abendgesellschaft, um seine Gäste von den Vorzügen der neuen Gesellschaft zu überzeugen. Doch er stößt nur auf Skepsis und offene Ablehnung. Selbst seine Frau belächelt ihn und hält die Ambitionen ihres Mannes für eine kindische Spielerei. Derweil hat sich Marianne, die als Einzige die Ideale ihres Vaters teilt, mit einem intelligenten, aber karrieresüchtigen und kalt kalkulierenden Assessor liiert. Die Ehe steht unter keinem guten Stern, und als die Tochter von ihren Eltern erfährt, dass ihr Bruder bei einer Expedition nach Paraguay umgekommen ist (dort wollte er ein Freiland gründen, wurde aber schmählich hintergangen), entwickelt sich die Geschichte endgültig zu einem Familiendrama.

In ihrem Schmerz wollen die Eltern zur Tochter ziehen, aber der abgebrühte Schwiegersohn sieht vor allem im Vater eine Gefahr für sein Fortkommen. Seine Seilschaften haben ihm nämlich klipp und klar signalisiert: Wenn er den Vater, einen Extremisten und »kommunistischen« Wirrkopf, aufnimmt, wird nichts aus dem heiß ersehnten Aufstieg. Seine Entscheidung ist klar. Die störende Familie muss außen vor bleiben. Daran zerbricht allerdings seine zarte Frau. Sterbend röchelt sie, dass sie in einer anderen Welt ihr Freiland finden werde.

Das melodramatische Rührstück hat mit SF nichts zu tun, außer dass es sich auf Hertzkas *Freiland* bezieht. Ich erwähne es trotzdem, weil uns Elcho damit indirekt etwas zur Rezeptionsgeschichte des originalen *Freiland* mitteilt. Ganz offensichtlich hatte Hertzka nicht nur Anhänger, sondern vor allem in den herrschenden Kreisen Gegner, ja regelrechte Feinde, die sein Werk als subversiv und staatsgefährdend einstuften. So wurde selbst ein Hertzka, wahrlich kein Revoluzzer und stets bemüht, die gewünschten Änderungen so sanft und friedlich wie möglich zu gestalten, zum enfant terrible. Schließlich wollte er etwas ändern, und das reichte schon, um verfemt zu werden.

Die umfassende Gesinnungskontrolle im Kaiserreich fiel nun wiederum dem ansonsten recht braven Bürger Elcho auf, sodass er sich in seiner Empörung genötigt sah, einen Roman zu schreiben, der diese Zustände in Form eines Melodrams anprangerte. Genau hier liegt die Relevanz des Buches, die über den dick aufgetragenen sentimentalen Kitsch hinwegsehen lässt. Es zeigt Mechanismen auf, die keineswegs ausgestorben sind. Der McCarthyismus in den USA der 1950er-Jahre und auch gewisse Auswüchse unserer heutigen »political correctness« lassen grüßen.

7.4. Traktat-SF in guter Absicht

Bertha Sophia Felicita Freifrau von Suttner (1843–1914) stammte aus einer böhmischen Adelsfamilie und wuchs in einer behüteten, bildungsfreundlichen Umgebung auf. Als polyglotte Persönlichkeit sprach sie mehrere Sprachen, war kunstinteressiert und schon in jungen Jahren viel gereist. Die Spielsucht der Mutter, durch die das Erbe des Vaters schnell verbraucht war, führte zu einer längeren Zeit finanzieller Not. Ab 1877 begannen sie und ihr Mann mit publizistischen Arbeiten, die erfolgreich waren und ihre materiellen Lebensverhältnisse deutlich verbesserten. Seit dieser Zeit schrieb sie verschiedene Romane und Abhandlungen, wurde Frauenrechtlerin, Friedenskämpferin und Propagandistin einer neuen Weltordnung. 1905 erhielt sie als erste Frau den Friedensnobelpreis.

Bertha von Suttner näherte sich in ihrem Werk der SF stark an, ohne je originäre SF geschrieben zu haben. Ihr erfolgreichster Roman war denn auch eine Arbeit, die am wenigsten utopisch ist (dadurch aber nichts an Eindringlichkeit verliert) – nämlich *Die Waffen nieder* von 1889, eine leidenschaftliche Anklage gegen den Krieg und eine Warnung vor dem kommenden Unheil. Bertha von Suttner war also eine Frau, die sich mit allem, was sie vermochte, gegen die schmutzige Flut einer verhängnisvollen Zeit zur Wehr setzte. Ihr Werk, insbesondere die Titel *Das Maschinenalter* von 1889, *Der Kaiser von Europa* und *Schach der Qual*, beide 1897, weist viele utopische SF-Elemente auf. Mit ihnen stieß sie in die engeren Gefilde der SF vor.

Das Maschinenalter. Zukunftsvorlesungen über unsere Zeit (1889) ließ sie ursprünglich anonym mit einem schlichten »Von Jemand« veröffentlichen, weil sie durchaus berechtigt die Sorge hatte, bei diesem Thema als Frau nicht ernstgenommen zu werden. Da das Buch gut ankam und sich auch in der Männerwelt Reputation verschaffte, änderte sie ab der 3. Auflage ihre Meinung. Das Buch trug nun offen ihren Namen. Das war raffiniert, weil männliche Autoritäten, die es zuvor gelobt hatten, es anschließend schwerlich niedermachen konnten, nur weil der Autor sich als Frau entpuppt hatte. Außerdem änderte sie den Titel in das sprachlich gebräuchlichere *Das Maschinenzeitalter* um.

Wie schon der Untertitel sagt, konstruiert sie ihren Plot so, dass in einer Universität der Zukunft Vorlesungen über ihre aktuelle Zeit gehalten werden, wobei es zu ständigen Vergleichen der Zukunftswelt mit ihrer Realwelt kommt. Das ermöglicht es ihr, in einem dozierenden Ton Stellung zu einer Vielzahl von Themen zu nehmen. Zu ihnen gehören z. B. Staatsform und Politik, Frauen und Liebe, Religion, Kunst und Wissenschaft usw.

Das Maschinenzeitalter ist also kein Roman, sondern ein philosophisches Traktat. Damit folgt die Suttner dem altbekannten utopischen Muster, wie wir es schon von Thomas Morus, Campanella und Francis Bacon her kennen. Durch die Schilderung eines (imaginierten) guten Zustands wird das Bestehende scharf kritisiert. Der methodische Unterschied zwischen ihr und den ersten großen Utopisten der europäischen Neuzeit besteht darin, dass die großen Drei ihre Gedanken literarisch konsequent in der Romanform präsentieren. Bei der Suttner überwiegt die dozierende Belehrung. Ein wichtiger Unterschied liegt auch in der Zeitdimension, die die Autorin einführt. Während die drei Genannten noch mit der berühmten unbekannten Insel operieren, auf der sich die Gegengesellschaft etabliert hat, lebt von Suttners Buch von der Konfrontation der Wirklichkeit mit einer möglichen Zukunft. Die Verschiebung der Utopie in die Zeitlichkeit war aber nicht die Erfindung der von Suttner, hatte doch der französische Autor Sebastien Mercier schon 1752 in seiner Utopie *Das Jahr 2440* (*L'An Deux Mille Quatre Cent Quarante*) das Zeitreisemotiv eingeführt und so die räumliche durch die zeitliche Trennung ersetzt.

Das nächste hier kurz zu nennende Buch *Der Kaiser von Europa* (1897), das die Autorin selbst als »Fantasiestück« bezeichnete, bezieht sich auf eine englische Vorlage von F. A. Fawkes, die von der Suttner auf die deutschen Verhältnisse umgeschrieben wurde.

Im Kern ist der Text ein Appell an das Gewissen des amtierenden deutschen Kaisers, endlich ein gerechter Herrscher zu werden. Dieses Ansinnen ist zwar reines Wunschdenken, hindert sie aber nicht daran, im Roman den realen Kaiser Wilhelm II. zu einem fiktiven Wilhelm zu machen, der sich auf wunderbare Weise (animiert von einem Jesus-ähnlichen Weltverbesserer) vom militaristischen Chauvinisten in einen Herrscher der sozialen Gerechtigkeit und der Abrüstung verwandelt und dies sogar per Volksabstimmung durchsetzt. Seine Ausstrahlung ist im Roman so stark, dass die bekehrten anderen europäischen Nationen Wilhelm anbieten, Kaiser von Europa zu werden.

Bei *Schach der Qual* (1897) handelt es sich wiederum um einen »unechten« SF-Roman, da auch er faktisch eine philosophische Abhandlung ist. Ein Prinz Roland sinniert schreibend über alle Übel dieser Welt, um gleichzeitig Gegenentwürfe und Alternativmodelle durchzuspielen. Zum Schluss legt er die Feder weg, um sich dem Kampf für eine bessere Welt zu stellen.

Obwohl die Suttner in eklektizistischer Weise von einem eher naiven Ideen- und Utopiegemisch durchdrungen war (so vereinigte sie z. B. recht unbedarft den Feudalismus mit der Sozialdemokratie, oder sie pries die Wiederbelebung eines Christentums der reinen Liebe als Gesellschaftsmodell an), so war sie doch in ihrem selbstbewussten Mut, ihren z. T. scharfsinnigen Analysen in Einzelfragen und in ihrer aufrechten, menschenfreundlichen Einstellung eine beeindruckende Frau, die noch heute Vorbildcharakter hat.

7.5.   Wird Kaiser Wilhelm Mitglied der SPD?

Berthold Otto legte 1896 mit *Der Umsturz. Briefe und Gespräche* ein Buch vor, das sich ähnlich wie v. Suttner mit dem Gedanken befasst, Monarchie und Sozialdemokratie politisch zu versöhnen. Später verarbeitete er diese Ideen dann auch rein theoretisch in seinem Non-Fiction-Hauptwerk *Der Zukunftsstaat als sozialistische Monarchie* (1910). Doch zurück zur Fiktion.

In Form eines Briefromans schildert Otto in *Der Umsturz* die Korrespondenz zwischen dem Rechtsanwalt Altmann aus Barnheim und einem Berliner Pensionär namens Stelten. Dabei geht er von einer für die Mehrheit der damaligen schreibenden Zunft ganz und gar unvorstellbaren Voraussetzung aus, die zudem in ihrer Hellsichtigkeit verblüfft. Er prognostiziert nämlich realhistorisch korrekt: Nach einem für Deutschland verlorenen Krieg flieht der Kaiser, und die SPD übernimmt unblutig die Macht! Übersah er dabei die Tatsache, dass die neu gewonnene Macht der SPD auf tönernen Füßen stand? Ignorierte er, dass die nach 1918 noch immer existenten (mächtigen) reaktionären Kräfte alles unternahmen, um die neue, aber schwache Demokratie zu diffamieren, zu sabotieren und zu unterminieren – mit bekanntem Ergebnis?

Unabhängig davon bricht in seinem Roman jetzt ein blühendes sozialdemokratisches Zeitalter an. Hier verblüfft Otto erneut, da er sich im diametralen Gegensatz zu den antisozialdemokratischen Hetzschriften eines Richter, Gregorovius oder Stolze als Sympathisant der neuen Ordnung erweist. Noch wichtiger ist, dass er dabei nicht – wieder im Gegensatz zu den Obengenannten – in eine platte, nur mit umgekehrtem Vorzeichen versehene Agitation verfällt, sondern in Wort und Widerwort seiner beiden Protagonisten sehr geschickt und intelligent die Vorurteile und Klischees gegen die SPD aufarbeitet und entkräftet. Sein Einfall, nicht klassenbewusste Arbeiter sprechen zu lassen, sondern gutsituierte Bürger, die durchaus skeptisch und distanziert sind, verstärken seine Argumente.

Nun muss Wasser in den Wein gegossen werden. Denn trotz aller Unterstützung sozialdemokratischer Vorstellungen klingen bei Otto immer wieder Vorbehalte und Zweifel an. Vor allem scheint er den Arbeitern nicht zuzutrauen, einen Staat tragen zu können, was indes immer nur als Unterton mitschwingt, doch nie explizit ausgeführt wird. So kommt es in Ottos Roman zu einer Schlussvolte, die aus dem zuvor Gesagten nicht stringent abzuleiten und vom Gesamtkontext her kaum motiviert ist. In *Der Umsturz* gibt es plötzlich ein nicht näher definiertes Unwohlsein an »zu vielen Meinungen« und am Fehlen eines identifizierbaren Preußentums. Kurz: Ohne den Kaiser ist das Werk nicht vollkommen. Also erscheint der Monarch wieder auf der Bildfläche und wird erneut in seine alten Ämter und Würden eingesetzt. Wie das nun mit den sozialistischen Strukturen zu vereinbaren ist, bleibt offen.

Es erstaunt, dass Otto, der ausweislich seines Werks ein guter Prognostiker und ein politisch klug denkender Mensch war, so unvermittelt auf die Idee der »sozialistischen Monarchie« kommt.

Vielleicht hatte Otto die Problematik der oppositionellen Reaktion doch erkannt? Um sie zu bekämpfen, fiel ihm nur die Lösung ein, die beharrenden Mächte durch einen weiterhin regierenden preußischen Kaiser zu zähmen bzw. zu neutralisieren. Möglicherweise gibt sein Theoriewerk von 1910, das ich nicht gelesen habe, Auskunft darüber. Doch einmal unterstellt, Otto hätte wirklich so gedacht, dann hätte diese Strategie sicherlich nicht gefruchtet. Denn der Hohenzollernkaiser mit seinem feudalistischen Unterbau hätte niemals eine sozialdemokratische Gesellschaft auch nur geduldet, und für die Nazis wäre weder das eine noch das andere akzeptabel gewesen.

7.6.   Die sieben Schwaben auf dem Mars

Der schwäbische Chemiker und Arzt Dr. Albert Daiber (1857–1923) veröffentlichte nach seinem ersten SF-Roman *Anno 2222. Ein Zukunftstraum* (1905) 1910 sein SF-Hauptwerk *Die Weltensegler. Drei Jahre auf dem Mars*. Ihm folgte 1914 die Fortsetzung *Vom Mars zur Erde*.

Obwohl gerade der Beginn von *Die Weltensegler* eine etwas hausbackene Heimattümelei durchklingen lässt, die beim modernen Leser anfangs (auch bei mir) ein eher abfälliges Schmunzeln provoziert, war Daiber alles andere als ein tumber Provinzler. Er hatte nicht nur in Zürich studiert, sondern ab 1900 eine Weltreise unternommen, die ihn in die Südsee bis nach Australien geführt hatte. 1909 wanderte er nach Chile aus, um dort bis zu seinem Tod als Arzt zu wirken. Dieser polyglott geprägte Lebensstil spiegelt sich in seinem Buch *Die Weltensegler* wider, das eine tiefe Humanität, Toleranz und demokratische Überzeugungen belegt.

Anknüpfend an das bekannte Märchen von den sieben Schwaben, die in die Welt hinausziehen, erweckt er dieses zu neuem SF-Leben.

Bei ihm sind es sieben schwäbische Professoren der Universität Tübingen, die eine von der Hochschule finanzierte Marsexpedition unternehmen. Irgendwann in der zweiten Hälfte des 20. Jahrhunderts startet im Roman ein speziell ausgerüsteter Zeppelin in »Groß-Stuttgart« Richtung des roten Planeten (genauer Startort des Abflugs ist der durch das Volksfest berühmte Canstatter Wasen).

Daiber ignoriert, dass ein Luftschiff ohne Luft nicht fliegen kann, als Weltraumgefährt also ungeeignet ist. Folglich lässt er sich darüber auch nicht aus, dafür aber umso mehr über Form, Bauweise und Ausstattung des Schiffs. Alles wird durch Elektrizität betrieben, den Auftrieb besorgt ein geheimnisvolles Gas namens Argonauton, die Folienhülle ist durch ein besonderes Verfahren leicht, aber dennoch hart wie eine Stahlpanzerung, und die Passagiergondel ist mit allem ausgestattet, was die Weltenbummler brauchen, um sicher an ihr Ziel zu kommen. »*Ausgezeichnete Stuttgarter Fleisch- und Backwaren*« und »*das Zuckerle*«, ein Rotwein, (S. 22) garantieren leibliches Wohlergehen. Dennoch verläuft die Anreise nicht ohne Komplikationen, was aber nichts daran ändert, dass man glücklich und ohne ersthafte Blessuren auf dem Mars landet.

Das Professorenkollegium ist baff, denn unser planetarischer Nachbar entpuppt sich in jeder Hinsicht als Paradies. Das beginnt mit einer lieblichen Natur, edlen Pflanzen und Tieren, geht weiter mit noch viel edleren Menschen, die wohlgestaltet sind und antike Gewänder tragen, und einer ausgereiften Technologie bis hin zu einer perfekten Gesellschaftsordnung. Die Aufnahme der sieben Schwaben durch die Marsianer (bei Daiber sind es Marsiten) ist überaus freundlich, und nachdem man sich frisch gemacht hat und neu eingekleidet wurde, erleben die Abgesandten aus dem irdischen Tübingen ein köstliches Mahl, begleitet von einer himmlischen Musik. »*Die tongewordene Barmherzigkeit selbst schien es zu sein, die da an die Herzen der Gelehrten so mächtig pochte, dass sie ihre große Ergriffenheit nur schlecht zu bemeistern vermochten. Als das Lied verklungen war, wischten sich einige Herren verstohlen die Tränen aus den Augen.*« (S. 68 f.)

Die terranischen Honoratioren, die mittlerweile auch die Marssprache beherrschen, fühlen sich immer heimischer, und Tag für Tag erleben sie neue Wunder. Sie erkennen: »*Was sie selbst vom Wahren, Schönen und Guten unten auf der Erde erträumt hatten, hier oben fanden sie alles in die Wirklichkeit umgesetzt, denn überall und in allem offenbarte sich die wunderbarste Harmonie, alles atmete Schönheit, Güte und Wahrhaftigkeit, und das Leben trug den Stempel vornehmer, ruhiger Tätigkeit. Zweifellos musste eine weise Regierung dieses große Staatswesen leiten, obwohl die Herren von Behörden, wie sie sich unten in der Heimat breit machten, hier oben nicht das geringste wahrnahmen.«* (S. 79) Und weiter: *»Vor ihren Augen enthüllte sich immer mehr ein großangelegtes, riesiges, demokratisches Gemeinwesen, das nicht auf die Gewalt gestützt war, sondern ausschließlich durch den freien Willen des Volkes und durch das Band gemeinschaftlicher Interessen zusammengehalten wurde.«* (S. 86)

Die Marsgesellschaft ist weder durch Geld (das sie gar nicht kennt) noch durch Herkunft gegliedert, sondern durch die Zugehörigkeit zu einer Berufsgruppe (Händler, Wissenschaftler, Bauern, Techniker, Künstler etc.), die Stamm genannt wird. Alle Stämme sind gleichberechtigt, und wer seine Zugehörigkeit zu einem Stamm ändern will, kann dies nach Ablegen einer Prüfung problemlos tun. Lediglich der erste Stamm, das sind die Weisen, die das Gesetz hüten, steht über allen anderen, aber jeder Marsit hat die Möglichkeit, auch diesem Stamm anzugehören, wenn er bzw. sie durch eine vorbildliche Lebensführung und philosophische Leistungen bewiesen haben, dessen würdig zu sein.

»Das gesamte Leben auf dem Mars war in seiner so eigenartigen Form nur dadurch möglich, dass es unter dem ausschließlichen Zeichen der Solidarität stand. Der allgemeine Grundsatz, dass das einzelne Individuum alles tun muss, was das Gesamtwohl fördert, alles zu unterlassen hat, was dem Nebenmenschen Schaden und Schmerz bereitet, war hier oben schon seit undenklicher Zeit in die Praxis umgesetzt.« (S. 88)

So versteht es sich von selbst, dass es keine gewalttätig ausgetragenen Konflikte, geschweige denn Kriege auf dem Mars gibt. Umso entsetzter und empörter sind die Marsbewohner, als sie von den redlichen Professoren erfahren, wie brutal und unerträglich die Zustände auf der Erde sind. Der Rat der Weisen beschließt daraufhin, jeden weiteren Verkehr mit der Erde zu unterbinden. Er erkennt zwar die Aufrichtigkeit und Seriosität der sieben Besucher an und stellt ihnen sogar frei, bis zu ihrem Lebensende auf dem Mars zu bleiben, aber weitere irdische Gäste, die möglicherweise weniger intelligent sind und ihre Aggressivität auf die friedliche Welt übertragen wollen, werden nicht geduldet.

Das stürzt die akademischen Abenteurer in einen schweren Gewissenskonflikt. Einerseits wünschen sie sich nichts sehnlicher, als weiterhin auf diesem wunderbaren Planeten leben zu können. Andererseits fühlen sie sich verpflichtet, in ihrer Heimat vom Mars zu berichten, um zumindest die Chance zu ergreifen, dass auch die Erde den Weg der Vernunft beschreitet. Schließlich siegt ihr Verantwortungsgefühl.

Sie stellen ganz im Sinne der marsitischen Ethik ihre persönlichen Wünsche hintan und beschließen zurückzukehren. Nur einer von ihnen, und zwar ausgerechnet der Professor für Ethik und Theologie Fridolin Frommherz, verweigert sich. Er versteckt sich und lässt seine Gefährten durch einen Brief wissen, er würde nach diesen fast himmlischen Erfahrungen auf der Erde sterben, und das könnten sie doch nicht wollen. So verabschieden sich die nunmehr nur noch sechs Schwaben schweren Herzens von den Marsfreunden und fliegen mit ihrem instandgesetzten und stark verbesserten Weltensegler zurück zur Erde.

Um die Romanhandlung gegen Schluss noch etwas aufzufrischen, landen die Reisenden aber nicht wie geplant in Stuttgart, sondern werden durch einen Sturm auf das koloniale Bismarck-Archipel in der Südsee verschlagen. Von dort geht es per Schiff und Bahn dann doch noch nach Stuttgart, wo man ihnen einen jubelnden Empfang bereitet. Als aber der Sprecher des Kollegiums in seiner Dankesrede äußerst kritische und mahnende Worte an das Publikum richtet, erstirbt der Jubel, und Stille macht sich breit. Man ahnt es schon. Die sechs Aufrechten werden es von nun an sehr schwer haben. Mit diesem nachdenklich-pessimistischen Ton endet der Roman *Die Weltensegler*.

Albert Daiber bleibt mit seinem SF-Roman ganz eng bei zwei klassischen Vorbildern. Einmal orientiert er sich am überkommenen utopischen Schema mit dem einzigen Unterschied, dass bei ihm die einsame Insel nicht mehr auf der Erde liegt, sondern der Planet Mars ist. Das gibt ihm auch die Gelegenheit, sich durchaus SF-gemäß über das zu benutzende Vehikel und die Mühen der An- und Abreise äußern zu können. Zum anderen wurde er zweifellos von Kurd Laßwitz und seinem SF-Roman *Auf zwei Planeten* beeinflusst. Dabei ist die Gegenüberstellung der schlechten irdischen Zustände zu der (fast) idealen Marsgesellschaft das wohl auffallendste Merkmal. Genau hier zeigen sich auch seine Schwächen, oder besser gesagt,

Vom Mars zur Erde
von
Albert Daiber

seine Abweichungen zu Laßwitz. Während Laßwitz einen interplanetarischen Konflikt mit Space Opera-Qualitäten zu gestalten vermag, beschränkt sich Daiber auf die Beschreibung eines Gegenbilds zur Erde. Auch geht die philosophische Fundierung der Romangeschehnisse bei Laßwitz deutlich tiefer als bei dem Schwaben.

Dennoch wäre es falsch, *Die Weltensegler* als Versuch Daibers zu werten, Laßwitz auf einer oberflächlicheren Ebene kopieren zu wollen. Mir scheint, dass Daiber (siehe vor allem auch den Schluss) bei aller Begeisterung für seine makellosen Marsiten pessimistischer, dafür aber auch realistischer ist als Laßwitz. Er will zwar (trotz und alledem) bewusst ein utopisches Gegenbild entwerfen, geht jedoch nicht so weit wie Laßwitz, diesem eine, wenn auch nur fiktive, Realisierungschance einzuräumen.

Daibers Roman ist eine einzige, z.T. recht scharfe Kritik an den Verhältnissen im Kaiserreich und darüber hinaus. Das nötigt Respekt ab. Der Schwabe ließ sich nicht von der beduselten Preußen- und Deutschtumsseligkeit anstecken, sondern hatte die Größe, öffentlich eine demokratische und humane Gegenposition einzunehmen. Freilich befand er sich zum Zeitpunkt der Veröffentlichung schon in Chile. Wahrscheinlich wollte er dem Schicksal seiner Romanhelden entgehen, mit Häme, Beschimpfungen und Anfeindungen überschüttet zu werden. Da in der Romanfortsetzung *Vom Mars zur Erde* (1914) sein abtrünniger Drückeberger Fridolin Frommholz, getrieben von einem schlechten Gewissen, doch noch nach Tübingen zurückkehrt (und dort sofort als Landstreicher festgenommen wird), kann vermutet werden, dass Daiber seine Auswanderung vielleicht als eine Art von Fahnenflucht empfand. Das ist natürlich Spekulation. Fakt ist, dass Daiber bis zu seinem Tod in Chile blieb.

Unter dem speziellen Blickwinkel der SF bleiben Daibers Marsromane trotz der berührenden Eindringlichkeit seiner politisch-sozialen Utopie nicht ohne Fragezeichen. Die jeder Physik widersprechende

Weltraumfahrt wie auch die Beschreibung eines rundum irrealen Planeten Mars lassen auch aufgrund des Wissensstandes seiner Zeit sehr zu wünschen übrig. Immerhin vermag er hier und da, den technischen Errungenschaften der Marsmenschen SF-Leben einzuhauchen, und es erstaunt, dass er sich vor allem im Fortsetzungsroman sachkundig und weitsichtig über Fragen des Umweltschutzes und einer Verschwendungswirtschaft äußert.

Es bleibt dabei: Daibers Marsromane sind bei aller Skurrilität lesenswert, und in ihrer humanen Substanz haben sie eine Qualität, die auf dem kaiserlichen SF-Markt Seltenheitswert hatte.

7.7. Gegen den Krieg!

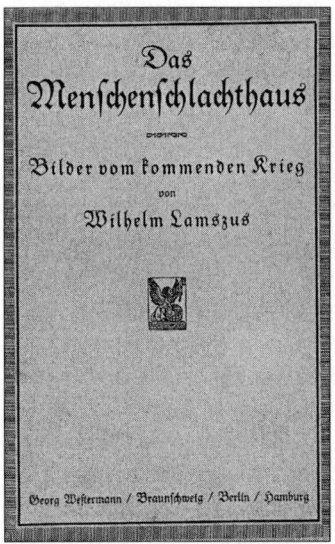

Das
Menschenschlachthaus

Bilder vom kommenden Krieg
von
Wilhelm Lamszus

Georg Westermann / Braunschweig / Berlin / Hamburg

Jetzt springen wir kurz und vorgreifend zur deutschen Zukunftskriegsliteratur. Ziel dieses Subgenres war die Verherrlichung des künftigen Krieges (siehe Kapitel 10 des Buches). Das war in Zeiten der Hohenzollernherrlichkeit Usus. Doch im Meer der Kriegshetzer gab es einen Autor, der mit einer gewissen belletristischen Wirkung eine explizite Antikriegsutopie geschrieben hatte. Er stand zwar literarisch (abgesehen von der Pazifistin Bertha von Suttner und wenigen anderen) allein auf weiter Flur, konnte aber für sich beanspruchen, in dieser Zeit den einzigen Antikriegsroman mit SF-Elementen vorgelegt zu haben. Aus diesem Grund habe ich ihn in dieses Kapitel aufgenommen.

Gemeint ist der Hamburger Lehrer Wilhelm Lamszus (1881–1965). Seine Dystopie *Das Menschenschlachthaus. Bilder vom kommenden Krieg* von 1912 wurde sofort zum Skandal. (Man beachte: Lamszus Buch wurde zum Skandal, nicht etwa die Ergüsse kriegsbesessener Phrasendrescher!) Vaterländische Kreise heulten auf, wohlbeleibte Bürger, die andere – vornehmlich junge Männer – gerne in den Tod schickten, empörten sich, und Lamszus musste um seine berufliche Existenz fürchten, forderte doch das preußische Kultusministerium vom Hamburger Senat seine sofortige Entlassung. Ein Lehrer hatte, so die Lesart, der Jugend eine deutschnationale Gesinnung beizubringen (also auch die Bereitschaft zum Krieg und zum Sterben) und nicht für Frieden und Menschlichkeit zu werben. Wer das tat, gehörte nicht in den Schuldienst!

Doch so einfach, wie es sich die Herren vorgestellt hatten, ging das nicht. Vor allem in der Arbeiterschaft formierte sich erheblicher Widerstand gegen eine Entlassung des Pädagogen, der zu dieser Zeit Mitglied der SPD war. Die Senatsbehörde indes zog sich raffiniert-hinterhältig aus der Affäre, indem sie den Lehrer Lamszus mit einem sog. ehrenvollen Sonderauftrag versah und ihn kurzerhand nach Afrika schickte, ihn also faktisch an einen Ort verbannte, wo er keinen Ärger mehr machen konnte. Nach diesen Erlebnissen verließ der radikalisierte Lamszus zu Beginn der Weimarer Republik die SPD und schloss sich der jungen KPD an. Noch bis zu seinem Tod 1965 war Wilhelm Lamszus in Hamburg in der Friedensbewegung aktiv.

Lamszus' Werk, geschrieben in einem expressionistischen Stil, unterteilt sich in zehn Impressionen genannte Kapitel, die von einem Ich-Erzähler zusammengehalten werden. Bei dem Ich-Erzähler handelt es sich um einen kleinen Büroangestellten, der verheiratet ist und zwei Kinder hat. Der Roman beginnt mit dem Kriegsausbruch und der Mobilmachung. Natürlich wird auch der Kontorist eingezogen. »›Der Krieg, der musste endlich kommen‹, so hörten wir und lasen in der Zeitung ›Das muss so sein, das ist Naturgesetz. Die Völker nehmen einander das Brot vor dem Munde weg und nehmen einander die Luft zu atmen weg‹.« (S. 9) Trotz derlei Seelenmassage und der allgegenwärtigen Kriegsbegeisterung wird der Held von bösen Ahnungen heimgesucht, die sich bald auf weit grausamere und abscheulichere Weise bestätigen. Er erfährt am eigenen Leib, dass Menschenleben nichts mehr wert sind und dass die Technisierung des Krieges flächendeckend Verderben und Tod bringt. Zu einem Sturmangriff schreibt er in sein Tagebuch: »So massenhaft, so kaltblütig, so sachverständig rottet man nur das Ungeziefer aus. In diesem Krieg sind wir nichts als Ungeziefer mehr.« (S. 76) Der zum »Kanonenfutter« und zum »Menschenmaterial« degradierte Soldat wird psychisch und physisch zerstört. Alles endet nach unsäglichen Qualen im Tod.

Das Menschenschlachthaus ist als Oppositionsliteratur nicht nur für seine Zeit mit ihrem pathologischen politischen und gesellschaftlichen Klima, sondern auch rein literarisch bemerkenswert. Die Eindringlichkeit der Metaphern, die dichte Erzählatmosphäre und das distanzlose Engagement des Autors sind dem Thema in jeder Hinsicht angemessen und bewirken beim Leser echte Betroffenheit. Hier wird nicht mehr berichtet, nicht mehr protokolliert oder gar nüchtern analysiert. Hier wird nur noch schonungslos das Verbrechen angeklagt. Zudem ist es erstaunlich, wie es Lamszus gelingt, die Mechanisierung des Todes und die ruinöse Kriegsverwertung der Einzelexistenzen zu antizipieren. *Das Menschenschlachthaus* ist als deutsche SF-Dystopie ein wichtiges Werk und zu Unrecht vergessen.

7.8. Pazifismus und Revolution

Das Buch *Der Mensch ist gut* (1917) von Leonhard Frank (1882–1961) scheint eine konsequente Fortsetzung von *Das Menschenschlachthaus* zu sein, da es die einzig richtigen Schlussfolgerungen aus der glühenden Anklageschrift des Hamburger Pädagogen zieht. Tatsächlich sind sich Lamszus und Frank aber nie begegnet und haben auch sonst keinerlei Kontakt miteinander gehabt. Gleichwohl gehörten sie zu jener Minderheit, die schon früh den Hurra-Patriotismus ablehnte und mit bescheidenen Möglichkeiten unter Inkaufnahme erheblicher persönlicher Nachteile, Anfeindungen, ja Verfolgungen den Ungeist bekämpfte.

Noch weit mehr als Lamszus war Leonhard Frank eine vielseitige Künstler- und Schriftstellerpersönlichkeit, die im Laufe eines stürmischen Lebens mit vielen Kulturgrößen verkehrte (z. B. Johannes R. Becher, Alfred Döblin, Heinrich Mann, Bert Brecht, Erich Kästner u. v. a. m.) und Literaturpreise und Ehrungen erhielt. Gleichzeitig war

Frank über weite Strecken seiner Biografie ein politisch Verfolgter, der teilweise unter Lebensgefahr auf der Flucht war bzw. im Exil leben musste. Das begann schon 1915, als er wegen seiner pazifistischen Haltung im Kriegsdeutschland nicht mehr Fuß fassen konnte und deshalb in die Schweiz emigrierte. Hier schrieb er die Novellensammlung *Der Mensch ist gut*, die 1917 bei Rascher/Zürich veröffentlicht wurde.

Die Geschichten in *Der Mensch ist gut* sind pazifistische Utopien, die aber ganz nah an ihrer Zeit bleiben und erstaunliche Übereinstimmungen mit den sich dann real ergebenden Ereignissen in Deutschland zeigen. In den ersten Novellen beschreibt Frank die Wandlung von Menschen, deren ursprüngliche Kriegsbegeisterung sehr schnell in Ablehnung und aktiven Widerstand umschlägt. Daraus entwickelt sich eine sozialistische Revolution mit Massenstreiks, Abschaffung der Monarchie und der Etablierung einer Volksdemokratie unter der Führung eines »Knechts der Liebe«, der sich als Karl Liebknecht herausstellt, womit auch klar wird, dass sich Frank links von der SPD verortete.

Wolfgang Both zeigt in seinem wichtigen und kompetenten Sachbuch *Rote Blaupausen. Eine kurze Geschichte der sozialistischen Utopien* (Berlin 2008), dass Visionen der Social Science Fiction (u. a. in *Der Mensch ist gut*) im Hohenzollernreich nicht immer nur Papier blieben, sondern sich zuweilen doch und dann recht schnell in die politische Wirklichkeit verlagern konnten. Dass dieses Phänomen auch für SF-Produkte der versammelten Reaktion galt, ist zwar mehr als bedauerlich, bestätigt aber nur die seismografische Funktion des Genres, die das Potenzial einer Wirklichkeitsmaschine hat.

7.9. Der neue Mensch

Ebenfalls in *Rote Blaupausen* spürt Both dem evangelischen Pfarrer Emil Felden (1874–1959), Sohn eines Küfers aus Lothringen, und seinem Roman *Menschen von morgen* (1918) nach. Felden studierte unter anderem zusammen mit Albert Schweizer in Straßburg Theologie. In Bremen bekam der SPD-Sympathisant eine Pfarrstelle und engagierte sich in diesem Amt sehr zum Missfallen reicher Kaufleute und konservativer Bürger für Arbeiter, für die Gleichberechtigung der Frau und gegen die Kriegstreiberstimmung. In *Menschen von morgen* versucht er, seinen grundlegenden Vorstellungen von einem »neuen Menschsein« ein literarisches Gesicht zu geben – und diese damit auch belletristisch zu popularisieren.

Der Grundplot des utopischen Romans ist die Beziehungsgeschichte zwischen dem Kaufmann Andreas Bergmann und seiner Verlobten Maria. Andreas inkarniert das, was Felden als den »Menschen von gestern« bezeichnet, während Maria den »Menschen von morgen« repräsentiert. Folgerichtig spiegeln sich in ihren Auseinandersetzungen die unterschiedlichen Meinungen und Interessen wider, die sich aus der sozialen Umgestaltung der Gesellschaft ergeben.

Andreas kommt von einem längeren Auslandsaufenthalt zurück und registriert schon bei seiner Heimfahrt aus dem Zugfenster deutliche Veränderungen. Vormalige Landschaftsbrachen machen einen gepflegten, fruchtbaren Eindruck, und zwischen den schmucken Gartenstädten läuft der Verkehr prächtig. Allenthalben sieht er Anzeichen von Wohlstand. Er erfährt, dass eine sog. Nährarmee das sichert, was wir heute »bedingungsloses Grundeinkommen« nennen würden. So sind die Reformen schon weit gediehen, aber der endgültige Schritt, die vollständige Sozialisierung von Grund und Boden und die Verstaatlichung der Banken und der Industrie, ist noch nicht getan.

Genau hier entzündet sich der Streit zwischen Andreas und Maria. Während er als konservativ eingefärbter Wirtschaftsliberaler diese Maßnahmen vehement ablehnt, ist Maria eine begeisterte Anhängerin der neuen Bewegung. Zwischen ihnen entbrennt zudem ein Konflikt über die Stellung und den Wert der Frau, den Maria nach vielen Kämpfen gewinnt. Allerdings zerbricht auch ihre Liebe, denn ein Zusammenleben von zwei Menschen mit derart unterschiedlichen Auffassungen ist unmöglich.

Menschen von morgen ist eine SF-Utopie, die sich an dem Bild des neuen Menschen orientiert. Dieses ist aber nicht wie sonst in der SF als Mutation oder wissenschaftlich-technisch induzierte Optimierung des Menschen gedacht, sondern als fundamentale Veränderung der inneren Einstellung. Urmenschliche Eigenschaften wie der Selbsterhaltungstrieb und der Egoismus sollen so umgelenkt werden, dass sie zu einem durch und durch sozialen Denken und Fühlen führen. Die Idee: Nur in einer funktionierenden sozialen Gemeinschaft kann sich der Einzelne voll entfalten. In diesem Umfeld werden, so meint Felden, die ganz persönlichen Interessen dann erfüllt, wenn man sich sozial verpflichtet fühlt.

Wie immer man diese Überlegung bewerten mag, so bleibt eins richtig: Felden, der fraglos zu den sog. religiösen Sozialisten gehört, ergeht sich nicht wie andere seiner Kollegen in Jenseitsschwärmereien. Both sagt: »*Der Pastor Emil Felden hält sich nicht mit göttlichen Fügungen und Bibelzitaten auf, sondern verweist ganz irdisch auf die gesellschaftlichen Verhältnisse als Basis des sozialen Verhaltens.*« (*Rote Blaupausen*, S. 179) *Menschen von morgen* ist gerade auch für die kirchlich-christliche Diskussion einer menschlicheren Zukunftsgesellschaft ein bemerkenswerter Beitrag.

7.10.   Die Aushöhlung der Utopie

Einen völlig anderen Versuch in Richtung eines fortschrittlichen Utopia unternahm 1910 Martin Atlas (1878–?). Sein 475 Seiten starkes Werk *Die Befreiung* fand durch seinen literarischen Anspruch in intellektuellen Kreisen eine gewisse Beachtung, ist heute aber praktisch vergessen, sodass sich selbst allgemeinste Angaben über den Autor nicht mehr ermitteln ließen.

Ganz der klassischen Utopie verpflichtet, lässt Atlas auf der einsamen Insel im Irgendwo eine Wissenschaftlergemeinschaft entstehen, die nicht nur den wissenschaftlich-technischen Fortschritt in höchste Höhen treibt, sondern auch politisch-sozial, getragen von humanistischen Idealen, ein Vorbild ist. *»Fort mit dem Jammertal, fort mit den Klagen und Tränen, fort mit Not und Leid, wir wollen den Becher des Lebens voll ausleeren, er soll schäumen, er soll glühen der himmlische Nektar, und gleich den olympischen Göttern wollen wir lange, jung und glücklich leben.«* (S. 161)

Derart gerüstet, wendet man sich jetzt der ganzen Welt zu, um sie aus dem Elend zu befreien. Vor allem dem »Mammon« und dem Militarismus wird der Kampf angesagt, wobei man aber auch eine grundständige Verbesserung der menschlichen Zivilisation im Auge hat. Angestrebt wird also eine Revolution, allerdings nur eine »Revolution des Geistes«. Mit sozialdemokratisch-sozialistischen Vorstellungen speziell zur Gesellschaftsveränderung vermag sich Atlas nicht anzufreunden, da er, dem gängigen Klischee folgend, den »roten Terror« befürchtet.

Die Niederungen des politischen Kampfes sind in der illusionären Welt des Autors auch nicht notwendig, stehen den Wissenschaftlern doch einzigartige Luftschiffe und geheimnisvolle Kräfte zur Verfügung. So gelingt es ihnen z. B., den Widerstand des deutschen Kaisers und seiner Armee zu brechen, indem man kurzerhand durch sogenannte Fernwirkung alle Waffen verschwinden lässt. Nachdem diese wundersame Abrüstung erledigt ist, blüht die Welt auf, und schon nach vier Jahren ist das alte Jammertal nicht mehr wiederzuerkennen.

Atlas hat sich mit seinem Buch zwar viel Mühe gegeben, wirklich originell ist es dennoch nicht. Im Grunde plagiiert er nur den großen Francis Bacon und seine berühmte Utopie *Nova Atlantis*, aus der der gerade auch heute noch gültige Spruch »Wissen ist Macht« stammt Er versetzt Bacons damals tatsächlich revolutionäre Gedanken in die Moderne und scheut sich auch nicht, ungenannte Anleihen bei Kurd Laßwitz zu machen – so übernimmt er fast bruchlos die Entwaffnungsszene des preußischen Heeres aus dem Roman *Auf zwei Planeten*. Immerhin versucht er, inmitten eines Meeres von purer Aggressionslust mit *Die Befreiung* eine humane Welt zu zeichnen. Das gibt seinem Buch einen bedingten historischen und ethischen Wert.

Dass die eskapistische Utopie von *Die Befreiung* selbst in seiner Fiktivwelt nicht durchzuhalten ist, zeigt der Nachfolgeroman von 1913 *Titan*. Hier greift er den Grundgedanken von *Die Befreiung* wieder auf, verarbeitet ihn aber, offensichtlich selbst wesentlich pessimistischer geworden, im Sinne eines Modells des Scheiterns.

Sein Romanheld ist der titanische Geistesheros Paul Hardt, der mit gewaltigen Erfindungen (z. B. einem perfekten Luftschiff und Elektrokanonen, die Sonnenenergie sofort in Elektrizität umwandeln können, um sie dann als gesteuerten Blitz abzustrahlen) die Welt verbessern will. Leider bleibt er trotz aller Anstrengungen ein Einzelgänger, der als Mann auf verlorenem Posten von allen Mächten der Erde gejagt wird. Hardt scheitert an der Dummheit und dem Egoismus der Menschen. Als er endlich die Vergeblichkeit seines Tuns einsieht, verwandelt er sich in einen Menschenhasser. Er sprengt sich und seine Geliebte, die ihm willig in den Tod folgt, in einer infernalischen Explosion in die Luft.

Gerade in *Titan* mangelt es Atlas wieder an Originalität, denn es ist leicht zu erkennen, dass er mit seinem Protagonisten lediglich Vernes Helden Kapitän Nemo und Robur kopiert. Fragwürdig ist zudem trotz aller Fortschrittsorientierung sein merkwürdig mystisches Verhältnis zu einer dämonisierten Technik, speziell in *Titan*. Einige Kritiker meinen, dass Atlas das Scheitern seines Helden mit dessen Hybris begründet. Auch ich denke: Besagter Paul Hardt ist nichts anderes als ein Fanatiker, der seine Meinung über alles stellt. Insofern erliegt der Protagonist in Wirklichkeit seiner Selbstgerechtigkeit.

Vielleicht, das läge auch in der immanenten Logik des misanthropischen Werks, kompensierte Atlas seine ruinierten Zukunftsträume mit einer Abwendung von der SF und einer Flucht in mystische Erklärungsmodelle.

Auf alle Fälle signalisiert Martin Atlas ebenso anschaulich wie ungewollt die zunehmende Aushöhlung der fortschrittlichen Utopie in der Kaiserzeit. Letztlich wurde sie immer kraft-, wirkungs- und hilfloser gegenüber einem Zeitgeist, der dem selbstmörderischen Zug der Lemminge glich.

V. Reaktionäre und faschistische SF

8. Die rechtskonservative Dystopie

Nach dem großen Kurd Laßwitz und weiteren fortschrittlichen deutschen SF-Autoren erleben wir mit der folgenden Darstellung einen abrupten Absturz, denn wir müssen uns jetzt in Niederungen begeben, die dem Ruf der deutschen SF exorbitant geschadet haben und deren Auswirkungen in der deutschen SF-Szene noch bis in die 60er-Jahre des 20. Jahrhunderts hinein spürbar waren. Die Rede ist von SF-Texten, die von rückwärtsgewandten, sog. vaterländischen und völkischen Autoren als politische Waffe gegen alle Bestrebungen für Demokratie und soziale Gerechtigkeit eingesetzt wurden. Diese »besonders deutsche« Form propagandistischer Umtriebe erlebte in der populären Literatur des Kaiserreichs eine zweifelhafte Blüte mit z.T. erheblicher Massenwirkung.

Unter dem Blickwinkel der politischen Ausrichtung und der Absicht des jeweiligen Verfassers lassen sich in diesem Bereich zwei Arten der SF unterscheiden: die reaktionäre Dystopie und die faschistische Utopie.

Erstere, der jetzt unser Augenmerk gilt, hatte eine hervorstechende Eigenart. Sie kannte ihren ganz konkreten politischen Feind (nicht Gegner), nannte ihn ungeschminkt beim Namen, konzentrierte sich ausschließlich auf ihn und griff ihn radikal und brutal an. Dieser Feind war die SPD.

Auflagenhöhe und Massenwirkung

Über Auflagenhöhe und Verbreitung hier genannter Schriften lässt sich nur indirekt etwas aussagen. Zurückgegriffen werden muss dabei auf Angaben, die in den jeweiligen Originalausgaben gemacht werden. Diese sind allerdings aufschlussreich. So wird in der vorliegenden Ausgabe von Hertzkas fortschrittlicher Utopie *Freiland* von der 10. Auflage gesprochen. Die antisozialdemokratische Hetzschrift von Richter *Sozialistische Zukunftsbilder. Frei nach Bebel* wartet indes mit einer

Auflage von 221. bis 225. Tausend zu je 50 Pfennigen auf. Die Auflage des Zukunftskriegsromans *1906* von Seestern beträgt laut der vorliegenden Ausgabe 136 bis 138 Tausend zu je einer Mark. Das sind nur vage Angaben. Sie zeigen dennoch die breite Wirkung der Texte auf, insbesondere der reaktionär-antidemokratischen Schriften, die teilweise sogar, gesponsert von Industriemagnaten, kostenlos verteilt wurden.

8.1. Vorgeplänkel

Um 1890 herum wird in einem ersten Vorgeplänkel die Entwicklung zu einer spezifischen deutschen Sorte der antidemokratischen SF-Dystopie deutlich. Als Vorläufer kann die von dem deutsch-amerikanischen Redakteur Richard Michaelis verfasste Broschüre *Ein Blick in die Zukunft. Eine Antwort auf: Ein Rückblick von Edward Bellamy* gelten.

In dem 1890 von Reclam in hoher Auflage vertriebenen Billigdruck meint Michaelis in seinem Vorwort, Bellamys Vision sei »*nackte(r) Kommunismus*«, der »*nur noch bei Wilden und Menschenfressern ›Staatsform‹ (ist)*«. Die dann folgende Geschichte bestätigt natürlich die vorweggenommene Botschaft, indem sie Bellamys Plot ins Gegenteil verkehrt. Das Boston des Jahres 2000 versinkt in Anarchie und Chaos, und der Michaelis'sche Julian West ist heilfroh, als er 1887 aus seinem Albtraum erwacht und feststellt, dass sich am schönen Kapitalismus seiner Fiktivgegenwart nichts geändert hat.

8.2. Die Geburt der reaktionären SF-Dystopie

Schon früh hatte Michaelis erkannt, dass sich die Muster der Social Science Fiction zugunsten der Reaktion verbiegen lassen. Doch während er sich noch an dem Amerikaner Bellamy abarbeitete, waren andere Gesinnungsgenossen bereits fleißig dabei, sich mit den neu entdeckten belletristischen Mitteln die innenpolitischen Feinde vorzuknöpfen.

Deshalb gebührt dem Autor Friedrich Meister (1841–1918) die zweifelhafte Ehre, die erste, explizit gegen die deutsche Linke gerichtete

SF-Dystopie präsentiert zu haben (ebenfalls 1890). ›Nach der Revolution‹ heißt seine Story. Obwohl sie im Vergleich mit den ihr nachfolgenden Pamphleten noch vergleichsweise harmlos ist, hat auch sein Zukunftsbild einen gewalttätigen Auftakt sowie eine unmissverständliche antisozialdemokratische Stoßrichtung.

Die Arbeitertruppen der SPD haben die preußische Armee besiegt und die alten Mächte blutig gestürzt. Die Hauptfigur der Geschichte, ein bürgerlicher Junggeselle, spürt die neue Herrschaft sofort am eigenen Leib. Er muss auf Befehl des Zentralkomitees seine Vierzimmerwohnung mit drei Arbeitern teilen. Da der Bürgerliche ein aufgewecktes Kerlchen ist, nutzt er die Gelegenheit, um unverzüglich mit der Unterminierung des neuen Staates zu beginnen. Er verwickelt die Arbeiter in eine Diskussion, in der er nicht nur die Sinnlosigkeit der Revolution »nachweist«, sondern auch behauptet, dass alles noch viel schlimmer käme. Zuerst raubt er den »*Rittern der schwieligen Faust*« (zit. nach Ritter, *Kampf um Utopolis*, S. 69) ihre Illusion, die Arbeit würde leichter und selbstbestimmter werden. Da die moderne Industrie eine große Maschine sei, so seine Argumentation, müsse auch jeder ohne Wenn und Aber wie ein Rädchen im Getriebe funktionieren. Das sei eine Art Naturgesetz, an dem auch die SPD nichts ändern könne. Eine Lockerung des Arbeitszwangs sei also nicht zu erwarten.

Seine Worte machen Eindruck, aber einer der Arbeiter wendet ein, dass es ja eigentlich nur um die gerechte Verteilung des Arbeitsertrags ginge. Auch darauf weiß der Neunmalkluge eine Antwort. Wenn man den Profit des Kapitalisten auf alle Arbeiter verteilen würde, so meint er, blieben für jeden genau 27 Pfennige mehr pro Tag übrig. (Woher Meister diese Zahl hat, weiß nur er selbst.) Außerdem habe man dann noch kein Kapital, um die Fabriken betreiben zu können. Bauernschlau folgert der Bourgeois: »*Es ist daher durchaus gar nicht unwahrscheinlich, dass der neue, sozialistisch regierte Staat von Ihrem Erwerbe noch etwas mehr kürzen wird, als bis jetzt Ihr Fabrikherr für sich in Anspruch genommen hat.*« Da fällt bei den tumben Arbeitern endlich der Groschen. Einer erklärt wütend: »*Da schlag doch gleich ein Donnerwetter drein! Wenn man jetzt noch ebenso arbeiten muss wie zuvor, und auch ebenso gehorchen und dabei nicht einen Pfennig mehr verdient – was nützt uns dann die ganze verwünschte Revolution?*«(beide Zitate zit. nach Ritter, *Kampf um Utopolis*, S. 68 ff.)

Die Arbeiterfaust donnert auf den Tisch – und der Erzähler schreckt aus seinem Albtraum hoch! Die Erklärung für den Nachtmahr wird sogleich mitgeliefert. Vor dem Zubettgehen hatte der Geplagte eine sozialdemokratische Zeitung gelesen, und diese gefährliche Lektüre war ihm nicht gut bekommen, was implizit auch den Rat beinhaltete, sich von jedem sozialdemokratischem Schrifttum fernzuhalten, wolle man nicht seine Nachtruhe gefährden.

›Nach der Revolution‹ hat mit SF nur deshalb etwas zu tun, weil in der Story nach dem Motto »Was wäre, wenn …?« eine Alternativwelt angenommen wird. Da es aber im Wesentlichen nur darum geht, die Vorstellungen der SPD ökonomisch zu widerlegen, ansonsten aber auf die Darstellung der neuen Gesellschaft verzichtet wird, bleiben die SF-Bezüge rudimentär. Darüber hinaus ist Meisters (demagogische) Argumentation zwar alles andere als schlüssig, aber immerhin bewegt sie sich noch irgendwie auf der Ebene eines freilich pseudo-intellektuellen Diskurses. Der Kern der reaktionären Dystopie wird aber schon an diesem Beispiel sehr deutlich. Vor allem die Arbeiter sollen der SPD den Rücken kehren, da sie im preußischen Kaiserreich viel besser aufgehoben seien.

8.3. Ein Schreckensgemälde gegen die Sozialdemokratie

Mit der »gebremsten« antisozialdemokratischen Propaganda eines Meister sollte allerdings schon ein Jahr später unwiderruflich Schluss sein. Jetzt schürte die reaktionäre Dystopie blanken Hass. Dass sich der noch steigern ließ, werden wir später sehen.

Der rechtsliberale, antifeudalistische Reichstagsabgeordnete (MdR), Regierungsassessor a. D., Führer der Deutschen Fortschrittspartei und radikaler Vertreter des Manchesterkapitalismus Eugen Richter (1838–1906) eröffnete 1891 offiziell den Reigen der antisozialistischen Dystopien mit seiner Schmähschrift *Sozialdemokratische Zukunftsbilder. Frei nach Bebel.* Unter diesem betrügerischen Titel schildert er in Form fiktiver Tagebuchaufzeichnungen die Wandlung eines braven Buchbindermeisters von einem zunächst glühenden Anhänger der Sozialdemokratie zu einem entschiedenen Gegner der neuen Ordnung. An ihr wird der gute Mann, wie die Story zeigt, selbstverständlich auch zerbrechen.

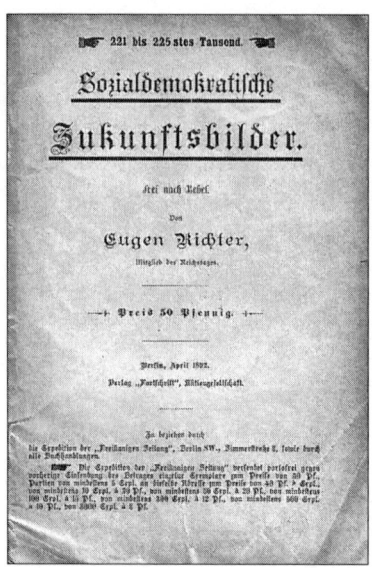

In einer nahen Zukunft hat die SPD die Macht im deutschen Reich übernommen, und schon beginnt das Desaster. Selbstverständlich werden sofort alle Produktionsmittel enteignet. Doch es trifft nicht nur die Großkapitalisten, sondern vor allem auch die breite Masse, denn ebenso zügig werden die Spareinlagen der kleinen Leute gesperrt und vom Staat vereinnahmt.

Es herrscht ein umfassender Kollektivismus. Die Arbeitspflicht kombiniert mit generellen Zwangsverpflichtungen wird eingeführt, Wohnungen werden nur noch zugewiesen bzw. verlost, überflüssiger Hausrat eingezogen. Das Geld wird abgeschafft, dafür gibt es ein rationiertes Bezugskartensystem. In Richters Albtraum werden die Leute mittels Nummern wie am Fließband abgefüttert, wobei das ohnehin schon schlechte Essen mangels Gewürzen immer erbärmlicher schmeckt. Die Sozis verstehen also auch nichts vom Kochen, aber es kommt weit schlimmer.

Familien werden voneinander getrennt, denn »*alle Kinder werden in Kinderpflegeanstalten und Erziehungshäusern des Staates untergebracht*« (S. 4). Vor der Würde des Alters hat die SPD auch keinen Respekt. Der Opa der Familie wird kurzerhand durch Staatszwang in ein Altenheim abgeschoben. Indes werden alle Jugendlichen in die Oberschule gezwungen, obwohl viele von ihnen lieber Handwerker oder Arbeiter sein wollen. Bildung soll sozusagen aufgezwungen werden. Andererseits und gleichermaßen unlogisch sind Kunst und Bildung nicht erwünscht, da im sozialdemokratischen Staat die Intellektuellen überflüssig sind. »*Die Herren Schriftsteller, welche alles bekritteln und berufsmäßig Unzufriedenheit im Volk verbreiten, sind für ein auf den Willen der Volksmehrheit beruhendes Staatswesen völlig entbehrlich*« (S. 20) – so die Meinung der diktatorisch herrschenden SPD in den Augen eines grammatisch falsch schreibenden Richters. Derweil gehen im Wesentlichen bedingt durch faule und dumme SPD-Funktionäre die Landwirtschaft, der Handel, ja die gesamte Wirtschaft baden.

Richter widmet sich auch den Frauen. Sie sind zum Freiwild für die allmächtigen sozialdemokratischen Betriebsleiter geworden. Sie werden wie Sexsklavinnen gehalten und müssen ihren Vorgesetzten zu Willen sein. Dass dies von Angehörigen und Verlobten nicht gern gesehen wird, liegt auf der Hand. So kommt es, wie es kommen muss. *»Schwere Misshandlungen, Mord und Totschlag (…) sind die Folge solcher Zustände.«* (S. 28)

Wegen der steigenden Unruhen verstärkt die sozialistische Regierung Polizei und Militär, sodass man schließlich in einem umfassenden Polizei- und Militärstaat lebt (was im Prinzip ja genau der Realität im preußischen Kaiserreich entsprach). Den ebenfalls enorm anwachsenden Fluchtbewegungen setzt man die Abriegelung der Grenzen und einen Schießbefehl entgegen. Wen wundert es, dass es bei diesen Verhältnissen zum endgültigen Aufruhr und schließlich zur Gegenrevolution kommt. Mit dem Zusammenbruch der sozialdemokratischen Regimes endet das Pamphlet. Über das, was danach geschieht, schweigt sich Richter aus.

In der Gesamtschau dieses literarisch belanglosen, aber in seiner Stimmungsmache gefährlichen Machwerks, das übrigens im damaligen In- und Ausland massenhaft verbreitet wurde, sind zwei Aspekte besonders hervorzuheben.

Bei Richter (und seinen Epigonen) kann man von einem Missbrauch der Dystopie sprechen. Warum? Die Dystopie hat die Aufgabe, durch übertreibende Extrapolation vor drohenden unmenschlichen Zuständen zu warnen und damit indirekt zur Verbesserung von Politik und Gesellschaft aufzurufen. Dies sucht man bei Richter vergebens. Selbstverständlich begreift sich auch Richters Schmähschrift als Warnung. Diese beruht aber nicht nur auf diffamierenden Lügen über die SPD, sondern auch – und noch wichtiger – auf der Absicht, die bestehenden ungerechten und inhumanen Verhältnisse im Kaiserreich zu zementieren, ja sie eventuell sogar noch (für die Arbeiter) zu verschlimmern.

Verbunden damit ist das Moment der Täuschung, denn Richter schreibt ja nicht für die Konzernherren und Großkapitalisten (die genau wissen, wo ihre Interessen liegen), sondern für die breiten Schichten des Kleinbürgertums und der Arbeiterschaft. Sie sollen gegen eine demokratische Gesellschaftsveränderung immunisiert werden, indem ihnen ein Zerrbild vorgaukelt wird, welches die bestehenden (miserablen) Zustände geradezu als erstrebenswert und gut erscheinen lässt. Dass damit die so manipulierten Menschen ihre objektiven Interessen missachten, versteht sich von selbst.

Eugen Richter gebührt der zweifelhafte Ruhm, diese Methode (sieht man einmal von den Ansätzen eines Michaelis und eines Meister ab) erstmalig literarisch umgesetzt und in großer Stückzahl verbreitet zu haben. Er kann als Begründer der aggressiven, gegen links gerichteten dystopischen Schmähschrift bezeichnet werden. Da sich die genannten Grundzüge generell bei dieser Sorte der Dystopie finden lassen, nenne ich sie rückschrittliche oder reaktionäre Dystopie.

Eine besondere Abteilung im Richterschen Polit-Panoptikum bilden die Frauen bzw. die Sexualität. Damit spielt Richter direkt auf August Bebel (1840–1913) an, den Vorsitzenden der SPD im deutschen Kaiserreich, und auf dessen Buch *Die Frau und der Sozialismus* (1879). Dieses wurde von den Rechten nicht als Aufruf zur Befreiung der Frau von patriarchalischer Unterdrückung verstanden, sondern als Aufforderung zur sexuellen Zügellosigkeit, die alle guten Sitten über den Haufen werfe – eine bewusste oder unbewusste Fehlinterpretation, die tief in der Prüderie und den Verklemmungen dieser Zeit verwurzelt war.

Als typischen Beleg für derartige Verbiegungen führe ich ein Zitat von Hans Blum aus dem Jahr 1891 an. Hans Blum war übrigens der Sohn des bekannten Freiheitskämpfers Robert Blum, der in der gescheiterten deutschen 1848er-Revolution für seine demokratischen Ideale sein Leben lassen musste – eine tragische Konstellation, mauserte sich doch sein Sohn zu einem radikalen Rechtskonservativen. Nun das Zitat: »*Denn kaum jemals ist in deutscher Sprache so viel Schamloses gesagt, so viel Unsinn, Unzucht und Gemeinheit, ja die Befürwortung verbrecherischer Gewissenlosigkeit auf so engem Raum zusammengedrängt worden. (…) (Bebel wolle) die geile Bestie (…) entfesseln.*« (zit. n. Ritter, *Start nach Utopolis*, S. 200)

Solche Verballhornungen waren zwar als vernichtende Kritik an Bebels Buch gemeint, tatsächlich aber entlarvten sie deren Urheber. Die verächtliche Kritik Blums wie auch Richters an *Die Frau und der Sozialismus* zeigt nur die Oberfläche eines tiefen Sees. Offensichtlich projizierte man eigene geheime Sexualwünsche in die diversen Elaborate, um sich so unter dem Mantel von Abscheu und Empörung austoben zu können. Fakt ist: Alle reaktionären Dystopien (und Utopien) zeigen eine Vorliebe für die Ausmalung allgemein sexueller, insbesondere aber sadomasochistischer Zwangs- und Unterwerfungsfantasien.

Um nicht der Einseitigkeit bezichtigt zu werden, noch folgende Bemerkung: Sieht man Richters Kampfschrift im Licht der späteren Spaltung der Arbeiterbewegung in Form der KPD, der Entstehung des Stalinismus und den dann festzustellenden Zuständen in einem »real existierenden Sozialismus«, lassen sich bei Richter Aussagen finden, die man nicht so ohne Weiteres beiseite wischen kann. Da beschleichen uns, die wir die Geschichte der DDR im Hinterkopf haben, schon merkwürdige Gefühle, wenn wir von einer sozialistischen Einparteiendiktatur, dauerhafter Mangelwirtschaft, einem Polizei- und Spitzelstaat, der Abriegelung der Grenzen und einem Schießbefehl hören. Allerdings machen derlei Bezüge das Richter'sche Pamphlet nicht besser. Zu seiner Zeit gab es keine KPD, keine DDR und keinen Stalinismus; es gab nur den kompromisslosen Kampf der deutschen Rechten gegen jede Form der sozialen Demokratie. Richter war kein hellsichtiger Prophet, sondern ein Hassprediger – nicht weniger, aber auch nicht mehr.

Abschließend bleibt noch der Hinweis, dass sich die SPD heftig (teils polemisch, teils satirisch) gegen das Richtersche »Zukunftsbild« wehrte. Es gelang ihr aber auch in der Folgezeit nicht, eigene Autoren ins Feld zu führen, die auf dem Gebiet der propagandistischen Unterhaltungsliteratur eine nur annähernd ähnliche Massenwirksamkeit erzeugen konnten, wie es bei den rechten Autoren der Fall war. Möglicherweise war das eine unbeabsichtigte Nebenwirkung des sog. Utopieverbots, das von Marx ausgehend in der SPD praktiziert wurde. Die nachfolgend geschilderten Umstände zeigen, was gemeint ist.

8.4. Der Reichstag und die SF

Mit *Sozialdemokratische Zukunftsbilder. Frei nach Bebel* hieb Richter in eine Kerbe, die nicht nur er als Achillesferse der Arbeiterbewegung empfand. Der offizielle Marxismus lehnte es nämlich ab, ein ausgefeiltes Bild der sozialistischen Zukunftsgesellschaft zu liefern. Das war zwar berechtigt (wer kann schon korrekt voraussagen, was die Zukunft bringt), aber dennoch eine offene Flanke. Sie gestattete es den wirtschaftsliberalen, konservativen und rechtsaußen wirkenden Kreisen, das Utopie-Vakuum mit ihren erfundenen Schreckensfantasmagorien zu füllen.

Das wiederum schlug sich nicht nur in den zahlreichen reaktionären Dystopien nieder, welche Eugen Richter nachfolgten, sondern sogar in einer fünf Tage andauernden Reichstagsdebatte. Am 31.1.1893 und dann am 3., 4., 6. und 7. Februar 1893 lieferten sich die vereinten bürgerlich-konservativ-reaktionären Parteien eine Redeschlacht mit der SPD über den »sozialistischen Zukunftsstaat«. Zwar diente dieses Spektakel auch als groß angelegtes Ablenkungsmanöver (eine neue Militärvorlage sah die Erhöhung des Wehretats vor), trotzdem hatte es seinen eigenen Stellenwert. Es war der gemeinsame Versuch aller anderen Parteien, die SPD ein für alle Mal ins ideologische Abseits zu stellen. Der Versuch misslang. Unabhängig davon bleibt es bemerkenswert und ist auch meines Wissens historisch einmalig, dass sich ein nationales Parlament fast eine Woche lang mit einer Form der Science Fiction befasste – wie immer man auch die Qualität dieser Auseinandersetzung beurteilen mag.

Die kaiserdeutsche Rechte hatte indes den Wert dieser speziellen Art des Zukunftsromans für die Meinungsmache schnell erkannt, und ihr Appetit danach wurde immer unmäßiger. Exemplarisch steht dafür der Großindustrielle und Spezi des Kaisers Karl Freiherr von Stumm-Halberg (1836–1901) MdR, der am 3.2.1893 in genau der soeben erwähnten fünftägigen Debatte über den »Zukunftsstaat« erklärte: »*Der von Herrn Richter als Konsequenz Ihrer Ideen* (gemeint sind die Sozialdemokraten, H. F.) *beschriebene Staat gefällt mir deshalb nicht, weil der Verfasser in viel zu milder und versöhnlicher Weise mit Ihnen* (den Sozialdemokraten, H. F.) *umgegangen ist (…). Der totgeschlagene Buchbinder genügt mir nicht!*« (zit. nach Ritter, *Start nach Utopolis*, S. 144). Folgerichtig preist er dann das »Werk« eines gewissen Emil Gregorovius an, das den zynisch gemeinten Titel *Der*

Himmel auf Erden von 1901 bis 1910 trug und 1892 in Leipzig erschienen war.

8.5.   Himmel und Hölle

In der Tat, Gregorovius – als Person weiß man über ihn nichts – bot »König Stumm«, so der Spitzname des Magnaten, jenes Mehr an Schrecken, den sich dieser so sehnlich herbeigewünscht hatte. Schon der schwarze Leineneinband der Ausgabe mit grellroter Schrift und einem Totenkopf in der unteren rechten Ecke wird zum Programm. Wen erinnert das nicht an das Emblem der späteren Totenkopfverbände der SS?

Rückblickend aus dem Jahr 1920 schildert der Romanchronist in sog. Bildern die Herrschaft der SPD und ihre schrecklichen Folgen. Demnach werden die Sozialdemokraten 1901 zur stärksten Regierungsgewalt. Ihre erste Amtshandlung besteht in der blutigen Entmachtung von Militär und Adel (nur der Kaiser kann mit knapper Not entkommen). Weitere Blut-Massaker und exzessive Hinrichtungen folgen.

»Ist es je wunderlicher auf unserem Planeten zugegangen? Gewiss nicht. In dem einen Bezirk vertritt ein junger unreifer Bursche, der früher als Kutscher in einer Bierbrauerei gedient hat, das sozialdemokratische Parlament und leitet die Ordnung der Dinge ein. Er ist fürs Hängen und ziert alle Bäume, Laternenpfähle und sonstigen Pfähle mit Feinden der neuen Ordnung. In dem nächsten Bezirk arbeitet sein Amtsgenosse, ein weggejagter Schulmeister. Er ist grundsätzlich fürs Köpfen und hat eine sinnreiche Köpfmaschine erfunden. In einem dritten Bezirk wird nur geschossen (…); in einem vierten Bezirk werden alle Feinde der Arbeiter ersäuft, denn hier hat der Kommissar gewisse Geschichten aus der französischen Revolution gelesen, und er gehört zu den Menschen, denen die Geschichte ›eine Lehrmeisterin‹ ist. (…) Vielen Anklang fand das ›Sengen‹. So nannte man (…) das Töten mit elektrischen Strömen.« (S. 15)

Der Scheinwerfer richtet sich jetzt auf eine Landarbeiterfamilie, an deren Schicksal das Wüten der SPD aufgezeigt wird. Die Familie, bestehend aus Vater, Mutter und Sohn, ist selbst sozialdemokratisch. Um den Sieg zu feiern, fährt man in die Stadt. Doch dort gibt es ein böses Erwachen. Entsetzt müssen sie die Hinrichtung einer alten

Frau per Fallbeil miterleben, deren Verbrechen es ist, das kleine Goldkettchen ihres verstorbenen Kindes nicht abgegeben zu haben. Im Rathaus angekommen, werden die drei biederen Landleute Zeugen einer wüsten Orgie, der auch die Frau des Landarbeiters zum Opfer fällt. Sie wird brutal vergewaltigt. Als ihr Mann den Täter in rasender Wut erschlägt, wird er verhaftet. Beide (also nicht nur der Mann, sondern auch die Frau) werden per Standgericht exekutiert. Nur der Sohn kann entkommen.

Das nächste »Bild« spielt im Jahr 1904 und trägt die Überschrift »*Ein Tag aus dem Leben eines freien Arbeiters*«. Wie sollte es anders sein, stöhnen die Menschen unter einer »Zuchthausordnung«. Sie vegetieren in dunklen Mietskasernen vor sich hin, werden völlig enteignet und müssen hungern und frieren, letzteres auch deshalb, weil die Sozialisten unfähig sind, eine Zentralheizung zu betreiben. Der »freie Arbeiter« hat übrigens per Abkommandierung das Vergnügen, die stinkenden Kloaken reinigen zu müssen.

Andererseits gibt es ausschweifende Tanzveranstaltungen, die in zu Lasterhöhlen umfunktionierten Kirchen stattfinden. Hierhin verirrt sich der Sohn der unglücklichen Landarbeiterfamilie. Mittlerweile zu einem schönen jungen Mann herangewachsen, gerät er ins Visier »der Müllern«, einer hässlichen, dicken Vettel, die als sozialdemokratische Vorsteherin die schamlosen Vergnügungen dirigiert und deren Willen sich alle unterwerfen müssen. Lüstern verlangt die geile Alte nach dem attraktiven Jüngling, sodass er ihr gezwungenermaßen als Lustknabe zu dienen hat.

Wir sind im fiktiven Jahr 1907. Die Wirtschaft ist ruiniert, die Landwirtschaft verkommt, die lebenswichtige Eisenbahn ist zerstört, und es herrscht überall nagender Hunger. Das Alltagsbild ist geprägt von Chaos und unglaublichen Szenen der Gewalt. So rottet sich z. B. eine Horde von Müttern zusammen, um ihre Kinder, die ihnen selbstverständlich vom Staat weggenommen und in ein Heim gesperrt worden sind, zu befreien. Man munkelt auch von einem staatlichen Euthanasieprogramm. Offensichtlich werden kranke und schwache Kinder aussortiert, denn in der neuen Ordnung haben nur die Starken ein Lebensrecht. »*Warum in der kleinen Schar dies angstvolle Schweigen? Dummes Gerede unter den Kindern! Heute ist das dritte Mädchen, die kleine Martha mit dem lahmen Fuß verschwunden! Spurlos verschwunden! Eine will einen Schrei gehört haben aus der Stube des Obererziehungsvorstehers. Dummes Kindergerede! Wie wird sich der Obererziehungsvorsteher, dem die Behörde Vollmacht gegeben hat, kräftige und gesunde Kinder – nur kräftige und gesunde Kinder! – der neuen Ordnung aufzuerziehen, wie wird sich ein solcher Oberbruder an einem Kind vergreifen? Noch dazu an einem kleinen niedlichen Mädchen von noch nicht zwölf Jahren? Dummes Gerede! Dummes Kindergeschwätz!*« (S. 103 f.)

Trotz derlei hinterhältiger Einsprengsel lässt der Schreiber keinen Zweifel aufkommen: Die Menschenselektion sei fester Bestandteil der SPD-Politik. Indes gelingt den Müttern der Überfall. In einem fürchterlichen Gemetzel am Heimpersonal entlädt sich ihre furchtbare Wut.

Dem Sohn des toten Landarbeiterpaares ist es inzwischen gelungen, der alten Vettel zu entkommen. Er zieht sich in die Wälder zurück, wo er sich anarchistischen Partisanen anschließt, die Repräsentanten des Systems entführen und auf bestialische Weise zu Tode foltern. Hier läuft Gregorovius wieder zur Höchstform auf. Ritter meint an dieser Stelle: »*Einzelheiten sind nicht mehr zitierbar!*« (*Start nach Utopolis*, S. 151)

Mit »*Sturm*« überschreibt der an widerlichen Ideen schier unerschöpflich erscheinende Gregorovius sein Zukunftsjahr 1910. Der ständige Hunger hat sich zu einer extremen Hungersnot entwickelt. Nun geht es um ein neues Pärchen. Ein Pfarrer hat ein schönes, verwaistes Mädchen geheiratet. Es ist Weihnachtsabend, und die junge Frau verlässt das Haus, um bescheidenste Gaben zu verteilen. Da sie nicht wiederkommt, macht sich der Pfarrer auf die Suche und muss schließlich die monströse Wahrheit erkennen.

»*(Es hatten) sich Männer und Weiber zusammengetan, um nachts Alleingehende abzufangen, zu schlachten und mit ihrem Fleische ihren Hunger zu stillen.*« (S. 135) Er erkennt dies, weil er selbst überfallen und in einen Keller verschleppt wird. Dort sieht der vom Grauen geschüttelte Gottesmann dampfende Kochtöpfe, rohes Menschenfleisch und die Überreste seiner Frau, während sich die Menschenfresser nun auch an ihn heranmachen.

Mit der Einführung des Kannibalismus ist der von der SPD versprochene Himmel auf Erden endgültig zur ultimativen Hölle geworden, und die so beschriebene sozialdemokratische Ordnung hat bis zum äußerst denkbaren Tiefpunkt abgewirtschaftet. Es bleibt nicht aus, dass am ersten Weihnachtstag der Aufstand losbricht. Das Terrorregime der SPD wird hinweggefegt.

> Es gibt zahlreiche Berichte darüber, wie die SA kurz nach der sog. Machtergreifung 1933, unbehelligt von der Polizei, in ihren »Blutnächten« viele ihrer Gegner bestialisch zu Tode folterte und eimerweise die Überreste der Geschundenen aus den Kellern trug. Gregorovius' Kannibalismus-Szenario im Blutkeller erinnert an derlei Exzesse.

Im letzten »Bild« befinden wir uns im Jahr 1920. Im Gegensatz zu Richter lässt es sich Gregorovius nicht nehmen, dem Leser zu sagen, worin der wahre Himmel auf Erden besteht.

»*In diesem Augenblick zog ein Verein mit einer kriegerischen Fahne unter fröhlicher Musik heran. (…) Der Alte nahm seine Mütze ab, bis der Zug vorüber war, dann sagte er: Sieh, mein Sohn, das waren unsre Retter aus der tiefen Nacht unsres Elends. Die alten Kriegervereine haben uns errettet.*

Als unser ganzes, armes Vaterland nur noch eine einzige große Mörderhöhle war, traten die alten Soldaten aus der Zeit der Monarchie in ihren alten Kriegsvereinen zusammen und schafften uns wieder Ordnung und Sicherheit, freilich nach schweren, blutigen Kämpfen; dann holten sie unsern geliebten Landesfürsten, der mit ihrer Hilfe dem Elend und dem Schrecken bald ein Ende machte. Solange das Vaterland besteht, so lange noch in einer Mannesbrust ein dankbares Herz schlägt, sollen unsre Kriegervereine in Ehren bleiben!« (S. 156)

Damit ist die Welt wieder in Ordnung. Die Monarchie ist zurückgekehrt, die rührigen Kriegervereine sorgen für Ruhe und Ordnung, Preußens Gloria triumphiert auf ganzer Linie, und die Arbeiter sind auch zufrieden, geht es ihnen im neuen (alten) Kaiserreich doch ungleich besser als unter der Fuchtel der mörderischen Pöbel-SPD.

Keine Frage, der knapp 160 Seiten starke Band von Gregorovius übertrifft Richters Geschreibsel bei weitem an Scheußlichkeit und abartiger Fantasie. Ritter stellt fest, »*(dass das Buch) zwischen 1871 und 1914 das Optimum dessen darstellt, was ›schöngeistig‹ gegen die Arbeiterbewegung geschrieben wurde.*« (*Start nach Utopolis*, S. 144) So richtig diese Feststellung ist, so untertrieben erscheint sie mir angesichts der Kübel von geschriebenem Unrat, die der sog. Gregorovius über den Leser ausschüttet und von dem hier nur ein schwacher Abglanz wiedergegeben werden konnte. Alle Elemente der reaktionären Dystopie, die schon im Abschnitt über Richter analysiert wurden, tauchen hier in radikal verschärfter und extrem zugespitzter Form auf – vor allem auch die Sexualfantasien. Wenn es Texte gibt, die als Schund- und Schmutzliteratur bezeichnet werden können, ein Begriff, dem ich ansonsten wegen seiner historischen und inhaltlichen Belastungen ablehnend gegenüberstehe, dann gehört *Der Himmel auf Erden* mit Sicherheit dazu.

Ja mehr noch. Bei Gregorovius werden bereits partiell die Grenzen zum Faschismus überschritten, besonders in seinen Passagen über die Euthanasie, über die Raub- und Mordlust einer entfesselten Kamarilla und über die Willkürherrschaft einer fanatischen Verbrecherclique. Ersetzt man in Teilen seines Buches das Kürzel SPD durch NSDAP, dann könnte man diese Teile sogar als Vorahnung kommenden Unheils interpretieren. Aus heutiger Perspektive hat der Autor nicht die SPD entlarvt, sondern sich selbst und seine Geistesverwandten.

8.6. Die reaktionäre Dystopie als Abenteuerroman

Wir machen einen kleinen Zeitsprung und befassen uns mit dem von Prof. Dr. phil. Franz Stolze im Jahr 1904 veröffentlichten Zukunftsroman *Das entschleierte Bild zu Sais*. Schon jetzt sei gesagt: Der vermutlich von humanistischer Bildung durchdrungene Akademiker Stolze war sich nicht zu schade, eine in der Tradition Richters und des noch unsäglicheren Gregorovius konzipierte Schrift vorzulegen, die jenen an Perfidie und Dummheit in nichts nachstand.

Der Romanprotagonist, der junge Dr. Fritz Werner, sitzt am Vorabend seiner Abreise aus Deutschland mit seinem professoralen Onkel beim Abendessen. Besagter Fritz Werner ist nämlich zivilisationsmüde und will deshalb, Europa den Rücken kehrend, das vermeintlich unverfälschte Leben der »einfachen Leute« in anderen Weltteilen studieren. Beim Essen entspinnt sich aber nicht darüber ein Disput, sondern über die Sozialdemokratie und über Bellamys Utopie *Looking Backward*. Fritz bekennt, dass er nach anfänglicher Skepsis zum Anhänger des Sozialismus geworden ist. Der entsetzte Onkel will ihn davon abbringen, doch er stößt auf taube Ohren.

Am anderen Morgen reist Fritz in den Orient ab. Damit beginnt eine beschwerliche, wildbewegte und z. T. lebensgefährliche Odyssee, die Fritz durch ganz Asien bis nach Nordamerika führt und ihn von einer Kalamität in die nächste fallen lässt. (Es scheint, dass selbst die Schicksalsmächte antisozialistisch sind und deshalb den armen Fritz wegen seiner neuen Einstellung heftig beuteln.) 1924 gelangt der mittlerweile körperlich verunstaltete Fritz (er wurde gegen seinen Willen von oben bis unten tätowiert) zusammen mit seiner birmesischen Begleiterin in die USA, die zu seiner Verblüffung sozialistisch geworden ist.

Ein erstes Merkmal des amerikanischen Sozialismus ist sein extremer Rassismus. Im Gegensatz zu Fritz darf nämlich seine als minderwertig geltende Begleitung nicht einreisen. Als er auf »die Neger« verweist, wird ihm lapidar mitgeteilt, dass diese alle in ihre Herkunftsländer rückdeportiert worden seien, um »*die Rasse rein zu erhalten und durch geschlechtliche und andere Zuchtwahl immer weiter zu vervollkommnen.*« (S. 33) (In der Tat, wie alle Welt weiß, eine typisch sozialdemokratische Position.)

Es folgen nun alle Klischees, die wir schon von Richter kennen: Der Privathandel ist abgeschafft, statt Geld gibt es Bezugskarten, gegessen wird in Staatskantinen, die Schulpflicht dauert 24 Jahre, geheiratet wird schon ab 14 bzw. 15 Jahren, wobei auch die sofortige Scheidung kein Problem ist. Entsprechend sind die Sitten verlottert, was Fritz besonders bei einem Besuch eines verschwenderisch ausgestatteten Vergnügungslokals mitbekommt. Die Frauen haben nur hautenge Trikots an und benehmen sich wie Huren.

In diesem Lokal erfährt er auch ganz nebenbei von einem SPD-Emigranten, wie es zur sozialistischen USA gekommen ist. Demnach habe die internationale Arbeiterbewegung einen Umsturzplan entwickelt und im Juli 1912 während der Sommerpause losgeschlagen – ein wahrlich teuflisch raffinierter Plan, da bekanntlich in der Sommerpause alle Staatsorgane schlafen oder im Urlaub sind. Der Umsturz sei jedoch in Europa – selbstverständlich erst nach den von den »Roten« angezettelten obligatorischen Blutgemetzeln – durch das beherzte Eingreifen des deutschen Kaisers gescheitert. In den USA dagegen habe die Revolution gesiegt.

Welches Klischee fehlt noch? Richtig, die Kinder! Fritz erlebt, dass in den USA nicht nur die kleinen Kinder, sondern bereits die gerade geborenen Babys den Eltern weggenommen werden und in Aufzuchtanstalten quasi industriell aufgezogen werden. Hat man schon, so Stolze, vor dem Anfang des Lebens keinen Respekt, so gilt das in gesteigerter Weise für sein Ende. Die Toten werden nämlich wie Tierkadaver pietätlos entsorgt und einer Art Resteverwertung zugeführt. »*Warum denn nicht? Die teuersten und feinsten Handschuhe werden bei uns ja alle aus Menschenleder gemacht*« (S. 131), meint ein Gesprächspartner zu Fritz.

Im ehemaligen KZ Buchenwald lassen sich Lampenschirme besichtigen, die die SS-Schergen aus Menschenhaut anfertigen ließen. Ob sich Stolze wohl vorstellen konnte, dass seine ekelerregende Vision einmal Wirklichkeit werden würde – realisiert aber nicht von der Sozialdemokratie, sondern von der SS, die in gewisser Weise folgerichtig in Stolzes geistig-politischer Tradition stand?

Diese Ungeheuerlichkeiten bringen bei Fritz das Fass zum Überlaufen, und angewidert bricht er radikal mit einem Sozialismus, so wie ihn sich Stolze vorstellt. »*Nichts als Lug und Trug (…) Wohl redete man bei uns daheim in Deutschland vor zwanzig Jahren von einem furchtbaren Kampfe, dem Kampfe des Proletariats mit dem Kapital (…) und die Sozialdemokraten behaupteten, in ihrem Zukunftsstaat das Heilmittel gefunden zu haben. Und nun habe ich diesen Zukunftsstaat vor Augen (…) und ich erkenne schon, (…) dass alle idealen Güter des Lebens geopfert worden sind.*« (S. 98 f.) Der Geläuterte muss schließlich noch erleben, wie der Arbeitermob beginnt, Wissenschaftler und Intellektuelle auszurotten. (Bildung ist also nicht mehr gefragt, bekanntlich auch eine typische SPD-Position.) Als Fritz aufbegehrt, wird er kurzerhand wegen Hochverrats zum Tod auf dem elektrischen Stuhl verurteilt, wobei die Exekution durch gestaffelte Stromschläge bewusst grausam gestaltet werden soll.

Als der Protagonist unwiderruflich am Ende zu sein scheint, wacht er schweißgebadet aus seinem Albtraum auf. Sein besorgter Onkel steht vor dem Bett, und unendlich erleichtert ruft der Geheilte aus: »*Welch ein Narr ich war! Ich sehe es jetzt ein, Onkel, die Welt, wie sie ist, ist doch stets für den Augenblick die beste und allein mögliche, und wer sie gewaltsam umzuformen sucht, schafft nur Verderben und Unheil! (…) Und nicht nur Ihr sollt davon vernehmen, sondern ich will es in die Welt hinausrufen, damit die, welche wie ich ihr gesundes Urteil für den Augenblick verloren haben, das entschleierte Bild zu Sais sehen, wie ich es gesehen habe.*« (S. 357)

Durch Fritz demonstriert Stolze zum letztmöglichen Zeitpunkt seine klassische Bildung und greift mit den Worten »*das entschleierte Bild zu Sais*« auf das Schillersche Gedicht ›Das verschleierte Bild zu Sais‹ zurück. Damit ist der im ersten Moment merkwürdig klingenden Titel des abstrusen Romans *Das entschleierte Bild zu Sais* erklärt. Wenn Stolze auch über humanistische Bildung verfügt haben mag, so hindert ihn das nicht, Schiller banal zu verdrehen. Während es bei Schiller um die von der verschleierten Göttin gehüteten Seinswahrheiten geht, die ein törichter Jüngling frevelhaft schaut und daran zerbricht, so wandelt sich Fritz zu einem »Entschleierer«, der Stolzes törichte politische »Wahrheiten« verkünden muss. Es bleibt die Einsicht, dass weder in der Vergangenheit noch in der Gegenwart (in der Zukunft höchstwahrscheinlich auch nicht) akademische Weihen vor Dummheit schützen. Nichtsdestotrotz zeigte Stolzes reaktionäre Dystopie Wirkung, obwohl sie ja letztlich nichts anderes war als ein Abklatsch der seit Richter und Gregorovius bekannten Agitationsmuster – immerhin waren seitdem schon 12 Jahre vergangen. Selbst die literarische Schleife mit dem anfangs überzeugten Sozi, der sich dann durch die schauerlichen Erlebnisse mit seinen Genossen von der »sozialdemokratischen Irrlehre« abwendet und die »eigentliche Wahrheit« erkennt, hatte sich nicht geändert.

Eines aber muss man Stolze lassen. Er war einer der Ersten, der die agitatorische und belletristische Monotonie der gegen die SPD gerichteten Dystopien durch die Hinzufügung eines farbigen Abenteuerambientes auszugleichen versuchte. Dies gelang ihm sogar, indem er seine Botschaften zwischen spannenden Abenteuern und einem geheimnisvollen und exotischen Hintergrund einstreute, was ebenso hinterhältig wie geschickt war. Stolze fügte der reaktionären Dystopie ein neues Element hinzu, indem er ihre Dekoration anreicherte, ohne ihr Grundschema zu verlassen.

9. Die faschistische Utopie

Haben wir uns bisher die Pamphlete der deutschnationalen Kampf-schreiber gegen eine soziale und demokratische Zukunft genauer angesehen, so wird dieses Bild in der Folgezeit noch überboten. Nun drängen sich offen faschistisch orientierte Schreiberlinge in den Vor-dergrund. Sie vollziehen einen Paradigmenwechsel, indem sie von der warnenden, negativen Dystopie auf die verheißungsvolle, posi-tive Utopie umschalten, die sie benutzen, um ihre ideologischen Ziele anzupreisen. Aus dem Wust diesbezüglicher Elaborate, die ca. ab 1900 den deutschen Belletristikmarkt in nicht geringer Zahl heim-suchten, will ich einige bezeichnende Beispiele vorstellen.

9.1. National-Sozialismus als SF-Utopie

Mit dem unverdächtig klingenden Titel *Ein Blick nach vorn* kam 1906 ein Roman in die Buchläden, den ein gewisser A. Venir (ein Pseud-onym; dahinter verbirgt sich Christian Stephan Grotewold) zu ver-antworten hatte. Mit dem Titel sollte offensichtlich ein Bezug zu Bellamys *Ein Blick zurück* hergestellt werden, um wohlmeinende Leser zu täuschen. Der Untertitel *Staatssozialistischer Zukunftsroman* war ebenfalls eine Manipulation, da der Autor eine politische Erwartung weckte, die er dann in eine völlig andere Richtung ummünzte. Doch werfen wir einen Blick hinein.

Der Autor versetzt uns in das Berlin des Jahres 2006. Im Gegensatz zu vielen seiner Kollegen, die sich in ihren sog. Zukunftsromanen mit verstreuten technischen Kleinigkeiten begnügen, versteht er es, eine futuristische Atmosphäre zu schaffen, die den Zeitsprung (gemessen an den Erkenntnissen seiner Zeit) glaubwürdig macht. Bei Venir wird der Hintergrund mit vielen technischen Details der Zukunftsgesellschaft (z. T. in einem gigantischen Ausmaß) anschau-lich ausgemalt. Es gibt Hochgeschwindigkeitszüge, eine florierende Luftschifffahrt, umfassende Kommunikationssysteme, die Lösung des

Energieproblems u. a. durch Windräder, weltumspannenden Tourismus, Phonographen, die zum Tanz aufspielen, synthetisches Essen, das auf elektrischen Platten warmgehalten wird usw.

Scheint diese Seite des Romans auf den ersten Blich einigermaßen gelungen zu sein, muss das gedämpfte Lob an dieser Stelle abbrechen. Sofort fällt auf, dass der Autor seinen Romanfiguren Namen gibt, die einen direkten Zusammenhang zwischen Funktion und Eigennamen herstellen. Bspw. heißt eine belesene Dame Bücherling, ein Bankangestellter Zählmann, ein Offizier Knaller und ein Landwirtschaftsexperte Düngemann. Entsprechend heißt der Tribun der neuen Ordnung Volkmann, ein jedenfalls für den Romanschreiber genialer Professor.

Mir ist durchaus bekannt, dass damals wie heute auch in literarisch wichtigen Werken die sog. klingenden Namen eine Rolle spielen. Trotzdem kommt mir die Wahl der Namen bei Venir recht albern vor. Bezeichnenderweise lässt Venir auch bei seinem Pseudonym eine gewisse Flachheit zum Zuge kommen. A. Venir, zusammengezogen als »avenir« gelesen, ergibt das französische Wort für Zukunft. Warum aber gerade französisch, die Sprache des »Erbfeindes«? Zu vermuten ist, dass Venir neben der Zukunftsanspielung die lautliche Ähnlichkeit von »Verne« und »Venir« ausschlachten wollte, um eine Bedeutung zu suggerieren, die ihm nicht zustand. Lädt derlei Dilettieren noch zum gequälten Lächeln ein, gibt es bei dem, was folgt, nichts mehr zu lachen. Jetzt geht es zur Sache, d. h. um die angestrebten politisch-gesellschaftlichen Zustände, die Venir mit *Ein Blick nach vorn* den Lesern schmackhaft machen will.

Im Jahr 2006 sitzt ein Ururenkel von Wilhelm II. auf dem Kaiserthron des deutschen Reiches. Derweil besucht ein junger Offizier namens Franz Rauchlos mit seiner Angebeteten Isolde Wareinmal (das soll ihre konservative Einstellung andeuten) eine Vorlesung, bei der besagter Volkmann die Grundzüge des deutschen Zukunftsstaates erklärt. Vor 100 Jahren, so Volkmann, habe zwar die

Sozialdemokratie versucht, mit leeren Versprechungen alles in den Abgrund zu stürzen, doch »*die germanische Zivilisation*« habe »*die Krisis*« überwunden. »*Die Lehren des alten falschen Propheten Bebel (seien) beseitigt worden.*« (S. 28)

Volkmann doziert weiter: »*Die Ideen aller der alten Humanitäts-duseler, die da im Ernste glaubten, irgendwie eine Weltordnung auf den Grundsatz der Menschenliebe bauen zu können, haben sich als Utopien erwiesen – (…) Jede Spekulation auf den menschlichen Egoismus, auf den Selbsterhaltungstrieb hat sich indessen noch stets als richtig gezeigt, und darum haben wir auch die menschliche Selbstsucht, den Erhal-tungstrieb des Einzelwesens zur Grundlage unseres Systems gemacht, dessen Ziel die Förderung der deutschen Nation als solcher ist.*« (S. 32)

Zeugt schon dieses Zitat von einer kruden Mischung aus Hobbes'-scher Weltsicht (siehe dessen Buch *Der Leviathan*), Sozialdarwinis-mus und Liberalismus pur (der zügellose Egoismus ist Grundlage jeder Ökonomie), so wird jetzt das Gebräu durch pseudosozialisti-sche Zutaten noch ungenießbarer gemacht. Die soziale Frage wird nämlich durch Enteignungen gelöst, welche aber nicht (sinniger-weise) ohne Entschädigungen ablaufen. Venirs Konstrukt sieht einen Staat vor, der in Form einer allumfassenden Aktiengesellschaft das gesamte Volksvermögen besitzt, Aktieneigentümer bleiben aber die Besitzenden und Vermögenden. Der weitsichtige Kaiser ist sofort Feuer und Flamme für diese Idee und »*meldete als erster seine Güter zur Verstaatlichung an.*« (S. 43) Folge (warum auch immer): Allge-meiner Wohlstand bricht aus, und die alten Konflikte sind vergessen. »*Zu hungern braucht bloß der Faule und der Schlechte, und beiden geschieht recht damit.*« (S. 35) Was es allerdings immer noch gibt, ist Krieg, und zwar als schicksalhafte Dauereinrichtung – es sei denn, dass »*vielleicht einmal die Zeit kommt, wo die vereinigten Germanen aller Nationen über der besiegten Welt das Banner des Pangermanis-mus hissen (können).*« (S. 35)

Die germanische, d. h. deutsche Weltherrschaft ist es also, die (vielleicht) den Frieden bringen wird. Glauben kann man das bei der faschistischen Kriegsbesessenheit aber nicht. Jedenfalls ist man mit dem Friedens-Pangermanismus noch nicht so weit, denn in 2006 gibt es erst einmal wieder einen der »notwendigen« Kriege. Die Feinde sind Russland und das Slawentum.

Franz Rauchlos kommt das sehr entgegen. Er, der eine technische Verbesserung des »*Selbstfahrgeschützes*« (heute spricht man vom

Panzer) vorgeschlagen hat, macht Militärkarriere und wird in den Generalstab berufen. Dort ist man sich über den Zweck des Krieges einig. »*Die gewaltige Masse der Germanen musste entweder (…) herrschen oder untergehen. Ein anderes konnte es nicht geben.*« (S. 63) Somit wird der Präventivschlag vorbereitet: »*Mit Russland wollte man auf deutscher Seite den Krieg. Man war sich klar darüber, dass die große Auseinandersetzung zwischen Germanen und Slawen einmal kommen müsse – besser denn jetzt, als später, wenn die Vereinigung aller Slawen wirklich einmal zur Tatsache geworden sein würde.*« (S. 120)

Als der österreichische Kaiser einem Attentat zum Opfer fällt, ist das der heißersehnte Anlass zum Losschlagen.

Es ist erstaunlich, wie sich die kriegsschwangere Atmosphäre der realen Gegenwart des Autors in seinem Roman niederschlug, wobei er auch schon vermutete, dass dies etwas mit Österreich und Russland zu tun haben würde. Tatsächlich war ja der tödliche Anschlag auf den österreichischen Thronfolger in Sarajewo der Anlass – nicht die Ursache – zum Ausbruch des 1. Weltkriegs 1914.

Es versteht sich von selbst, dass Deutschland im Roman den Krieg gewinnt, unter anderem auch deshalb, weil der russische General Wudkisoff (Venir meint Wodkasäufer) hypnotisiert wird – wieder ein Einfall Venirs, bei dem man nicht weiß, ob man lachen oder weinen soll. Nachdem also Deutschland die Welt vor dem Slawentum gerettet hat, kann der wackere Recke Franz seine Isolde ehelichen. Da beide »*rasserein*« sind, gilt für sie das Eheverbot für »*körperlich und geistig Degenerierte*« natürlich nicht. Später wird das noch einmal untermauert: »*Wenn ein Mann sich als dauernd unfähig erwiesen habe, der menschlichen Gesellschaft als nützliches Mitglied anzugehören, so solle man ihn auf schmerzlose Weise töten.*« (S. 168 f.)

Die Hochzeit verläuft problemlos und hat sogar einen systemgetreuen Höhepunkt zu bieten. Als sich der Pfarrer doch tatsächlich zur »*Humanitätsduselei*« hinreißen lässt, indem er meint, »*dass es wünschenswert wäre, Schwächeren gegenüber gelegentlich etwas Nachsicht zu üben*« (S. 157), weist ihn ein Hochzeitsgast, ein gewisser Herr Schreiber vom Auswärtigen Amt, zur Gaudi der Festgesellschaft

barsch zurück: »*Nein, Nutzen zu stiften für unser Vaterland, muss unser einziges Ziel sein. Materiellen, klingenden Nutzen, sonst macht das Reich pleite. Geld muss verdient werden, und wenn die Ausländer uns daran hindern wollen, muss man ihnen Mores lehren.*« (S. 158) Offener und obszöner lässt sich wohl die schiere Raub- und Mordlust einer »Herrenrasse«, die zugleich Quintessenz des Romans ist, nicht mehr darstellen. Damit sind wir zum schlechten Schluss nicht nur komplett im Venirschen »National-Sozialismus« angekommen, sondern antizipierend auch in einem tatsächlichen Nazireich, das schon 73 Jahre vor der fiktiven Romanzeit grausame Realität werden sollte.

Venirs Buch ist ein verquastes Sammelsurium aus Versatzstücken verschiedenster Politik- und Gesellschaftsvorstellungen. Alles wird bedenkenlos und auf absurde Weise vermixt, wobei die durchgehende Menschenverachtung den roten Faden bildet. Die mehrmaligen »wunderbaren« Wendungen im Plot, die keiner nachvollziehen kann, komplettieren den Eindruck eines handwerklich miserablen und inhaltlich maroden Machwerks, das weiterer Worte eigentlich nicht bedarf. Warum hier *Ein Blick nach vorn* doch breiter dargestellt wird, hat drei Gründe.

Einmal ist das Buch ein exzellentes Beispiel für den sog. reaktionären Modernismus, der noch viele Jahrzehnte nach Venir (z. T. bis heute) in der SF herumgeistern sollte. Gemeint ist die belletristische Verbindung zwischen einer hypermodernen Technik und rückschrittlichen, ja anachronistischen bzw. atavistischen Staats- und Gesellschaftsmodellen. Entscheidend ist dabei, dass dies nicht etwa in kritischer, sondern in bejahender oder gar verherrlichender Absicht geschieht – deshalb auch reaktionärer Modernismus. Bei Venir schlägt sich der reaktionäre Modernismus in der Verbindung hochentwickelter Technik mit dem Faschismus nieder – ebenfalls eine interessante Vorausschau, stand doch gerade bei den Nazis die Nutzung und Förderung von Zukunftstechnologien nicht im Gegensatz zu ihrer

Ideologie, die nun wiederum keineswegs den Fortschritt der Menschheit im Auge hatte, sondern den Rückfall in die dunkelste Barbarei.

Ohne unzulässige Vergleiche ziehen zu wollen, sehen wir auch heute noch, dass der reaktionäre Modernismus weder in der SF noch in der Wirklichkeit ausgestorben ist – z. B. müssen wir ganz aktuell ein in seiner Verpackung übermodernes Dubai konstatieren, in dem zeitgleich das finsterste religiöse und gesellschaftliche Mittelalter herrscht.

Der zweite Grund: Venir zeigt exemplarisch auf, wie in der SF des Kaiserreichs die reaktionäre Dystopie von der reaktionären Utopie verdrängt wird, wobei sich gleichzeitig die Inhalte vom Radikalliberalen, Rechtskonservativen und Deutschnationalen immer ungeschminkter ins Faschistische verschieben. Bei Venir wird schon ganz offen in Form einer Utopie nationalsozialistisches Gedankengut als geschlossenes System angeboten.

Insbesondere – und damit sind wir beim dritten Grund – werden in der Begriffsbildung und der Wortwahl (Führerverband, Humanitätsduselei, nationaler Sozialismus, Germanentum, Rassereinheit u. ä.) schon recht früh die Karten auf den Tisch gelegt. Ritter formuliert das so: »*Von nicht allein philologischem Interesse ist, wie sich jetzt in solchen Zukunftsromanen die Terminologie des späteren Faschismus ausprägt.*« (*Start nach Utopolis*, S. 272)

9.2. Der Führer ist schon 1912 da

Unter dem Pseudonym Excelsior veröffentlichte 1912 Karl Siegmar von Schultze-Galléra den Titel *Michael der Große. Eine Kaiserbiographie der Zukunft*. Karl Siegmar war der Sohn des in Halle (Saale) lebenden Historikers Siegmar Schultze, der durch eine Adoption seitens des Barons von Galléra zu seinem Adelstitel gelangte. Während sich der Vater der Heimatforschung widmete, avancierte sein Spross zum nationalsozialistischen Bestsellerautor. *Michael der Große* bildete eine Art Auftakt zu einer Karriere, die sich später in zahlreichen Büchern über Adolf Hitler, die Geschichte der »Bewegung« und ähnlichen

Devotionalien niederschlug. Es lohnt sich nicht, auf Schultze-Galléras Druckschrift von 1912 literarisch einzugehen. Die eigentliche Handlung ist dürftig und stellt vornehmlich eine eskapistische und strapaziöse Verherrlichung des faschistischen Führers dar. Ich spare mir also eine diesbezügliche Rezension, um zügig zum Kern zu kommen. Dieser ist allerdings für unser Thema dann doch relevant.

Michael der Große ist im Roman der Nachfolger von Kaiser Wilhelm II., dessen Todesjahr vom Autor auf 1921 datiert wird. Michael trägt aber nur noch formal den Kaisertitel, denn faktisch ist er der Führer, der schon durch sein asketisches Vorbild die Massen begeistert. Er ist Vegetarier, Nichtraucher und Antialkoholiker, Eigenschaften, die auch Adolf Hitler teilte. Diese Askese und Naturtümelei wird romanintern dazu verwendet, eine indirekte Kritik am real regierenden Kaiser zu formulieren, und gleicht geradezu verräterisch der späteren Kritik der Nazis an Wilhelm II. Excelsior attestiert dem Hohenzollern, dass er »*dem Zeitgeist nicht gewachsen*« war (S. 3). Stattdessen habe er Prunk, Protz und ein großtuerisches Auftreten an die Stelle wirklicher politischer Taten gesetzt.

Was im ersten Moment sogar vernünftig klingt, verflüchtigt sich umgehend. Der Verfasser meint natürlich nicht die grandiose politische Unfähigkeit des amtierenden Monarchen, der gerade dabei war, Deutschland in die Katastrophe zu steuern, sondern er vermisst in ihm die überragende charismatische Führergestalt, die stahlhart und ohne jede Rücksicht die feudal-kapitalistische Gesellschaft in eine faschistische umformt. Excelsior gleicht indes diesen Makel aus, indem in der Lichtgestalt Michael all das zu finden ist, was der reale Hohenzollern-Wilhelm nicht zu leisten vermag.

Der fiktive Heros bietet nun den gesamten Bauchladen antidemokratischer Affekte und faschistischer Surrogate feil, an denen die Welt genesen soll. So schafft Michael die Parteien ab, und die Presse wird zum Wohlverhalten gezwungen. Die kritischen Intellektuellen werden zur Raison gebracht. Soldatische Selbstzucht ist oberstes Gebot für die (v. a. jungen) Männer, während die »Weiber« wieder ihrer »natürlichen Bestimmung« als Frau und Mutter zugeführt werden. Für die Mädchen gibt es ein obligatorisches Haushaltsjahr. Zum Dank dafür wird ihnen der Zugang zur Universität verweigert. Der Bauernstand wird glorifiziert. Selbst die Arbeiter sind aus undurchsichtigen Gründen plötzlich zufrieden und üben sich in

Mäßigung und Verzicht, obwohl nicht ersichtlich ist, dass sich ihre Situation verbessert hat. Zwangsarbeit auch für leichte Straftaten sowie ein allgemeiner Arbeitsdienst stehen auf der Tagesordnung. Zwar fehlt noch der ewige jüdische Sündenbock, aber »die arische Rassereinheit« und »die Herrenrasse« (d. s. die Deutschen) gehören zum selbstverständlichen Repertoire des großen Michael – und damit selbstredend auch der Krieg! »*Auch zöge die Machtentfaltung eines Volkes, die Erstarkung und Verbreitung einer gesunden Rasse zuletzt immer und notwendig den Kampf nach sich (...) Der Krieg, der grause Vernichter vieler Kulturwerte, müsse als eine ewige notwendige Erscheinung im Leben der Völker wie der einzelnen Individuen existieren, eben wegen der Machtidee der Staaten, die wiederum deren Lebenselement und Existenzbedingung sei. Er (der Krieg, H. F.) bedürfe in der Tat ebenso wenig wie die Monarchie oder die Religion einer Rechtfertigung.*« (S. 123)

Derweil hat unser Autor Excelsior mit seinem unablässig werkelnden Führer das Jahr 1946 erreicht. Der geschäftige Michael hat sich mittlerweile zur überragenden Größe aufgepumpt. Unangefochten und unbesiegbar steht er da, und die Früchte seiner Arbeit fallen ihm jetzt wie selbstverständlich in den Schoß. So unterwerfen sich vier Nachbarländer Deutschlands freiwillig dem Führer, China begibt sich in die ökonomische Abhängigkeit zum Reich, und Teile Indiens werden ebenfalls dem Reich einverleibt. Endlich kann es gegen Amerika gehen.

Trotz vieler Irrtümer des Autors liegt in der richtigen Vorwegnahme der mythischen Überhöhung und propagandistischen Idealisierung eines narzisstischen Politikers zum apokryph-religiösen Retter und Erlöser, »*(dessen) selbstherrlicher Macht wir uns alle gerne beugen*« (S. III des Vorworts) die jämmerliche, aber auch erschreckende Bedeutung des Buches. Dass sich in der Realgeschichte die überwältigende Mehrheit eines ganzen Volkes bedingungslos dem Willen eines einzigen Mannes (Adolf Hitler) unterwarf, kann durch ein Bündel von Erklärungen einigermaßen fassbar gemacht werden, unbegreiflich bleibt es letztlich aber doch. Die letzte Ursache (wenn überhaupt) scheint mir die bis in die tiefste Psyche vieler Menschen reichende Sehnsucht nach einem neuen Messias zu sein, der alle Probleme der Welt mit einem Schlag beseitigt. Diese Illusion wurde im Kaiserreich psychologisch durch die extreme Autoritätsfixierung, den Kaiserkult und den preußischen Kadavergehorsam genährt und verstärkt. In den Wirren der Weimarer Republik wurde sie zur politischen Größe.

Die Social Science Fiction brachte mit *Michael der Große* schon 21 Jahre vor der sog. Machtergreifung diesen Zusammenhang unfreiwillig auf den Punkt, und zwar nicht als Warnung, sondern als faschistische Utopie, also als erwünschte und erstrebenswerte Alternative zu allen Errungenschaften der europäischen Aufklärung. Auf alle Fälle materialisierte sich der erflehte Führer nach dem 1. Weltkrieg ganz handfest in einer aberwitzigen Wirklichkeit.

9.3. Mythenschutt

Der Zukunftsroman *Der Golfstrom* (1913) von Hans Ludwig Rosegger (1880–1929) hat einen interessanten Aspekt. Rosegger liefert nämlich in SF-gewendeter Form ein frühes Beispiel für den Mythenschutt und Esoterikmüll ab, aus dem sich die Nazis dann reichlich bedienten. Er ist übrigens der Sohn des weit bekannteren österreichischen Heimatdichters Peter Rosegger (1843–1918), der sich als monarchietreuer Nationaler sah. Die streng konservative, durchaus auch antisemitische Haltung des Vaters, die aber noch tradierten Werten folgte, schlug bei Sohn Hans Ludwig in eine rechtsradikale um, womit sich eine interessante biografische Parallele zu dem eben besprochenen Excelsior auftut.

In seinem Roman stürzt Deutschland ins Unglück, weil einerseits die Amerikaner den Golfstrom umlenken, wodurch sich das Klima in Europa verändert, und weil andererseits durch »Rassenvermischung« und einen »sozialdemokratischen Umsturz« die »naturgegebene« Ordnung in Deutschland zusammenbricht. In dieser Situation erweist sich die preußische Armee als segensreiche Einrichtung, weil sie das Proletarierheer zusammenschießt. Ebenso entpuppt sich die

neue Eiszeit, die wegen der Umlenkung des Golfstroms entsteht, als Glück, reinigt sie doch auf biologistisch-sozialdarwinistische Weise das deutsche Volk von allen Schädlingen. Schließlich lehnt man sogar die Wiederherstellung des alten Verlaufs des Golfstroms ab, da man jetzt gesund und stark sei. Dagegen versinkt das verweichlichte Amerika zur Strafe in das Chaos des Mobs und der sog. Rassenvermischung.

Wie man sieht, sind alle faschistischen Versatzstücke bei Rosegger vorhanden: Schmähung der Demokratie, Verteufelung der Aufklärung, Sozialdarwinismus, blanker Rassismus, ein vermeintlich dekadenter Westen und biologische »Reinigung«. Gebunden wird der ungenießbare Brei vom Mythos der neuen Eiszeit, der auch bei den Nazis vor allem durch die »Welteislehre« Hanns Hörbigers eine Rolle spielte.

Welteislehre

Die Welteislehre (auch Glazialkosmogonie oder WEL) ist eine esoterische Pseudowissenschaft. Sie behauptet, dass sich alle Vorgänge im Kosmos auf einen immerwährenden Kreislauf zurückführen lassen, der durch den Kampf zwischen Eis und Feuer verursacht wird. So bestünden der Mond und die äußeren Planeten zum Großteil aus Eis. Auch die gesamte Milchstraße sei eine Ansammlung von Eisbrocken. Die WEL stellt alle Erkenntnisse der wissenschaftlichen Astronomie auf den Kopf, orientiert sich stattdessen bei ihrer Welterklärung an nordische Eismythen.

Erfinder der WEL ist der österreichische Ingenieur Hanns Hörbiger (1860–1931), der nach eigenen Worten durch Eingebungen und Visionen zu seinen »Erkenntnissen« gelangte. Alle Gegenbeweise prallten an Hörbiger ab. Für ihn zählten nur bedingungsloser Glaube an seine Lehre und Gehorsam.

In den 1920er-Jahren erlangte die WEL durch fanatische Anhänger einen gewissen Einfluss und erlebte unter den Nazis vor allem durch Unterstützung von Heinrich Himmler eine kurzzeitige Renaissance. Das war kein Zufall, denn die WEL war einer der zahlreichen Versuche, das rational-wissenschaftliche Weltbild durch ein mythisch-mystisches zu ersetzen, was wiederum den Nazis entgegenkam. Nebenbei: Der WEL-Prophet Hanns Hörbiger ist der Vater der Schauspieler Attila und Paul Hörbiger und der Großvater von Christiane Hörbiger.

9.4. Von Abgründen und Heilserwartungen

Die literarische Vorbereitung des Faschismus

Im Schicksalsjahr 1914 wurde mehr als deutlich, welche Folgen Menschenverachtung und Kriegsbesessenheit haben. Das kümmerte die rechtsradikalen Schreibtischtäter nicht. Unbeirrt und im Vorgriff bastelten sie an ihren heiß herbeigewünschten faschistischen »Zukunftsbildern« weiter. Bei *Ein Blick nach vorn* stand eine mögliche nationalsozialistische Staatsorganisation im Vordergrund, in *Michael der Große* war es die alles überragende Führerfigur. Nun geht es um ein Buch, das eine weitere konstituierende Säule des Nazi-Weltbildes zum Thema machte: den Rassismus.

Der nächste Baustein: Rassismus

Selbstverständlich kamen auch Venir und Excelsior nicht ohne rassistische Elemente aus, diese waren aber doch eher Beiwerk. In dem Roman *Der Abgrund* (1914) von Graf Teja, hinter dem sich der Redakteur und niederdeutsche Mundartdichter Thomas Westerich (1879–1953) versteckt, wird nun der Rassismus zum Movens generale, vermischt mit dem faschistischen Mythenabfall, der eben bei Rosegger exemplifiziert wurde. Wie schon der Untertitel *Bilder aus der deutschen Dämmerung im Jahre 2106* verrät, bedient sich der falsche Graf des Zukunftsromans, um seine schauerlichen Visionen zu transportieren.

Wie er programmatisch im Vorwort erklärt, will er »*dem deutschen Volk das Spiegelbild seines Niedergangs vor Augen halten*«, wobei es darum gehe, »*die bestehenden Übel an den Grundwurzeln des deutschen Lebensbaumes bloßzulegen und auszurotten.*« (S. 4) Mit dem »Bloßlegen und Ausrotten« beginnt der Autor im Berlin des Jahres 2106. Ganz im Sinne des reaktionären Modernismus ist dieses Berlin hochtechnisiert. Graf Teja spart hier nicht mit entsprechenden Details. Gleichzeitig ist dieses Berlin ein Sündenbabel, ein Sodom und Gomorra. Und was sich schon am Anfang des 20. Jahrhunderts bemerkbar gemacht hatte, ist jetzt zur vollen Entfaltung gekommen. »Entartung«, »Rassenschande« und ein »perverser Welthumanismus« drohen, das »reine Ariertum« zu vernichten. Frankreich und andere Länder befinden sich bereits im »Siechtum«. Zwar ist Deutschland die größte Industriemacht und nach wie vor eine Art Bollwerk gegen den »rassischen Zerfall«, aber alles spricht dafür, dass auch das Reich in dem mörderischen Strudel versinken wird. »*Die Industrie hat ganz Westfalen den Polen ausgeliefert. Die trotzdem unentwegt und unablässig fortschreitende Industrialisierung Deutschlands rief den Mongolen, den Kuli, ins Land.*« (S. 3) Teja macht an dieser Stelle drei Hauptfeinde aus: Das sind alle sog. Fremdrassigen, die jüdischen Plutokraten und das Slawentum, das unter seinem expansionistischen Herrscher Wladimir ein mächtiges, Deutschland bedrohendes Reich errichtet hat.

In dieser vorapokalyptischen Lage betritt nun Graf Tejas Held die Bühne des Geschehens. Der Hohenzollernspross Friedrich VI. wird neuer Kaiser. Friedrich entspricht dem Bild des aufrechten, kraftvollen Germanenrecken und hegt die besten Vorsätze. Leider umgibt ihn bis in die höchsten Kreise hinein ein Sumpf »rassezerstörerischer« Elemente. Bevor sich der junge Kaiser an sein Werk macht, will er sich mit eigenen Augen und Ohren von den Zuständen in seinem Reich überzeugen. Deshalb begibt er sich inkognito mit wenigen Getreuen in den wilden Trubel der Reichshauptstadt Berlin. Was er erleben muss, erschüttert ihn zutiefst, und er macht einen weiteren entscheidenden Feind aus. Es ist das zügellose Sexualleben seines heruntergekommenen Volkes.

Beim Besuch riesiger Vergnügungslokale und Amüsierbetriebe sieht er nämlich, wie sich »der Plebs« jedem nur denkbaren Laster hingibt. Neben dem Rauschgiftkonsum gehören vor allem schamlose Sexdarbietungen, wüste Orgien und homosexuelle Ausschweifungen zum Standard. Friedrich macht dafür eine 200jährige, bewusst gesteuerte »*Dressur des menschlichen Sexuallebens*« (S. 42) verantwortlich, und einer seiner Begleiter erklärt: Den Deutschen sei nicht klar, »*dass die meisten unserer Kulturstätten, vom deutschen Volksgemüt aus gesehen, sinnreiche Einrichtungen zur Zucht von Schweineseelen geworden sind.*« (S. 42) Es ist nicht schwer zu erkennen, dass dieser politische Idiot die Aufklärung meint.

In Friedrich reift die Erkenntnis, dass mit dem Bestehenden nichts mehr zu verändern oder gar zu verbessern ist. Etwas ganz Neues muss her! Aber was? Die große Erleuchtung findet der von Teja als Deutschmeister bezeichnete Potentat bei der geheimen »Urda-Loge« (benannt nach Urd, der germanischen Schicksalsgöttin des Todes). Friedrich lässt sich in die nordische Mythologie und die Rassenlehre einweihen. »*Denn die Mission der Ideenrasse, ihre wahre und höchste Berufung lag und liegt darin: dass an ihr die Welt genesen soll.*« (S. 36)

Tief bewegt zieht Friedrich folgenden Vergleich: »*Sie* (die Adepten der Urda-Loge, H. F.) *hoffen auf den Tag, der über das letzte Aufgebot deutsch-germanischer Rassenhaftigkeit die Entscheidung verhängen wird. Eine Verzweiflungsschlacht also, wie sie König Teja mit den letzten Goten in den Schluchten des Vesuvs dem byzantinischen Völkerbrei lieferte.*« Friedrich weiter: »*Sie warten Ihres Tages! Des aber bin ich gewiss: das Schicksal wird Ihnen eines nicht verweigern – den Führer (…), wenn der Tag gekommen ist.*« (S. 40 f.)

Hier löst der Autor das Geheimnis auf, wie er zu seinem Pseudonym Teja kommt. Ob allerdings diese Wahl für Westerichs Zwecke so glücklich war, muss bezweifelt werden. Denn der historische Gotenkönig Teja starb 552 n. u. Z. in besagter Schlacht, und der sog. byzantinische Völkerbrei siegte. Da dieser ja »minderwertig« war, hätte das eigentlich nicht passieren dürfen, oder? Fakt ist: Als Folge verschwanden die angeblich rassereinen Goten aus der Geschichte. Tja, wer war denn jetzt wem überlegen? Ergänzt sei: Literaturhistorisch gesehen ist die Lust am Heldentod kein Alleinstellungsmerkmal faschistischer Texte (siehe z. B. Homers Troja-Epos oder *Das Nibelungenlied*). Dem Faschismus bedeutend näher kommt die Instrumentalisierung des Heldentods als emotionale Begründung für Rache- und Vernichtungsfeldzüge.

Nachdem sich Friedrich VI. mit diesen Worten kurzerhand selbst zum Führer ernannt hat (auch Hitler war Führer von eigenen Gnaden), bleibt ihm noch die Bewunderung für eine ganz spezielle Wahnidee der Urda-Verrückten. Sie wissen nämlich, dass die letzte Ursache des »Rasseverfalls« in der sexuellen Orientierungslosigkeit der deutschen Frauen liegt. »*Ihre* (die deutschen Frauen, H. F.) *Blutsneigungen sind unsicher geworden. So verfallen sie der Rassenschande, wenn die völkische Blutstimme (…) in Ihnen sie nicht rechtzeitig empor reißt.*« (S. 130) Derart aufgenordet schreitet nun der neue Führer zur Tat, indem er drei grundstürzende Maßnahmen ergreift.

Erstens organisiert er einen Putsch zugunsten der Urda-Bewegung. Die sowieso nur rudimentär vorhandene Demokratie wird beseitigt. An die Stelle des Reichstags (der immerhin nach Graf Teja auch noch in 2106 existiert) soll ein »Kulturrat« treten, bestehend aus fünfzig sog. Weisen, der den frischgebackenen Diktator beraten darf. Entscheiden wird natürlich der Führer allein.

Zweitens setzt er Richtlinien zur »Aufartung« durch. »*Das politische Stimmrecht, wie auch das Stimmrecht für den gedachten Kulturrat der Deutschen kann hinfort nur der erwerben bzw. ausüben, dessen Familie eine Blutsbeimischung asiatischer Herkunft in den letzten drei Geschlechtsfolgen nicht erhalten hat. Hieran schließt sich eine im gleichen Geist gehaltene Bestimmung über den Geschlechtsverkehr.*« (S. 167)

Drittens bläst Friedrich zum Endkampf gegen die Slawen und ihren Wladimir. Ihm schließen sich dabei nicht nur alle »guten« Deutschen an, sondern auch die Skandinavier, die Buren aus Südafrika und sinnigerweise sogar die (noch einigermaßen germanischen) Engländer. Der Krieg entbrennt. Trotz aller Entschlossenheit wird Berlin von den Truppen Wladimirs eingenommen. Friedrich gibt nicht auf. Er zieht sich nach Oerlinghausen zurück. Dort im Teutoburger Wald, der germanischen Kultstätte, stellt er sein Heer neu auf und rüstet sich für die allerletzte Schlacht. Seine Vasallen danken es ihm mit dem donnernden Zuruf »Heil Friedrich, dem Deutschen!« Wie die Sache ausgeht, lässt Graf Teja offen, aber vom Duktus des Romans her ist zu vermuten, dass der edle Held Friedrich seine Ziele doch noch erreichen wird – und wenn nicht, soll der Roman als gewaltige Mahnung dienen, die Deutschen entsprechend der bekannten Naziparole »Deutschland erwache« aufzurütteln.

In der Tat: Der Roman *Der Abgrund* zeigt einen Abgrund auf, aber nicht den eines drohenden Untergangs der Deutschen, sondern den Abgrund rassistischer und faschistischer Wahnideen. Es fällt schwer, sich durch den pompösen Wust aus pseudowissenschaftlichem Unsinn, idealistischen Scheinwerten, eskapistischen Fantasien, okkultem und esoterischem Geschwätz und einer grundlegenden misanthropischen Inhumanität durchzuwühlen. Vergnügungssteuerpflichtig ist die Lektüre dieser Schwarte jedenfalls nicht. Dennoch: Dem Autor gelingen (ungewollt) schon 1914 einige treffsichere Aussagen über die späteren Nazis, obwohl er diese natürlich nicht so meinte, wie ich sie interpretiere. Diese Treffsicherheit mag dadurch zu erklären sein, dass Graf Teja alias Thomas Westerich mit seinen relativ jungen 35 Jahren bereits tief in der irrationalen Gedanken- und Gefühlswelt des aufblühenden deutschen Faschismus verwurzelt war. Folgerichtig schloss er sich in den nächsten Jahren der erstarkenden NSDAP an und spielte im »dritten Reich« eine Nebenrolle im Kulturbetrieb des Unrechtsstaates. Hier nun einige bezeichnende, z. T. erstaunliche Schlaglichter:

Teja offenbart einen eindeutigen Zusammenhang zwischen den Nazis und mythisch-okkulten Geheimlehren. Es ist historisch belegt, dass der erstarkende Faschismus im Kaiserreich eng verquickt war mit rechtsextremer Esoterik, dass auch der reale Hitler (wie der fiktive Friedrich im Roman) derartige Initiationen mitgemacht hat und dass viele Nazis (vor allem der SS-Führer Heinrich Himmler) einer bizarren Esoterik frönten, während Hitler selbst in der Zeit seiner Herrschaft diese Phänomene an den Rand drängte.

Teja erkennt, dass nur eine neue Partei mit einem Führerprinzip die Wende bringen kann. So ist seine »Urda-Partei« nichts anderes als die kryptische Vorwegnahme der NSDAP, wobei beide aus

sektiererischen Gruppen entstehen, die mit Geheimgesellschaften verbunden sind (siehe die historisch reale Thule-Gesellschaft).

Interessant ist auch die Einschätzung der Reichshauptstadt Berlin. Sie ist den Rechtsextremisten aufgrund ihrer Farbigkeit, ihrer Vielfältigkeit und ihrer Internationalität ein Dorn im Auge. Kein Wunder, dass die Stadt bei Teja zum Sündenbabel wird. Nachweislich mochte auch Hitler Berlin nicht, sondern hatte immer München (»die Hauptstadt der Bewegung«) bevorzugt.

Besonders erstaunlich wie auch abscheulich ist, wie der Autor in Friedrichs Richtlinien zur »Rassehygiene« die Nürnberger Rassegesetze vorbereitet. Ritter: »*Damit war 1914 von Graf Teja das NS-Rassengesetz (›Gesetz zum Schutze des deutschen Blutes und der deutschen Ehre‹ 1935) schon vorformuliert.*« (*Start nach Utopolis*, S. 303)

Wenn auch etwas bemüht, kann man vielleicht noch sagen, dass Teja in dem mächtigen Slawenreich des Romans die Sowjetunion und in ihrem König Wladimir den kommunistischen Diktator Stalin vorausgeahnt hat. Dass Wladimir im Roman sogar Berlin erobert, hat Stalin 1945 garantiert nicht gewusst, aber es hätte ihm eventuell sogar geschmeichelt.

So interessant diese Blickwinkel auf den Roman auch sind, so sind sie trotzdem kein Anlass, ihn zum visionären Werk umzufälschen. Teja hat einfach aus seinem ideologischen Fundus einige Schlüsse gezogen, die für ihn als überzeugten Faschisten auf der Hand lagen, und sie in die Zukunft verlängert.

Eine speziell zu beachtende Facette bildet in Tejas faschistischer Diktion die Rolle der Sexualität im Allgemeinen und die der Frauen im Besonderen. Die Dämonisierung der Frauen verkoppelt er stark mit seiner unterdrückten Sexualität, die sich in pornografischen Fantasien äußert. Namentlich in der Passage über den Sündenpfuhl Berlin schwingt sich sein verkorkstes Geschlechtsleben zu ungeahnten Höhen auf. Hier dichtet er ebenso infantile wie brünstig schwüle Liedtexte, die im Roman von lasziven, schamlosen Amüsierdamen zum Besten gegeben werden, um das lüsterne Publikum weiter aufzustacheln. Eine kleine Kostprobe dürfte reichen:

»Meine Ohren brausen,
meine Sinne sausen –
Gierig, geißelig fliegt mein Fleisch –
Mein Gehirn ist Blutgekreisch –
Meine Augen tanzen –
Tanzen – tanzen – Glut im Bein – (…)
Schwingeschwung – Tschingtschatschung.
Lalle-lulle-lille-Tanz,
flieg das Fleisch am Bein –
Weg den Tand:
Weg das Tschingtschatschunggewand – (…)
Mein Fleisch will Opfer sehn:
Flammenschein!
tief hinein
tatzigweißes Minnebein!« (S. 50)

Diese dilettantischen Zeilen sind eindeutig, aber immer getarnt als empörte Anklage gegen die Sittenlosigkeit des Berliner Nachtlebens. Auch hier steht Teja stellvertretend für die heuchlerische Sexualmoral seiner Zeit, für die Verbiegung und Verstümmelung der Sexualität bei den Nazis und für die durchgehende Frauenverachtung (nicht nur) im faschistischen Weltbild. Die Frau ist – ebenfalls nicht nur bei den Nazis – allein in ihrer Funktion als Gebärmaschine und als treue und gehorsame Dienerin ihres Mannes von Bedeutung. Fügt sie sich dem nicht, ist sie eine Dirne und Hure, eine »Dämonin«, die in der Teja'schen Lesart auch noch schuld an der »Rassenschande« und damit am Unglück des deutschen Volkes ist. Hier treffen sich in der reaktionären Moderne rechtsextreme Ideologien mit jahrtausende-alten Mythen von der falschen und verschlagenen Eva, die uns aus den diversen monotheistischen Religionen nur allzu gut bekannt sind.

Von literarischen oder inhaltlichen Qualitäten kann man bei *Der Abgrund* nicht sprechen. Zu konstatieren ist lediglich die literaturhistorische Tatsache, dass der Roman erneut ein unerquicklicher, aber existierender Teil der Wirklichkeitsmaschine ist, die als SF leider auch in den abgründigsten Verwerfungen ihr Wirken entfaltet hat. Gemeint sind hier sowohl die geistige Konditionierung unbedarfter Leser/innen als auch die Wahrscheinlichkeit, dass nachfolgende Nazis durch diesen Roman und durch andere einschlägige »Werke«

Anregungen erhielten, die sie anschließend in die Realität umsetzten. Fraglos enthält *Der Abgrund* einige Vorgriffe in die Realzukunft, die z. T. verblüffen. Das funktioniert aber nur, wenn sich Graf Teja im engen Laufstall seiner verquasten Mythen bewegt. Verlässt er diesen, kommt er zu Zukunftsvorstellungen, die reiner Stuss sind. Doch das ficht ihn nicht an, denn seinen Kritikern hält er bereits in seinem Vorwort – sozusagen prophylaktisch – entgegen: *»Zweiflern sei erwidert, dass es ihnen nicht gelingen dürfte, irgendwie einen Gegenbeweis anzutreten, dass es i. J. 2106 anders aussieht.«* (S. 4) Diese umwerfende Logik bedarf keines weiteren Kommentars.

9.5.   Blumenkohl, Lustknaben und Lolitas

Ist der Rassismus in sich schon ein antisoziales Wahnsystem bar jeder Vernunft, so haben es sich die zahlreichen Utopien dieser Couleur nicht nehmen lassen, dem Ganzen in diversen Varianten eine Exaltiertheit aufzusetzen, die sich an Sinnlosigkeit und Geistesgestörtheit geradezu überschlägt. Diesen Autoren ist es wahrhaft gelungen, die rassistischen Muster bis in die allerletzte Falte der Absurdität zu führen und damit durch eigenes Tun ihre Art des Denkens ultimativ zu diskreditieren. Das hat bis heute selbst der härteste Rassismus-Kritiker nicht geschafft.

Um diese Behauptung zu belegen, soll nun der russische Biologe Konstantin Sergejewitsch Mereschkowski (1854–1921) zu Wort kommen, der 1903 als C. von Mereschkowsky (diesmal mit »y«) die Utopie *Das irdische Paradies. Ein Märchen aus dem 27. Jahrhundert* auf den deutschen Buchmarkt warf. Da seine Werke vornehmlich in Deutschland veröffentlicht wurden, findet er an dieser Stelle Erwähnung.

Ein Schiffbrüchiger wird in ferner Zukunft (utopisch konventionell) auf eine tropische Insel verschlagen. Dort entdeckt er »das irdische Paradies«, das von drei Menschengruppen dünn besiedelt wird. Die erste besteht ausschließlich aus wunderschönen und anmutigen nackten Jünglingen und Mädchen, die fröhlich, unbeschwert und gedankenlos in den Tag hineinleben. Die zweite Gruppe sind hässliche Tiermenschen, die den makellosen Nacktmodels als willige Sklaven dienen und sie versorgen. Die dritte Sorte besteht aus wenigen alten,

angeblich weisen Männern, den »Wächtern«, die eine Art Regierung bilden und kontrollieren, dass alles so bleibt, wie es ist.

Es stellt sich heraus, dass die erotischen Wesen und die vertierten Sklaven Produkte einer »Zuchtwahl« sind, die schon seit Jahrhunderten von einem geheimen Orden eingeleitet wurde und weiterhin gesteuert wird. Die Alten sind die aktuellen Bewahrer dieses Ordens, der sich gründete, weil sich die Menschheit durch »Rassenvermischung« immer mehr ruinierte und ihrem Untergang entgegenging. Dass man dabei kräftig nachgeholfen hatte, wird von dem Alten unmissverständlich klar gemacht: »*Alle Asiaten sollten ohne Ausnahme ausgerottet, weder die mongolische noch die Negerrasse in den Bestand der neuen veredelten Menschen aufgenommen werden, weil uns weder ihre physischen noch ihre moralischen Eigenschaften zu genügen schienen. Auch die semitische Rasse, die Armenier, Perser und Syrer und andere Volksstämme mussten verschwinden!*« (S. 254)

Faktisch geht es also um die Vernichtung der gesamten Menschheit bis auf wenige »Arier« – angesichts dieser Vision reicht selbst ein hilfloses Kopfschütteln nicht mehr aus. Es wird auch bekannt, dass die »Zuchtwahl« weitergeht, denn sollte es bei einem Neugeborenen der Schönlingsrasse Abweichungen geben, wird dieser entfernt (also getötet). Ebenso werden die Nackedeis getötet, wenn der Alterungsprozess einsetzt. Davon wissen sie aber nichts, weil man ihnen, wenn es so weit ist, erzählt, sie gingen jetzt auf eine Reise in ein noch schöneres Land.

Zum Programm gehört auch die totale Verblödung des »neuen Menschen«. Jeder Form von Bildung wird für die ebenmäßigen Naivlinge abgelehnt. Stolz verkündet der Alte: »*Wir kennen nur die Schule des Lebens, und unsere Freunde können weder lesen noch schreiben, sie sind Analphabeten!*« (S. 150) Die verordnete geistige Enthaltsamkeit hat ihren aberwitzigen Grund, denn: »*Nur wenn wir jeden Fortschritt meiden und nichts an unserer Lebensweise ändern, ist das Glück des menschlichen Geschlechts ungefährdet.*« (S. 183)

Der Inselbesucher ist ob dieses verqueren Paradieses hin und weg, doch der Blick in pseudogöttliche Gefilde endet abrupt. Er wacht auf und erkennt, es war nur ein Traum. An dieser Stelle wird noch einmal deutlich, dass es der Verfasser ganz ernst meint und nicht etwa eine beißend-böse Satire auf den Rassismus geschrieben hat. Er lässt nämlich seinen Helden verzweifelt ausrufen: »*Menschen, Menschen, armes verblendetes Geschlecht … werdet Ihr niemals meinen Traum zur Wahrheit werden lassen?!*« (S. 289)

Das Debakel-Werk, das im zweiten Teil den Leser auch noch mit einem Theorieteil beglücken will, endet mit einem ihm würdigen Vergleich. »*Würde man zulassen, dass der Blumenkohl in Samen schösse und sich vervielfältigte, wie es ihm beliebt, statt nur fehlerlose Köpfe zur Aussaat auszuwählen, so würde dieses schöne Gemüse bald an Wohlgeschmack und an seinem appetitlichen Äußeren verlieren, denn das Schlechte pflanzt sich immer leichter fort als das Gute.*« (S. 467)

Nachdem nun der Wert des Menschen endgültig auf das Niveau eines Blumenkohls geschrumpft ist, haben wir damit auch endgültig das intellektuelle Niveau des Autors erreicht. Es ist für mich in einem schrecklichen Sinn ganz und gar erstaunlich, wie ein Mensch derart grotesk-überspannte Ideen nicht nur ernsthaft anbieten, sondern sie auch noch als Inbegriff des menschlichen Glücks anpreisen kann.

Ausrottung der Menschheit bis auf einen Restbestand, völlige Ächtung von Bildung und Wissen, Propagierung des totalen Stillstands, Behandlung des Menschen als Objekt der Gemüsezüchtung – das sind Ausgeburten eines Irrenhauses. Es ist schlicht festzustellen, dass die von Mereschkowsky ersehnte Gesellschaft die Sinnlosigkeit zum obersten Wert erhoben hat.

Wir sehen ein Jungvolk von schönen Vollidioten, die für ihre Existenz eine Sklavenwirtschaft brauchen, und eine Kleinkaste von alten Männern, die sich diesen Euthanasie-Zoo hält. Darüber wird eine Vakuumglocke gestülpt, die alles an Entwicklung erstickt. Und jetzt? Einen irgendwie gearteten Sinn als erstrebenswertes Gesellschaftsmodell kann ich darin nicht im Ansatz erkennen. Der Sinn dieses Konstrukts (wenn es überhaupt einen gibt) scheint mir eher außerhalb des direkt Gesagten zu liegen, nämlich in der pädophil besetzten Sexualfantasie eines Mereschkowsky.

Dementsprechend gibt es eine zweite, aber nur schlecht verklausulierte Ebene des Romans, die ganz dicht unter der offiziellen rassistischen Oberfläche liegt. Da sich sowohl der Alte wie auch der

Besucher immer wieder an der FKK-Jugend berauschen und der Roman über Strecken nur mühsam verbergen kann, dass sie davon sexuell erregt werden, liegt die Schlussfolgerung auf der Hand. Die perversen Alten halten sich einen Harem aus knackigen Lustknaben und süßen Lolitas, der vollständig ihrem Willen unterworfen ist. Gleichzeitig lassen sie sich und ihre Spielzeuge von Sklaven bedienen, um sich ungestört durch lästige Arbeit ihren Gelüsten hingeben zu können.

Unter diesem Aspekt bekommen etliche Romanstellen noch andere Bedeutungen als die, die an der Oberfläche liegen. Denken wir z. B. an die Tötung der Arkadier, wenn sie alt werden. Selbst in diesem Unmenschensystem ist derartiges Tun aus rassistischen Gründen keineswegs zwingend logisch. Es ist aber plausibel aus sexuellen Gründen! Da die Eroten als verführerische Lustobjekte ausgedient haben, werden sie nicht mehr gebraucht und sind überflüssig. Zudem hat man ja genug »Frischfleisch«. Warum sollten die Nutzlosen dann weiter durchgefüttert werden?

Hier ist ein realhistorischer Bezug statthaft. Wer das tschechische Theresienstadt besucht und die dortige SS-Anlage besichtigt hat, kann erkennen, wie sich die SS (d. i. der Wirklichkeit gewordene geheime Orden des Mereschkowsky) in nuce ihre Welt nach dem »Endsieg« vorgestellt hat. In der alten Festung und den umliegenden Baracken vegetieren die Arbeitssklaven, dann gibt es einen Bereich von »besser gestellten« Sklaven, weil sie ihren Herren besondere Dienste erweisen, und es gibt das Areal der Sklavenhalter mit dem im Grünen liegenden luxuriösen Herrenhaus. Das entsprach ganz den Plänen der SS-Bonzen, die für sich im unterworfenen Osten sog. Ordensburgen vorgesehen hatten, von denen aus die »Untermenschen« zu knechten gewesen wären.

Es ist nicht abwegig zu vermuten, dass sich in den Fantasien der SS dann auch ein ähnliches Treiben auf besagten Ordensburgen abgespielt hätte, wie es der russische Autor mit seinen juvenilen Dummchen mehr als andeutet. Jedenfalls hätte die Schwerstverbrecherbande auch in dieser Hinsicht reichlich über »geeignetes Menschenmaterial« verfügt. Es ist unglaublich beruhigend, dass wir im Konjunktiv reden können.

10. Zukunftskriege der Vergangenheit

Die dunklen Seiten der SF sind immer auch die dunklen Seiten der Wirklichkeit unseres Zeitalters. So müssen wir jetzt vom Krieg reden, aber nicht mehr von einem Krieg, bei dem die Schlacht Mann gegen Mann tobt, während drei Hügel weiter der Bauer das Feld pflügt und hinter dem Gebirge niemand davon weiß. Wir reden von einem allumfassenden, totalen, keinerlei Unterschiede mehr machenden, alles verschlingenden, flächendeckenden Inferno bis hin zur vollständigen Ausrottung der Menschheit und der Verwandlung des blauen Planeten in eine radioaktiv strahlende Hölle. Wer auf dem Weg ist, Universen zu erschaffen, der ist auch in der Lage, sie zu vernichten – und sich selbst dazu! Wer Paradiese kreieren kann, kann auch Höllen erzeugen. Alles ist nur eine Frage der zur Verfügung stehenden Mittel und der Einstellung ihrer Verfüger.

Der Weltuntergang, das Ende der Menschheit, die Apokalypse – das waren mehrere tausend Jahre lang klassische, ausschließlich der Religion vorbehaltene Topoi, nur möglich durch das Eingreifen Gottes, wobei sich dieser durchweg diverser Naturkatastrophen bediente. Das alles ist in der SF seit über 200 Jahren und in der Realität spätestens seit dem ersten Weltkrieg, allerspätestens aber nach Hiroshima nicht mehr nötig, weil es jetzt der Mensch selber macht.

Die hausgemachten Katastrophen in der SF (nicht nur Atomkriege, sondern auch anderen Varianten wie z. B. weltumspannende Epidemien durch künstlich erzeugte Viren) brauchen weder Gott noch Asteroiden und Kometen. Alles bleibt in der Familie. Darüber hinaus sind sie deshalb so durchschlagend glaubwürdig und haben nicht unbeträchtlich zum Siegeszug der SF beigetragen, weil sie ständig durch die Realität belegt oder sogar noch übertroffen werden, da die Wirklichkeit, das Wirkende, immer noch herrlicher, langweiliger oder wie bei unserem jetzigen Thema weit schrecklicher ist als jede noch so gekonnt und eindringlich ausgemalte Fantasievorstellung.

10.1. Der Ausgangspunkt: Die Schlacht von Dorking

Auch hier beginnt vieles scheinbar harmlos am Katheder, um sich dann einer Kettenreaktion gleich rasend schnell auszubreiten, bis die Flutwellen der Fiktion über dem Schiff der Realität zusammenschlagen.

Colonel George Tomkyns Chesney (1813–1895) heißt der Mann, der mit seinem SF-Roman *The Battle of Dorking: Reminiscences of a Volunteer* (1871) die Schleusen öffnet. Sein Anlass ist der deutsch-französische Krieg von 1870/71, in dem die Preußen vorexerzieren, wie eine moderne Kriegsmaschine funktioniert. Das überträgt Chesney auf einen Angriff gegen England. Schnörkellos und mit viel militärischem Know-how beschreibt Chesney, wie die preußische Armee England überrollt und schließlich zur Kapitulation zwingt.

Von besonderer Bedeutung ist hier nicht nur der Perspektivwechsel (man stelle sich die Wirkung auf die Zeitgenossen vor; das sich unbesiegbar dünkende britische Empire befindet sich plötzlich in der Rolle des kläglichen Verlierers), sondern vor allem auch Chesneys Erklärung für das Desaster. Der Autor stellt nämlich eine schlecht ausgerüstete und nach antiquierten Prinzipien kämpfende britische Truppe einer rundum gepanzerten, mit modernen Waffen versehenen und mit dem Einsatz neuester Technik (z. B. der Telegrafie) arbeitenden preußischen Armee gegenüber.

Sein Fazit, das er natürlich in der propagandistischen Absicht zieht, die Briten aufzurütteln: Ein Militär, das noch so kämpfen will wie einst in der Schlacht bei Waterloo, wird in einem Zukunftskrieg hoffnungslos unterlegen sein. Damit hatte Chesney nicht nur die (militärischen) Zeichen seiner Zeit erkannt, die sich schon im amerikanischen Bürgerkrieg um 1860 andeuteten, in dem es erstmalig zum Einsatz des Maschinengewehrs und zu Ballon- und U-Boot-Einsätzen kam, sondern er traf auch den paranoiden Nerv seiner Epoche. Er war der Erste, der dies im Rahmen eines SF-Romans zu Papier brachte.

10.2.   Dorking und die Folgen

Die Reaktionen auf *Die Schlacht von Dorking* waren überwältigend. Das britische Unterhaus beschäftigte sich damit, Premierminister Gladstone (1809–1898) sah sich genötigt, den Roman öffentlich zurückzuweisen. Das nutzte wenig, denn ab jetzt überrollte eine regelrechte Zukunftskriegsromanflut nicht nur England, sondern auch das europäische Festland. Chesneys Buch bewirkte einen literarischen Erdrutsch. Der Publizist I. F. Clarke stellte fest, dass *»zwischen 1871 und 1914 kein Jahr verstrich, ohne dass in irgendeinem europäischen Land eine Geschichte über einen zukünftigen Krieg veröffentlicht wurde«* (zit. nach Aldiss, S. 146). Dabei ist es beileibe nicht zufällig, dass sich England, Deutschland und Frankreich besonders produktiv zeigten, waren sie doch die Hauptakteure in einem Höllenfeuer, das sich von den Romanseiten in die Wirklichkeit verlagern sollte.

1940 wurde der Roman *The Battle of Dorking* neu veröffentlicht, diesmal vom Nazi-Propagandaminister Goebbels, der sich von dem Buch ebenfalls eine, wenn auch umgekehrte Wirkung als die von Chesney gemeinte versprach. Zu diesem Zeitpunkt tobte real im zweiten Weltkrieg die Schlacht um England.

10.3.   Wie die SF zur Kriegsrealität wurde

Jetzt wollen wir uns mit einem Vorgang beschäftigen, der ein schlagender Beleg für die These ist, dass die Science Fiction unsere Welt verändert. In Jules Vernes *20.000 Meilen unter den Meeren* spielt bekanntlich das wunderbare U-Boot Nautilus des Kapitän Nemo eine zentrale Rolle. Es wird angetrieben von einer geheimnisvollen Kraft, die ihm unerschöpfliche Energien liefert. Verne dachte dabei nicht an die Atomkraft, sondern an die Elektrizität. Dennoch sollte es in der Retrospektive erlaubt sein, sie als Atomkraft zu identifizieren,

Der Tauchbootkrieg

Wie Kapitän Sirius
England niederzwang
von A. Conan Doyle

Deutsch von
Konteradmiral a.D. St. Scharper

Verlag Robert Lutz Stuttgart

auch wenn es bezogen auf die literarische Vorlage nicht korrekt ist. (Wen wundert es, dass die Amerikaner ihr erstes reales Atom-U-Boot *Nautilus* tauften? Das ist übrigens ein Beispiel für die immer wieder anzutreffende Übernahme von SF-Begriffen in den allgemeinen Sprachgebrauch.)

Die Ereignisse, auf die ich hinaus will, leitete unwissentlich der berühmte englische Schriftsteller Sir Arthur Conan Doyle (1859–1930) ein, der durch die Erfindung des Superdetektivs Sherlock Holmes (und damit neben Edgar Allan Poe des modernen Detektivromans) unsterblich geworden ist. Doyle knüpfte an die U-Boot-Begeisterung an und veröffentlichte im STRAND MAGAZINE eine SF-Geschichte mit dem Titel ›Danger‹, die in Deutschland als ›Der Tauchbootkrieg. Wie Kapitän Sirius England niederzwang‹ (auch: ›Die Unterseeboote des Kapitän Sirius‹) herausgegeben wurde. Im Duktus ganz auf der Linie Chesneys, erzählt Doyle von einem deutschen U-Boot-Krieg gegen England, in dem der deutsche Kapitän Sirius durch die Versenkung von Handelsschiffen England in nur sechs Wochen zur vollständigen Aufgabe zwingt.

Interessant ist weniger die Story selbst, sondern die Tatsache, dass sie von dem deutschen Admiral Magnus von Levetzow gelesen wurde, einer höchst fragwürdigen Figur, gehörte er doch zu den Wegbereitern Hitlers. Von Levetzow war derart beeindruckt von Doyles Geschichte, dass er sie umgehend seinem Vorgesetzten Admiral Scheer zur Lektüre empfahl. Über diesen erreichte sie den Sohn des deutschen Kaisers Prinz Adalbert, der sie wiederum seinem Vater Wilhelm II. zugänglich machte. Die Folge war, dass sich die Idee festsetzte. 1916 behauptet die deutsche Admiralität tatsächlich, man könne durch einen totalen U-Boot-Krieg die Engländer innerhalb von sechs Wochen in die Knie zwingen. So begann der deutsche U-Boot-Krieg im Ersten Weltkrieg, ausgelöst durch eine SF-Story! Der gesamte Vorgang ist historisch erforscht und belegt (siehe Gerhard Granier).

10.4.   Noch ein Brite als zündelnder Zukunftskrieger

Doch kehren wir zur chronologischen Reihenfolge zurück. In Deutschland begann die Ära der sog. Zukunftskriegsliteratur 1893. In diesem Jahr erschien in deutscher Übersetzung das Buch eines anderen Engländers mit dem Titel *Der große Krieg von 189?*, der neben Chesney die Geschichte der deutschen Zukunftskriegsliteratur entscheidend

beeinflussen sollte. Zwar tauchten gleich sieben Autoren auf, die sich mit klingenden Titeln wie Konteradmiral, Oberst oder Hauptmann schmückten, aber der deutsche Herausgeber des Romans weist bereits am Anfang des Buches darauf hin, dass es sich um Scheinnamen handelt und in Wirklichkeit nur ein einziger Verfasser hinter dem Text steht. Wer das allerdings ist, wurde nicht verraten. So müssen wir uns mit einem anonymen Schriftsteller begnügen, von dem wir nur wissen, dass er Brite war. (Ist *Der große Krieg von 189?* vielleicht auch von Chesney? Das ist eine reine Annahme von mir, die gegriffen ist, aber nicht

einer gewissen Pikanterie entbehrt. Jedenfalls käme es zeitlich noch hin, und auch der Duktus könnte stimmen.)

Dieser Roman brachte Bewegung in den deutschen SF-Markt, da nach Ritter »*eine spezielle utopische Buchbelletristik zu diesem brisanten Thema bis dato im Kaiserreich gefehlt (hatte). Das englische Zukunftsbild stieß sozusagen in eine Marktlücke, die in der Nachfolge von vaterländischen Schriftstellern dann weidlich gefüllt wurde.*« (*Kampf um Utopolis*, S. 82)

Der im Reportagestil gehaltene Roman zeichnet sich durch eine teils verblüffend realistische Vorausschau des kommenden Krieges aus. So entzündet sich das europäische Pulverfass durch ein Attentat auf dem Balkan, das die Nationen durch die diversen komplizierten Bündnissysteme einer Kettenreaktion gleich in den Strudel der Katastrophe reißt. Wie ein Tatsachenbericht mutet auch die Beschreibung des deutschen Kriegsjubels vor dem Berliner Stadtschloss an, der dann 1914 bis in einzelne Szenen hinein tatsächlich genauso stattgefunden hat. Auch bei der neuen technischen Qualität des antizipierten Krieges gestattet der Autor den Lesern erstaunliche Ein- und Ausblicke.

Während die preußische Armee noch so antiquiert kämpft wie in der Mitte des 19. Jahrhunderts, gibt es bei den anderen das »rauchlose Pulver«, das die Soldaten niedermäht, ohne erkennen zu können, aus welcher Richtung geschossen wurde. Es gibt den Einsatz von elektrischen Scheinwerfern, die die Nacht auf dem Schlachtfeld zum Tag machen, und eine Art Stacheldraht (diesmal eine Erfindung der Deutschen), der den Ansturm des Feindes blutig stoppt – und es gibt durch die Franzosen die ersten Luftangriffe mit Bombenabwürfen! Politisch wird nach einigem Hin und Her die Niederlage Deutschlands vor allem gegen Frankreich vorausgesagt, wobei die eigentlichen Profiteure des großen Krieges die Engländer sind.

10.5. Der erste deutsche Zukunftskriegsroman

Dem Militär- und Adelsexperten August Niemann (1839–1919) blieb es vorbehalten, mit dem Buch *Der Weltkrieg. Deutsche Träume* (erschienen 1904) die erste nationale Zukunftskriegsutopie geschrieben zu haben. Diese wurde nicht nur in Deutschland stark beachtet, sondern sorgte auch in der englischen Übersetzung für Aufregung, da sie zu erregten Debatten im britischen Unterhaus führte.

Niemann fällt in seinem Vorwort sofort mit der Tür ins Haus und erklärt ungeschminkt: »*Meine Träume, die Träume eines Deutschen, zeigen mir den Krieg und Sieg der drei verbündeten großen Nationen, Deutschland, Frankreich, Russland, und eine neue Verteilung des Besitzes der Erde als Endziel dieses gewaltigen Weltkrieges.*« (S. 6)

In einer Retourkutsche zu *Der große Krieg von 189?* erklärt der Autor England zum Hauptfeind und macht auch keinen Hehl daraus, dass es um einen Raubkrieg geht. Was sich bisher die Engländer unter den Nagel gerissen haben, soll jetzt den Deutschen gehören, wobei Frankreich und Russland mit diversen Nebengaben zufrieden gestellt werden. Man kann auch spitz sagen: Die eine Mafiafamilie löst die andere in der Herrschaft über eine Beute ab, die man Dritten gestohlen hat. Es versteht sich in dieser Gedankenwelt von selbst, dass bei

der Neuverteilung der Erde die vielen anderen Völker gar nicht erst gefragt, sondern wie selbstverständlich als Verfügungsmasse benutzt werden. Kurz: Der Weltkrieg in Niemanns Roman läuft darauf hinaus, das British Empire durch ein deutsches Weltreich zu ersetzen. Dabei benutzt er nicht ungeschickt Elemente des Kolportage-, des Abenteuer- und Kolonialromans und des Agententhrillers. Es fehlen weder die obligatorische Liebesgeschichte (die selbstverständlich tragisch endet) noch exotische Hintergründe und durchtriebene Ränkespiele.

So gelingt es dem Autor, seine utopische Weltmachtfantasie in ein Gespinst von Versatzstücken aus dem Genrefundus der populären Literatur einzuweben. Diese Konzeption ermöglicht es ihm auch, immer wieder zwischen individuellen Erlebnissen seiner Helden und den großen weltpolitischen Linien mit ihren Entscheidungsschlachten hin und her zu springen. Das wirkt streckenweise unmotiviert, erzeugt aber insgesamt eine ereignisreiche Romanatmosphäre, die bei vielen seiner Leser einen tiefen Eindruck hinterlassen haben dürfte.

Auf diese Weise verniedlicht sich der groß angelegte mörderische Diebeszug zu einem spannungsgeladenen Abenteuer. Als i-Tüpfelchen dient dann noch die ständige, untergründig als Fakt transportierte Meinung, dass es an dem berechtigten Vorgehen des Deutschen Reiches nichts zu deuten gäbe. Als die Engländer durch eine Invasion auf eigenem Territorium geschlagen werden und kapitulieren müssen (ihre Landtruppen sind zu schwach), scheint lediglich Romanrealität geworden zu sein, was den Deutschen und ihren Verbündeten von Anfang an sowieso schon zugestanden hatte.

Die niederträchtige Verbindung von blanker Raublust mit einem sie bemäntelnden moralischen Anspruch (Deutschland ist doch im Recht!) ist das Gefährlichste an Niemanns »Traum«.

10.6. Weltkrieg gleich Rassenkrieg

In Deutschland ein Bestseller und damals allseits bekannt war der Zukunftskriegsroman *1906: Der Zusammenbruch der alten Welt* (erschienen 1905) von einem gewissen Seestern. Seestern war das Pseudonym des Journalisten Dr. Ferdinand Grautoff (1871–1935), dem Chefredakteur der LEIPZIGER NEUESTE NACHRICHTEN. 1908 folgte eine Art Fortsetzung des Romans mit dem Titel *Bansai!*, den Grautoff diesmal unter dem Namen Parabellum veröffentlichte.

Der Autor bleibt mit *1906: Der Zusammenbruch der alten Welt* ganz dicht an seiner Gegenwart und erfindet mit dem fiktiven Kriegshistoriker Seestern einen Erzähler, der rückblickend aus dem Jahr 1907 den großen Krieg von 1906 beschreibt – deshalb auch das Pseudonym Seestern, das offensichtlich Authentizität suggerieren will.

Der Auftakt des Romanspektakels ist eine bewaffnete Auseinandersetzung zwischen Deutschen, Amerikanern und Engländern auf

Der Zusammenbruch der alten Welt

Seestern

„1906"

Dieterich'sche Verlagsbuchhandlung Theodor Weicher
in Leipzig

136-138 Tausend

Volksausgabe M. 1.-.

Seestern „1906"
Der Zusammenbruch der Alten Welt

132.—135. Tausend. IV u. 203 S. gr. 8°. Preis geb. M. 3.—.

In einem Artikel der „Post" heißt es: „Hier sind mit einer ergreifenden Realistik und scharfblickenden Phantasie eine Reihe von Schlachtenbildern aus dem Zukunftskrieg entrollt, die niemand ohne größte Bewegung lesen wird."

„Das Buch bedeutet in der Zeit der Worte eine Tat"
(Ausspruch eines bedeutenden Parlamentariers)

dem fernen Samoa. Dann springt der Autor in den Berliner Reichstag, um sich über einen sozialdemokratischen Abgeordneten zu mokieren, der die Brutalitäten der preußischen Unteroffiziere gegen ihre Untergebenen anprangert. (Alles halb so schlimm, meint Seestern, obwohl nachweislich so mancher einfache Soldat durch die bis zur Folter gehenden Schikanen und Misshandlungen in den Selbstmord getrieben wurde.) Während der Reichstagsdebatte wird der Samoa-Zwischenfall bekannt, und der Reichskanzler deutet den bevorstehenden Weltkrieg an. Die Massen strömen auf den Schlossplatz und bejubeln Kaiser und Krieg. Begleitet von rassistischen Tönen und Versatzstücken aus der nordischen Mythologie wird am 20.3.1906 offiziell der Krieg erklärt. Deutschland, Österreich und Italien stehen gegen Frankreich und England.

Die folgenden Geschehnisse erschöpfen sich im Wesentlichen in der Beschreibung der deutschen Unterlegenheit zu Wasser und der deutschen Überlegenheit zu Lande. In einem Kamikaze ähnlichen »Opfergang« fügt die deutsche Marine den Engländern gewaltige Seeverluste zu, wird aber selbst fast vollständig vernichtet. Dagegen dringt das preußische Heer tief nach Frankreich ein. Die Situation eskaliert. In China und Afrika brechen Aufstände aus, bei denen die dortigen Europäer niedergemetzelt werden. Da unter dem Strich nur die USA und die Japaner profitieren, dämmert es den Europäern, dass sie auf dem falschen Weg sind, zumal sich Deutschland sogar der Hilfe der bislang neutralen Russen versichern muss, um in Asien

»Ordnung zu schaffen«. Die beteiligten Mächte schließen einen Waffenstillstand und verteilen die Welt neu. Dennoch bleibt das Ergebnis des Krieges durch die Fehler der Vergangenheit ambivalent.

Seesterns z. T. wirrer Roman lässt sich auf zwei zentrale Aussagen reduzieren. Einmal muss jeder nach der Lektüre des Elaborats einsehen, dass eine massive deutsche Aufrüstung zur See zwingend notwendig ist. So erweist sich Seestern als glühender Propagandist der kaiserlichen Flottenpolitik, was ihm durch die Verbreitung seines Buches durch allerhöchste Stellen gedankt wurde. Zum anderen und noch desaströser geht es bei seinem Weltkrieg letztlich um einen Rassenkrieg gegen den »schwarzen und gelben Schrecken«. Nur gefährliche Defätisten und notorische »vaterlandslose Gesellen«, so Seestern, können diese Erkenntnisse in Frage stellen.

Exakt auf dieser Linie machte Grautoff (diesmal als Parabellum) 1908 mit *Bansai!* weiter.

Hier klärt er nämlich die Lage an der weißen amerikanischen Front, denn auch die weißen »Arier« der USA müssen bei ihm erkennen, wo ihr wahrer Platz ist – nämlich an der Seite der gesamten »weißen Rasse«. Bevor es so weit ist, müssen die Yankees allerdings noch einige schmerzliche Erfahrungen machen und zuerst durch ein tiefes Tal gehen. Die »gelben Affen« (d. s. in diesem Fall die Japaner) haben beschlossen, die USA durch heimtückische Unterwanderung unter ihre Knute zu bringen. Als harmlose Gastarbeiter getarnt, bereiten sie die Invasion vor. »*Totenstill lag die Straße und niemand ahnte, dass die Wanderratten sich gesammelt, dass unter der Erde die Minengänge gefüllt waren, dass es nur eines Winkes bedurfte, um die wimmelnden Massen hervorzuzaubern.*« (S. 92) Als dieses »Ungeziefer« losschlägt, verbündet es sich obendrein noch mit dem »roten Mob«, und ein Bundesstaat nach dem anderen fällt. Da naht die Rettung in Form preußischer Offiziere, die den Dienst quittiert haben und sich als Freiwillige der (weißen) USA zur Verfügung stellen. Sie möbeln das desorientierte amerikanische Heer auf und machen aus ihm eine schlagkräftige Truppe. Schnell hat man die »natürliche« Weltordnung wiederhergestellt.

Erschreckend an Seesterns utopischem Schmierenstück ist gar nicht so sehr, dass sich die krude Gedankenwelt eines verbohrten Autors in abwegigen Fantasien niederschlug, sondern dass es dieser damit zum Bestsellerautor bringen konnte. Seesterns und Parabellums Breitenwirkung belegt, dass seine menschenverachtende Ideologie vielen scheinbar braven Zeitgenossen aus tiefstem Herzen sprach.

10.7. Auch die Luft gehört dem deutschen Reich

Eines der beherrschenden Motive der SF im Kaiserreich war die zukünftige Luftfahrt. Dabei ging man seltener von dem uns heute zur blanken Normalität gewordenen Flugzeug aus, sondern vom lenkbaren Luftschiff mit starrer Konstruktion. Das wiederum beruhte auf der Erfindung des Grafen Ferdinand von Zeppelin (1838–1917), der sich von der aufzupumpenden (weichen) Ballonhülle verabschiedet hatte, um an deren Stelle ein zigarrenförmiges, mit einer Hülle überzogenes (starres) Metallgeflecht zu setzen, welches dann mit Gas gefüllt wurde, das leichter als Luft war. Der nach dem Grafen benannte Zeppelin war zudem mit Motoren ausgestattet, die ihn im Gegensatz zum Ballon lenkbar machten.

Die Anfänge der Luftfahrt

1783 fand der erste bemannte Ballonflug in Frankreich statt. Im amerikanischen Sezessionskrieg (1861–1865) wurden erstmals Ballons eingesetzt. 1868 gab es im Crystal Palace in London die erste Luftfahrtausstellung der Welt. In Berlin erschien 1881 die erste Luftfahrtfachzeitschrift der Welt (ZEITSCHRIFT FÜR LUFTSCHIFFFAHRT). Zwischen 1891 und 1896 gelangen Otto Lilienthal die ersten Gleitflüge. 1900 erhob sich der erste Zeppelin in die Lüfte. 1903 flogen die US-amerikanischen Brüder Wright erstmals mit einem Propellerflugzeug einige Hundert Meter durch die Luft. 1907 unternahm man den ersten bemannten Hubschrauberflug. Zur Serienreife brachte es das Motorflugzeug, das inzwischen den Zeppelin verdrängt hatte, aber erst durch die Aufrüstung im Ersten Weltkrieg.

Mit dem Zeppelin hatte man, so schien es, den entscheidenden Schritt zu einem florierenden Luftverkehr getan, und es war in den Augen der SF-Autoren lediglich eine Frage der Zeit, wann eine globale

Aeronautik zum selbstverständlichen Teil des menschlichen Lebens gehören würde – womit sie übrigens (sieht man vom Zeppelin ab) richtig lagen. In der Zukunftskriegsliteratur wurde nun die nationalistisch geprägte Luftfahrtbegeisterung mit der militärischen Nutzung der neuen Technologie eng verknüpft und zu einem wesentlichen Instrument, die Realisierung der deutschen Großmannsfantasien glaubwürdiger erscheinen zu lassen.

Interessant ist, dass vielen SF-Autoren die Bedeutung einer den Himmel beherrschenden Luftwaffe für den Erfolg oder Misserfolg künftiger Kriege unmittelbar einsichtig war, während sich der oberste Kriegsherr Wilhelm Zwo unbeirrt an den Ausbau einer deutschen Seemacht klammerte. So kam es zuweilen zu der paradoxen Situation, dass sich rechtskonservative Schriftsteller plötzlich und unfreiwillig in einem Gegensatz zum ansonsten vergötterten Kaiser sahen.

Ganz auf dieser Welle schwamm Emil Sandt (1864–1938) mit seinem sofort erfolgreichen Erstlingswerk *Cavete! Eine Geschichte, über deren Bizarrerien man nicht ihre Drohungen vergessen soll* (erschienen 1906). »Cavete« (lat.) bedeutet »Gebt Acht« oder »Vorsicht«.

Der deutsche Luftfahrtingenieur Fritz Russart hat ein supermodernes Luftschiff erfunden, das sich sogar unsichtbar machen kann. Nicht von ungefähr nennt er sein Gefährt Pax (Frieden), denn zum Verdruss seiner egoistischen Umwelt ist Russart ein selbstloser Menschen- und Friedensfreund. Deshalb beschließt er auch, seine Erfindung allen Nationen zur Verfügung zu stellen. Das ruft natürlich den Widerstand nicht nur des Deutschen Reiches hervor, sondern auch den der anderen Mächte, will doch jeder die neue Luftfahrttechnik für sich allein haben. Man weiß: Wer über sie gebietet, gebietet automatisch über die Welt. Neben den gierigen Nationen gibt es auch »böse« Interessengruppen, die sich Russarts Geniestreich einverleiben wollen. Hier sind es in erster Linie die Sozialdemokraten, die sich von der Luftherrschaft die siegreiche Revolution erhoffen.

Der Ingenieur, der als Träumer und naiver Weltverbesserer dargestellt wird, baut derweil zwei weitere Luftschiffe – eines davon ist sogar ein Kriegsschiff. Als er immer mehr in Bedrängnis gerät, fliegt er nach Berlin, um mit dem deutschen Kaiser persönlich zu sprechen. Er hofft, ihn für seine Pläne gewinnen zu können. Tatsächlich ist der Kaiser (im Roman) ein weiser Mann, der es auch bisher abgelehnt hat, Russarts Werk einfach zu konfiszieren. In dem intensiven Gespräch versucht der Kaiser ihn davon zu überzeugen, dass seine Erfindung in den Händen des Reiches am besten aufgehoben wäre.

Während man noch hin und her diskutiert, platzt die Nachricht in den Raum, dass britische Agenten das Kriegsluftschiff gestohlen haben. Die Spione meinen sogar, Russart selbst sei gekidnappt worden. Das erweist sich jedoch als Irrtum, denn Russart hat einen Freund namens Attila von Schwind, der ihm zum Verwechseln ähnlich sieht. Die Engländer haben also »nur« den Doppelgänger entführt. (Sandts gewitzte Doppelgängeridee lockert übrigens den Plot immer wieder auf, da sie für diverse Verwicklungen sorgt.) Der Ingenieur eilt sofort zum Ort des Geschehens, um zu retten, was zu retten ist.

Er stellt fest, dass das Schiff am Tatort immer noch unbeweglich in der Luft hängt, da es die Agenten nicht steuern können. Russart organisiert einen Gegenangriff, der siegreich endet. Allerdings müssen sein Freund und dessen Geliebte dabei ihr Leben lassen. Das ist der Tropfen, der das Fass zum Überlaufen bringt, und er begreift, dass er falsch-, der Kaiser aber richtigliegt. Geschmückt mit der Reichskriegsflagge lenkt er das Schiff zu diesem, um es ihm feierlich zum Wohle des Reiches zu übergeben.

Unbestreitbar beherrscht Sandts rechtskonservatives Gedankengut den gesamten Roman, und es gibt keinen Zweifel daran, dass er das Buch geschrieben hat, um das über alles andere stehende Wohl des Reiches eindringlich zu untermauern. Dass er dies im Rahmen eines futuristischen Unterhaltungsromans und anhand der Wandlung seines Helden Russart von einem pazifistischen Naivling zu einem glühenden Nationalisten macht, ist fraglos raffiniert und wirkungsvoll. So fügt Sandt mit *Cavete!* ein weiteres Mosaiksteinchen zum Bild einer deutschen Überlegenheitsfantasie hinzu, die in einer tödlichen Sackgasse enden sollte.

Nichtsdestotrotz ist *Cavete!* angesichts weit maßloserer Kriegstreiberelaborate noch relativ zurückhaltend und als Unterhaltungslektüre nicht ganz so unerträglich wie andere Texte des Subgenres.

Man muss sogar fragen, ob er nicht unfreiwillig einen kaiserlichen Unmut auf sich gezogen hat. Denn der Kern des Buches ist Sandts Propaganda für den forcierten Ausbau einer Luftwaffe, während doch der in der Realität gar nicht weise Kaiser von einer gewaltigen Seeflotte träumte.

Eine abgespeckte Version der ersehnten deutschen Luftherrschaft war der SF-Roman *Der Kampf um die Weltmacht oder Der fliegende Mensch* von August Hackmann (?–?, evtl. ein Pseudonym). Der späte Erscheinungstermin 1917 – also nur ein Jahr vor Ende des Ersten Weltkriegs – mag im Moment stutzig machen. Er erklärt sich dadurch, dass der Text nicht neu war, sondern auf fast wortgleichen Vorlagen aus früheren Veröffentlichungen beruhte (vgl. Saprà, *Lexikon der deutschen Science Fiction und Fantasy 1870–1918*, Stichwort »Hackmann«). Offensichtlich versuchte man durch die Neuauflage, der zunehmenden Demoralisierung der Deutschen (schon ab 1916 zeichnete sich die deutsche Niederlage ab) eine illusionäre Hoffnung auf eine Wende im Kriegsgeschehen entgegenzusetzen.

In *Der Kampf um die Weltmacht oder Der fliegende Mensch* geht es um eine hubschrauberähnliche Flugmaschine, genannt »der Sirius«, die übrigens nichts mit dem Doyle'schen Kapitän Sirius zu tun hat (siehe 10.3.). Nachdem das Vehikel seine Tauglichkeit durch einen Polarflug bewiesen hat, wird es zu Kriegszwecken gegen England eingesetzt.

Die noch fehlenden Bomben entwickelt ein Feuerwerker der Marine. *»Er hatte als äußere Umhüllung leere Konservendosen benutzt, und auf denselben prangte noch in schönen rotgoldenen Buchstaben die Aufschrift ›Prima Mainzer Sauerkraut‹«* (S. 88). In diesem Ton (Grausamkeiten werden »humorig« beschrieben) geht es weiter. Am Ende gewinnt das luftüberlegene Deutschland den Krieg (wenn auch nur knapp), aber die Briten bleiben trotzdem die vorherrschende Seemacht.

Warum sich die Reihe, in der Hackmanns Roman erschien, WELT-ALL-BIBLIOTHEK nannte, ist unverständlich. Alle ausgewiesenen Bände haben mit dem All nichts zu tun, und wenn man sich einzelne Titel wie *Aus der Klappergasse* oder *Der Wildfang* ansieht, dann wird der Name noch rätselhafter.

10.8. Weltherrschaft am Fließband

Viele der nationalistischen Gesinnungsautoren produzierten in dieser Zeit deutsche Weltherrschaftsmodelle fast wie am Fließband. Man kann schon von einer Überschwemmung reden, wenn man an die Fülle der Elaborate denkt, die uns nun beschäftigen werden. Tatsächlich waren es noch viel mehr, die aber wegen mangelnder Relevanz nicht besprochen werden. Für diese sollen wenigstens einige Titel stehen: *Die Zukunftsschlacht* von einem Anonymus (1907), Michael Wagebalds *Europa in Flammen. Der deutsche Zukunftskrieg von 1909* (1908), Graf Bernstorffs *Deutschlands Flotte im Kampf. Eine Phantasie* (1909) oder Paul Georg Münchs *Hindenburgs Einmarsch in London* (1915).

Das letztgenannte Buch fällt wenigstens durch das karikaturähnliche Titelbild auf. Man sieht im Vordergrund einen dicken, glatzköpfigen Engländer auf seinen Geldsäcken sitzen, der ängstlich abwehrend auf eine heroenhafte Hindenburggestalt blickt, die sich wie ein Riese aus einem nebeligen Dunst herausschält. Der Zeichner wollte natürlich die englischen Pfeffersäcke lächerlich machen. Dabei übersah er, dass der wabernde Hindenburg ungewollt ebenfalls für einen komischen Effekt sorgte.

Oskar Hoffmann: Die Eroberung der Luft

1908 okkupiert Oskar Hoffmann mit *Die Eroberung der Luft. Kulturroman vom Jahr 1940* den Luftraum endgültig für das Vaterland.

Durch eine neue Luftfahrttechnologie haben die Franzosen die Vormachtstellung im Luftraum errungen. Das kann sich Deutschland nicht bieten lassen. Es kommt zum Krieg mit Frankreich. Inzwischen haben die Amerikaner eine noch bessere Technik entwickelt, mit der sie Europa angreifen. Allerdings kriegen sie, profitsüchtig wie sie sind, den Hals nicht voll und verkaufen die Technik an die Deutschen. Jetzt steht Deutschland gegen Frankreich und die USA. Mit Hilfe der neuen Kriegsluftschiffe und einer ebenso geheimen wie geheimnisvollen Wunderwaffe, dem »Lloyd-Oszillator«, der elektrische Strahlen abschießt, werden beide Feinde besiegt. In Hoffmanns sog. Kulturroman wird der greise Wilhelm II. 1941 Weltpotentat – in Wirklichkeit starb der gescheiterte Hohenzollernkaiser 1941 im niederländischen Exil.

A. O. K.: Der Mythos der Wunderwaffen

Ebenfalls 1908 erschien *Der Luftkrieg der Zukunft* von A. O. K. Gemeint ist natürlich nicht die Krankenkasse, sondern der Journalist Anton Oskar Klaußmann (1851–1916), der sich unter anderem auch mit Kriminalgeschichten und Jugenderzählungen hervortat.

In seinem Roman geht es gegen England, das schließlich kapitulieren muss. Nennenswert an dem Text ist nur, dass A. O. K. nicht auf den Zeppelin, sondern auf das Flugzeug setzt – und auf imaginäre Wunderwaffen. Nach A. O. K. hätte allein das Flugzeug noch nicht zum Sieg geführt. Man muss zur Wunderwaffe greifen, um die Engländer niederzuringen. In dem schon im Kaiserreich herumgeisternden Wunderwaffen-Mythos (siehe auch Hoffmann und viele andere) liegen die Wurzeln einer Waffenwundergläubigkeit, die sich real bei den Nazis fortsetzte und bei der Wehrmacht, der SS und nicht unbedeutenden Teilen der Zivilbevölkerung umso inbrünstiger beschworen wurde, je schlechter es um den Endsieg stand. So beeinflusste wieder einmal eine pure SF-Erfindung die Wirklichkeit.

Karl Bleibtreu: Gegen den Rest der Welt

Richtig zur Sache geht es wieder bei Karl Bleibtreu (1859–1928), einem antisemitischen Macho-Egomanen, der sich selbst als literarisches Genie sah und mit extrem verletzenden Beschimpfungen alles niedermachte, was nicht in sein Weltbild passte. Vom Naturalismus kommend, driftete er immer mehr in eine rechtsradikal gefärbte Esoterik ab – so war er bezeichnenderweise eng mit dem noch zu besprechenden, politisch orientierungslosen Michael Georg Conrad verbandelt und bejubelte die Esoterikerin Madame Helena Blavatzky, die Erfinderin der abstrusen Theosophie, als größten Geist des 19. Jahrhunderts. Dagegen verdammte er große Literaten wie Theodor Storm, Gottfried Keller und Henrik Ibsen.

Der an maßloser Selbstüberschätzung leidende Bleibtreu betätigte sich seinem Naturell gemäß auf dem Gebiet der Zukunftskriegsliteratur als militärischer Gernegroß und Sandkastenstratege. Er erkannte das (auch finanzielle) Potenzial des Zukunftskriegsbooms und sprang mit der ihm eigenen Besserwisserei auf den fahrenden Zug auf.

1906 gab er anonym (es tauchen anstelle des Autorennamens lediglich drei Sternchen auf) die 664-Seiten-Schwarte *Völker Europas …! Der Krieg der Zukunft* heraus. Die Machart ist pikant, knüpft sie doch bewusst an den Verkaufserfolg von Seesterns *1906: Der Zusammenbruch der alten Welt* an, indem Bleibtreu den in Seesterns Roman geschilderten Krieg noch einmal aufgreift, ihn diesmal aber im

selbsternannten Expertentum »richtig« darstellt. Auf das Geschreibsel näher einzugehen, lohnt sich nicht. Es reicht zu wissen, dass es hier Deutschland mit Frankreich, England und den USA zugleich aufnimmt.

Den Hintergedanken beschreibt Ritter so: »*(Es) kommt wieder einmal die Globalstrategie der kaiserlichen Kriegsprognostiker zum Durchbruch. So wie es Preußen mit Kriegen seit 1864 gelang, die deutschen Staaten unter seine Fuchtel zu bekommen, müssten nun nach dem Schneeballsystem die folgenden Kriege dazu führen, Europa unter deutscher Hoheit zu einen, und so fort, bis in ferner Zukunft die Weltregierung durch die verpreußten Europäer erkämpft sei.*« (*Kampf um Utopolis*, S. 299) Wahrlich ein hohles Konstrukt, das an gemeingefährlicher Naivität kaum zu überbieten ist und der größenwahnsinnigen Vorstellung Hitlers, sich mit dem Rest der Welt anlegen und dabei auch noch siegreich sein zu können, schon recht nahe kommt.

1907 schwenkte Bleibtreu mit dem Titel *Die »Offensiv-Invasion« gegen England. Eine Fantasie* in der Freund-Feind-Orientierung um. So bot das Buch, diesmal unter seinem richtigen Namen erschienen, eine neue Welteroberungsstrategie an.

Um seine Überlegungen besonders wirksam zu machen, leistete sich Bleibtreu einen Kunstgriff, der an Chesneys *Die Schlacht von Dorking* erinnert. Diesmal stürzen sich die Deutschen in ein Abenteuer, das letztlich misslingt. Sie ziehen gegen England, um die Insel im Handstreich zu nehmen. Der britischen Seemacht ist man aber nicht gewachsen, und Deutschland muss das Handtuch werfen. Während als Ergebnis England und Deutschland schwere Blessuren davongetragen haben, freuen sich die Franzosen und die Amerikaner. Bleibtreus Folgerung: Nur zusammen mit England kann man Weltgeltung erreichen. Oder in seinen Worten: »*Nur dauerndes Freundschaftsbündnis der beiden großen Germanenrassen kann Europa retten.*«

(S. 70) Und natürlich die ganze Welt, wobei der kräftige Schuss Rassismus die Pampe noch trüber macht.

Bleibtreus Affinität zu den Engländern fand später eine gewisse Resonanz bei den Nazis. Zwar versuchte man, die Briten durch Bomben- und V2-Angriffe in die Knie zu zwingen, spürte aber andererseits auch eine untergründige Sympathie für das Inselvolk. Ist es so abwegig zu vermuten, dass 1941 der Alleingang von Rudolf Heß, dem Stellvertreter des Führers, der auf eigene Faust einen Frieden mit den Engländern erreichen wollte, von genau den o. g. Bleibtreu'schen Gedanken inspiriert wurde? Dass die abenteuerliche Aktion von Heß beileibe kein Akt der Menschenfreundlichkeit war, liegt exakt auf der Linie Bleibtreus. Auch Heß hatte die Vorstellung, dass ein Bündnis der sog. germanischen Völker – der Engländer und der Deutschen – die Voraussetzung sei, um das »Untermenschentum« endgültig niederwerfen zu können. So verstieg er sich in die Fantasie, seinen heißgeliebten Führer mit einem überraschenden Friedensschluss beglücken zu können. Hitler indes fand das gar nicht gut (er ließ Heß für verrückt erklären), und Churchill pfiff darauf – zum Glück!

1911 widmete sich der kriegsvernarrte Bleibtreu noch einmal in einer weiteren Variante seinem Grundgedanken der deutsch-britischen Freundschaft.

In dem Titel *Weltbrand* gerät England durch den Aufstand der Kolonialvölker in schwere Bedrängnis. Zuerst reiben sich die Deutschen die Hände, weil sie von der Not des europäischen Nachbarn profitieren. Dann aber wird ihnen im Laufe des Geschehens zunehmend klar, dass sie sich mit ihrer hämischen Haltung langfristig ins eigene Fleisch schneiden. Sie erkennen nämlich: »*Die wahre Weltdoktrin muss lauten: Die Welt für die Weißen!*« (S. 218) Nachdem auf diese Weise der völkerverbindende Charakter des rassistischen Ariertums ins rechte Licht gerückt worden ist, lebt die germanische Waffenbrüderschaft zwischen Deutschland und England wieder auf. Die Welt-Brandstifter können nun vereint gegen die Untermenschen vorgehen und sie auf das Maß zurückstutzen, das ihnen nach Meinung der Herrenrasse zusteht.

Anonymus: Der Krieg der Zukunft

1909 greift ein Anonymus den Flugzeug-Gedanken auf und schildert in der rein technokratischen Fantasie *Der Krieg der Zukunft* eine angenommene militärische Luftfahrtentwicklung von 1935 bis 1980. Anhand eines Dauerkonflikts zwischen den USA und Japan werden diverse Luftschlachten und für 1980 riesige Luftschlachtschiffe imaginiert. Da es in dem Krieg letztlich weder Sieger noch Besiegte gibt, kommt es zu einem labilen Frieden.

Der Krieg der Zukunft ist eine für das Subgenre untypische Geschichte, da diesmal weder Deutschland noch ein endgültiger Triumphator eine Rolle spielen. Interessant ist vor allem, dass der Autor den Siegeszug des Flugzeugs voraussieht und bereits fliegende Festungen (die späteren Boeing B-17 Flying Fortress-Bomber) prognostiziert.

Hoppenstedt, Maurus und ein weiterer Anonymus

Wenn 1909 von einem Major Hoppenstedt der Titel *Ein neues Wörth. Ein Schlachtbild der Zukunft* vorgelegt wird und ein sog. Maurus ebenfalls 1909 mit *Ave Caesar! Deutsche Luftschiffe im Kampf um Marokko* ein deutsch-orientalisches Bubenstück kreiert, dann könnte man fast schmunzeln, wäre die Sache, um die es geht, nicht so bitterernst.

Geradezu aberwitzig sind die Auslassungen eines anderen anonymen Herrn von 1911, der in seiner Schrift *Weltenbrand* (bitte nicht mit dem Bleibtreuschen *Weltbrand* verwechseln) obszöne Kriegshetze betreibt. Drei Zitate sollen der Illustration dienen: »*Armseliges Geschlecht, das du vom Frieden träumst, von makellosem, ewigem Frieden, der den Briten zum Bruder des Deutschen, den Mongolen zum Freunde des Ariers machen soll, der die Völker der Erde zu einer einzigen Aktiengesellschaft verwandeln soll, …*« (S. 3) Und: »*Es wird ein Ringen sein, fürchterlicher als einst auf den katalaunischen Feldern, wo die Hunnenwut zerbrach am deutschen Schwerte. Seien wir keine Memmen, seien wir Söhne der alten Helden.*« (S. 52) Schließlich: »*Der Weltkrieg muss kommen. Weichen wir ihm aus, so begehen wir Selbstmord.*« (S. 52)

Max Heinrichka: Zukunft als Imperialismus

Das weder von Bildung (seit wann haben die Deutschen die Hunnen auf den katalaunischen Feldern zurückgeschlagen?) noch von Logik, geschweige denn von Moral getrübte mörderische Geschwätz des Anonymus findet einen Geistesverwandten in Max Heinrichka und seinem Roman *100 Jahre deutsche Zukunft. Ein kurzer phantastisch-historischer Rückblick aus dem Jahre 2021, dem Jahr der 150. Wiederkehr der Gründung des Deutschen Reiches* (1913). Das Büchlein (68 Seiten) mit dem überdimensionierten Titel, der reziprok zum Gehalt steht, wärmt kurz vor der realen Katastrophe den rechtsnationalen Eintopf noch einmal auf.

Ein fiktiver Erzähler aus dem Jahr 2021 blickt auf 1921 zurück und erklärt, warum Deutschland heute (also 2021) so grandios dasteht. Das beginnt mit der Lösung des SPD-Problems. Ein Spalter namens Volking hatte eine neue Partei gegründet, um die Arbeiterschaft mit dem Kaiserreich zu versöhnen – was auch gelang. Nach Herstellung der inneren Einheit erklären die Niederlande spontan ihren Beitritt zum Reich. Das provoziert die Engländer. In dem unvermeidlichen Krieg werden die Briten vernichtend geschlagen. Deutschland übernimmt die Weltherrschaft. (Frankreich kommt bei

Heinrichka nicht vor.) Doch noch gibt es kein Groß-Deutschland. Ergo zettelt man einen Krieg mit Österreich an, der mit dem Anschluss aller deutschsprachigen Gebiete Europas ans das Deutsche Reich endet. Jetzt sind alle in Heinrichkas Holo-Welt glücklich.

Realhistorisch gesehen kommen uns »Großdeutschland« und die »Anschlussfrage« sehr bekannt vor. Beides zog also schon lange vor den Naziuntaten (»Heim ins Reich«) in den völkischen Köpfen seine Kreise. Hinzu kommt, dass der Autor einen Fortschritt lediglich in der Weltmachtrolle Deutschlands und in territorialen Zugewinnen sieht. Über wissenschaftlich-technische oder gar politisch-soziale Fortschritte wird so gut wie nichts berichtet. Das ist auch nicht notwendig, da Heinrichka die These zu vertreten scheint, dass die imperialistische Politik automatisch den besseren und zufriedeneren Deutschen hervorbringen wird. Man kann es nicht anders sagen: *100 Jahre deutsche Zukunft* ist ein blamables Produkt.

Anonymus: Krieg-mobil!
Mit *Krieg-mobil 19..*, der intellektuellen Magerkost eines weiteren Anonymus (ebenfalls 1913 erschienen), soll der Überblick abgeschlossen werden, zumal wir nun kurz vor dem real stattfindenden Ersten Weltkrieg stehen.

In *Krieg-mobil 19..* erscheint ein ostpreußischer Junker, Majoratsherr genannt, auf der Bildfläche. Er will seinem Liebeskummer entfliehen und reist nach Berlin. In der Hauptstadt erreicht ihn die Nachricht, dass Deutschland und England (endlich!) ein Bündnis geschlossen haben. Das missfällt nun wiederum Frankreich und Russland. Der obligatorische Krieg wird erklärt, und Deutschland gerät in die Zange zwischen dem westlichen und dem östlichen Nachbarn. Es wird kritisch, doch England greift ein und bringt die Franzosen zur deutschen Vernunft. Die »reinrassigen« Westeuropäer erkennen, dass sie gegen »die Mongolen« zusammenhalten müssen. Sie vereinigen sich zu einer Föderation, deren Präsidentschaft rotierend von den jeweiligen nationalen Monarchen übernommen wird. Deutschland bekommt nun den Zugriff auf Asien, während sich die anderen in den Kolonien austoben dürfen. Auch der Krautjunker bekommt sein verloren geglaubtes Liebchen doch noch zurück. Ende gut, alles gut – aber nur in der Einbildung des Anonymus.

10.9. Das deutsche Schema des Zukunftskriegs

Das Grundmuster

Die bisherigen Besprechungen haben gezeigt, dass die deutsche Zukunftskriegsliteratur nach einem ganz bestimmten Muster funktionierte, welches dann ständig – nur mit Nuancierungen und Variationen versehen – wiederholt wurde. Das Schema lässt sich in sechs Punkten beschreiben:

1. Ziel aller Kriegsbemühungen ist die Weltherrschaft Deutschlands, womit stets das in der Realität bestehende Kaiserreich gemeint ist. Zu Kaiser, Reich und Krieg gibt es keine politische Alternative. Moralische Skrupel sind nicht vorhanden, da Deutschland a priori im Recht ist.

2. Das Mittel zum Erreichen des Ziels ist eine aufgeblähte Seestreitmacht, aber vor allem und zuerst die Erlangung der deutschen Vorherrschaft in der Luft. Ergänzt wird die Aufrüstung durch ominöse Wunderwaffen.

3. Der in den Romanen stattfindende Krieg ist ein kontinentaler, zumeist aber ein Weltkrieg, der durchweg nur wenige Monate dauert.

4. Den Krieg gewinnt Deutschland, und zwar – wenn auch manchmal über Umwege – so gut wie immer!

5. Rassistische Elemente sind allgegenwärtig (Germanentum, Arier, die gelbe Gefahr, Mongolen, Herrschaft der Weißen etc.). Sie dienen ebenfalls zur Legitimation der Kriegslüsternheit.

6. Die Absicht der einschlägigen Texte besteht immer darin, die Leser kriegsbegeistert und damit kriegsbereit zu machen.

Kretinismus und Gehirnwäsche

In diesem Rahmen bewegen sich die vielen deutschen Produkte der SF-Untergattung. Ihre gebetsmühlenartige Stereotypie hat zudem gerade aus heutiger Sicht den Effekt, dass sie oft gähnend langweilig sind. (Man muss es leider sagen: Selbst der Schrecken kann auf

Dauer ermüden.) Nicht nur deshalb habe ich auf detaillierte Rezensionen verzichtet, sondern mich auf einen kursorischen Überblick beschränkt, der angesichts des politischen und moralischen Kretinismus der vaterländischen Autoren mehr als ausreichend sein dürfte.

Die pausenlose Wiederholung des Schemas wirkte indes wie eine Gehirnwäsche. Das sowieso von vornherein als richtig Erachtete wurde durch seine ständige Reproduktion zu einer Bestätigung des Behaupteten und damit zur felsenfesten Wahrheit – und zwar unabhängig von Fakten, Gegenargumenten und rationalen Überlegungen. Das musste ins Verderben führen. Wenn heute von sog. postfaktischen (also auf Lügen und Einbildungen beruhenden) Haltungen gesprochen wird, die immer mehr Menschen in ihren Bann zu ziehen scheinen, dann wird bei entsprechender Verbreitung auch das Ergebnis wieder dasselbe sein.

10.10. Es ist soweit: Realapokalypsen

Am 28.7.1914 begann der Erste Weltkrieg real. Er, der von Tausenden herbeigewünscht und herbeigeschrieben worden war, forderte rund 17 Millionen Tote. Hunderttausende von Soldaten ließen in den Stellungskriegen ihr Leben unter Umständen, die sich niemand vorher hatte vorstellen können. Geradezu furchtbar rächte sich die Ignoranz vieler Zeitgenossen gegenüber dem Wesen eines technologisch geführten Krieges, der den Ersten Weltkrieg auch in diesem Sinne zu einem *Ersten* Krieg machte.

Hier war die SF bereits weiter, aber auch nicht weit genug, um das ganze Ausmaß der Katastrophe darstellen zu können. Wie sehr sich darüber hinaus SF und Realität gegenseitig durchdrangen, macht ein Text von Michael Salewski deutlich, der hier wegen seiner bestechenden Eindringlichkeit ausführlicher zitiert werden soll:

> *»Der Krieg im Westen begann, die Wirklichkeit zu transzendieren – er wurde zu einer diesseitigen Apokalypse. Die Wirklichkeit holte die Science Fiction ein. Aber waren sie überhaupt noch ›wirklich‹, die Schlachtfelder an Maas und Somme? Zweifel sind erlaubt: In der Kriegsliteratur, die das Unsagbare sagen wollte, finden sich verräterische Formulierungen. Da ist immer wieder die Rede von der Schlacht als einer Erscheinung ›außerhalb von Zeit und Raum‹. Ein ›ausgespieener*

Brocken der Zeit‹ ist sie. Man richte seinen Blick auf die Schlachtfelder selbst: Das sind keine irdischen Landschaften mehr, sondern – und so werden sie wirklich genannt – ›Mondlandschaften‹, trichterübersät. (…)

Die Natur ist tot (…) Die Wälder sind zu bizarren, abstrakten Gebilden erstarrt. Das Material der ›Erde‹ selbst hat seine Zusammensetzung verändert (…). Der Metallanteil ist abnorm hoch. Wo Hügel waren, sind nun Täler. Wo Bäche plätscherten, türmen sich Hügelgräber (…) Der Krieg ist nicht von dieser Welt. Er ist Ausgeburt der Science Fiction. Terra, der Todesplanet. (Terra, die gängige SF-Bezeichnung für die Erde, H. F.) Die Kriegs-Welt ist lebensfeindlich. Fauna und Flora verderben. Ein einziges Lebewesen wagt dort zu leben: der Mensch. Einige schaffen es und überleben. Die Anpassungsfähigkeit dieser Kreatur an seine Umwelt ist unübertroffen. Sie vegetiert morlockenhaft unter der Erde (eine Anspielung auf H. G. Wells Die Zeitmaschine, H. F.), in Bunkern, Erdstellungen, Laufgräben. Nicht die Behauptung schockiert, dass der Mensch den Krieg nicht überleben kann (das wäre nur menschlich) – niederschmetternd wirkt die Erkenntnis, dass er seine Existenz über den Krieg retten kann.

Als Gasvergifteter, als Amputierter, als Psychopath, als Zyniker, als Mutant, als Schlächter. Als Ernst Jünger, als Feigling, als Heros, als Schwein – alles in allem, wie harmlos das klingt, als ›Kriegsversehrter‹ (…). Die Menschen beschleunigen in der Zentrifuge von Verdun die Evolution, sie selbst, nicht die Natur, haben den perfektesten und gnadenlosesten Selektionsmechanismus entwickelt.« (Salewski, Zeitgeist und Zeitmaschine, S. 182 ff.)

VI. Zwischen den Fronten

11. Außenseiter und Sonderlinge

Neben den mehr oder weniger eindeutig rechts oder links ausgerichteten Utopien bzw. Dystopien gab es im Kaiserreich auch SF-Werke, die in ihren Zukunftsentwürfen seltsam unentschlossen, zögerlich, ja ratlos wirken. Das liegt daran, dass der Autor eine Utopie schreiben wollte, aber dem Bestehenden im Grunde doch nichts entgegenzusetzen hatte. Oder: Der Autor hatte zwar eine gewisse Vorstellung im Kopf, hielt sie aber zurück, weil er sie nicht beschreiben wollte oder selbst gewisse Zweifel an ihrer Tragfähigkeit hegte. Zwei Beispiele stehen für diese Form des Genres. Das sind Conrads *In purpurner Finsternis* als rechte und Bernhard Kellermanns *Der Tunnel* als linke Variante.

11.1. Die utopische Hilflosigkeit

Michael Georg Conrad (1846–1927) wagte sich (für ihn eigentlich untypisch, da er ansonsten »Phantasien« ablehnte) im Jahr 1895 mit *In purpurner Finsternis. Roman-Improvisation aus dem 30. Jahrhundert* auf den Buchmarkt. Conrad (übrigens ein Spezi des unsäglichen Carl Bleibtreu) war ein Münchener Publizist und gehörte zu einer durchweg aus Künstlern und Intellektuellen bestehenden Gruppe, die man als »kaiserreichsverdrossen« bezeichnen kann.

Daraus folgte fast zwingend eine gewisse Orientierungslosigkeit, wussten diese tumben Rebellen doch ziemlich genau, wogegen, aber nicht, wofür sie waren. Sie mochten das kaiserdeutsche Preußentum ebensowenig wie die konservativen und religiösen Strömungen, den wirtschaftsfreundlichen Liberalismus und die deutsche Sozialdemokratie. Aus diesem tiefgreifenden Zerwürfnis mit einer letztlich nicht verstandenen Realität entstand *In purpurner Finsternis.*

Conrad beginnt seinen Roman mit einem kleinen Paukenschlag. Alle Politikmodelle, die sich ihm zu seiner Zeit anbieten, haben in der fiktiven Zukunftsgeschichte versagt. In der Folge gibt es über die zukünftigen Jahrhunderte hinweg nur verheerende Kriege, in denen sich alles verbraucht, was noch zu seiner Zeit verheißungsvoll klang.

Das Ergebnis: Im 30. Jahrhundert haben sich die noch rudimentär erkennbaren »alten« Nationen völlig auseinander entwickelt und ganz spezifische, nur ihnen eigene Charakteristika ausgebildet. So ist z. B. Amerika zu einer aggressiven und expansionistischen Supermacht geworden, die nicht nur ganz Amerika, sondern auch Asien beherrscht. Dagegen hat sich »Teuta« (d. i. das alte preußische Deutschland) unter die Erde verzogen und fristet nun als eine Art »Nibelheim« ein freudloses Dasein. In den Höhlen und Schächten hat sich eine durchmechanisierte Gesellschaft etabliert, die von Würdenträgern mit Priestergehabe rigide verwaltet und bevormundet wird. Die Geschlechter sind streng getrennt, und ein sog. Zarathustra-Kult, der die Einheit von Mechanik und Mystik propagiert, hat die Rolle einer Staatsreligion übernommen. (Hier kritisiert Conrad verschlüsselt den Industriefeudalismus seiner Zeit.) Frische Lebensmittel erhalten die »Teutonen« von den »Slavakos« (den Slaven). Im Gegenzug werden diesen, die einem Tolstoi-Kult anhängen, der jeden Geschlechtsverkehr verbietet, junge Männer geliefert, die sozusagen stellvertretend für die Radikalasketen deren Frauen befruchten.

Jetzt tritt Grege auf, der Romanheld. Er hat Teuta satt und flieht mit seiner blinden Geliebten Jala. Doch sie werden getrennt. Jala strandet in »Angelo« (England), während Grege nach »Nordika« (Skandinavien) verschlagen wird. Die Nordika-Story nimmt einen breiten Raum im Roman ein. Grege trifft dort auf eine ebenso üppige wie kernige Blondine, ein Naturweib namens Maikka, das ihn in die Struktur des nordischen Staats einführt. Die Ideologie von Nordika erweist sich als eine Mischform aus technikfeindlichem Öko-Individualismus und handfesten faschistisch-rassistischen Elementen

(»Aufnordung«, »Rassezucht« und »Ausmerzung unwerten Lebens«). Zwischen Grege und der Blondine entsteht eine gewisse erotische Spannung, die sich aber nicht erfüllt, sondern im Gegenteil zur endgültigen Trennung führt. Mit einem »Blitzboot« entschwindet Grege gen Angelo. Hier erlebt Grege die Angelos, also die Engländer so, wie Conrad sie aus der kaiserdeutschen Presse kannte. Sie sind eine Krämer- und Schachernation, die sich imperialistisch alles unter den Nagel reißt, was sie kriegen kann. (Das stimmt zwar historisch zum großen Teil. Aber: War das Kaiserdeutschland anders?)

Immerhin hat sein Aufenthalt etwas Gutes. Er findet nämlich die Gelegenheit, in Ruhe ein geheimes Zarathustra-Manuskript zu studieren, das er aus Nordika hat mitgehen lassen. Dabei erkennt er, dass der Prophet des Zarathustra, »Nieztschiski« (gemeint ist natürlich Nietzsche), etwas ganz anderes meint als der Staatskult von Teuta. Zeitgleich erfährt er, dass seine Jala von den Angelos an Teuta ausgeliefert wurde. Der Grund: Grege und Jala spielen bei der jährlichen Zarathustra-Staatsfeier in Teuta eine zentrale Rolle, weil beide speziell dafür ausgebildet sind, einen rituellen Tanz aufzuführen, der in der Staatssymbolik eine entscheidende Bedeutung hat. Das erklärt auch, warum die Teuta-Regierung mit allen Mitteln Jala zurückhaben wollte, was ihr ja auch gelungen ist. Da Grege aber nicht da ist, verfallen die Räte auf einen perfiden Plan. Sie lassen einen Roboter konstruieren, der ihn perfekt imitiert.

Der große Tag ist gekommen. Das Volk hat sich versammelt, um dem bedeutenden Ereignis beizuwohnen. Jala tritt zusammen mit dem robotischen Double auf. Aus der Ferne meint das Volk, Grege zu sehen, während die blinde Jala verständlicherweise nichts erkennen kann. Da erscheint der echte Grege auf der Bildfläche. Er zerschlägt den Automaten in seine Einzelteile und nimmt dann seine Geliebte in die Arme. Das Volk erhebt sich jubelnd, vertreibt die Obrigkeit und feiert Grege als Retter. Das Buch klingt aus mit den pathetischen Worten des Helden: »*Und noch weht das Banner des heiligen Aufruhrs von der Königsburg von Teuta, bis der volle Sieg über die alte Elendsordnung erstritten ist und keiner mehr unter der Erde vegetiert, der berufen ist zu einem glücklichen Leben im Lichte der Sonne.*« (S. 359)

Conrads Held Grege ist ein Spiegelbild seiner eigenen Orientierungslosigkeit. Hilflos pendelt dieser stellvertretend für den Autor zwischen einzelnen Politik- und Gesellschaftmodellen hin und her, die zudem in sich oft widersprüchlich sind. Sympathien und

Antipathien werden zweifellos deutlich, eine klare Position des Autors sucht man aber vergebens. Der einzige Bezug zu einer einigermaßen fassbaren Weltsicht besteht im Rückgriff auf den Philosophen Friedrich Nietzsche. Doch Nietzsches Werk war alles andere als eine systematische Philosophie, und Conrads Perspektivsuche ist es noch weniger. Wen wundert es dann, dass Greges politisches Programm, das er nach der teutonischen Revolution verkündet (die übrigens auch völlig unplausibel ist), erschreckend dürftig ausfällt. Er verkündet lediglich, dass man von nun an wieder auf der Erdoberfläche leben soll. Das war's. Ob damit ein neuer Staat zu gründen ist, kann mit Fug und Recht bezweifelt werden.

Ein wesentlicher Makel der Conrad-Utopie besteht auch darin, dass sie letztlich Wissenschaft und Technik nicht nur ausblendet, sondern da, wo sie bruchstückhaft auftaucht (in der mechanischen Zivilisation Teutas), auch noch verdammt. Offensichtlich hatte ein blasierter Intellektueller das Ignorieren einer grundständig neuen Entwicklung seines Zeitalters zu einem fragwürdigen Wert erhoben, doch das entsprach der Linie einer technikfeindlichen, antimodernen, fortschrittsabgewandten und politisch fast anarchistischen, aber gleichwohl reaktionären Einstellung.

Bezeichnenderweise deckt sich die Inhalts- mit der Form-Analyse. Immerhin ist Conrad so ehrlich, von einer Roman-Improvisation zu sprechen, und in der Tat, mehr ist sein Buch auch nicht. Im Grunde versucht sich Conrad auf einem Gebiet, von dem er nichts versteht. Die einzige Bedeutung, die sein Romanversuch hat, ist sein Beispielcharakter für einen utopischen Text, der nicht weiß, was er will. Damit reiht sich *In purpurner Finsternis* (selbst der Titel erscheint merkwürdig unmotiviert, es sei denn, man interpretiert ihn als ein kurzes Aufblitzen der Selbsterkenntnis) in jene utopischen Werke ein, die sich in einem seltsamen Schwebezustand zwischen verwirrtem Ausblick und Ratlosigkeit bewegen.

11.2. Kellermanns zielloser Antikapitalismus

Sowohl literarisch als auch inhaltlich ist Bernhard Kellermanns Roman *Der Tunnel* von 1913 ungleich wichtiger und gehaltvoller als der Text eines dilettierenden Conrad. Dessen ungeachtet muss Kellermanns Werk dennoch in die Reihe der unentschlossenen Utopien bzw.

Dystopien eingeordnet werden, ja es geht darüber hinaus. Im Prinzip ist Kellermanns Buch ein a-utopischer Text. Dazu später mehr.

Kellermann (1879–1951) gilt als sozialistischer Autor. Nach dem zweiten Weltkrieg zog er es vor, in der DDR zu leben, und wurde dort 1949 Volkskammerabgeordneter. Nicht zufällig wurde sein Roman *Der Tunnel*, der bereits nach seinem Erscheinen 1913 ein großer Erfolg war, in der DDR als bedeutendes sozialistisches Werk gefeiert, das in Form eines technisch-utopischen Romans gnadenlos den Kapitalismus geißelt. (Der von mir verwendete Text ist eine DDR-Ausgabe des Verlags Neues Leben von 1972). Ob diese Einordnung tatsächlich so eindeutig ist, soll nun untersucht werden.

Der Roman erzählt von einem gigantischen Projekt, dem Bau eines Tunnels zwischen Amerika und Europa unter dem Atlantik. Zugleich ist er die (fiktive) Lebensgeschichte des Schöpfers und unermüdlichen Motors des Projekts, des Amerikaners Mac Allan. Aus ärmlichsten Bergarbeiterverhältnissen stammend, steigt Mac zum Industriellen auf, denn die Erfindung eines superharten Stahls, des sog. Allanits, macht ihn reich. In diese Zeit fällt auch seine Heirat mit der sensiblen Maud, mit der er eine Tochter namens Edith hat.

Alles das erweist sich nur als Vorspiel, da Mac Allan einen gewaltigen Plan wälzt. Er will durch einen Tunnel tief unter dem Meeresboden des Atlantik Amerika mit Europa verbinden. Sein engster Freund Frank, Spitzname »Hobby«, ein lebenslustiger und begnadeter Architekt, stellt den Kontakt zu dem steinreichen Großkapitalisten Lloyd und dessen exaltierter Tochter Ethel her. Mit deren Hilfe gelingt Mac die Gründung des Atlantic-Tunnel-Syndikats (ATS), das ihm das nötige Geld verschafft, um mit dem Projekt beginnen zu können. Der dubiose Aufsteiger S. Woolf, ein genialer Börsenspekulant, zieht als Allans Finanzchef die Fäden. Mac stampft an der Ostküste der USA eine sog. Tunnelstadt mit Hunderttausenden von Arbeitern aus dem Boden, während er gleichzeitig Baustellen auf den Bermudas, den Azoren und in Europa eröffnet.

Im siebten Jahr des Tunnelvortriebs kommt es zur großen Katastrophe! Die Bohrmaschine stößt auf eine unterirdische, mit Gas gefüllte Kaverne. Das führt zu einer verheerenden Explosion. Eine ungeheure Druck- und Staubwelle donnert durch den Tunnel und tötet fast dreitausend Menschen. Macs Frau Maud und seine kleine Tochter werden von einem hasserfüllten Mob, der Allan für das Inferno verantwortlich macht, getötet. Verheerend sind auch die ökonomischen Folgen für Allan und die gesamte Weltwirtschaft. Die Aktienkurse fallen ins Bodenlose, die Gewerkschaften organisieren Massenstreiks, und ein Konkurs am Tunnelbau beteiligter Firmen jagt den nächsten. Verschärft wird die Situation dadurch, dass Woolfs Veruntreuung von Syndikatsgeldern und private Fehlspekulationen auffliegen. Allan feuert ihn, und Woolf begeht Selbstmord. Das ist das Zeichen für die vielen Kleinaktionäre, verrückt vor Angst um ihr Geld, das Syndikatsgebäude zu stürmen und es in Brand zu stecken. Zu allem Verdruss wird er auch noch wegen Betruges angeklagt und zu einer mehrjährigen Haftstrafe verurteilt. Mac Allan scheint endgültig am Ende zu sein.

Da tritt als Retterin in der absoluten Not Ethel, die Tochter des greisen Magnaten Lloyd, auf den Plan. Sie erreicht den Freispruch Mac Allans und bringt ihn mit zäher Beharrlichkeit dazu, wieder neuen Unternehmergeist zu entwickeln. Ihr gelingt es, einen neuen Kontakt Macs mit ihrem Vater herzustellen. Der mumienhafte Lloyd, der seiner Tochter in einer Art Affenliebe verfallen ist, gibt ihrem moralischen Druck nach und bietet Allan erneut Unterstützung an. Allan fasst Mut und nimmt die Arbeit wieder auf, tatkräftig unterstützt von Ethel. Inzwischen hat sich auch der Wind der öffentlichen Meinung zu Gunsten Allans gedreht. In New York wird ein neues Syndikatsgebäude errichtet, und an den diversen Baustellen stürzen sich wieder Hunderttausende von Arbeitern und Ingenieuren auf den Tunnelbau. Indes wird auch das Motiv Ethels für ihren Einsatz immer deutlicher: Sie liebt Mac. Obwohl Mac ihre Gefühle nicht erwidert, heiraten beide. Im Schlussteil des Buches wird Allans Triumph geschildert. Er ist zwar ein schwer gezeichneter Mann, aber der Tunnel ist nach 24 Jahren endlich fertig. Zusammen mit dem greisen Lloyd begibt er sich auf die Jungfernfahrt des eigens für den Tunnel konstruierten Superzugs und erreicht Europa. Trotz aller Widrigkeiten und Schicksalsschläge ist das ungeheure Werk gelungen!

Kellermann versetzt uns in eine nicht genau datierte Welt, die aber von ihm aus gesehenen nicht allzu weit in der Zukunft liegt. Wir haben es bereits mit einer globalisierten Welt zu tun, denn nationale Grenzen und Entfernungen spielen bei Kellermanns Global Players keine Rolle mehr. Diese Welt wird von einem ungezügelten Kapitalismus und einer entfesselten Technik beherrscht, die keinerlei Rücksicht auf Verluste nimmt. Entscheidend sind allein der Profit und das große Werk. In intensiven, für den heutigen Geschmack z. T. wenig goutierbaren, weil erdrückenden Metapherngeflechten wird in expressionistischer Weise das Geschehen regelrecht herausgeschrien – *Meyers Handbuch über die Literatur*, Mannheim 1964, spricht beim literarischen Expressionismus unter anderem von einer *»Schrei-Dichtung«* (S. 44).

Bei Kellermann begegnet uns eine zutiefst inhumane Gesellschaft, die geradezu krankhaft dem Geld nachjagt und darüber das vergisst, was das menschliche Leben tatsächlich lebenswert macht. Das Menschenbild in *Der Tunnel* ist ebenso deformiert wie dreigeteilt. Kellermanns Moloch-Welt verunstaltet den Menschen entweder zum kaum wahrnehmbaren Teil einer gesichtslosen Masse, zu einem einsamen Macht- und Tatmenschen, der sich zwar über die Masse erhebt, aber auch nicht glücklich ist (Mac Allan) oder zu einem im Grunde hilflosen Gefühlsmenschen, der an dem lieblosen Elend um ihn herum zerbricht (Allans Frau Maud).

Zahlreich sind die Stellen, in denen Kellermann die Masse beschreibt. Dabei benutzt seine Metaphorik den Vergleich mit leblosen Dingen oder mit der Tierwelt, vornehmlich den mit der Welt

der Insekten und Amphibien, und zwar immer aus der Vogelperspektive gesehen. Über dieser Gesellschaft der menschlichen Nummern und Insekten hängt ständig eine Atmosphäre des Gehetztseins. Mag es da verwundern, dass sich in einer Gesellschaft, die aus einer dumpf-amorphen Herde von Ausgebeuteten und einer kleinen, identifizierbaren Gruppe von Ausbeutern besteht, der Kriegszustand herrscht? Dabei geht es nicht um einen Krieg zwischen Nationen, sondern um einen Krieg der Arbeit, einen Krieg des Kapitals und einen Klassenkrieg!

Die alles überragende Gestalt des Romans ist zweifellos der zentrale Protagonist Mac Allan. Er ist Erfinder, Konstrukteur, Großindustrieller, Propagandist und genialer Macher in einer Person. Zugleich ist er ein durch und durch prosaischer Mensch mit einem eher einfachen Gefühlsleben und einem begrenzten Horizont. Künstler z. B. hält er für »*unnötig*« (S. 11). Die einzige Leidenschaft, die ihn ganz und gar beherrscht, ist der Bau des Atlantiktunnels. Ihr ordnet er sein ganzes Leben unter, ihr gibt er alles. Dabei legt er ein mörderisches Tempo vor und geht über Leichen. Trotzdem ist Mac Allan kein »böser« Charakter. Ihn interessiert Geld nur als Mittel zum Zweck, und oft genug werden im Roman bewundernswerte und selbst liebenswürdige Züge an ihm deutlich. Mac Allan geht schließlich so weit, die ungeliebte Ethel zu heiraten, um das Projekt fertig stellen zu können. Anders gesagt: Er verkauft sich im Dienste der Sache! Am Ende heißt es: »*Schöpfer des Tunnels, war er selbst zu seinem Sklaven geworden.*« (S. 269)

Während Allan Täter und Opfer zugleich ist, ist seine erste Frau Maud letztlich nur Opfer. Sie, ein Gefühlswesen, liebt und bewundert ihren Mann von ganzem Herzen, spürt aber immer deutlicher, dass er ihr keine wirkliche Zuwendung, geschweige denn Erfüllung geben kann bzw. will. Immer schwankt sie zwischen ihrer Liebe zu Mac Allan und ihrem Wunsch nach Selbstverwirklichung hin und her. Am Beispiel Mauds zeigt sich meiner Ansicht nach exemplarisch das grundlegende Dilemma von Kellermanns Roman. Es liegt in der Halbherzigkeit und in der Inkonsequenz seiner Botschaft, die den

Kapitalismus verdammt, ohne allerdings eine Gesellschaftsalternative, geschweige denn ein strahlendes, humanes Gegenbild der Zukunft zu entwerfen.

Ganz eindeutig lässt sich *Der Tunnel* als Science Fiction-Roman identifizieren, da er die Grundkriterien des Genres erfüllt. Er ist ohne den Hintergrund der wissenschaftlichen-technischen Welt und ihres rationalen Weltbildes nicht denkbar, und textimmanent geht es um eine wissenschaftlich-technische Spekulation (den Bau des Atlantiktunnels) mit ihren Auswirkungen auf die Menschen, die handlungsleitend für den Roman ist.

Ebenso eindeutig ist *Der Tunnel* eine vehemente Kapitalismuskritik. Insofern müsste er geradezu zwingend ein sozialistisches Gegenbild produzieren. Davon ist aber weit und breit nichts zu erkennen. Das utopische Element, das im Entwurf einer humanen Gegenwelt liegen würde, wird nirgendwo im Roman angedeutet, geschweige denn ausgemalt. Die geschilderten Arbeiterproteste und Massendemonstrationen klagen nicht den Sozialismus, sondern »nur« bessere Lohn- und Arbeitsbedingungen oder die entgangenen Profite der Kleinaktionäre ein. Niemand im Roman macht sich Gedanken über eine andere, d. h. bessere Welt. Überhaupt schwingt in der Charakterisierung der Masse bei Kellermann stets ein verächtlicher, um nicht zu sagen, angeekelter Unterton mit.

Zuweilen berühren auch die rassistischen Töne des Autors höchst unangenehm. Sicher muss Kellermann aus seiner Zeit heraus verstanden werden, die eine andere Auffassung von »political correctness« hatte als wir heute. Deshalb kann man ihm die »*Niggertänze*« (S. 110) noch verzeihen. Wenn er aber schreibt, »*Die Nigger grinsten sie an und drückten die abscheulich ziegelroten Innenflächen der Hände gegen die Scheibe*« (S. 183), wird es problematisch. Vollends fragwürdig wird Kellermann in der Beschreibung des Finanzchefs Allan S. Woolf, der in der Romanwirklichkeit ein ungarischer Mischlings-Jude ist und eigentlich Wolfsohn heißt. »*S. Woolf legte die orientalischen Augendeckel über seine schwarzen glänzenden Augen, und seine fetten Wangen zitterten.*« (S. 120) »*Vielleicht hatte er* (Allan, H. F.) *nie einen Menschen mehr gehasst als diesen haarigen, fremdrassigen Asthmatiker in diesem Augenblick.*« (S. 207) Schreibt so ein sozialistischer Schriftsteller?

Nun soll aus Kellermann kein rassistischer Reaktionär gemacht werden. Belegt wird das unter anderem auch durch den Verzicht auf jede Form von Deutschtümelei, die zu seiner Zeit eigentlich zum Standard deutscher Autoren gehörte. Die o. g. Passagen zeigen andererseits aber auch, wie mächtig zu Beginn des 20. Jahrhunderts in Deutschland gewisse Denkmuster waren, sodass sie, ideologische Grenzen überspringend, zum allgemeingültigen Repertoire des Zeitgeistes gehörten. Dem konnte sich offensichtlich auch Kellermann nicht entziehen.

Insgesamt bleibt festzustellen: Der Leser vermag nicht mit Sicherheit zu entscheiden, ob der Autor wirklich die Absicht hat, durch seine Darstellung zu einer Beseitigung des Systems aufzufordern, oder ob er nicht sogar für den Kapitalismus untergründige Sympathien hegt, da dieser zwar eine schreckliche Gesellschaft hervorbringt, aber so konstruiert ist, dass nur er den sich über die Masse erhebenden Tatmenschen die Möglichkeit gibt, Großes zu schaffen. Kellermanns Werk ist ein Beispiel dafür, dass die Science Fiction auch *ohne* Utopie auskommt. *Der Tunnel* ist nämlich im Kern ein a-utopischer Text, d. h. er klammert die utopische Frage aus. Dennoch bleibt der Roman Science Fiction.

Kellermann wie auch andere belegen, dass die Utopie kein Element der Science Fiction sein muss. Richtig bleibt auch: Kellermann hat mit *Der Tunnel* einen aufwühlenden deutschen SF-Klassiker vorgelegt, der trotz des veränderten Zeitgeschmacks und trotz bestimmter fragwürdiger Töne auch heute noch bewegt und ohne Wenn und Aber zur Lektüre empfohlen werden kann.

11.3. Zwischen allen Stühlen:
Der Sonderling Paul Scheerbart

Aus Sicht der etablierten kaiserdeutschen Literaturkritik vertraten die Autoren/innen, die in Einzeltexten oder in ihrem Gesamtwerk der SF zugeordnet werden können, eine mehr oder weniger nichtswürdige Randliteratur. Dadurch wurden sie zu Außenseitern, über die das Feuilleton in der Regel nur die Nase rümpfte. Innerhalb dieses Outlaw-Reservats gab es nun wieder Schriftsteller, die selbst bei den Außenseitern zwischen den Stühlen saßen. Doch auch das ließ sich noch steigern, denn unter diesen nahm der in Danzig geborene, später hauptsächlich in Berlin lebende Schriftsteller Paul Scheerbart (1863–1915) eine einmalige Sonderrolle ein.

Das exklusive Einzelgängertum des Paul Scheerbart wird dann verständlich, wenn man sich vor Augen hält, dass er weder der progressiven, der reaktionären, der unentschlossenen noch der unterhaltend-belehrenden SF zugeordnet werden kann. Mit den Fortschrittlichen hatte er zwar den Kampf gegen Militarismus und Krieg sowie den visionären Willen gemeinsam, etwas Humaneres an die Stelle der Realität zu setzen. Gleichwohl sind seine Schriften weder sozialreformerisch noch fortschrittlich noch links. Im Gegenteil glitt er zuweilen in rechte Fahrwasser ab, wenn er z. B. auf die angeblichen Kulturvernichter der SPD schimpfte. Seine abgehobene, an den Niederungen der konkreten Wirklichkeit uninteressierte Philosophie hatte ein völlig anderes, sprich metaphysisches Weltmodell anzubieten.

Allein in der unversöhnlichen Haltung gegen Militarismus und Krieg mischte er sich engagiert in die Tagespolitik ein, wobei er für ihn typische Kapriolen schlug. So veröffentlichte er 1909 eine »Flugschrift« mit dem Titel *Die Entwicklung des Luftmilitarismus und die Auflösung der europäischen Land-Heere, Festungen und Seeflotten*, in der er naiv und an den Realitäten vorbei massiv den Ausbau der neuen Luftwaffe forderte. Er meinte nämlich, dass dadurch jede andere Form des Militärs obsolet werden würde. Es bleibt dabei: Nur in diesem einzigen Brennpunkt verbindet sich bei Scheerbart konkrete Politik mit weit jenseits der Wirklichkeit liegenden Fantasmagorien.

Tragisches Leben – tragischer Tod

Paul Scheerbart, dessen Leben ebenso tragisch war wie sein Ende, wurde nur 52 Jahre alt. Walter Mehring vertrat die Ansicht, dass er aufgrund eines Hungerstreiks starb, in den er aus Protest gegen den Krieg eingetreten war. Wahrscheinlicher ist, dass sein früher Tod auf einen Gehirnschlag in Verbindung mit einer seit Jahren andauernden Unterernährung und einem allgemeinen Raubbau an seinem Körper zurückzuführen ist.

Verkanntes Genie oder verrückter Asozialer?

Kaum eine andere Persönlichkeit hat die zeitgenössische deutsche Literaturszene so polarisiert wie dieser Sonderling. War er für die einen ein literarisches Genie, ein begnadeter avantgardistischer Künstler und ein weltweiser, über den Dingen stehender Schöpfer fantastischer Gedanken, so war er für die anderen eine verkrachte Existenz, ein Säufer, ein Schnorrer, eine lächerliche, clowneske Gestalt, die ihre psychischen Probleme unter dem Mantel der Kunst verstecken wollte.

Diese Auseinandersetzungen spielten sich allerdings nicht in einer großen Öffentlichkeit ab, sondern in der Exklusivität von Autoren-, Verleger- und Kritiker-Zirkeln. Grund: Scheerbart blieb sein Leben lang einem größeren Publikum unbekannt. Ein nennenswerter Bucherfolg, geschweige denn eine durchschlagende Breitenwirkung seiner Werke waren ihm nie vergönnt. Die Umstrittenheit des Autors bewegte sich also *nicht* zwischen einer jubelnden künstlerischen Bohème und einem bürgerlichen Spießertum, sondern sie fand *innerhalb* des Feuilletons statt. Während z. B. Leute wie Erich Mühsam, der junge Verleger Ernst Rowohlt oder Walter Mehring zu den Bewunderern Scheerbarts zählten, so lehnten ihn andere Intellektuelle vehement ab. Noch Jahre später fand er in den Augen des bedeutenden deutschen Schriftstellers Arno Schmidt (1914–1979) keine Anerkennung – im Gegensatz zu Laßwitz, den Schmidt sehr verehrte. Fast paradox ist nun, dass beide Seiten in der Einschätzung Scheerbarts auf ihre Weise recht haben.

Die eine Seite: Soziales Elend und psychische Auffälligkeiten
Sozialer Status und Lebensführung machten Scheerbart tatsächlich zu einem Verlierer, einem sozialen Außenseiter und einem skurrilen Kauz. Er lebte immer hart an der Armutsgrenze, aß kaum etwas, trank dafür aber, sobald er sich wieder Geld gepumpt hatte oder man ihn aushielt, Unmengen von Bier. Er trug die ihm geschenkte, verschlissene Kleidung anderer auf, die ihm häufig nicht passte und seine äußere Erscheinung noch grotesker machte, und lebte ansonsten schwadronierend in den Tag hinein. Weitere Absonderlichkeiten, z. B. der von ihm todernst gemeinte Versuch, gegen alle Gesetze der Thermodynamik ein Perpetuum mobile zu bauen, seine Art, auf schlechte Nachrichten mit hysterischen Lachkrämpfen zu reagieren, seine sich ständig widersprechenden Aussagen und sein für viele peinlicher, irritierender Humor vervollständigten das Bild eines Menschen, das auf sein Umfeld überwiegend befremdlich, nicht normal, ja sogar abstoßend wirkte.

Die andere Seite: Der visionäre Künstler
Dennoch hat Scheerbart künstlerische Leistungen vorzuweisen, die prägende kulturelle Entwicklungen des 20. Jahrhunderts vorwegnehmend beeinflusst haben. Scheerbarts Werk bezieht sich schwerpunktmäßig auf die Literatur, befasst sich aber auch mit Fragen des Theaters, der Glasarchitektur, der Philosophie und der Politik. Nachweislich sind von ihm so berühmte Leute wie Alfred Jarry, Pionier des modernen Theaters, und der wegweisende Architekt Bruno Taut inspiriert worden, und mit seinem pazifistischen Engagement gegen den erst drohenden, dann eingetretenen Krieg lag er zwar richtig, verschärfte aber gleichzeitig noch seine Einzelgängerrolle. Allgemein kann Scheerbart unter verschiedenen Gesichtspunkten als einer der Vorläufer des Expressionismus, der Dada-Bewegung und des Surrealismus gelten. Gleichwohl führt er bis heute im kulturellen Gedächtnis der Deutschen ein Schattendasein.

Scheerbarts Kunst- und Weltverständnis
Schon aus Platzgründen kann ich mich hier nicht fundiert mit Scheerbart befassen, sodass ich für neugierig gewordene Leser auf die Sekundärliteratur verweise. Trotzdem sollen zur Orientierung

spotartig einige Charakteristika seines Kunst- und Weltverständnisses genannt werden, die sein Werk bestimmen.

Scheerbarts Leben war von Unangepasstheit, trotzigem Aufbegehren, ständigen Enttäuschungen, Erfolglosigkeit und materiellem Elend geprägt. Dies parierte er, indem er sich wohl bewusst eine Narrenkappe aufsetzte, alles mit Hohn, Spott und Weglachen überzog, sich Räusche antrank und ohne Rücksicht auf sich selbst und andere gegen eine Unsinnswelt ankämpfte.

Einige meinen, dass er in seiner Verzweiflung einem zunehmenden Realitätsverlust erlag. Er wiederum empfand diesen als konsequente Selbstbehauptung. Nicht er war verrückt, sondern die Wirklichkeit, in der er lebte. Zu seinen Eigenarten gehörte es, sich selbst fast immer zu widersprechen. Es gab kaum eine Aussage von ihm, die er nicht umgehend revidierte. Was andere als Unglaubwürdigkeit und wirres Gedankengut auslegten, war für ihn Ausdruck der Überzeugung, dass sich gerade in der Widersprüchlichkeit die Qualität und Vielfältigkeit des Lebens zeigt.

Ein entscheidender Kern seiner Philosophie ist die Auffassung, dass das Streben nach Erkenntnis und der damit verbundenen Nutzanwendung falsch ist. An ihre Stelle sollen die absichtslose Anschauung, die reine Kontemplation und das Erlebnis der Ästhetik als rauschhafter Glückszustand treten.

Scheerbart und die SF

Für die Science Fiction hat es mit Scheerbart eine ganz eigene Bewandtnis. Seine SF bewegt sich zwar in universalen Räumen, entwirft wunderlichste Aliens, kreiert unglaubliche technische Bauwerke und erschafft exotische Welten, einen wirklichen Bezug zum optionalen Gestaltungsspiel der SF findet man bei ihm aber nicht, ebenso wenig den zur Wissenschaft. Scheerbart will seine kosmische Philosophie transportieren, und dafür braucht er ein erdachtes, kein reales

All. Bezeichnend ist auch, dass bei ihm die Menschen – sonst Dreh- und Angelpunkt der SF – nur indirekt und als (in der Regel scharf zu kritisierende) Begleiterscheinung auftauchen. Es wird ab und an über sie berichtet, aber als Akteure im Romangeschehen fallen sie aus, eine in der SF, soweit ich weiß, einmalige Erscheinung.

Ein letzter Gedanke: Scheerbarts Avantgardismus scheint möglicherweise auch auf eine bestimmte Art der SF hinzuweisen, die in den 1960er-Jahren mit J. G. Ballard und anderen Furore machte. Ich denke an die New Wave. Bei aller gebotenen Vorsicht und trotz erheblicher stilistischer und inhaltlicher Unterschiede meine ich doch, dass es bereits bei Scheerbart Elemente gibt, die Teile der New Wave tendenziell und rudimentär vorkonzipierten.

Die beiden SF-Hauptwerke Scheerbarts sind die Romane *Die große Revolution. Ein Mondroman* und *Lesabéndio. Ein Asteroiden-Roman*. Sie werden im Kapitel 14 dieses Buches besprochen.

11.4. Grüne SF auf »altdeutsch«?

Die Industrialisierung Deutschlands zog die Verschmutzung, Verschandelung und Vergiftung der Landschaft in einem Maße nach sich, die alles bisher Dagewesene sprengte. Es mag also nicht überraschen, dass auch schon in der wilhelminischen Ära ökologische Fragen zum Thema wurden. Man muss sich sogar wundern, dass sie nicht eine viel größere politische Rolle gespielt haben, da die Umweltverhältnisse insbesondere in den Metropolregionen katastrophal waren.

Warum setzten trotz des Problemdrucks die bestimmenden politischen Kräfte das grüne Thema nicht auf die zentrale Agenda? Der Grund: Während für die liberalen, konservativen und rechten Strömungen die ökonomische Prosperität, überbordende Profite und der Machtzuwachs des deutschen Reiches absolute Priorität hatten, stand für die SPD die soziale Frage an oberster Stelle. Wäre diese gelöst, so die vorherrschende Meinung in der Partei, würden sich auch die Umweltprobleme verflüchtigen. Grüner Politik war somit während der gesamten Zeit des Kaiserreichs (und darüber hinaus) nur ein bescheidenes Dasein am Rande der bestimmenden politischen Konfliktlinien vergönnt. Man kann sogar sagen, dass es seit 1870 mehr als einhundert Jahre gedauert hat, bis die Ökologie und eine bewusste Nachhaltigkeitswirtschaft zu einem der ausschlaggebenden Faktoren in der deutschen und internationalen politischen Debatte geworden sind.

Derweil tummelten sich die Verfechter eines »Zurück zur Natur« in einem bunt zusammengewürfelten Haufen aus Reformpädagogik, Freikörperkultur, Lebensreformbewegung, Romantikern, fröhlichen Wandergesellen bis hin zu Wasserheilern und Naturaposteln. Ebenso zusammengewürfelt präsentierte sich die Szene in ihren Motiven und Weltsichten. Es überwogen stark gefühlsbetonte, das Gemeinschaftserlebnis suchende Naturschwärmereien, die oft mit naturreligiösen und esoterischen Elementen verquickt waren. Dennoch hatte diese Richtung ursprünglich einen durchaus fortschrittlichen Charakter, da sie sowohl im bürgerlichen wie auch im proletarischen Milieu als jugendliche Protestbewegung begonnen hatte.

Junge Menschen wollten nicht nur raus aus den verdreckten Städten, sondern vor allem raus aus der puritanischen Enge und der allgegenwärtigen Bevormundung. So entstanden am Ende des 19. Jahrhunderts fast zeitgleich der bürgerliche »Wandervogel«, der vor allem Gymnasiasten und Studenten ansprach, und die SPD-orientierten »Naturfreunde« für die Arbeiterjugend. Eine einheitliche Bewegung entwickelte sich daraus nicht, denn außer der Naturtümelei und einem diffusen Freiheitsgefühl gab es zwischen den Lagern keine Gemeinsamkeiten. Während der »Wandervogel« schnell von deutschnationalen, völkischen und antisemitischen Vorstellungen beherrscht wurde, kapselten sich die »Naturfreunde« wie die SPD insgesamt von der übrigen Gesellschaft ab.

Das weitere Schicksal beider Organisationen war denn auch typisch. Der »Wandervogel« wurde 1933 von der Hitlerjugend geschluckt, die »Naturfreunde« von den Nazis verboten.

Grüne SF als Regel-Sammelsurium

Angesichts dieser Ausgangslage spielten ökologische Fragen in der damaligen deutschen SF nur eine Statistenrolle. Oft waren sie lediglich eine Beigabe in Werken, die sich ansonsten mit anderen Themen beschäftigten (z. B. in Daibers *Vom Mars zur Erde* oder in Maders *Wunderwelten*). Sehr selten waren dagegen Werke, die dem Thema einen zentralen Stellenwert einräumten. Eines davon war das 886 Seiten starke Konvolut *Der Zukunftsstaat. Staatseinrichtungen im Jahr 2000. Neue Weltanschauung. Jedermann wird ein glückliches und sorgenfreies Dasein gesichert* von Friedrich Eduard Bilz (1842–1922), das 1904 veröffentlicht wurde. Während *Der Zukunftsstaat* kein SF-Roman, sondern ein Traktat über alle möglichen, indes Zukunftsvisionen beinhaltende Themen ist, ist das nachfolgende Bilz-Buch *In hundert Jahren* (1907) ein SF-Roman. Da mir der Text nicht zugänglich war, kann ich nicht Näheres darüber berichten. Bekannt ist nur, dass er im Gegensatz zu anderen Werken von Bilz, die Millionenauflagen erreichten, ohne großen Erfolg blieb.

Bilz, ein Freund von Karl May (Bilz lebte später in Radebeul), war ein aus einfachsten Verhältnissen stammender Weber, der sich autodidaktisch Kenntnisse über Naturheilverfahren angeeignet hatte und im Laufe seines Lebens ein kleines Imperium aus Publikationen (es gab einen eigenen Bilz-Verlag), Sanatorien und sonstigen Produkten schuf. So erfand er zusammen mit einem Getränkehersteller die »Bilz-Brause«, die später unter dem Namen *Sinalco* (= sine alcohol = ohne Alkohol) bekannt wurde.

Der Grund seines Erfolgs lag in seiner zielstrebigen Geschäftstüchtigkeit und in seinem Talent, volkstümlich zu schreiben und so einem eher schlichten Publikum seine Weisheiten glaubhaft vermitteln zu können. Auch waren Teile seiner vorgeschlagenen Diäten und Heilmethoden wohl nicht ganz wirkungslos.

Obwohl es bisher möglicherweise anders geklungen hat, war Bilz kein rein auf den Profit ausgerichteter Reaktionär und kein Pickelhauben-Esoteriker. Im Gegenteil erkannte er, dass die gesellschaftlichen Verhältnisse eine wesentliche Bedeutung für die menschliche Entwicklung haben. Auch der SPD stand er keineswegs feindlich gegenüber. *»Unsere sozialdemokratischen Arbeiter sind genauso gute Menschen wie alle anderen Staatsbürger.«* (S. 641, *Der Zukunftsstaat*) Allerdings lehnte er die Politik der SPD ab, stand diese doch seinem einzig wahren und richtigen Naturgesetz im Weg.

Das »göttliche Naturgesetz«, von dem letztendlich nur Bilz weiß (oder auch nicht), was damit genau gemeint ist, ist der rote Faden, der den Wälzer *Der Zukunftsstaat* durchzieht. Jedenfalls ist es dieses Naturgesetz, das eine ganze Reihe von links klingenden und offensichtlich auch so gemeinten Forderungen begründet. Dazu gehören eine grundlegende Fürsorge des Staates für jeden, eine kürzere Arbeitszeit, mehr Vergnügungen und mehr Tierliebe, eine Bodenreform sowie Solidarität und Gleichheit (vgl. S. 6 ff.). Wohnungen sollen hell und luftig sein, Mütter sollen ihre Babys selber stillen, und man soll nur noch eine Sprache sprechen. Frauen sollen keine Schleppen, sondern kurze Kleider tragen, Jungen und Männer entsprechend bequem angezogen sein. Eigentlich aber wird die Nacktheit als das beste Gewand gehandelt. Der Schritt zur freien Liebe und zur Abschaffung der Zwangsheirat ist also nur noch ein ganz kleiner. Zu den Verboten des Naturgesetzes gehören Kriege, Spekulationsgeschäfte, Religionszwang, starker Kaffee, Tee, Alkohol, Tabak, scharfe Gewürze, Drogen und der Genuss von Fleisch – wem kommt das heute nicht bekannt vor?

Das klingt streckenweise durchaus sympathisch, aber man bemerkt den Pferdefuß. Bilz konfrontiert uns mit einem schier unüberschaubaren Wust von Verhaltensregeln, die von der banalsten Sache (z. B. sind Hüte abzuschaffen) bis zu grundlegenden gesellschaftlichen Erschütterungen gehen (z. B. der freien Liebe). Gleichzeitig sinniert er über die Gravitation und verdammt die Pockenschutzimpfung,

zeigt Erdbebenursachen auf und versucht sich als Theologe, der Jesus nicht als Sohn Gottes anerkennt.

In Bilz begegnet uns der halbgebildete Autodidakt, der vieles nicht richtig oder sogar komplett falsch verarbeitet hat, aber dennoch fest davon überzeugt ist, die wahre Heilslehre anbieten zu können. Zuweilen gelingen ihm sogar einige Treffer, was sein Gesamtwerk allerdings nicht plausibler macht. Seine Ge- und Verbote sind oft unlogisch – lange Haare sind aus Hygienegründen verboten, die weit unhygienischeren Bärte aber erlaubt – oder politisch nicht stimmig. Er verkündet über weite Strecken ein beinahe linkes Programm, widersetzt sich aber den Bedingungen eines politischen Kampfes. So unterstützte Bilz, der in seiner Art durchaus als Reformer gelten kann, wegen seiner illusionären Methode objektiv doch die rückwärtsgewandten Kräfte seiner Zeit. Wassergüsse, Kräuterextrakte, Sinalco und noch so gut gemeinte Verhaltensvorschriften können nun einmal keine neue Gesellschaft hervorbringen.

Kitsch und Unredlichkeit im grünen SF-Gewand

Paul Albrecht (1863–?), ein ansonsten unbekannter Autor, veröffentlichte 1905 unter dem Pseudonym Hans Hardt den SF-Roman *Im Zukunftsstaat*. Albrecht gehörte zu den rar gesäten Schriftstellern unter Wilhelm Zwo, die sich um eine ökologisch geprägte Utopie bemühten. Ob ihm das gelungen ist, soll jetzt untersucht werden.

Wir schreiben das Jahr 2411. Obwohl Albrechts Staat über 500 Jahre in der Zukunft liegt, scheint die Zeit an der Menschheitsentwicklung fast spurlos vorbeigegangen zu sein – im Prinzip könnte der Plot auch im Jahr 1910 spielen. Doch eins nach dem anderen.

Der deutsche Student Armin Hardt, der sich damit als ein über Generationen entfernter Enkel des scheinbaren Autors Hans Hardt entpuppt, macht sich auf zu einer Italienreise, denn er will Verwandte in Portofino besuchen. Nach Nutzung der elektrischen Schwebebahn, die über die Alpen führt, geht es auf Schusters Rappen – ganz im Sinne des »Wandervogels« – nach Genua. Dort begegnet dem blonden, blauäugigen Germanen ein wunderhübsches Mädchen, das aber schnell wieder seinen Blicken entschwindet.

Im Hafen lernt er einen »Professor für Naturphilosophie« kennen, der ihn von nun an als Tutor begleitet. Überhaupt stellt Armin fest, dass er in einer Gegend gelandet ist, die ihm wie ein Zauberreich vorkommt. Zwang, Elend und die Knute der katholischen Kirche gibt es nicht mehr. Alles ist hell und licht. Der Professor führt ihn zur Universität, einem strahlenden Marmortempel, der weit schöner ist als die Akropolis von Athen. Leichtbekleidete Mädchen und Jünglingen, die streng ausgesiebte Elite der sog. Gartenhochschule, bevölkern den Campus. Sie sind es auch, die in den umliegenden Stadien und Arenen zum fröhlichen Wettstreit antreten – diesmal ganz im Sinne des alten Olympia nackt, wobei aber strikt nach Geschlecht getrennt wird.

Die Reise geht weiter. Nach verschiedenen Begegnungen – z.B. mit einer wandernden Gruppe von Knaben, die »*Höschen nach Art der Pumphöschen*« (S. 42) tragen, und einer Möbelherstellerin namens Gisela, die von »*derber, aber dennoch schöner Weiblichkeit*« (S. 50) ist – erreicht man den Badeort Nervi. Hier darf Armin die luftige Schwimmkleidung der planschenden Damen bewundern. Die Männer tragen indes nur »*ganz kurze Badehosen*« (S. 54).

Jetzt erfährt Armin, wie es zu dieser gesellschaftlichen Veränderung kam. Ich erspare mir die pseudohistorischen Belanglosigkeiten und stelle nur fest, dass die ganze Chose in einem »Weltbund« endet, der von da ab alles bestens regelt. Der Bund geht allerdings rigoros gegen Trunksucht, Prostitution, Ehebruch, Tabakrauchen, scharfe Gewürze und vor allem gegen die Homosexualität vor. Das Motto: »*Zurück zur Natur! Zu ihrer Klarheit und Wahrheit, zu ihrem Saft und ihrer Kraft! (…) Den Weg hierzu versperrten zwei uralte Reisige: Die Religion und die Fleischnahrung. Kirche und Küche.*« (S. 73) Nachdem also alle Weltprobleme auf Kirche und Küche reduziert worden sind, gelangt Armin endlich zu seinem eigentlichen Ziel Portofino. Hier trifft er ein sehr konservatives Ehepaar mit seiner Tochter Liane, die – wen wundert es – genau das filigrane Geschöpf ist, dem Armin schon zu Beginn seiner Reise begegnet ist und in das er sich sofort unsterblich verliebt hat. Unterbrochen wird die sich anbahnende Affäre durch den Besuch einer abschreckenden Ausstellung über das 20. Jahrhundert, mit dem noch einmal das allgemeine Genesungsrezept der Zukunft – Gesundschrumpfen und Konsumverzicht – unterstrichen wird.

Zum Abschluss des Romans entspinnt sich ein ausgesprochen albernes Melodram zwischen Mutter, Tochter und Armin. Armin und Liane baden zwar des Nachts nackt im Meer, es passiert aber außer einigen keuschen Küsschen gar nichts. Für die Mutter ist das allerdings Anlass genug, sich umbringen zu wollen, da Liane aus ihrer Perspektive zur »Buhle« (S. 245) geworden sei. Im Gegenzug will sich Liane umbringen, wird aber von ihrem Armin gerettet. Irgendwie – Ende gut, alles gut.

Es fällt schwer, diesen sog. SF-Roman ernst zu nehmen. Fakt ist, dass der Autor sein Öko-Thema, das er sich selbst gestellt hat, nicht bewältigt. Sein grünes Weltbild erschöpft sich in einem vegetarischen Lebensstil ohne Tabak und Alkohol, einer luftigen Kleidung für Männlein und Weiblein und einem verordneten allgemeinen Wohlbefinden. Genauso klischeehaft ist der Plot und seine literarische Umsetzung. Allein die Zeichnung Lianes grenzt an eine Zumutung, wenn sie einem debilen Geschöpf gleich singt: »*Du – Du – Du böser Mann, Du – Du – Du – allein! Du herziger teutscher Gesell! Du – Du – allein bist mein (…) Du – Du – Du! Du – nur immerzu!*« (S. 164) Falls das Gelalle, wie vereinzelt behauptet wird, expressionistisch gemeint sein soll, dann habe ich den Expressionismus wohl falsch verstanden.

Immer wieder verliert sich Albrecht in ausführlichen Beschreibungen der Damen- und Herrenbekleidung und den dazu gehörenden Accessoires, wobei das Wechselspiel zwischen nackter Haut und einem raffinierten Höschen oder Kleidchen im Vordergrund steht. Der Schlussteil mit den diversen Suizidabsichten aus nichtigen Anlässen gerät vollends zur Seifenoper. Dieser Kitsch hat mit SF und dem angeblichen Öko-Thema nichts mehr zu tun.

Wenn es einen noch entscheidenderen Makel des Romans gibt, steckt dieser in seiner Verlogenheit, denn die grün angestrichene Zukunftsgeschichte ist nur ein Vorwand für das eigentliche Anliegen des Autors. Tatsächlich geht es Albrecht um Sexualität, und zwar nicht nur um Hetero-, sondern auch um Homosexualität. Fast mit Händen zu greifen ist seine Sehnsucht nach einem freien Geschlechtsleben, das sich ohne Zwänge und Konventionen entfalten darf. Doch es bleibt bei dieser vagen Sehnsucht, die durch eine falsche Sexualmoral verschüttet wird. Ständig hampelt er zwischen seinem Verlangen und den sexualfeindlichen Verhaltensvorschriften hin und her. Damit trickst

sich der Autor selbst aus. Was vom Ansatz her offensichtlich als Beitrag zur sexuellen Befreiung gemeint ist, verkommt stets zu einer Apo-
logie repressiver Konventionen. So wagt es Albrecht lediglich, seine
Absichten über verklausulierte Ersatzthemen (z. B. die Schilderungen
der Bekleidung oder des Nacktsports) anzudeuten. Da, wo es ernst
wird, hat indes immer der Puritanismus das letzte Wort.

Die zur Schau gestellte Inkonsequenz betrifft vor allem auch sein
Verhältnis zur Homosexualität. Es bedarf keiner besonderen Sensibi-
lität, um zu erkennen, dass Albrecht auch für schöne Jünglingskörper
in knappsten Höschen (oder auch nackt) viel übrig hat. Das hindert
ihn im Roman wiederum nicht, die gleichgeschlechtliche Liebe als
ausrottungswürdiges Übel zu verdammen. Nun mögen derartige
Verrenkungen angesichts des gesellschaftlichen Umfelds, in dem der
Autor lebte, auch als Schutz gedient haben. Dennoch! Wenn er schon
dieses Thema aufgreift, zu dem ihn ja niemand gezwungen hat, dann
sollte er es aufrichtig abhandeln. Kann und/oder will er das nicht,
dann sollte er die Finger davon lassen.

11.5. Ganz weit weg

Neben den Festgelegten, den Zweiflern und den ausgewiesenen
Sonderlingen gab es in der damaligen deutschen SF auch Schriftsteller, die sich komplett jenseits des politischen Mainstreams bewegten, weil sie Ansichten vertraten, die in keiner der nur halbwegs
relevanten politischen Richtungen einzuordnen waren bzw. dort
auch niemals hätten Fuß fassen können. Nun gibt es Beispiele tota-
ler Querdenker, die auf lange Sicht in wichtigen Punkten trotzdem
Recht behalten haben, obwohl alle Welt gegen sie war (z. B. Giordano
Bruno). Doch leider gibt es auch Querdenker, die tatsächlich nichts
anderes als Spinner sind.

Der ewige Kreislauf ohne Sinn

Auf dieser Ebene liegt der Roman *Die letzten Menschen*, der 1905 von
dem misanthropischen, zutiefst pessimistischen Landgerichtsdirektor
Dr. Friedrich Jacobsen (1853–1919) verfasst wurde. Jacobsen bietet
eine verdrehte Scheinphilosophie an, bei der man eigentlich sofort
aufhören müsste, bevor man angefangen hat.

Jacobsen versetzt das Geschehen tausend Jahre in die Zukunft. Davon merkt man aber nichts, denn im Prinzip unterscheidet sich diese kaum von der Welt im Jahr 1905. Die Schilderung futuristischen Beiwerks interessiert ihn auch nicht, weil es ihm nur um die Vermittlung einer Vergeblichkeitsvorstellung geht. Er vermischt den Gedanken eines ewigen Kreislaufs (es wird wieder so sein, wie es schon war) mit Versatzstücken aus der biblischen Genesis. In seinem Roman wird alles auf der Erde durch einen einschlagenden Kometen zerstört. Mit seiner Hilfe kehrt Jacobsen die Genesis um, indem die Erde am Ende so ist, wie sie laut Bibel am Anfang war – wüst und leer.

Jacobsen hat das Buch wohl nur wegen einer einzigen Botschaft geschrieben: Liebe Leute, ihr könnt machen, was ihr wollt, es hat doch keinen Zweck. Weniger flapsig ausgedrückt propagiert Jacobsen den berühmt-berüchtigten Circulus vitiosus, den ewigen Kreislauf ohne Sinn, ein Nullsummenspiel, in dem Behauptung und Schlussfolgerung auswechselbar und damit dasselbe sind.

Religiöse Fantasien – Gottesstaat und das Reich Jesu

Wenn wir schon auf abwegigen Pfaden wandeln, soll an dieser Stelle wenigstens erwähnt werden, dass es in diesem Motivrahmen auch vereinzelte Utopien gab, die sich in religiösen, d.h. christlichen Schwärmereien verloren und von Jesus Christus eine bessere Welt erwarteten. 2000 Jahre Geschichte des Christentums reichten wohl immer noch nicht aus, um derlei Vorstellungen ad acta zu legen. Zu diesen zu spät gekommenen Aposteln gehörte der damals in München lebende Tiroler Heimatdichter Rudolf Greinz (1866–1942), der 1893 mit *Der jüngste Tag* einen christlichen Gottesstaat anpries.

Sein Held Helgrimur verlässt angeekelt die verderbte, untergehende Welt, um auf einer utopischen Insel seine Liebe Ismelda zu finden und mit ihr in einem wahren Christentum zu leben. So antiquiert das utopische Schema ist, dessen sich Greinz bedient, so hoffnungslos überholt ist seine Heilslehre, die komplett an den Herausforderungen ihrer Zeit vorbeigeht.

Ambitionierter als Greinz präsentierte sich der Theologe Hermann Faulhaber (1842–1914) mit seinem Buch *Das Goldene Zeitalter der Zukunft. Eine Erzählung aus dem Jahr 2000–2030* (1896), weil er sich

nicht mit Kleinigkeiten abgab, sondern gleich das Ende der menschlichen Geschichte an die Wand malte und dann ein umfassendes
christliches Utopia verkündete.

Auf fast 800 Seiten überträgt Faulhaber
die Apokalypse des Johannes auf das
Jahr 2000 und danach. Ein gottloser,
jüdischer (!) Weltregent, der Antichrist,
hat die Macht übernommen und führt
sein riesiges Heer bei Jerusalem in die
letzte Schlacht, die natürlich durch den
vom Himmel herabsteigenden Christus
verloren wird. Danach bricht ein Gol-
denes Zeitalter an, in dem ein wieder
einmal »wahres« Christentum zu den
herrlichsten Zuständen führt.

Faulhabers nervtötender Roman,
nicht zufällig vom Verlag der Buch-
handlung für Innere Mission her-
ausgebracht, leitet die menschliche Zukunft von einem 2000 Jahre
alten Bibeltext ab, den er zudem noch plagiiert. Mich wundert es
immer wieder, wie man in archaischen Schriften von Nomaden- und
Bauerngesellschaften, die mit unserer Welt rein gar nichts mehr zu
tun haben, Perspektiven für das 3. Jahrtausend herauslesen will.

Scheinbar moderner gerierte sich der Pfarrer Samuel Keller (1856–
1924), der unter dem bezeichnenden Pseudonym Ernst Schrill firmiert. 1902 veröffentlichte er den Roman *Menschwerdung. Ein sozialer
Roman aus der Gegenwart.*

Hier berichtet der schreibende Geistliche von einem idealistischen
Gutsbesitzer im deutschen Osten, der für seine Landarbeiter ein
genossenschaftliches Utopia schaffen will. Seine Mühen werden
aber nicht belohnt, da die zu beglückende bäuerliche Bevölkerung
zu dumm und charakterlich zu unreif ist, um das Werk gelingen
zu lassen. Klar wird auch, dass der Autor von vornherein die Versuche des Junkers für vergeblich hält, einfach weil es nach Schrill
nur einen einzigen Weg zur Rettung gibt: »*Jesus und sein Reich ist
das wahre zeitliche und ewige Glück der ganzen Menschheit.*« (S. 421)

Das erkennt am Ende natürlich auch der fiktive Gutsherr, womit der Pfarrer wieder zu seinem religiösen Ladenhüter zurückgekehrt ist. In der Tat, ein schrilles Werk.

Christlich bestimmte Autoren haben auch anderes zu bieten

Fairerweise sei gesagt, dass nicht alle religiös-christlich motivierten Utopieautoren wirklichkeitsfremde Käuze wie Greinz, Faulhaber und Keller alias Schrill waren. Das belegen der Pfarrer Emil Felden und sein Amtskollege Friedrich Wilhelm Mader.

Felden legte den respektablen utopischen Roman *Menschen von morgen* (siehe 7.9.) vor, und der überzeugte Protestant Mader war mit seinem SF-Roman *Wunderwelten* (siehe 14.6.) geradezu eine Ausnahmeerscheinung im preußischen Konservatismus, auch wenn er in seiner scharfen Glaubensapologetik deutlich übers Ziel hinausschoss. Dennoch ist und bleibt Mader als Autor und Mensch wichtig und bemerkenswert.

VII.   Facetten der frühen deutschen Unterhaltungs-SF

Zum Gesamtbild der SF im Kaiserdeutschland gehören auch Romane und Geschichten, die nur wenige oder gar keine ausdrücklich genannten und ideologisch ausformulierten weltanschaulichen Botschaften enthalten oder gar von einem fanatischen Missionseifer für diese oder jene Polit-Richtung durchdrungen sind. Diese Texte wollen in erster Linie den Leser unterhalten und wissenschaftlich-technisch belehren. Dazu nutzen sie Ideen, die erst durch das Industriezeitalter entstehen konnten. Wenn sie dem Autor darüber hinaus noch ein gutes Honorar einbrachten, war das beabsichtigt. In diesem Kontext sind die (überwiegend rechten) politischen Implikationen der folgenden Texte als Beiwerk einzuordnen, das dennoch bei allem Verständnis als offensichtlich unvermeidliche Zugabe des Zeitgeistes seine bedenkliche, ja gefährliche Bedeutung behält.

12.   Wissenschaftlich-technische Zukunftsträume

Die SF erträumt sich wissenschaftlich-technische Entwicklungen, die zu fantastischen Apparaten mit unglaublichen Möglichkeiten werden. Selbst die Social Science Fiction kann und will darauf nicht verzichten, weil sie andersartige politisch-soziale Entwicklungen fast nie alleine aus einem anderen menschlichen Denken und Fühlen erklärt, sondern aus der veränderten wissenschaftlichen und technischen Umwelt des Menschen – oder aus einer Kombination aus beidem. Gleichwohl gibt es innerhalb des Genres auch in diesem Sektor klare Unterschiede, und diese beruhen darauf, wie eng oder weit die Autoren sich literarisch fokussieren. Das bestimmt letztendlich, ob eine Geschichte ganz dicht um eine einzige wissenschaftlich-technische Idee kreist, oder ob sie (meistens sind es dann auch mehrere Ideen) räumlich, zeitlich und thematisch so weit gefasst ist, dass sie erheblichen Spielraum für anderweitige Spekulationen lässt.

Die unterhaltenden Erzählungen in diesem Segment der Kaiserreichs-SF hatten eher einen engeren Fokus. Außerdem waren sie in
der Regel fortschrittsgläubig und machbarkeitsorientiert, hatten eine
deutlich belehrende Absicht und schlugen nicht selten propagandis-
tische Töne an, ohne direkt agitatorisch zu sein. Die ihnen adäquaten
Medien waren Artikel in Zeitungen und Zeitschriften (oft als Fortset-
zungsserien), Bücher, Hefte, Broschüren und vor allem das jährliche
Buch-Periodikum DAS NEUE UNIVERSUM (DNU), das sich vornehmlich
an die männliche Jugend wandte.

DAS NEUE UNIVERSUM (DNU)
Das Jahresperiodikum DNU ist ein publizistisches Phänomen,
denn es existierte sage und schreibe 122 Jahre lang, nämlich
von 1880 bis zum Jahr 2002, und brachte es auf 119 Ausgaben
(es gab nur drei, jeweils kriegsbedingte Unterbrechungen). In
der wilhelminischen Ära war DAS NEUE UNIVERSUM sozusagen
die Mailänder Scala für diese Art von Geschichten. Wech-
selnde, aber auch feste Autoren versorgten die technikbegeis-
terte Jugend (und so manchen Erwachsenen) mit der neusten
populärwissenschaftlichen Belletristik im SF-Gewand. Einer der
festen Autoren im NEUEN UNIVERSUM war Hans Dominik.

12.1. Hans Dominik – Techniker der Zukunft

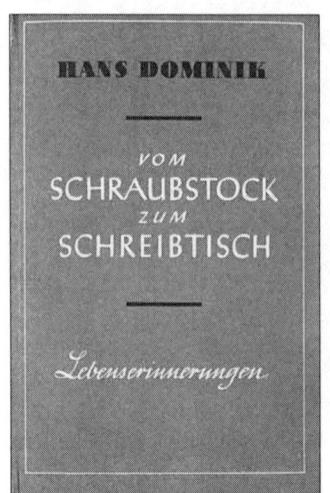

Da Hans Dominik (1872–1945) eine (wie auch immer zu bewertende) überragende Rolle in der deutschen SF der ersten Hälfte des 20. Jahrhunderts gespielt hat, muss und soll auf ihn näher eingegangen werden. Der Elektroingenieur war in den 1920er- bis in die 1940er-Jahre hinein *der* deutsche SF-Autor, dem kein anderer an Popularität und Auflagenhöhe das Wasser reichen konnte. Praktisch zeitgleich mit seinem Tod 1945 war seine große Zeit vorbei. Zwar gab es in den folgenden Jahrzehnten immer wieder Neuauflagen, aber die Entwicklung der deutschen SF war über ihn hinausgewachsen. Heute ist Dominik im Wesentlichen nur noch aus literaturgeschichtlichen Gründen interessant, da sich seine Themen, seine Art zu schreiben und seine Botschaften überlebt haben. Dennoch ist und bleibt er eine Größe in der deutschen SF-Geschichte, die nicht wegzudiskutieren ist.

Dominiks schillerndes Bild
Zweifellos hatte Hans Dominik im Gegensatz zu vielen seiner Zeitgenossen die ungeheure Dynamik der Moderne begriffen. Ebenso hatte er verstanden, dass man diesem umwälzenden Tempo nur mit einem offensiven Gestaltungswillen Herr werden konnte, wollte der Mensch bestehen. Wenn er diese richtigen Erkenntnisse in unterhaltsame, spannende SF verpackte, war das eine gute Sache. Leider gelang es ihm nicht, bedingt durch seine eigene starke konservative Befangenheit, den Nationalismus aus seinen Werken zu verbannen oder ihn wenigstens auf ein Minimum zu reduzieren. Vielleicht war ihm das als Problem noch nicht einmal bewusst, oder er wollte es nicht wissen. Seine im Prinzip weltoffene Haltung – er hatte zweimal die USA, die er im Grunde bewunderte, für längere Zeit besucht – produzierte Bücher, in denen es eigentlich immer um Vorformen der

Internationalisierung und Globalisierung geht. Diese fortschrittlichen Ansätze wurden durch den Zeitgeist verbogen, z. T. sogar verschüttet. Dies zusammen mit seinem eher bescheidenen, weil stereotypen, klischeehaften und paradoxerweise doch spannenden Stil mag für das schillernde Bild seiner Schriftstellerpersönlichkeit verantwortlich sein. Hingewiesen sei in diesem Zusammenhang auf die beachtenswerte Jubiläums-Edition bei Heyne (1997, Hrsg. Holger Miehlke), die akribisch-detailliert ein differenziertes Bild Dominiks entwirft.

Wie aus Dominik ein Bestsellerautor wurde

Ursprünglich wollte Dominik gar kein Schriftsteller werden, obwohl sein Vater Journalist und Verleger war. Er, der sich schon als Kind für Naturwissenschaft und Technik interessierte, war zuerst einmal ein durch und durch technischer Geist, was sich dann auch in der ersten Zeit seines Ausbildungs- und Berufslebens niederschlug. Allerdings erlebte er als Gymnasiast in Gotha Kurd Laßwitz, der ihn zeitweise unterrichtete. Diese Begegnung war ohne Frage prägend und hat sicherlich viel zu seiner späteren SF-Karriere beigetragen. Nach dem Abitur und einer technischen Ausbildung arbeitete er in verschiedenen Berufen und begann dann – dies eigentlich nur, um sein karges Gehalt aufzubessern –, populärwissenschaftliche Artikel und pädagogisierende Storys zu schreiben. Damit hatte er zunehmend mehr Erfolg, sein Name bekam Gewicht, und als ihm schließlich 1922 mit

dem SF-Roman *Die Macht der Drei* der endgültige publizistische Durchbruch glückte, sattelte er zum Berufsschriftsteller um. Bis zu seinem Tod blieb ihm der Erfolg treu.

Es bleibt einer Darstellung der deutschen SF in der Weimarer Republik und unter der Nazi-Herrschaft vorbehalten, Dominiks weitere Geschichte zu erzählen. In diesem Buch geht es um sein Leben und Wirken bis 1918. Das kann man, kurz gesagt, als Vorbereitungsphase für seinen späteren, erstaunlichen Aufstieg zum deutschen SF-Autor Nr. 1 bezeichnen. Womit wir wieder

Soeben ist erschienen:

Das Neue Universum

42. Band Die interessantesten Erfindungen und Entdeckungen auf allen Gebieten, sowie Reiseschilderungen, Erzählungen, Jagden und Abenteuer. Ein Jahrbuch für Haus und Familie, besonders für die reifere Jugend. Mit einem Anhang zur Selbstbeschäftigung: „Häusliche Werkstatt". 476 Seiten Text mit 408 Abbildungen und 9 Beilagen. Gebunden 42 Mark 75 Pfennig.

In diesem vorzüglich gesichteten und zusammengestellten Buche vereinigt sich alles, was die Gegenwart an Wissenswertem für die Jugend birgt. Erzählungen, Jagden, Abenteuer sind in der richtigen Erkenntnis, daß das Buch nicht in erster Linie dem Zeitvertreib dienen soll, sparsam behandelt. Dafür nehmen die neuzeitlichen Erfindungen und gewaltigen Errungenschaften auf dem Gebiet der Technik, Maschinen, Bauwerke und des Flugwesens, Elektrotechnik, Physik und Chemie, Militärwesen und Flotte, Länder- und Völkerkunde, Verkehrswesen und Industrie, Geologie und Astronomie, Heilkunde und Naturgeschichte einen breiten Raum ein. Nicht zu vergessen sind die Anleitungen zur Selbstbeschäftigung, die Aufgaben zum Kopfzerbrechen und die zahlreichen guten Voll- und Einschaltbilder, die das Wort beleben. — Dieser Stoff ist so zweckmäßig geordnet und lebendig und anschaulich vorgetragen, daß die jungen Leser immer wieder auf das „Neue Universum" zurückgreifen, es als Nachschlagebuch benutzen und dauernd gediegene Unterhaltung und Belehrung daraus schöpfen werden.

Seitenansicht des Propellerwagens „Helica"

Hamburger Nachrichten

bei DAS NEUE UNIVERSUM sind, denn hier veröffentlichte Dominik SF-Erzählungen, die ihm die Grundlage und das Handwerkszeug für seine Bestsellerromane lieferten. Doch auch nach 1922 versorgte er DAS NEUE UNIVERSUM immer wieder mit neuen Geschichten.

Ein neues Paradies

In dem Heyne-Band der Reihe SCIENCE FICTION CLASSICS *Ein neues Paradies* (1977) sind einige von Dominiks Storys dokumentiert, die er im DNU bis 1937 veröffentlichte. Ich nenne wegen des uns interessierenden Zeitrahmens die Geschichten ›Die Nahrung der Zukunft‹ (1907), ›Die Reise zum Mars‹ (1908) und ›Ein neues Paradies‹ (1910), die Story, die auch den Titel für das Heyne-Taschenbuch beisteuerte. Sie soll an dieser Stelle herausgegriffen werden, weil sie exemplarisch für den Texttypus steht, den ich oben beschrieben habe.

In ›Ein neues Paradies‹ begibt sich Dominik, belletristisch durchaus ansprechend, auf eine Blitzreise durch die Menschheitsgeschichte, indem er bei den Ururmenschen anfängt, die noch wie die Tiere das rohe Fleisch aus der Beute herausreißen und fressen. Doch schon gibt es einen, der über das Feuer und gebratenes Fleisch nachdenkt.

SCIENCE
FICTION
CLASSICS

HANS DOMINIK

EIN NEUES PARADIES

200.000 Jahre später. Das Feuer ist gezähmt, und die ersten Hoch-kulturen entstehen. Es geht flott weiter bis zum Industriezeitalter und der Dampfmaschine. Jetzt ist es die Kohle, die Energie liefert, von der vorher nur geträumt werden konnte. Doch erste Zweifel melden sich. Was passiert, wenn der Vorrat an Kohle aufgebraucht ist? Der Autor landet in seiner Gegenwart bei dem Wissenschaftler-Ehepaar Curie und der Entdeckung des Radiums, der Radioaktivität und des Atom-zerfalls. Die Atomenergie ist entdeckt, und jetzt wird die Story zur SF. (Dass es auch eine Öl-Ära gab, kommt bei ihm nicht vor.)

Im fiktiven Jahr 1950 erläutert ein Physikprofessor die zahlrei-chen Anwendungsmöglichkeiten der neuen Energie, z. B. treibt sie Motoren an oder erzeugt Elektrizität und Licht. Außerdem verweist er darauf, dass man nicht mühselig nach dem sehr seltenen Radium suchen muss, sondern durch eine bestimmte Aufbereitungsmethode Metalle wie z. B. Kupfer verwenden kann. Damit hat man genug Material, das Atomenergie liefert. Dominik springt ins Jahr 2050. Jetzt hat sich »das Zeitalter der Radiotechnik« voll entfaltet, denn die Atomenergie spendet problemlos und sauber Energie in Hülle und Fülle. Sie führt die Menschen auch auf die Spur der Antigra-vitation. Ein gewisser »Herr Braun« und sein junger Assistent Fritz experimentieren mit einer Antigravitationskugel und beweisen, dass mit diesem Antrieb die Raumfahrt möglich ist. Es wird nicht lange dauern, bis das erste Raumschiff zum Mars startet.

Am Ende der Story sind viele weitere Jahrhunderte vergangen, und wir befinden uns im Jahr 2810. Wieder hält ein Professor, »*der in Heliopolis auf der Venus oder in Dynapolis auf dem Mars über die Radiotechnik spricht*« (S. 76), einen Vortrag. Er zitiert ein uraltes Dokument, in dem vermutet wird, dass es bereits schon einmal eine Menschheit gegeben hat, die technisch hochstehend gewesen war, dann aber durch unbekannte Ursachen in die Primitivität zurückfiel. Der Professor endet mit den Worten: »*Heute sitzen wir wieder im Garten Eden. (…) Hüten wir uns aber, dass nicht ein neuer Sünden-fall in Unwissenheit und Unkenntnis uns der Herrschaft über die Welt beraubt, dass wir nicht von neuem auf dornigem Acker mit Spaten und Hacke beginnen müssen.*« (S. 78)

In ›Das neue Paradies‹ geht Dominik der Frage nach, welche Ener-giequelle der Menschheit ein langes und gutes Leben bescheren kann. Er findet sie in der Atomenergie, in der er geradezu blauäugig das Wundermittel sieht, das alle Probleme löst. Folgerichtig gibt es in der Story einen ungebrochenen Menschheitsfortschritt. Das passt exakt zu dem Duktus dieser Art von SF-Geschichten, genauso wie die intensiven naturwissenschaftlichen Belehrungen und mathematischen Berechnungen dazu gehören. Stets doziert ein Professor. Die Jugend soll schließlich etwas lernen!

Blickt man über den Tellerrand der Geschichte, so befremdet ihre Abgehobenheit von allen aktuellen Ereignissen, die sich in Dominiks Realgegenwart abspielen, ja es ist schon irgendwie haarsträubend, wenn Dominik wenige Jahre vor dem Kriegsbeginn 1914 eine Story mit dem Titel ›Ein neues Paradies‹ vorlegt. Allein das merkwürdige Ende könnte als Gegenpol aufgefasst werden. Will Dominik mit der Beschwörung einer »ersten Menschheit«, die von ganz oben wieder ins Nichts stürzt, vor dem kommenden Unheil warnen? Zweifellos sind die Schlussworte eine eindringliche Mahnung, wobei diese aber verschlüsselt bleibt. Auch in diesem Sinn haben wir es mit einer typischen Dominik-Story zu tun, da er bei Äußerungen, die dem politischen Mainstream eventuell hätten widersprechen können, immer sehr vorsichtig und zurückhaltend war.

12.2. Weitere Storys aus DAS NEUE UNIVERSUM

In einem weiteren Heyne-Band der Reihe SCIENCE FICTION CLASSICS mit dem Titel *Als der Welt Kohle und Eisen ausging* [sic!] (1980) finden wir Geschichten von anderen Autoren, die für DAS NEUE UNIVERSUM schrieben. Übrigens ist auch in diesem Band Dominik mit der Kurzgeschichte ›Ein Experiment‹ (1913) vertreten, die allerdings im DNU anonym publiziert wurde (siehe 14.2.). Fast alle Storys liegen ideologisch mehr oder weniger auf derselben Wellenlänge und verdeutlichen noch einmal die redaktionelle Konzeption des Periodikums unter preußischer Oberhoheit. Man war kaisertreu und stramm nationalistisch, drängte aber zugunsten des SF-gewendeten naturwissenschaftlich-technischen Interesses die (meist rechtslastigen) politischen Töne in die zweite Reihe. Das ging so weit, dass hier und da sogar Geschichten zum Zug kamen, die sich durch andere Akzentsetzungen dem obligatorischen Rechtspopulismus entzogen. Die folgende Story ist eine von diesen.

Ein anonymer Philanthrop

Was Dominik an technischer Fortschrittsfreude vorexerziert, wird in der aus zwei Teilen bestehenden SF-Geschichte ›Eine Reise im Jahr 1970‹ (1909) geradezu in Reinkultur fortgesetzt, deren Autor unbekannt ist. Gleichzeitig nimmt sie den Leser durch ihren humanen Grundtenor ein.

Im ersten Teil erzählt ein 100-jähriger Ich-Erzähler aus seinem Leben, das im Jahr 1870 begann. Er, ein genialer Erfinder aus Berlin, schildert seinen Werdegang von einem in bescheidenen Verhältnissen lebenden, einfachen Ingenieur bis zum Milliardär. Sein erstes Hundertmillionengeschäft macht er mit dem Verkauf eines von ihm konstruierten Lufttorpedos an die Amerikaner, die damit den amerikanisch-japanischen Krieg im fiktiven Jahr 1935 gewinnen. Danach baut er eine Eisenbahnlinie quer durch Afrika von Kapstadt bis Alexandria, die durch ihre Schnelligkeit den Fernverkehr auf dem schwarzen Kontinent revolutioniert. Noch gewaltiger ist der Bau eines pneumatischen Atlantik-Tunnels zwischen New York und Paris, in dem Luxuszüge mit Schallgeschwindigkeit durch die Vakuum-Röhre sausen.

Im zweiten Teil wird auf einen Berichterstatter umgeschaltet, der aus Tagebuchaufzeichnungen zitiert, die der betagte Milliardär auf einer Rundreise angefertigt hat. Von seinem Schloss an den Hängen des Kilimandscharos aus startet er 1970 mit seinem privaten »Motorballon« zu einer nostalgischen Fahrt nach Europa und v. a. nach Deutschland. Die Fahrt soll seine letzte werden. Aber noch berichtet er von einem ausgedehnten Luftverkehr mit Zeppelinen und »Luftpolizisten« in »Drachenfliegern«, von riesigen Gartenstädten, die in ganz Westeuropa zu finden sind, und von ausgefeilten Bodenverkehrssystemen, mit denen man größte Entfernungen in kürzester Zeit überwinden kann. Dann erreicht er seine alte Heimat Berlin, trifft dort einen Urgroßneffen und lässt sich von ihm das futuristisch gewandelte Bild der Stadt zeigen. Schließlich macht sich der Alte auf Wunsch des Urgroßneffen mit seinem Luftschiff zum Nordpol auf. Doch dieser Ausflug ist für den greisen Magnaten zu anstrengend. Sanft scheidet der große Mann in der Schlafkabine des Luftvehikels aus dem Leben.

Lebensweg und Reise des schwerreichen Erfinders dienen in ›Eine Reise im Jahr 1970‹ als Aufhänger, um die technischen Glanzleistungen einer für den Autor gar nicht so fernab liegenden Zukunft (ca. 60 Jahre) auszumalen. Im Zentrum steht dabei die Mobilität, die für ihn eine Schlüsselfunktion hat. Wenn es gelänge, so seine Überlegung, größte Entfernungen in überschaubaren Zeiten zu meistern, hätte das auch positive soziale Konsequenzen. Viele Menschen, die nicht so betucht sind, könnten dann z. B. in einem weiten Kreis um die Metropolen herum im Grünen wohnen (wo bspw. das Bauen billiger ist) und gelangten trotzdem schnell und bequem zu ihren Arbeitsplätzen. In der Figur des deutschen Ingenieurs frönt er zudem einer Aufstiegsmentalität, die es erlaubt, nur durch persönliche Tüchtigkeit von unten nach ganz oben zu kommen. Sein Held ist eine Art Super-Mac Allan (siehe Kapitel 11.2), jedoch ohne dessen Selbstquälerei und Tragik. Ohne Brüche und Rückschläge macht der Protagonist den Erfolgsdurchmarsch, und genauso glatt erscheint die gesamte Zukunftswelt. Ansonsten erfahren wir nichts von zukünftigen politischen und gesellschaftlichen Verhältnissen. Offenbar hängt der Anonymus der These an, dass der technische Fortschritt quasi automatisch auch den gesellschaftlichen Fortschritt bringt – wenn dem so wäre, eine fraglos naive und politisch gefährliche Vorstellung.

Andererseits hebt sich der Grundton von ›Eine Reise im Jahr 1970‹ wohltuend von vielen zeitgenössischen SF-Produkten ab. Es ist schade, dass über den Autor nichts bekannt ist, denn er scheint eine interessante Person gewesen zu sein. So kann man nur aus dem Text selbst erschließen, wie er denkt. Ich meine bei aller gebotenen Vorsicht: Ein verbohrter Deutschnationaler war unser Anonymus nicht. Zwar findet sich auch bei ihm hier und da ein zeitgängiges rechtes Politklischee, aber das nur verhalten, selten und wie nebenbei. Dafür findet man – hier bezogen auf die Fliegerei – so bemerkenswerte Sätze wie: »*Es ist nur erfreulich, dass sich die europäischen Mächte bereits im Jahr 1907 darauf geeinigt haben, dass das Herunterwerfen von Explosivstoffen bei jeder Kriegführung verboten ist*« (S. 240). Was wäre den Menschen alles erspart geblieben, wenn der Bombenkrieg aus der Luft nie stattgefunden hätte! Insgesamt, so meine ich, zeichnet sich die Geschichte trotz ihrer zukunftsseligen Schmalspurigkeit durch Besonnenheit sowohl in der Sache als auch in der Sprache aus, und die spürbare humane Einstellung des Erzählers ist eher eine literarische Ringeltaube im deutschen Kaiserreich.

Wie man dummen Fremdvölkern die lange Nase zeigt

Anders der Wiener Reise- und Abenteuerschriftsteller Colin Ross (1885–1945; Tod durch Selbstmord). Er schrieb 1913 eine SF-Geschichte für DAS NEUE UNIVERSUM. Hintergrund waren seine ausgedehnten Reisen, die er journalistisch verwertete. Dabei interessierten ihn nicht andere Ethnien und Kulturen, sondern nur die weltweiten Rohstoffschätze, die nach seiner Auffassung ausschließlich den Europäern – und hier vornehmlich den Deutschen – zustanden. Seine rassistische Grundeinstellung führte nach dem ersten Weltkrieg zu einer aktiven Parteinahme für die Nazis, obwohl er selbst jüdische Vorfahren hatte. Persönliche Seilschaften vor allem mit der Nazi-Größe Baldur von Schirach schützten ihn als einen der wenigen vor Verfolgung. Doch auch er musste schließlich die Rechnung bezahlen. Als seine verbrecherischen Gönner 1945 untergingen, gab es auch für ihn keinen Ausweg mehr.

Die Story heißt ›Als der Welt Kohle und Eisen ausging‹ (der gleichzeitig dem gesamten Band den Titel gibt) und beschreibt ein imaginäres 1995. Europa, das keine eigenen Rohstoffe mehr hat, gerät in eine bedrohliche Energiekrise, weil China, das einzige Land der Erde, das noch über nennenswerte Kohle- und Erzvorkommen verfügt, seine Exporte einstellt. Schon rüsten das Deutsche Reich und die anderen Industrienationen zum Krieg, um sich mit Gewalt zu holen, was man sonst nicht mehr bekommen kann: »*Doch deutsches Genie weiß andere Abhilfe. Anstatt mit Kohle werden die Hochöfen mit Elektrizität geheizt. Und um den Erzmangel zu beheben, bohrt man das glutflüssige Erdinnere an, das zum größten Teil aus Eisen besteht. Mit Erfolg!*« (Zitat aus dem Klappentext der Heyne-Ausgabe *Als der Welt Kohle und Eisen ausging* von 1980). So wird der Krieg abgeblasen, und die egoistischen Chinesen gucken in die Röhre, da sich Deutschland jetzt selbst – und Europa mit dazu – versorgen kann.

Wie schon zu erwarten, ist die Story eingebunden in die typische Deutschmannssucht und einen untergründigen Rassismus. Immerhin beschäftigt sich Ross mit einer möglichen Energiekrise und macht sie zum Thema einer SF-Geschichte. Wenn man bedenkt, dass wahrscheinlich erst 1974 beim ersten erzwungenen autofreien Sonntag, bedingt durch die Öl-Krise, auch breitere Schichten der deutschen Bevölkerung etwas von der Energieproblematik mitbekommen haben, ist ›Als der Welt Kohle und Eisen ausging‹ eine originelle SF-Geschichte. Leider bleibt Ross mit seinem Ansatz schon früh stecken. Bei ihm gibt es keine Kritik an der rücksichtslosen Ausbeutung der natürlichen Ressourcen, die ja erst zu diesem Zustand geführt hat und die der Grund für die geschilderte Energiekrise ist. Offensichtlich wird die bedenkenlose Verschwendungswirtschaft noch nicht einmal als Problem begriffen. Andere SF-Autoren, die ebenfalls in dieser Zeit schrieben, waren deutlich weiter, z. B. H. G. Wells. Allerdings deutet Ross schon so etwas wie die Nutzung der Geothermie an.

›Als der Welt Kohle und Eisen ausging‹ ist eine SF-Geschichte, die für das zeitgenössische Denken eine nicht alltägliche Problematik aufgreift. Ebenfalls ungewöhnlich ist, sieht man nur den Text selbst, dass Ross in seiner Story den Frieden triumphieren lässt, was einen bei der kriegslüsternen Stimmung stutzig macht. Zeigt Ross (manchmal auch »Roß« geschrieben) doch Ansätze von Vernunft?

Wohl kaum. Betrachtet man die Story nämlich aus der Perspektive der Weltanschauung des Autors, dann ist es eher plausibel, dass Ross das Energiethema mit einer perfiden Häme verbindet, die die »minderbemittelten Rassen« bloßstellen soll. Motivisch setzt auch Ross wie fast alle Autoren von DAS NEUE UNIVERSUM auf die Macht der Technik und des Erfindergeistes, die einen (v. a. für die Deutschen) allseits optimistischen Blick in die Zukunft gestattet.

Der Aufstand der Maschine

Der uns als Kampfschreiber gegen die deutsche Sozialdemokratie schon bekannte Friedrich Meister (siehe 8.1.) fuhr noch in der Ära der Segelschiffe zur See, musste aber nach zehn Jahren wegen einer Augenkrankheit den Beruf aufgeben.

Nachdem er sich in diversen Tätigkeiten versucht hatte, kam er schließlich zur Schriftstellerei und verarbeitete mit gewissem Erfolg seine persönlichen Erlebnisse und Kenntnisse hauptsächlich zu Abenteuer- und Kolonialgeschichten, schrieb aber auch einige SF-Storys und betätigte sich zudem als Bearbeiter von Texten ausländischer Autoren.

Susanne Päch beschreibt in ihrem Nachwort ›Die Zukunft von damals‹ der Heyne-Ausgabe *Als der Welt Kohle und Eisen ausging*, was dahintersteckt. Schon 1887 begann DNU, probeweise utopische Geschichten zu veröffentlichen. In Ermangelung geeigneten Materials »holte man sich zwei Geschichten (…) aus England, das ja zur damaligen Zeit schon einiges an guter utopischer Literatur zu bieten hatte. Nun war man jedoch in DAS NEUEN UNIVERSUM nicht bereit zuzugeben, dass diese Erzählungen nicht aus deutschen Landen stammten; so änderte man kurzerhand die Namen der Akteure, verlegte die Schauplätze in die Heimat und fand zu guter Letzt auch einen Autor, der die Patenschaft der beiden Geschichten übernahm: nämlich Friedrich Meister.« (S. 328)

Es geht einmal um die Story ›Unser Trabant‹, die ursprünglich unter dem Titel ›Brick Moon‹ (1869) von dem englischen Pfarrer Edward Hale veröffentlicht wurde. Der Plot dreht sich um einen bewohnten Satelliten und wurde von Meister in der DNU-Ausgabe von 1887 zugänglich gemacht. Sein anderer Text ist ein Marsroman, der aus der Feder des englischen Mathematikers Hugh MacColl floss und mit *Mr. Stranger's Sealed Packet* (1889) betitelt war. Aus ihm wurde 1897/1898 die Erzählung ›Die Weltfahrten und Abenteuer der ,Sternschnuppe'‹, angeblich von Friedrich Meister. Lediglich die kurze Fortsetzung von ›Unser Trabant‹ mit dem Titel ›Weiteres von ,Unserem Trabanten'‹ (1888) ist ein Meister'sches Eigengewächs, obwohl die Grundidee natürlich abgekupfert bleibt. Der »Pate« Friedrich Meister gab sich also für faule Tricks her, um auch in der Publizistik die sog. deutsche Überlegenheit zu belegen.

Originär von Meister ist die SF-Story ›Montezuma‹ von 1891, die deshalb interessant ist, weil sie plötzlich und unerwartet einen Schatten auf die heile Technikwelt wirft.

Zur Zeit des mexikanischen Kaiserreichs baut der deutsche Ich-Erzähler Johannes Eisenhuber eine Eisenbahnlinie in einem abgelegenen Gebirgsteil von Mexiko. Grund: Hier wurde Gold gefunden, und da sich die Regierung ein neues Eldorado erhofft, setzt man alles daran, das Gebiet zu erschließen. Leider sind die Arbeiter dumm, faul, abergläubisch und oft betrunken, sodass der deutsche Ingenieur nur Fortschritte erzielt, wenn er selbst den Bau ständig überwacht.

Die einzige Ausnahme ist der junge Pedro da Luz, ein Mann von edelster aztekischer Abstammung. Er ist ein begnadeter Lokomotivbauer und wird deshalb Eisenhubers Maschinenmeister. Zwischen beiden entwickelt sich eine enge Freundschaft, und so lässt ihn der Oberaufseher auch gewähren, als er merkt, dass Pedro heimlich an einem eigenen Projekt werkelt. Das Geheimprojekt entpuppt sich als eine ganz und gar neue und ungewöhnliche Dampflok, die sich während der Fahrt selbst mit Brennholz versorgt, da sie seitlich stählerne Greifarme hat, mit denen sie das Holz am Schienenrand abgreift und selbsttätig in den lodernden Kessel stopft. Außerdem hat sie einen riesigen Rüssel, mit dem sie ebenfalls automatisch das nötige Wasser aus Reservoirs oder Gräben absaugt. Auch das Fahrwerk ist genial konstruiert. Mit ihm lässt sich jede Steigung oder Neigung mit Leichtigkeit bewältigen.

Mit seiner Erfindung bewirbt sich Pedro bei der Eisenbahngesellschaft, bei der es in einem Wettbewerb für die beste Berglok 5000 Dollar zu gewinnen gibt. Das Geld hat Pedro bitter nötig, da er sein ganzes Vermögen in seine »Montezuma«, so nennt er das Ungetüm, gesteckt hat. Bei der entscheidenden Präsentation zeigt sich aber ein Fehler. Die Maschine unterscheidet bei den zu verbrennenden Hölzern nicht. Deshalb verschlingt sie nicht nur Bäume und Bruchholz, sondern auch die Telegrafenmasten. Die Gesellschaft verwehrt Pedro den Preis und fordert ihn auf, die Montezuma von ihrem Gelände zu entfernen. Der junge Mann ist am Boden zerstört und verschwindet.

Zuerst meint der Ich-Erzähler, Pedro habe sich abgesetzt, aber später erfährt er aus einem Brief, den er im Lokschuppen findet, dass der Mexikaner vor Kummer gestorben ist. Inzwischen hat sich auch die neue Bahnlinie als Fehlinvestition erwiesen, da es keine reichen Goldvorkommen gibt. Eisenhuber denkt, dass damit die Episode beendet sei. Doch plötzlich berichten die Einheimischen von einem furchtbaren Dämon, der kreischend über die Schienen rast und alles verschlingt, was ihm in den Weg kommt. Dem Deutschen ist sofort klar, dass es sich um die Montezuma handeln muss. Er weiß auch aus dem Brief, dass sich die Lok verselbstständigt hat und Eigenschaften eines Lebewesens zeigt – z.B. einen Willen und einen Selbsterhaltungstrieb. Eisenhuber ist fest entschlossen, das Monster zu vernichten, aber alle Versuche scheitern.

Als er schön längst wieder in Deutschland ist, fällt ihm eine Zeitung in die Hand, die davon berichtet, dass ein seltsames Ungeheuer in einem Teil von Mexiko sein Unwesen treibe. Dem Ich-Erzähler schwant Fürchterliches. Kann es sein, dass sich eine Art Maschinenspezies generiert hat, die dem Menschen die Herrschaft streitig macht? Könnte es sogar sein, dass Montezuma Fortpflanzungsfähigkeiten entwickelt? Eisenhuber bleibt schaudernd und ratlos zurück.

Die Idee, auf der die Story ›Montezuma‹ basiert, ist für das Jahr 1891 erstaunlich, denn abweichend vom allgemeinen Fortschrittsglauben stellt sich Meister ein technisches Produkt vor, das sich der menschlichen Kontrolle entzieht, ein Eigenleben entwickelt und damit zur Bedrohung für den Menschen wird. Der für uns heute fast schon selbstverständliche Gedanke, dass z.B. KIs (Künstliche Intelligenzen) die Macht übernehmen könnten, findet in ›Montezuma‹ seine erste, rudimentäre Ausprägung. Allerdings macht Meister seine Idee an einem vollständig ungeeigneten Objekt fest. Es ist schlicht unmöglich, dass eine Lokomotive eine derartige Eigenständigkeit entwickelt, und das auch noch im Sinne der Darwin'schen Evolution. Natürlich konnte Meister von Computern noch nichts wissen, aber es war auch schon zu seiner Zeit nicht plausibel, dass ein rein mechanisches Gebilde zu einem nichtlinearen System wird.

So sehr sich also Meister mit seinen pseudowissenschaftlichen Erklärungen auch abmüht, so sehr hat er sich hier vergaloppiert. Er gleitet in eine Gespenstergeschichte ab, in der der Geist eines tragisch Verstorbenen in einem Gegenstand, der ihm viel bedeutet hatte, weiterlebt – schaurig, aber keine SF. Indes ist die Vorstellung einer sich vom Menschen emanzipierenden Maschine eindeutig SF. Dennoch passt die Botschaft von ›Montezuma‹ nicht in die Zeit von 1891.

Illusionärer Skeptizismus

Im zweiten Kriegsjahr 1915 wurde im DNU die SF-Story ›Die Wunder der geheimnisvollen Insel‹ von Herbert Frank abgedruckt (über ihn sind keine weiteren Daten bekannt).

Frank berichtet von einer Erfinderkolonie, die auf einer Insel im Indischen Ozean Erstaunliches zustande gebracht hat. Zwei gestrandeten Schiffbrüchigen werden diese stolz vorgeführt. Im Kern geht es um einen aktiven Vulkan, der durch einen Stahldeckel abgeschlossen wurde, dessen Druckenergien aber durch verschiedene Maßnahmen abgeleitet werden. So dient der Vulkan als unerschöpfliche Energiequelle und als Lieferant für Metalle und Gase. Außerdem ist man einer Strahlung auf der Spur, die nicht nur die beschleunigte Entwicklung und ein größeres Wachstum von Pflanzen und Tieren bewirkt, sondern sogar den Menschen körperlich und geistig optimieren kann. Genau in diesem Augenblick beginnt der Vulkan, weit größere Kräfte zu entfalten als gedacht. Alle Sicherheitssysteme versagen, und in einer gigantischen Explosion befreit sich die unterdrückte Natur von der menschlichen Herrschaft.

Franks überflüssige Geschichte ist in jeder Hinsicht banal und plagiativ. Wirklich jede Idee, die in seiner Story auftaucht, wurde von einem anderen Autor abgeschrieben – vor allem von Verne und Wells, aber auch von Francis Bacon (die Insel der Wissenschaftler in *Nova Atlantis*), und die Botschaft, der Mensch solle sich bescheiden, sonst würde seine Übermut streng bestraft, scheint einer Bibelstunde entsprungen zu sein. Auf jeden Fall ist auch sie nicht neu. ›Die Wunder der geheimnisvollen Insel‹ ist reine Dutzendware und wird von mir nur erwähnt, weil sie für einen illusionären Skeptizismus steht, illusionär deshalb, weil die tatsächlichen Probleme der Zeit konsequent ignoriert werden.

13.   Katastrophen und Weltuntergänge

Die politische und soziale Zerrissenheit im Deutschland der Hohenzollern, Stumms und Krupps und die labile außenpolitische Lage
schürten nicht nur ein hohles, großmäuliges Nationalpathos, sondern vor allem auch tiefe Ängste. Sensiblere Naturen spürten, dass die
Gesellschaft auf einem (noch) schlafenden Vulkan tanzte. Hinter der
pompösen Fassade des Industriefeudalismus knirschte, knackte und
bröckelte es bedrohlich. In der deutschen SF kondensierten derlei
Befindlichkeiten im Katastrophenroman.

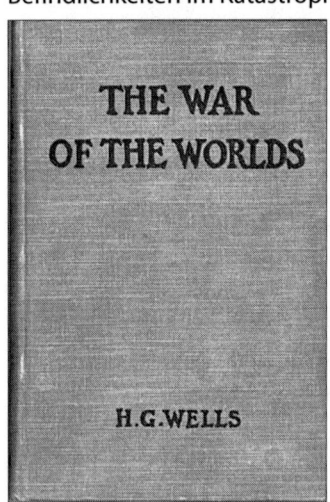

Generell gilt für diese SF-Untergattung, dass die Apokalypse diesseitig
ist. In der SF ist es nicht das Straf-
gericht Gottes oder das Eingreifen
übernatürlicher Mächte, sondern
immer eine natürlich erklärbare
Ursache, die das letzte Stündlein
der Menschheit schlagen lässt. Sein
deutsches Grundmuster war schnell
gefunden. Ausgehend von der ural-
ten Kometenfurcht der Menschen
stellte man sich einen riesigen, aus
den Tiefen des Alls kommenden
Meteor oder Kometen vor, der mit
der Erde kollidiert und sie entweder
in Stücke reißt oder doch so schwere Zerstörungen anrichtet, dass
(fast) die gesamte Menschheit ausgerottet wird.

Andere Weltuntergangsszenarien gab es bezeichnenderweise zu
dieser Zeit in Deutschland nur selten – etwa eine Alien-Invasion mit
einem globalen Vernichtungskrieg gegen die Menschheit, wie sie
H. G. Wells 1898 in seinem weltberühmten SF-Roman *Der Krieg der
Welten* vorexerzierte. Offensichtlich passte es für viele Autoren nicht
ins deutsche Bild, von einem Konkurrenten (und seien es Außerirdische) besiegt zu werden. Wenn es schon dazu kam, dann konnten
es nur blindwütige Naturkräfte sein, denen sich selbst Deutschland
beugen musste.

Selbstredend projizierten die jeweiligen Autoren ihre ganz individuellen Welt- und Menschenbilder in ihre Geschichten, sodass wir

es trotz des einheitlichen Grundschemas dennoch mit recht unterschiedlichen Romanen dieses SF-Subgenres in seiner deutschen Ausprägung zu tun haben.

13.1. Reinigung durch Katastrophen?

Eine klare faschistische Schlagseite hat der Roman *Planetenfeuer* des Professors für Nationalökonomie Max Haushofer von 1899. Darin erweist sich Haushofer nicht nur als profilierter Antidemokrat, sondern dient dem Leser auch die abenteuerliche These an, dass eine weltumspannende Katastrophe gar nicht schlecht sei, da sie wieder zum »wahren Heldentum« führen würde. Erst eine grundstürzende Katastrophe bringe die Deutschen zurück zu ihren verschütteten Arierwurzeln, reinige sie und härte sie ab. Hier trifft er sich mit ähnlichen Luftnummern, die auf derselben Schnapsidee beruhen – z. B. Roseggers *Der Golfstrom*. Wie gefährlich derlei Gefasel ist, haben keineswegs nur die Realkatastrophen von zwei verheerenden Weltkriegen bewiesen.

13.2. Der rote Komet

Bei Haushofer und Rosegger sieht man, wie eine imaginierte Weltkatastrophe dazu dient, faschistische Mythen zu transportieren. Das Motiv des Weltuntergangs finden wir indes auch bei anderen SF-Autoren, allerdings mit anderen Inhalten und Botschaften. Am nächsten kommt den beiden Obengenannten noch Robert Heymann (1879–1946) mit *Der rote Komet* (1909), der aber bei aller Problematik nicht ganz so aufdringlich und agitatorisch ist. Heymann war zu seiner Zeit Schriftsteller, Dramaturg, Regisseur, Drehbuchautor und zeitweise Chefredakteur und Herausgeber der Zeitschrift DIE SCHÖNE FRAU.

Er kann als früher Tausendsassa der Medienszene angesehen werden. Heute wäre er wohl ein cleveres Medientalent, das mit kruden Ideen und Sensationsshows sein Geld machen würde.

Daneben gehört Heymann zu den Männern der ersten Stunde in Sachen SF-Heftroman. Er erkannte das Markpotenzial dieses Formats und kreierte 1909 eine Heftromanserie, die er WUNDER DER ZUKUNFT – ROMANE AUS DEM 3. JAHRTAUSEND nannte. In ihr wurde auch die oben erwähnte Geschichte veröffentlicht. Die Hefte waren mit bunten Titelbildern ausgestattet und konnten für eine Mark erworben werden. Die Reihe bestand aus inhaltlich voneinander unabhängigen Romanen, die nur durch den programmatischen Serientitel zusammengehalten wurden. Die fehlende Identität und der für die anvisierte Zielgruppe offensichtlich zu hohe Preis waren wohl der Grund, warum WUNDER DER ZUKUNFT es nur auf sechs Nummern brachte, wobei nur vier real ausgeliefert wurden.

Ich greife Romanband 2 *Der rote Komet* heraus. Ritter charakterisiert den Roman so: »*Der Autor verwickelte eine bizarre, überschwängliche Liebesaffäre in damalige utopisch-technische Raffinessen und ließ alles vor einem grell ausgemalten Hintergrund spielen, der nun dem deutschen Michel das Gruseln beibringen konnte.*« (*Start nach Utopolis*, S. 180)

Die »bizarre Liebesaffäre« will ich hier vernachlässigen, weil sie für unseren Bezug irrelevant ist. Der Held des Romans heißt Romulus Futurus, der Astronom, Erfinder und sogar deutscher Kultusminister ist und zudem den roten Kometen entdeckt, der die Erde bedroht. Daneben wartet Futurus noch mit einer Erfindung, einer übersensiblen Fotoplatte, auf. Mit ihrer Hilfe kann er sogar die Gedanken der Fotografierten ausspionieren. Nach misslungenen Seelenwanderungsexperimenten, die eingebettet in die erwähnte Liebesgeschichte sind und vier Tote hinterlassen, landet Futurus im Irrenhaus und stirbt.

Aufschlussreicher für uns ist der Hintergrund des Romans. Wir schreiben das Jahr 2439. Der rote Komet taucht auf, und Heymann setzt die Bedrohung aus dem All in eine enge Wechselbeziehung zum Geschehen auf der Erde. Die Wirren am Himmel entsprechen den Wirren auf der Erde. »*Berlin stand also seit Monaten im Zeichen des roten Kometen. Nicht nur Berlin! Ganz Deutschland, ganz Europa, die ganze Welt! Und die ganze Welt war verwandelt! Von alters her wusste*

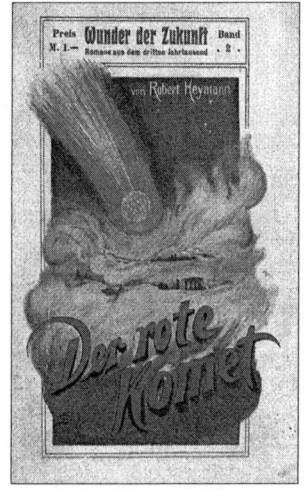

jeder Psychiater, dass die rote Farbe eine aufreizende Wirkung auf die Sinne besitzt.« (S. 7) Was der Komet anrichtet, sieht so aus: Zuerst kommt es zum Krieg. Deutschland kämpft gegen Frankreich und England und gewinnt natürlich. Aber der Krieg löst revolutionäre Bewegungen aus. Während das Reichsheer die Pariser Kommune in Schach hält, geht es auch in Berlin los. *»Das Volk, das zusammenlief, mit elektrischen Gewehren bewaffnet, wusste eigentlich nicht, was es wollte. Man war unzufrieden mit dem System, mit der Regierung, mit allem. – Aber man wusste nicht, warum. – Man*
hatte im Laufe der Jahrhunderte gelernt, dass Revolutionen nichts ändern, dass alles seinen gleichen Gang weitergeht, und dass immer dasselbe kommt und niemals etwas anderes. Und doch wollte das Volk die Revolution, aufgestachelt durch das rotglühende Licht des Kometen. (…) Blut – hieß die Losung! Blut wollten sie alle! Blut sollte fließen!« (S. 65)

Es herrscht mithin, ausgelöst durch die apokalyptische Himmelsfackel, eine Massenhysterie, die sich in einer unbeschreiblichen Blutorgie vornehmlich gegen die Regierung, die Reichen und die wackeren Bürger entlädt. Doch Gott sei Dank gibt es noch die preußische Armee. Sie räumt gnadenlos mit dem Pöbel auf, was wiederum einen gewaltigen Blutzoll fordert.

Doch plötzlich die Wende. Von jetzt auf gleich werden alle Gegensätze vergessen, und man vereinigt sich zur Rettung der Nation. Und, oh Wunder, selbst der Komet scheint das bemerkt zu haben, denn er überlegt es sich anders und fliegt brav an der Erde vorbei. Alle sind gerettet, und es herrscht wieder brüderliche Eintracht.

Der Heftroman *Der rote Komet* ist in seiner Grundstruktur simpel und oberflächlich, in seinen Abläufen unlogisch und in seinen Botschaften reaktionär, eben leicht wegzulesende, rechtslastige Zerstreuungsware, die vom Thrill, plakativen Sensationselementen und politischen Klischees lebt. Da es sich angeblich um einen SF-Roman handelt, muss man auch fragen, was eigentlich zwischen 1909 und 2439 (immerhin ein Unterschied von einem halben Jahrtausend) geschehen

ist. Nicht viel, wie es scheint. Denn bis auf ein paar läppische technische Spielereien und dem Kometen ist alles wie zu der Zeit, als der Roman geschrieben wurde. Insofern lässt sich auch die platte Symbolik, die für *Der rote Komet* konstituierend ist, leicht entschlüsseln. Der rote Komet ist die sog. rote Gefahr, also die SPD und ihr unzufriedener Arbeitermob. Dem wird ebenso konventionell eine glorifizierende Deutsch- und Preußentümelei entgegengesetzt. Ist der Text in fast jeder Hinsicht unoriginell und bedeutungslos, so ist Heymann doch in zweifacher Hinsicht interessant.

Zum einen kreiert er, wie schon gesagt, als einer der Ersten eine deutsche SF-Heftserie und trägt auf diese Weise und unter Verwendung neuer Druck- und Vertriebssysteme einiges zu einer deutschen Variante der amerikanischen Dime-Novels bei. Zum anderen ist Heymanns *Der rote Komet* zweifellos eine reaktionäre Dystopie, bleibt aber als Unterhaltungstext, als der er auch gemeint ist, trotzdem distanzierter. Möglicherweise signalisiert er auch eine Trendwende, die sich schon bei Stolze und anderen andeutete (man denke an dessen ausführliche Abenteuerschilderungen, in denen er seine Botschaften verpackt). Schaut man sich die anderen in der Serie erschienenen Romane an, merkt man, dass Heymann ganz auf ausgewiesene Genre-Elemente (Abenteuer, Horror, Mystery und Science Fiction) setzt. Seine politische Küchenphilosophie wird dadurch zwar nicht subtiler und schon gar nicht akzeptabler, aber doch kryptischer, symbolhafter und in gewisser Weise auch abstrakter an den Leser gebracht (z. B. wird in *Der rote Komet* nirgendwo die SPD oder die Arbeiterbewegung explizit genannt – ganz im Gegensatz zu Richter, Gregorovius oder Stolze).

Ungefähr seit diesem Zeitpunkt rückt der exakt lokalisierte Feind (die SPD) belletristisch immer mehr in den Hintergrund, ja er verschwindet zuweilen ganz. Ersetzt wird das Feindbild durch abstrakte Pauschalbezeichnungen (die Roten, die Gelben, der Jude, der Russe etc.) – was keineswegs besser, aber doch anders ist. Zugleich wird über Heymann hinausgehend das von den vaterländischen Autoren propagierte (aus ihrer Sicht positive) Gegenbild zunehmend mit ideologischen Versatzstücken aufgeheizt, die sich, wie bereits aufgezeigt, aus einer rechtsgewirkten Esoterik und aus faschistischen Mythen speisen.

13.3. Post Doomsday auf Deutsch

Deutlich mehr Niveau ins Spiel bringt ein SF-Roman, der in einer fiktiven Preußen-Gegenwart angesiedelt ist. Es handelt sich um *Der Weltuntergang* des Duos Rudolph Falb (1838–1903) und Charles Blunt aus dem Jahr 1899. Das Autorenkollektiv erwies sich in dieser Kombination als bemerkenswert produktiv, war Falb doch Erdbebenforscher und Vulkanologe, also ein Wissenschaftler, Blunt hingegen – übrigens ein Pseudonym, hinter dem sich Arthur Brehmer (1858–1923) verbirgt – war Journalist und Schriftsteller.

Arthur Brehmer war ein einflussreicher Publizist, der unter anderem 1910 das Buch *Die Welt in 100 Jahren* herausgab, eine Essaysammlung von Experten, die ihre Prognosen für 2010 abgaben und dabei so manchen Treffer landeten. Es machte nicht nur zu seiner Zeit Furore, sondern wurde im Realjahr 2012 wiederentdeckt und als Reprint mit einem Riesenerfolg erneut veröffentlicht. Das Buch inspirierte den Herausgeber Ernst A. Grandits in 2012, die Aufsatzsammlung *2112 – Die Welt in hundert Jahren* vorzulegen.

Im fiktiven Jahr 1899 rast der uns mittlerweile allseits bekannte Komet auf die Erde zu (das Duo sagt im Roman sogar den exakten Zeitpunkt des Einschlags voraus). Es gibt keinen Zweifel, dass das Ende der Menschheit gekommen ist. Während alle Welt in Chaos und Verzweiflung versinkt, behält ein amerikanischer Industriemagnat einen kühlen Kopf. Er hat nämlich den Plan, eine moderne Arche Noah zu bauen, die die Besten der Menschheit und auch ausgewählte Tiere und Pflanzen aufnehmen soll. Daher plant er eine 1500 Meter durchmessende Kugel, die aus unzerstörbarem Stahl besteht. Wenn der Komet die Erde auseinandersprengt, würde die Kugel samt Inhalt in den Weltraum geschleudert und nach einer Stabilisierungsphase als neuer Kleinstplanet seine Bahn um die Sonne ziehen. Gesagt, getan. Die Kugel wird gebaut und beladen (an Bord sind u. a. 300.000 Menschen). Nach einer dramatischen Schilderung des Erduntergangs, bei dem Falb sein gesamtes Fachwissen mobilisiert und Blunt seine schriftstellerischen Fähigkeiten ausreizt, geschieht genau das, was der geniale Industriemagnat vorausgeplant hat. Das Sonnensystem hat einen neuen Himmelskörper, der das Weiterleben der Menschheit sichert.

So unmöglich die technische Seite des Romans ist, so ist er doch im deutlichen Gegensatz zu anderen deutschen Produkten des Subgenres eindeutig ein SF-Roman. Der spannende Plot basiert auf einer wissenschaftlich-technischen Fantasie und wird in vielen Bezügen ausgesponnen, die auch politische und soziale Probleme ansprechen. Wichtig ist zudem, dass er nicht beim Doomsday (der Katastrophe) stehen bleibt, sondern seine Dynamik aus der Spekulation über das Danach bezieht. Falb und Blunt haben zwar keinen überragenden SF-Roman zustande gebracht, aber Anerkennung und Respekt für ihre Arbeit kann man ihnen nicht verweigern.

13.4. Der SF-Katastrophenroman als psycho-soziales Drama

Mit einem Blick auf die SF-Erzählung *Das Ende der Erde?* (1908) von Carl Grunert (1865–1918), der wie Falb und Blunt zu den authentischen Autoren der deutschen SF gehört, sei der kleine Rundgang durch die Welt des frühen deutschen SF-Katastrophenromans beendet.

In einem nicht genannten Zukunftsjahr werden Abweichungen in der Erdrotation festgestellt. Der Held des Romans, ein alter, weiser deutscher Astronom, ermittelt die Ursache dafür. Ein riesiges, planetenähnliches Objekt nähert sich mit großer Geschwindigkeit der Erde. Die Berechnungen sind eindeutig. Der kosmische Vagabund wird auf die Erde stürzen und sie vernichten.

Der Hauptteil der Erzählung befasst sich mit den Reaktionen der Menschen auf die nahende Apokalypse. Während nur wenige vernünftig bleiben (wie z. B. der Astronom und sein junger Assistent), kann man das von der menschlichen Gesellschaft in ihrer Gänze (hier steht die deutsche im Mittelpunkt) nicht behaupten. Zuerst werden die Warnungen lächerlich gemacht und in den Wind geschlagen. Nachdem endlich auch dem Letzten klar geworden ist, dass es sich nicht um eine Zeitungsente handelt, überschlagen sich die Irrationalitäten. Die einen werden gewalttätig und liefern sich mörderische Schlachten bspw. um Ballons, weil sie meinen, damit entkommen zu können. Andere feiern Orgien oder verfallen religiösen Wahnideen. Zum Schluss steht jeder gegen jeden.

Die Katastrophe scheint unaufhaltsam zu sein, und je näher der Todesplanet kommt, desto stärker zeigt auch die Natur ein verstörtes Gesicht. Nicht nur Wirbelstürme, schreckliche Gewitter und Erdbeben, vor allem aber titanische Vulkanausbrüche in der gesamten Andenkette sind es, die den Untergang ankündigen. Am Ende der Erzählung sehen wir den jungen Assistenten mit seiner Geliebten, wie sie gefasst den Tod erwarten. Aber ein Wunder geschieht. Das Weltraumgeschoss fliegt am Globus vorbei. Die Erklärung: Durch die massiven Vulkanausbrüche hat es eine Art Rückstoß gegeben, der die Erde, wenn auch nur für wenige Bogensekunden, aus ihrer Bahn geschoben hat. Das reichte, um den Aufprall zu verhindern.

Obwohl die Erklärung nicht zu überzeugen vermag, hat Grunert eine SF-Story geschrieben, die vor allem in ihren menschlichen Bezügen beeindruckt. Grunert, der Verne bewunderte und durch Laßwitz zum Schreiben von SF-Storys angeregt wurde, war ein konservativer Preuße. Nichtsdestotrotz hatte er ein Gespür für die Optionen des neuen wissenschaftlich-technischen Zeitalters und verfügte zudem über eine kreative Fantasie, die ihn zahlreiche SF-Ideen entwickeln ließ. Zwar reichte er an Verne und Laßwitz nicht heran, aber zu seiner Zeit gehörte er eindeutig zu den deutlich besseren Autoren des Genres.

Wichtig ist noch, dass er nur Erzählungen und Kurzgeschichten geschrieben hat, aber keinen SF-Roman. Somit ist er der deutscher Vorreiter für eine Form der Science Fiction, die vor allem im anglo-amerikanischen Raum bis zum Ende der 1940er-Jahre gang und gäbe war, teilweise sogar, wenn auch irrigerweise als einzig mögliche literarische Form der SF angesehen wurde. Gemeint ist die Shortstory.

14. Weltraum-SF

Wer die Luft beherrscht, der macht auch den nächsten Schritt – und der führt in den Weltraum. Jules Verne benutzte dafür ein Geschoss, abgefeuert von einer riesigen Kanone, während H. G. Wells für seine Fahrt zum Mond eine mit der geheimnisvollen Metalllegierung »Cavorit« überzogene Kugel verwendete, welche die Schwerkraft aufhebt.

Die meisten deutschen SF-Autoren dieser Zeit orientierten sich derweil lieber noch an Luftfahrtabenteuern, an der alten Ballonversion und am Zeppelin. So bevölkerten im deutschen Kaiserreich zahllose Luftschiffe, Luftgondeln und Luftdroschken die deutschen SF-Geschichten, die einen zivilen, weit stärker aber noch einen militärischen, ja militaristischen Kontext hatten. In diesem Buch werden dafür in den diversen Themenbereichen zahlreiche Beispiele genannt. Das alles änderte wiederum nichts daran, dass bei einem immer größer werdenden Teil der deutschen SF-Autoren die literarisch transportierte Luftfahrteuphorie die Grenzen zum All überschritt, sodass sich mit steigendem Tempo die fiktiven Luftschiffer in fiktive Weltraumfahrer verwandelten. Das Ergebnis dieser Übergangsphasen war die frühe deutsche Weltraum-SF.

Entscheidend bei den Werken in diesem Kapitel ist: Bei ihnen dominieren die abenteuerliche Reise, das extravagante Erlebnis, der Reiz des Anderen und Neuen sowie die Lust an einer z. T. verschrobenen Technik und die Freude an einer Gelehrtenattitüde mit ihrem oft halbwahren Lexikonwissen. Natürlich finden sich in ihnen auch gesellschaftskritische, satirische und/oder staatsutopische bzw. dystopische Elemente, aber nie als zentrale Absicht. Dagegen legt man viel größeren Wert auf Unterhaltung und Belehrung.

Das Verhältnis zwischen diesen beiden Polen ist indes nicht immer ausgewogen. Der Hang früher deutscher SF-Autoren zur besserwisserischen Kathederpädagogik erschlägt zuweilen Fantasie und Spannung, sodass paradoxerweise diese Sorte der SF-Unterhaltungsliteratur manchmal ermüdend und zähflüssig ist. Ein zweites Paradoxon tritt hinzu. Ist doch die Weltraumfahrt etwas unerhört Spektakuläres, das die Grenzen des Gewöhnlichen sprengt, so entpuppen sich viele Geschichten im Kern als die Reproduktion des Altbekannten. Unter der brüchigen Oberfläche des Sensationellen findet man das, was eigentlich immer schon war. Die Kulissen sind futuristisch, aber der wilhelminische Mensch bleibt so, wie er ist.

14.1.   Von der Erde ins All

Die Reisen des Kapitän Mors

Ein bezeichnendes Beispiel für das fast zwangsläufige Hinübergleiten in höhere Sphären liefert die zu ihrer Zeit sehr beliebte Heftserie DER LUFTPIRAT UND SEIN LENKBARES LUFTSCHIFF. Von ihr erschienen zwischen 1908 und 1912 zum Preis von 10 Pfennigen (daher auch das Wort Groschenheft, das für viele zum Schmähwort wurde) 165 Einzelbände. Bis zum Band 31 spielen die Geschichten ausschließlich auf der Erde, während ab Band 32 in den Raum vorgestoßen wird und die Abenteuer dann abwechselnd auf der Erde oder im Weltraum stattfinden.

Der Held, Kapitän Mors, der der Serie die durchgängige Identität gibt, ist ein von den Verhältnissen enttäuschter genialer Erfinder und kämpferischer Einzelgänger, der sich einmal als Abenteurer und Forscher, dann wieder als Verfolger von Verbrechern, aber auch als Robin Hood gibt, der die ausbeuterischen Reichen zugunsten der Armen erleichtert. Die Figur des Mors ist eindeutig angelehnt an Vernes Kapitän Nemo, nur dass er nicht wie Nemo die Meere, sondern mit seinen Schiffen, die ebenfalls stark an die Nautilus erinnern, die Lüfte und das All durchstreift.

Nach den Recherchen des profunden Kenners der deutschen Populärliteratur Heinz J. Galle verbirgt sich hinter dem stets anonym

bleibenden Serienautor der Schriftsteller Oskar Hoffmann – wir kennen ihn bereits aus dem Zukunftskriegsroman-Kapitel und werden noch mehr von ihm hören (siehe unter anderem seinen SF-Roman *Mac Milfords Reisen im Universum*). Text- und Motivvergleiche mit anderen Werken Hoffmanns weisen deutliche Übereinstimmungen zum LUFTPIRATEN auf, zeigen aber auch, dass die Serie kein reines Plagiat Verne'scher Couleur ist, sondern zusätzlich von eigenen Ideen lebt.

Wie gesagt, die Identifizierung des Anonymus mit Hoffmann ist eine Vermutung. Zudem ist nicht auszuschließen, dass noch andere Autoren an der Serie mitgeschrieben haben. Alles in allem gilt DER LUFTPIRAT UND SEIN LENKBARES LUFTSCHIFF als die erste deutsche SF-Heftserie.

Eine kurze Genese des Heftromans

Der deutsche Heftroman ist aus der sog. Kolportageliteratur hervorgegangen, deren Wurzeln bis ins 15. Jahrhundert reichen. Im 19. Jahrhundert verstand man darunter billige Druckschriften und Einzelbögen. Hausierer, sog. Kolporteure, verkauften sie an Menschen »der unteren Schichten«, die wenig bis gar keinen Zugang zum Buchhandel oder zu den Bibliotheken hatten (z. B. die einfache Landbevölkerung).

Inhaltlich handelte es sich bei den Texten, die oft in Fortsetzungen verbreitet wurden, um Erbauungs- und Unterhaltungslektüre auf intellektuell anspruchslosem Niveau. Durch den aufblühenden Buch- bzw. Zeitschriftenhandel in den neuen Bahnhöfen und die allgemeine Entwicklung zu Massenprintmedien erschienen dann die ersten Romanhefte in den Regalen. Heute wird unter dem Begriff »Kolportage« die gewerbsmäßige Verbreitung von Gerüchten und Klatsch verstanden, was unter anderem in die Domäne der sog. Regenbogenpresse fällt.

Robert Kraft und der SF-Heftroman

Die Entwicklung zum SF-Heftroman begann Anfang des 20. Jahrhunderts und führte zu eigenen Formaten, die für die deutsche SF und darüber hinaus bis heute eine wichtige Rolle spielen (man denke nur an das Dauerphänomen PERRY RHODAN, eine Serie, die 1961 erstmals erschien und die bis heute in jeder Woche ein neues Heft produziert). Schon 1901 war es Emil Robert Kraft (1869–1916), der mit AUS DEM REICHE DER PHANTASIE die tatsächlich erste deutsche Heftreihe auf den Markt brachte.

Der Autodidakt Robert Kraft hatte bereits ein wildes Leben mit Seemannserfahrung, Reisen in den Orient und auch kleinkriminellen Handlungen hinter sich, als er zu schreiben begann, wobei er aus dem reichen Fundus seiner Erlebnisse wie auch aus angelesenem Wissen schöpfen konnte. Natürlich schrieb Kraft ungleich mehr Romane und Erzählungen (auch in Buchform), als es seine Heftkreation AUS DEM REICHE DER PHANTASIE vermuten lässt. Unser Interesse gilt an dieser Stelle aber ausschließlich ihr. Angeboten wurde das mit einem bunten Titelbild im Jugendstil versehene Heft für 10 Pfennige. Allerdings brachte es die Reihe nur auf zehn Ausgaben; die elfte wurde zwar angekündigt, aber nie ausgeliefert.

Aus dem Reiche der Phantasie.
Herausgegeben von Robert Kraft.
Heft 2.   Preis 10 Pfg. — 14 Heller — 15 Ctm.

DIE TOTENSTADT.

2.
Verlag und Druck von H. G. Münchmeyer, Dresden.

Im Grundplot geht es um einen 14jährigen behinderten Jungen, der obendrein noch Vollwaise ist. In seiner Einsamkeit meint er, verzweifeln zu müssen. Doch wie im Märchen erscheint ihm eine gute Fee, die ihm die Fähigkeit verleiht, in seinen Träumen die wunderlichsten und verrücktesten Abenteuer hautnah und realistisch erleben zu können. Entsprechend ist das Schema der Hefte immer gleich. Am Anfang träumt sich der Junge in eine bestimmte Situation, erlebt dann das fantastische Abenteuer und wacht zum Schluss wieder auf, was ihn zuweilen auch aus ausweglosen Situationen rettet.

Als erste deutsche SF-Heftserie kann Krafts Projekt allerdings nicht angesehen werden. Dafür bietet es einen zu bunten Genremix. Als erste deutsche SF-Serie kann nur DER LUFTPIRAT gelten.

Wie es mit dem Heftformat der SF in Deutschland weiterging (z. B. ab 1914 HANS STARK, DER FLIEGERTEUFEL und PHIL MORGAN, DER HERR DER LUFT, in den 1930ern SUN KOH – geschrieben zwischen 1933 und 1936 von Paul Alfred Müller unter dem Pseudonym Lok Myler –, dann in der neuen Bundesrepublik UTOPIA und TERRA bis hin zum unverwüstlichen PERRY RHODAN) muss gesondert dargestellt werden. Außerdem gilt: Im Kaiserreich waren es viel stärker das gebundene Buch und die Broschürenform, in denen sich die Fantasien der deutschen SF manifestierten. Der SF-Heftemarkt lief nebenher.

Exkurs: Die sog. Schund- und Schmutzkampagnen

Da wir bei der viel geschmähten Heftliteratur sind, sei ein kurzer Exkurs gestattet. Vorbehalte gegen vermeintlich oder tatsächlich minderwertige Literatur sind so alt wie die Literatur selbst, aber erst ab dem 19. Jahrhundert bekam die Auseinandersetzung eine neue Qualität. Ging es zuvor eher um literarische Geschmacksfragen und um Fragen des intellektuellen Gehalts, so bekam die Debatte nun eine eindeutig reglementierende und sozial abgrenzende Funktion. In den Fokus rückte die angebliche Lesesucht von Bediensteten, Frauen und Arbeitern, die ja, wenn es sie denn gegeben hätte, eigentlich nicht schlecht gewesen wäre, von den Bevormundern aber als verdammungswürdig angesehen wurde. Der deutsche Sprachraum war einer der wenigen, in dem die sog. Schundliteratur nicht nur als anstößig, sondern als Angriff auf die gesamte Wertordnung wahrgenommen wurde.

Um 1900 tauchten neue Bewegungen auf, die das allgemein verbreitete Tugend- und Sittenwächtertum auf die sich ausbreitenden Printmedien der Unterhaltung übertrugen. Selbsternannte (bürgerliche) »Moralisten« meinten, die Lesegewohnheiten vor allem der Jugend und der Unterschicht, deren Schicksal sie sonst kaum interessierte, reglementieren zu müssen. Das ideologische Grundraster dieses Unterfangens lieferte das Buch von Ernst Schultze: *Die Schundliteratur. Ihr Vordringen, ihre Folgen, ihre Bekämpfung* (1909).

Sieht man von einer rein sprachlichen und ästhetischen Bewertung ab, so lag der eindeutige Schwerpunkt der Kritik einerseits auf der unterstellten Gefährdung des »sittlichen Wohls« der Jugend, andererseits auf der »Sorge«, die arbeitenden Menschen könnten durch

den Konsum von Massenliteratur träge, verweichlicht und arbeits-scheu werden. Gerade das Letztere führte dazu, dass die Schund- und Schmutzkampagnen nicht selten von Wirtschaftsverbänden und Großindustriellen finanziert wurden. (Der tatsächliche Schmutz, der in reaktionären und faschistischen Schriften flächendeckend verbrei-tet wurde, stand dabei selbstverständlich nicht zur Debatte.)

Im Ersten Weltkrieg verschärfte sich noch einmal der Kampf gegen die sog. Kriegsschundliteratur, indem die Militärs als Inhaber der voll-ziehenden Gewalt massiv einschritten, unterstützt vom Dürerbund und den Prüfstellen für Jugendliteratur. Besonders bekannt wurde der Erlass des Oberkommandos vom 22.3.1916, in dem 135 Heft-romanserien namentlich aufgeführt wurden, so auch die erste deut-sche SF-Heftserie DER LUFTPIRAT UND SEIN LENKBARES LUFTSCHIFF. Es war klar, dass man die zunehmende Demoralisierung des Volkes, die ihre Ursachen in den katastrophalen Fehlentscheidungen der Armeeführ-ung hatte, auf Scheinkonflikte ablenken wollte. Die weitere Entwick-lung dieses Kulturkampfes in der Weimarer Republik, unter den Nazis und darüber hinaus bleibt einer gesonderten Darstellung überlassen.

Insgesamt gilt: Obwohl diese Hetzkampagnen auf lange Sicht keinen durchschlagenden Erfolg im Sinne ihrer Initiatoren hatten, so war der von ihnen angerichtete kulturelle Schaden doch beträcht-lich. Im Gegensatz zur angelsächsischen Kultur ist in Deutschland auch heute noch das sog. Groschenheft der Literatur-Aussätzige Nr. 1, und die Unterscheidung zwischen hoher und niedriger Litera-tur, so absurd sie auch ist, ist allgegenwärtig. Dazu gehört, dass die populäre Literatur in ihrer Bedeutung nach wie vor gravierend unter-schätzt wird. Fakt ist: Die populäre Literatur hat nicht nur Gutes, son-dern regelrechte Meisterwerke hervorgebracht, die zur Weltliteratur gehören. Gerade die SF kann dafür eine Fülle von Beispielen liefern.

14.2. Kaiserdeutsche SETI-Projekte

Bevor wir uns in die merkwürdigen skurrilen Kisten setzen, die uns heute so altbacken, betulich und technisch verrückt vorkommen, und uns in eine glitzernde Sternenwelt entführen lassen, die der Theaterstaffage eines Méliès-Films entsprungen sein könnte, noch der Hinweis auf Geschichten, die nur mittelbar das Weltraumthema abhandeln. Ein Beispiel ist Hans Dominiks SF-Story ›Ein Experiment‹

von 1913. In ihr bleibt man noch brav auf der Erde, versucht aber mittels Radiowellen Kontakt zu außerirdischen Intelligenzen aufzunehmen (in diesem Fall sind es – natürlich – Marsianer). Im Grunde wird in ›Ein Experiment‹ das real existierende SETI-Projekt vorgedacht. Es versteht sich, dass im Gegensatz zur Wirklichkeit die Kontaktversuche in der Story von einem glänzenden Erfolg gekrönt werden.

Ähnlich verfährt Hermann Dressler 1911 in der Geschichte ›Ein Marstelegramm‹, in der mit einer Lichttelegrafie der Kontakt zum Mars gelingt. Skeptischer zeigt sich Karl Peters (1856–1918) in seinem Artikel ›Die Kolonien in 100 Jahren‹, geschrieben für das von Arthur Brehmer 1910 herausgegebene Prognosewerk *Die Welt in 100 Jahren*. Peters meint, Aliens (auch bei ihm sind es – natürlich – Marsianer) und Menschen seien einfach zu unterschiedlich, um eine umfassende Kommunikation aufzubauen. Es ließen sich vielleicht noch astronomische bzw. mathematische Daten austauschen, auf keinen Fall aber Informationen über Kultur und Geschichte.

14.3. Das erste kosmische Ziel: der Mond

Neugierig wie der Mensch nun einmal ist, will er sich nicht mit Licht- oder Funkkontakten begnügen, sondern selber nachsehen, was es im Universum gibt. Wagt man den direkten Schritt ins All, so ist es mehr als naheliegend, zuerst die unmittelbaren Nachbarn der Erde als Ziele auszuwählen, also den guten, alten Mond und vor allem den Mars. Danach geht es auch zur Venus oder zu den äußeren Planeten, zu Asteroiden und Kometen, bis dann interstellare Gefilde jenseits unseres Sonnensystems ins Visier genommen werden.

Zunächst aber bleibt es bei unserem treuen Begleiter, dem Mond, und die SF-Grundmuster liefern auch hier wieder Jules Verne und H. G. Wells. Die Ideen in Vernes Doppelroman *Von der Erde zum Mond* und *Reise um den Mond* (1865 und 1870) und die aus *Die ersten Menschen auf dem Mond* (1901) von Wells tauchen somit immer wieder in dieser oder jener Form in den SF-Produkten deutscher Autoren auf. Oft werden sie auch miteinander kombiniert oder mit Bildern aus anderen Romanen der beiden SF-Giganten vermischt.

Bekannte und unbekannte Welten.
Abenteuerliche Reisen.

von

JULIUS VERNE

VON DER ERDE ZUM MOND.

A. HARTLEBEN'S VERLAG   WIEN. PEST. LEIPZIG.

Technik und Fortschritt bei Hertzka

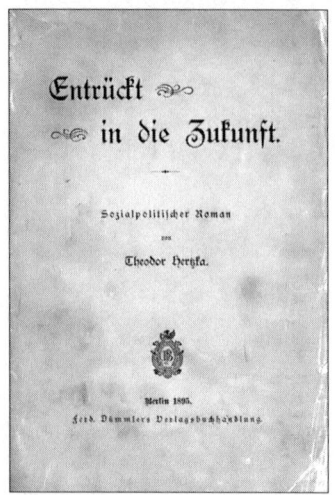

Wir eröffnen den lunaren Reigen mit dem uns als utopischen Sozialreformer bekannten Theodor Hertzka (siehe 7.1.) und seinem SF-Roman *Entrückt in die Zukunft* von 1895. Der Autor bleibt seiner Linie treu (das Werk trägt den Untertitel *Sozialpolitischer Roman*), zeigt aber auch das große technische Interesse Hertzkas, das er an diversen Mondflügen demonstriert. Im Jahr 2093, in dem eine geeinte Menschheit in Freiheit, Wohlstand und Frieden lebt, steigen mehrere Expeditionen mit sog. Geodromen zum Mond auf. Man findet heraus, dass die Rückseite des Mondes eventuell bewohnbar ist. Mit dieser vorsichtigen Vermutung entlässt Hertzka seine Leser. In *Entrückt in die Zukunft* ergänzt der Autor seine Sozialutopie mit der Vorstellung einer hochentwickelten Technik, die wesentlich zum sozialen Fortschritt beiträgt.

Abenteuerurlaub auf dem Mond

Simpler und holzschnittartiger geht es in der SF-Story ›Ein Flug zum Monde‹ von dem ansonsten unbekannten P. Meyer zu, die 1901 im NEUEN UNIVERSUM abgedruckt wurde.

In der für diese Sorte von Geschichten ikonenhaften Konstellation des allwissenden Professors und einer jugendlichen, fast durchweg männlichen Begleitung, die die Fragen stellen darf, werden uns der deutsche Astronom Theobald Schäpler und der 18jährige Student Walther Berger vorgestellt. Außerdem befinden wir uns 200 Jahre in der Zukunft, in der es die vollständige Beherrschung der Elektrizität, die enträtselte Gravitation, ein Bildtelefon und noch einige andere wissenschaftlich-technische Neuerungen gibt. Ansonsten aber entspricht diese Zukunft exakt der bildungsbürgerlichen Betulichkeit des aktuellen Kaiserreichs, das sich noch lange nach Wilhelm Zwo als unverwüstlich zeigt.

Obwohl schon länger alle Voraussetzungen gegeben sind, hat man merkwürdigerweise noch immer keinen Flug ins All unternommen. So bleibt es dem würdigen Professor und seinem Adlatus überlassen, die Pionierrolle zu übernehmen. Nach einer längeren Einleitung mit vielen professoralen Erklärungen und der Präsentation lebenswichtiger Utensilien, die Schäpler erfunden hat (z. B. einen Weltraumkompass, Raumanzüge mit Sauerstoffzufuhr, Trockennahrung etc.), geht es mit sog. Antigrav-Drachenfliegern ins All.

Der Mond beeindruckt durch eine großartige Landschaft und kann sogar mit menschenähnlichen Wesen aufwarten. Mit den sog. Seleniten gibt es einige Geplänkel, weil die klobig gebauten Wesen (die augenscheinlich keine Luft brauchen) zwar nicht besonders schlau, dafür aber heimtückisch sind. Natürlich kann man sich ihnen entziehen. Nachdem man die obligatorische Mondhöhle mit riesigen Diamanten gefunden hat, merkt Schäpler, dass der Sauerstoff knapp wird, und man fliegt zurück.

Versüßt wird die Rückreise durch eine plumpe Idee, die die bisherige dünne Handlung aufpeppen soll. Die beiden entdecken nämlich im Erdorbit den Mini-Mond Isis, der nicht nur eine atembare Atmosphäre, sondern auch dampfende Urzeitwälder mit vorsintflutlichen Großtieren besitzt. Nach einigen Aufregungen geht es dann endgültig zurück zur Erde. Leider landet das Duo durch missliche Umstände am Nordpol. In letzter Minute werden die Männer von einem Forschungsluftschiff gerettet und wohlbehalten nach Hause gebracht. Hier benutzt Meyer ein weit verbreitetes Motiv, das wir bereits aus dem 80 Jahre älteren Roman *Ini* von Julius von Voß kennen.

Meyers hausbackene, fast schon tumbe Naivität, mit der er seinen ›Ein Flug zum Monde‹ absolviert, sorgt für Erstaunen. Bei Meyer ist alles ganz einfach. Mit »Drachenfliegern«, die gleichzeitig irgendwie Antigravitation erzeugen, einem Kautschukanzug mit Luftversorgung (immerhin!) und Trockenpulver fürs leibliche Wohl geht es problemlos ins All und auf den Erdtrabanten. Dort kabbelt man sich harmlos mit tölpelhaften Seleniten, die es nach den Naturgesetzen nicht geben dürfte, macht Bergtouren und Höhlenwanderungen und findet auf dem Rückweg zur Erde sogar einen zweiten (Mini-)Mond, der obendrein noch so etwas wie ein kaiserdeutscher JURASSIC-Freizeitpark ist. Die als dramatische Schlussepisode gemeinte Bruchlandung in der Eiswüste lässt den Leser nun wiederum keine einzige Sekunde am Happy End zweifeln. Meyers Geschichte ist platt. Von der Schwere eines Weltraumunternehmens hat der Autor keine Ahnung. Da ist ihm Jules Verne haushoch überlegen, der schon 36 Jahre vor Meyer wusste, dass es einer Riesenorganisation und gewaltiger Finanzmittel bedarf, um eine Mondexpedition realisieren zu können.

Der Mond als britische Kronkolonie

Mit *Mac Milfords Reisen im Universum* legte der Vielschreiber Oskar Hoffmann 1902 einen SF-Mondroman vor, der thematisch breiter gestaltet ist, aber dennoch dem Muster des Meyer'schen Elaborats ähnelt.

Die Hauptpersonen dieser Mischung aus schnurriger Abenteuergeschichte, technischen Exaltiertheiten und nervigen Belehrungen sind der englische Astronomieprofessor Mac Milford und seine schottische Assistentin Miss Mary Watson. Mac Milford hat gleich drei Methoden entwickelt, mit der die Raumfahrt möglich werden soll.

Erste Methode: Das »Atomistikum«. Gemeint ist die energetische Auflösung von lebenden Körpern in ihre Zellen, um sie dann an einem gewünschten Ort wieder zusammenzusetzen. Es geht also um eine erste Form der in der SF bekannten Beamtechnik. Leider erlaubt sich Hoffmann hier einen schweren Schnitzer, setzt er doch die Körperzellen mit Atomen gleich. Zudem kommt das »Atomistikum« im Roman eigentlich gar nicht richtig zum Zug, sieht man davon ab, dass dadurch ganz am Anfang ein Student und ein Diener auf den Mond abgestrahlt werden, die Mac Milford durch seinen Besuch wieder zurückholen will.

Zweite Methode: Das Antigravitationsvehikel, also ein Raumschiff, dass die Aufhebung der Schwerkraft nutzt, um von der Erde loszukommen und sich im Raum zu bewegen. Man fragt sich, warum Mac Milford nicht auf sein »Atomistikum« zurückgreift, sondern konventionell ein Raumschiff benutzt.

Dritte Methode: Sog. magnetische Drachenflieger, die angeblich auf einer Erfindung von Edison beruhen, im Roman aber keine weitere Rolle spielen.

Legt der Titel des eher schlichten Werks eine pompöse Space Opera nahe, die in den Wundern des Universums schwelgt, entpuppt sich der Plot als ausgesprochen dünn und bescheiden. Mac Milford entdeckt lediglich einen Asteroiden namens Liliput, auf dem »Affenmenschen« leben, und besucht dann den Erdmond, der natürlich auch von sog. Seleniten bewohnt ist – eine zu dieser Zeit gängige Vorstellung in der SF, obwohl man es auch damals schon hätte besser wissen können. Das Problem eines luftlosen, toten Mondes löst Hoffmann, indem er die Sache unter die Oberfläche verlegt. Es gibt riesige, luftgefüllte Kavernen, in denen die Seleniten leben, dazu Wälder aus Riesenpilzen, glasklare Seen, funkelnde Diamantentäler und wunderbare Tropfsteinhöhlen – das klingt frappierend nach Jules Vernes *Reise zum Mittelpunkt der Erde* und nach H. G. Wells.

Die Mondmenschen sind primitiv und degeneriert, sodass sie kolonisiert werden müssen. Kurzerhand sorgt der Professor dafür, dass der Mond zur britischen Kronkolonie erklärt wird. Allerdings wird ihm das von der Krone nicht gedankt. Im Gegenteil. Der nach England zurückgekehrte Mac Milford wird für verrückt erklärt und in eine Irrenanstalt gesperrt. Doch mittels des Antigravvehikels befreit ein treuer Diener Mac Milford, der sich nun unbehelligt seinen weiteren Forschungen widmen kann.

Der Roman hat erhebliche kompositorische und konzeptionelle Schwächen und ist insgesamt wenig konsistent. Dass Hoffmann abgesehen von den überflüssigen Drachenfliegern gleich zwei Techniken der Raumüberwindung anbietet – den Transmitter und das Antigrav-Raumschiff –, ist schwer nachvollziehbar, weil sie im Plot nicht kompatibel sind. Überhaupt wirkt vieles nicht durchdacht und nur nebeneinander gestellt, der Stil ist oft holperig, und die politischen Implikationen (Kolonialismus) bleiben fragwürdig.

Drohkulisse Mond

Eine ungewohnte Rolle spielt der Mond in Hermann Dresslers SF-Story ›Mondvögel‹ von 1911. Das ist aber auch das einzig Ungewöhnliche an der Geschichte.

Professor Bartoly reist mit einem Schiff aus »Diabarit« (wieder eine Art Anti-Schwerkraftmetall) zum Mond. Dort trifft er auf die den Menschen haushoch überlegenen Lunarier. Bartoly entdeckt, dass die Mondmenschen eine Invasion unseres Planeten vorbereiten. Mit ihren Raumkreuzern, die sie Mondvögel nennen und vom »komprimierten Weltäther« angetrieben werden, wollen sie die Erde angreifen. Nach einigen Verwicklungen, bei denen es für die Erde nicht gut aussieht, kommt es zu einer unerwarteten Hilfe. Eine kosmische Katastrophe vernichtet die bösen Lunarier und verhindert den kosmischen Überfall. Da wacht der Erzähler aus seinem Albtraum auf!

Abgesehen vom Alien-Invasions-Topos, der wenig in der Kaiserreichs-SF thematisiert wurde und diesmal vom Mond ausgeht, ist ›Mondvögel‹ eine flachbrüstige Geschichte, bei der auf erheblich niedrigerem Niveau von H. G. Wells abgeschrieben wurde. Dresslers ›Mondvögel‹ ist sozusagen ein *Der Krieg der Welten* für Arme.

Scheerbarts Mondphilosophen

Endgültig nicht von dieser Welt ist der Mond, den uns Paul Scheerbart vorführt (vgl. 11.3.). Dafür bietet uns sein SF-Roman *Die große Revolution. Ein Mondroman* (1902) deutlich mehr als die im Schnitt intellektuell anspruchslosen Texte der kaiserdeutschen Mondfahrer. Das literarisch wie philosophisch bemerkenswerte Buch hat eine bezeichnende Vor- und Begleitgeschichte, auf die kurz eingegangen werden soll.

Der wieder einmal völlig abgebrannte und über seine anhaltende Erfolglosigkeit schwer enttäuschte Dichter entschloss sich zu Beginn des Jahres 1901, zusammen mit seiner Frau von Berlin auf die Insel Rügen überzusiedeln. Zwei Gründe waren ausschlaggebend. Einmal war das Leben auf Rügen mindestens um die Hälfte billiger als in der Reichshauptstadt. Zweitens war Scheerbart offensichtlich fest entschlossen, einen Roman zu schreiben, der ihm den Durchbruch bringen sollte. Dazu brauchte er Ruhe. Der Insel Verlag hatte ihm vage eine Veröffentlichung in Aussicht gestellt, und er war sogar bereit, sich dem Publikumsgeschmack zu öffnen. Der Roman sollte also einen richtigen Plot, einen spannenden Ablauf, Höhepunkte und ein schlüssiges Ende haben (ein Unterfangen, zu dem Scheerbart nach Meinung von Kritikern überhaupt nicht fähig war). Nach acht Monaten war das Manuskript fertig und wurde dem Insel Verlag zugeschickt.

Postwendend erfolgte eine Ablehnung, der Scheerbart ebenso schnell mit einer empörten Replik begegnete, in der er behauptete, der Roman sei ein »Schlager«, den man dem Verlag aus den Händen reißen würde. Auch das hätte ihn wohl nicht gerettet, hätte nicht sein Freund Alfred Walter Heymel, einer der Miteigentümer von Insel, eingegriffen und angeordnet, dass der Roman auf seine eigenen Kosten veröffentlicht werden sollte. Der überaus dankbare Scheerbart erhielt endlich ein Honorar und konnte nach Berlin zurückkehren.

Leider waren die ursprünglichen Verlagsbedenken wohl doch nicht ganz unbegründet, denn das Buch wurde kein Schlager, sondern ein Flop, und der ersehnte Durchbruch bleibt aus. Scheerbarts Reaktion darauf war eine für ihn typische, den Misserfolg weglachende Trotzhaltung, die sich immer weniger um äußeren Erfolg und Leserzuwendung kümmerte, obwohl er den Erfolg, so meine ich, glühend gern gehabt hätte, was wiederum nur allzu menschlich ist.

Ohne Übergänge wird der Leser von *Die große Revolution* in die Welt der seltsamen Scheerbart'schen Mondgeschöpfe versetzt. Die Mondmänner erinnern an aufblasbare Kugeln mit Greifgliedern und einer kopfähnlichen Ausbeulung, auf der kranzartig Mund, Augen und Fühler angeordnet sind. Sie bewegen sich schwebend vorwärts, zeigen ihre jeweilige Stimmung durch eine Verfärbung der Lederhaut an – wenn sie reden wollen, werden sie rot, wenn sie wütend sind, grün etc. Die Fortpflanzung geschieht durch Parthenogenese, d. h. sie erneuern sich selbst in den sog. Todesgrotten, wobei sie ihr Bewusstsein behalten. Deshalb haben sie auch kein Sexleben und brauchen kein zweites Geschlecht. Faktisch sind sie unsterblich, da sich das Individuum immer wieder selbst neu erschafft. Außerdem sind sie Luftatmer, was mit einer Besonderheit des Scheerbart-Mondes zu tun hat. Die Mondmänner leben nämlich nur auf der der Erde zugewandten Seite. Hier gibt es eine Atmosphäre, während die Rückseite des Mondes luftleer ist und noch nie von den Mondwesen betreten wurde.

Jahrhundertelang haben sich die Mondmänner im Wesentlichen nur mit der Beobachtung der Erde befasst. Jeder zehnte Mondkrater verfügt über ein großes Teleskop, und es gibt riesige Bibliotheksgrotten, in denen die Observierungsergebnisse in Form von Büchern, Mappen und Fotografien aufbewahrt werden – die Fototechnik ist sogar so weit fortgeschritten, dass man einzelne Gesichter der Erdmenschen sehen und irdische Zeitungsseiten lesen kann.

Vor diesem Hintergrund entwickelt sich die große lunare Revolution. Eine immer stärker werdende Bewegung, die sich »Weltfreunde« nennt und von Mafikâsu angeführt wird, sieht keinen Sinn mehr in der Erdbeobachtung. Sie will sich dem gesamten Kosmos zuwenden und dazu ein einziges gigantisches Fernrohr bauen. Das sog. Auge soll so groß sein wie der gesamte Monddurchmesser. Um diesen wahnwitzig klingenden Plan umsetzen zu können, wollen die Weltfreunde die Mondrückseite als komplette Linse verwenden, denn sie vermuten, dass die Rückseite flach ist, ganz aus diamantähnlichem Glas besteht und dass sich im Mittelpunkt eine mehrere Kilometer durchmessende natürliche Linse befindet, die wiederum von vielen anderen umgeben ist. Um an sie heranzukommen, müssten von den tiefsten Grotten im Inneren des Mondes aus Bohrungen durchgeführt werden, um die Glasgrotten genannten Hohlräume unter den Linsen der Rückseite zu erreichen.

Selbstverständlich stößt diese Absicht bei den »Erdfreunden« unter der Führung von Knéppara auf starken Widerstand. Dabei sind die Erdfreunde keineswegs Anhänger der rohen und gewalttätigen Erdlinge, die sich gegenseitig zerfleischen. Sie meinen aber, dass die jahrhundertelangen Forschungen fortgesetzt werden müssen, um zu enträtseln, warum die Erdmänner wie »Bestien« sind.

Nun gibt es ein Hin und Her im hundertköpfigen Mondrat, der obersten politischen Instanz der Mondvölker. Zuerst einigt man sich auf eine Erforschung der Mondrückseite. Luftgefüllte Kastenwagen werden gebaut. Ihre Erkundungen ergeben, dass die andere Seite des Mondes tatsächlich genau so aussieht, wie die Wissenschaftler vermutet haben. Obwohl es technisch machbar ist, eine einzige riesige Teleskopröhre durch den ganzen Mond zu ziehen und mit dem Linsensystem zu verbinden, können die Forschungen noch nicht beginnen. Knéppara setzt durch, dass man noch 50 Jahre warten soll. Sollten in dieser Zeit nicht mindestens drei Erdstaaten die Wehrpflicht und die Armee abgeschafft haben, würden sich die Erdfreunde geschlagen geben. So wird es beschlossen.

Es ergibt sich, dass in dieser Zeit nur zwei Erdstaaten den Schritt vollziehen, aber kurz vor Ablauf der Frist kommt doch noch ein dritter hinzu. Die Mondbevölkerung, die mittlerweile mit überwältigender Mehrheit die Abkehr von der Erde will, tobt. Da ist es Knéppara selbst, der die Brücke baut. Er erklärt, dass es den dritten Staat vor 50 Jahren noch gar nicht gegeben habe. Deshalb zähle er nicht. Die Wut schlägt in Jubel um, und gemeinsam macht man sich an das titanische Werk. Nach 1300 Jahren ist die Gigantanlage fertig, und den Mondmännern eröffnen sich nun die ungeheuren und unerschöpflichen Wunder eines lebendigen Universums.

In *Die große Revolution. Ein Mondroman* geht es einmal um eine satirisch-philosophische Abrechnung Scheerbarts mit der politischen Misere seiner Zeit, die bei ihm durch den Militarismus und die »*kostümierten Massenmörder*« (S. 40) geprägt ist. Das Mond-Ensemble ist sein Gegenbild, um eine humane Welt jenseits von Raub- und Mordgier darzustellen. Formal fällt der fast ausufernde additive Stil auf (»und nun …«, »und dann …«, »und dann …« usw.), der normalerweise unbeholfen und sprachlich ideenlos wirkt. Bei Scheerbart führt diese Syntax jedoch zu einem getragenen, fast feierlich klingenden Verkündigungston, der seinem Text Bedeutung und Eindringlichkeit geben soll. So bilden denn Stil und Plot des Romans den Rahmen, in dem sich die fundamentalen Scheerbart-Ideologeme manifestartig entfalten können. Dabei repräsentiert die bei allen Konflikten immer friedlich bleibende Mondgesellschaft den positiven Lebensstil. Dieser ist auf schiere Betrachtung ohne jede Verwertung ausgerichtet. Obwohl die Mondmänner seit Jahrhunderten die Erde beäugen, kommt keiner von ihnen auf die Idee, die Erde besuchen, geschweige denn etwas an den dortigen Zuständen ändern zu wollen. Ein Mondmann sagt zu seinem neuen, werdenden Ich: »*Aber (wir) dürfen nie vergessen, dass uns nur die reine absichtslose Anschauung das Glück schaffen kann.*« (S. 31) Und weiter: »*Wir müssen immer ganz ruhig auch die unruhigen Bilder nur als Bilder auf uns wirken lassen.*« (S. 31)

Wenn sich also bei den Mondvölkern eine revolutionäre Veränderung anbahnt, so besteht diese ausschließlich darin, sich ein neues Beobachtungsfeld (d. i. der ganze Kosmos) zu suchen, aber nicht, die in sich ruhende Lebensweise zu verlassen. Am Ende des Romans bestätigt sich diese Weltsicht auf grandiose Weise, da sich den Mondwesen durch das Megateleskop eine unendliche, universale Vielheit erschließt, die das realisiert, was schon am Anfang gesagt wurde: »*Den Einklang mit dem Daseienden!*«»*Stetes Zusammenklingen mit dem Ganzen; alle Mondleute müssen zusammen ein Wesen bilden.*«»*Die Welt muss in uns sein – mit allem!*« (alle Zitate S. 33)

Wie schaurig-schrecklich dagegen die Erde!

Die Erdbewohner werden mit ihren Massenkriegen als »*Bestien*« eingestuft (S. 39). Um das noch zu steigern, wird ein fotografierter Zeitungsartikel von der Erde zitiert, in dem der Verfasser angeblich ganz nüchtern und vernünftig den Vorschlag macht, die auf den Schlachtfeldern Gemordeten nicht einfach verrotten zu lassen. Wenn sie schon tot seien, könnte man ihr Fleisch auch als Nahrungsquelle verwerten. Dieser Appell an den Kannibalismus ruft bei den Mondmännern helle Empörung hervor, bis der »Erdfreund« Knéppara darauf aufmerksam macht, dass der Artikel ganz offensichtlich eine Satire sei.

Überhaupt versucht Knéppara, eine gewisse Differenzierung bei der Beurteilung der Erdlinge einzubringen. Er verweist darauf, dass wenigstens eine Minderheit der Menschen versucht, durch Kunst und Kultur die Lage zu verbessern. Außerdem beobachten die Mondleute auch eine kleine Revolution auf der Erde. Eine Friedensbewegung kommt auf, die vor allem durch Hohn und Spott über die lächerlichen Uniformen und das Großmannsgetue das Ruder herumreißen will. Doch der Mensch ist so pervers, dass sich die anfänglichen Erfolge ins genaue Gegenteil verkehren. Man beauftragt einfach die Künstler, neue Uniformen zu schaffen, und da diese viel schöner sind, vergisst man das ursprüngliche Anliegen. Kurz: Auch die Künstler sind korrupt. Letztendlich wird die Erde von den Mondmännern als komische Nummer im Programm des Universums abgestempelt. »*Die Erdmänner wollen den Bewohnern anderer Sterne nur was zum Lachen geben. Wir sollten den Erdmännern für ihre Absicht, die anderen Sternbewohner erheitern zu wollen, dankbar sein.*« (S. 175) Mit diesem, für den Autor typischen, aus der Verzweiflung geborenen hohnlachenden Sarkasmus und den Mondleuten, die sich im überbordenden emotionalen Lebensreichtum befinden, beendet Scheerbart seinen kurzen Roman.

Die große Revolution ist in seinem versponnenen Ambiente, seiner – jedenfalls für die Menschheit – bitteren Aussage und seiner entrückten Gegenutopie ein ungewöhnliches Werk, das, hat man sich erst einmal darauf eingelassen, nicht nur bemerkenswerte Details enthält, sondern den Leser durchaus zu vereinnahmen vermag. Der Roman ist also weit mehr als eine Satire. Im Kern ist er ein philosophischer Roman, der eine umfassend pazifistische Weltsicht verkündet.

Gleichwohl liegt das Scheerbart'sche Rezept zur Weltverbesserung derart weit ab von den realen Problemen seiner (und unserer) Zeit, dass es nur als Wunschvorstellung eines notorischen Träumers bezeichnet werden kann. Scheerbart versucht in der politischen Gemengelage der SF-Autoren des Kaiserreichs einen grundständig neuen, wenn auch m. E. abstrusen Weg einzuschlagen, indem er allgemein akzeptierte Paradigmen auf den Kopf stellt. Das aber ist genau die Methode der New Wave, die 60 Jahre später in England aufzublühen begann. Auch bestimmte Grundelemente, die wir vor allem bei J. G. Ballard finden (Stasis, Beharrung, Rückzug auf sich selbst etc.), lassen sich schon bei Scheerbart ausmachen (vgl. Hans Frey, *J. G. Ballard. Science Fiction als Paradoxon*).

14.4. Die Marsliteratur: Fakten, Mythen, Hintergründe

Genauso wie der Mond hat der Mars, wenn auch mit anderen Inhalten, die Menschen immer wieder zur Mythenbildung herausgefordert. Wegen seiner rötlichen Farbe wurde er von alters her mit Tod, Blut und Krieg in Verbindung gebracht. So trägt er nicht zufällig den Namen des römischen Kriegsgottes Mars (des griechischen Ares), und seine Rolle in der Astrologie war zumeist die eines Unheilbringers.

Mit dem Aufkommen des wissenschaftlich-technischen Zeitalters begann sich sein Bild zu wandeln. In der Science Fiction entstand eine üppige Marsliteratur, die besonders um die Wende vom 19. zum 20. Jahrhundert geradezu explodierte. In ihrem exzellenten SF-Sachbuch *Das Jahrhundert der Marsianer* (1984) haben Helga Abret und Lucian Boia eine Studie vorgelegt, die einen Zeitraum von den

Anfängen der Marsliteratur bis zur Landung der Viking-Sonden 1976 umfasst und die sehr kenntnisreich und unter Heranziehung zahlreicher Literaturbeispiele den Mars-Kosmos in der SF farbig ausmalt. Zur detaillierteren Information sei allen Interessierten die Lektüre des Buches wärmstens empfohlen.

Der Ursprung des Marsmythos in der SF

Ausgangspunkt des sich verändernden Mars-Bildes waren die Forschungen und Entdeckungen zahlreicher Astronomen und die sich daraus ergebenden wissenschaftlich-philosophischen Debatten und Spekulationen. Einmal kam man immer mehr zu der Auffassung, dass der Mars viele erdähnliche Züge aufwies, ja dass er mit dem Tag-und-Nacht-Rhythmus, mit Atmosphäre, Jahreszeiten, Polen, (scheinbaren) Meeren und Kontinenten wie eine zweite Erde wirkte. Der nächste, sich geradezu aufdrängende Gedanke war die Vorstellung, dass er bei den sich gleichenden Umweltbedingungen ebenfalls wie die Erde Pflanzen, Tiere und intelligente Wesen hervorgebracht haben könnte bzw. müsste. Dies traf zusammen mit der sich verbreiternden Meinung über ein Universum mit einer Vielzahl bewohnbarer und bewohnter Welten, eine Auffassung, die bereits altgriechische Naturphilosophen wie Anaximandros von Milet und Demokrit vertreten hatten, die dann der Philosoph und Pantheist Giordano Bruno im 16. Jahrhundert neu belebte und die schließlich über Kant und andere immer breiter diskutiert wurde. Kombinierte man das alles mit der zusätzlichen Vorstellung, dass der Mars älter als die Erde sei (so wie die Venus jünger), so schälte sich am Ende des 19. Jahrhunderts ein ausgefeilter Mythos über den Mars und seine Kultur heraus. Scheinbar war durch wissenschaftliche Fakten belegt, dass es menschenähnliche Marsianer gab, die uns (da sie ja älter waren und somit auf eine längere Entwicklungszeit zurückblicken konnten) wissenschaftlich-technisch, aber auch ethisch, kulturell und sozial überlegen waren.

Camille Flammarion und Asaph Hall

Der französische Astronom Camille Flammarion (1842–1925) war der erste, der durch seine Bücher dieses Bild im großen Stil unter die Leute brachte. Flammarion verstand es mit einem untrüglichen Gespür für

den Publikumsgeschmack, astronomische Erkenntnisse mit Spekulationen zu vermengen und dem Ganzen einen mystischen Hauch zu geben, gespeist aus okkultistischen und spiritistischen Versatzstücken – siehe unter anderem sein ins Deutsche übersetztes Buch *Urania*.

1877 bekam der Mars-Mythos einen weiteren Schub. Denn jetzt entdeckte der amerikanische Astronom Asaph Hall (1829–1907) die beiden Marsmonde, die er nach den Begleitern des Kriegsgottes *Phobos* (Furcht) und *Deimos* (Schrecken) nannte. Endlich schien sich zu bestätigen, was eigentlich in der »Logik« einer unterstellten Harmonie des Universums lag, denn, so glaubte man, wenn die Erde einen Mond hat und Jupiter vier (die Galileische Beobachtung), dann müsste der zwischen Erde und Jupiter gelegene Mars zwei Monde haben. Natürlich handelte es sich hier um reine Zahlenmagie, da wir heute wissen, dass Phobos und Deimos in der Tat nur »Möndchen« sind und Jupiter über 48 Monde verfügt. Aber die Harmonie-Hypothese passte eben so schön ins Bild.

Die Marskanäle

Noch nachhaltiger beeinflusste – ebenfalls 1877 – die Entdeckung des italienischen Astronomen Giovanni Virginio Schiaparelli (1835–1910) die spekulative Mars-Literatur. Schiaparelli meinte nämlich, so etwas wie Linien auf der Oberfläche des Mars erkannt zu haben. Er nannte sie »canali«, was aus dem Italienischen übersetzt so viel wie Rillen heißt. Im Deutschen verwendete man den Begriff Kanäle – und schlagartig waren jene gewaltigen technischen Wunderwerke der Marsianer geboren, die den trockenen Planeten mit dem Wasser der Marspole versorgten, die berühmten Mars-Kanäle! Das war, so meinte man, der schlagende Beweis für die Existenz eines hochintelligenten Volkes auf dem Mars, denn die Linien waren zu exakt, als dass sie natürlichen Ursprungs hätten sein können. Außerdem mussten sie gewaltige Ausmaße haben, wenn man sie über diese riesige

Entfernung hinweg mit einem irdischen Fernrohr erkennen konnte. Ende des 19. Jahrhunderts gab es tatsächlich nur wenige öffentliche Stimmen, die Zweifel an dieser Theorie hegten.

Percival Lowell und das Ende der Kanäle

Der amerikanische Astronom Percival Lowell (1855–1916) war sogar derart besessen von dieser Idee, dass er den größten Teil seines Lebens der Erforschung des Mars und seiner Kanäle widmete. Er fertigte umfangreiche Karten an, und unermüdlich propagierte er bis zu seinem Lebensende die Kanal-Theorie, obwohl sich immer mehr Skeptiker einstellten und sich die Belege häuften, dass es sich um eine optische Täuschung handelte. 1909 wurde mittels einer verbesserten Fernrohrtechnik die Kanal-Theorie widerlegt. Das hinderte aber Kompanien von SF-Autoren nicht, über Jahrzehnte an diesem Topos festzuhalten. In der ersten Hochzeit der Mars-SF wurde der rote Planet zum Schauplatz der unterschiedlichsten Fantasmagorien. Die Wissenschaft selbst hatte dafür Anlass und Grundlage geliefert. Ihre (vorläufigen) Erkenntnisse produzierten sozusagen das Futter, auf das sich nun auch die deutschen SF-Schriftsteller mit Heißhunger stürzten.

14.5.   Einmal Mars und zurück!

Vorab: Die Marsromane von Laßwitz und Daiber

Bereits in Teil IV wurde auf die großen Marsromane von Laßwitz und Daiber eingegangen, da das Hauptinteresse, das die Romane *Auf zwei Planeten* (Laßwitz) und *Die Weltensegler* (Daiber) beherrscht, die Darstellung einer philosophisch fundierten Gesellschaftsutopie ist, die die Menschheit zu einem ethisch besseren Tun anleiten soll. Die technischen und abenteuerlichen Aspekte der beiden Romane sind zwar wichtig, bilden aber dennoch nur den Rahmen für die eigentliche Intention.

Demgegenüber orientieren sich die im Folgenden erwähnten Texte an den Grundkriterien der unterhaltend-belehrenden Weltraum-SF. Natürlich taucht auch hier immer wieder der zum Klischee werdende Topos des höher entwickelten Mars auf, von dem sich die

Erdmenschen eine dicke Scheibe abschneiden können. Gleichwohl findet sich in ihnen nicht die philosophische Tiefe, der klare, fortschrittlich motivierte Reformwille und der utopische Eros, die Laßwitz und Daiber auszeichnen. Deshalb gehören die Marsromane von Laßwitz und Daiber in den Teil IV.

Illusionäre Raumbewältigungsmaschinen

In der Kurzgeschichte ›Die Reise zum Mars‹, erschienen 1912 in DAS NEUE UNIVERSUM, setzt sich der Autor Hans Dominik von Jules Verne ab und erläutert seine Vorstellungen einer gelungenen Raumfahrttechnik.

Im Jahr 2108 lebt eine kultivierte Menschheit in einer Welt des Wohlstands und des (technischen) Fortschritts. Vor diesem Hintergrund wird von einem Marskonsortium berichtet, das einen bereits im 19. Jahrhundert gestifteten Millionenpreis verwaltet. Er gebührt demjenigen, der den ersten echten Kontakt zum Mars herstellt. Da das bisher niemand geschafft hat, hat sich das Kapital des Konsortiums durch Zins und Zinseszins zu einer ungeheuren Summe vervielfältigt. Im Jahr 2109 taucht bei Monsieur Durand, dem Direktor des Konsortiums, der deutsche Wissenschaftler Dr. Müller auf, der behauptet, eine Reise zum Mars machen zu können. Gefragt, wie er das anstellen wolle, verwirft er zuerst Jules Vernes Methode eines Geschosses, um dann stolz zu verkünden, dass er einen Antigravantrieb erfunden habe, mit dem man ein Raumschiff antreiben und lenken könne. Müller legt Durand Beweise vor, und so wird ein Vertrag geschlossen.

Im Jahr 2110 ist es soweit. Das Raumschiff ist fertig und soll vom Kongo aus mittels einer besonderen Rohrkonstruktion, die das kugelförmige Gefährt in die richtige Richtung katapultiert, gestartet werden. Die Besatzung besteht aus Durand und Müller. Selbstverständlich ist die Kugel nicht nur mit allen notwendigen Überlebenssystemen ausgestattet, sondern auch mit allen Salon-Annehmlichkeiten, die den Raumpionieren zustehen.

Nach einer problemlosen Anreise landen der Deutsche und der Franzose auf dem Gipfel eines Marsgebirges. Die dünne Luft ist atembar, es gibt eine Bergvegetation, und man sieht sogar ein bärenähnliches Tier. Ob es auch intelligente Marsbewohner gibt, bleibt offen. Jedenfalls eignet sich der Mars ohne jede Frage für eine menschliche

Besiedlung. Nach kurzem Aufenthalt geht es wieder zurück zur Erde. Müller und Durand landen in der Nähe von Berlin, wo sie von einer gewaltigen, jubelnden Menschenmenge empfangen werden. Es versteht sich, dass auch alles Weitere wie am Schnürchen klappt. Dr. Müller bekommt 50 Millionen und gründet mit dem mittlerweile zum Freund gewordenen Durand eine Erde-Mars-Raumschifffahrtslinie, die bald mit Frachtern und Luxuslinern die Planetenräume durchkreuzen wird.

Bereits die kurze Inhaltsangabe von ›Die Reise zum Mars‹ zeigt, dass für Dominik der rote Planet an sich nur eine untergeordnete Rolle spielt. Ihm reicht es, seine Erdähnlichkeit und Kolonisierbarkeit festzustellen. Die Deckungsgleichheit des Mars mit der Erde geht bei ihm so weit, dass sich die beiden Astronauten nach ihrer Landung *»wie im Berner Oberland«* (S. 51) fühlen.

Das zentrale Motiv in dieser Story Dominiks ist die Art und Weise des Weltraumflugs, und so bietet sich hier die Gelegenheit, etwas zu den Antigrav-Schiffen zu sagen, die bei fast allen Autoren der frühen deutschen Weltraum-SF herumspuken. Obwohl schon 1896 der Russe Konstantin E. Ziolkowski in einem Manuskript (das zur Grundlage seines SF-Romans *Außerhalb der Erde* wurde) den sich als realistisch erweisenden Raketenantrieb vorentwickelte, kommen Dominik und seine Kollegen – jedenfalls zu dieser Zeit – nicht auf eine solche Idee.

So verwirft Dominik zu Recht die Mondkanone Vernes, greift aber dann zu einem selbst heute noch völlig illusorischen Gedanken, nämlich den der Nutzung der Antigravitation. Das hängt (auch) damit zusammen, dass die damalige Wissenschaft meinte, die Schwerkraft sei ein Phänomen des »Lichtdrucks« aus dem All auf materielle Objekte. Anders: Die ständige Bombardierung der Materie durch einen »strahlenden Weltäther« führe dazu, dass der Mensch auf der Erde festklebe. Schlussfolgerung: Wenn es gelänge, diese Druckstrahlung zu neutralisieren, wäre das gleichbedeutend mit der Aufhebung der Schwerkraft. Seit Einstein, der seine Gedanken bereits 1905 mathematisch formulierte, weiß man, dass die Lichtdrucktheorie Unsinn ist. Die Gravitation ist eine Wechselwirkung zwischen Masse und Raum. Je größer die Masse ist, desto stärker ist die Raumkrümmung, und das verursacht das, was wir Schwerkraft nennen.

Nicht nur in dieser Frage ist Dominiks Story alles andere als wegweisend. Bezeichnend ist zudem, dass seine Ingenieure stets saftigste

Belohnungen und Profite kassieren. Da kann man sich gut vorstellen, welche Wunschträume Dominik jenseits der Technik bewegten.

Der Mars als SF-Routine

1905 gibt Oskar Hoffmann in seinem SF-Roman *Unter Marsmenschen* seine (nicht neue) Version des Marsmythos zum Besten.

Der junge Student Norbert hat nicht nur »so nebenbei« den Transmitter erfunden – hier taucht Hoffmanns »Atomistikum« aus *Mac Milfords Reisen im Universum* wieder auf –, sondern er gerät auch unbeabsichtigt in den Wirkungskreis des Apparats, der ihn zum Mars abstrahlt. Die ihn begrüßenden Marsmenschen sind so wie wir, nur etwas gemütlicher und etwas intelligenter. Natürlich ist auf dem Mars alles besser. Die Marskultur ist uns um 1000 Jahre voraus. Es wird nur noch eine Sprache gesprochen, das Energieproblem ist gelöst, fantastische Luft-, Wasser- und Bodenfahrzeuge garantieren einen perfekten Verkehr, die Marskanäle sorgen für blühende Landschaften und die Wetterkontrollen für ein schönes Klima. Alles ist nach mathematischen Prinzipien reguliert. So gibt es z. B. auf dem Mars genau 1000 Städte mit jeweils exakt 10.000 Einwohnern. Höhepunkt der Marsreise unseres Studenten ist der Kern des Planeteninneren, der aus einer gigantischen Diamantengrotte besteht.

Doch irgendwann ergreift Norbert das Heimweh. Mit einem neu zusammengebastelten Beamer geht es zur Erde zurück, wobei der Student von einem neugierigen Marsastronomen begleitet wird. Der hat aber von den Verhältnissen auf der Erde schnell die marsianische Nase voll und will sich verabschieden. Ein letztes Mal kommt der Transmitter zum Einsatz, denn anschließend wird Robert auf ihn verzichten, da er zu »gefährlich« sei.

Abret/Boia bewerten den Roman wie folgt: *»Diese längere Erzählung von O. Hoffmann ist recht harmlos, nicht spannend genug, um als*

Abenteuerroman zu fesseln, nicht interessant genug in den technischen Details, um als wissenschaftlicher Roman zu interessieren.« (S. 131)

Der Spießer vom Mars

Unter dem Pseudonym Intrus geht Paul Oswald Köhler ebenfalls 1905 mit dem SF-Buch *Passyrion über Deutschland. Beobachtungen und Kritiken eines Marsbewohners* an die Öffentlichkeit. Köhler wählt einen Perspektivenwechsel, der im ersten Moment originell erscheint. Diesmal besucht kein Erdling den Mars, sondern umgekehrt ein Marsianer die Erde. Was er allerdings daraus macht, kann nicht überzeugen.

In drei langatmigen Vorträgen bewertet der Marsprofessor Passyrion seine Erlebnisse auf der Erde, die auf Marsianisch Zooris heißt, während der Mars die Namen Siontra bzw. Sios trägt. Seine Untersuchungen, die er inkognito betreiben kann, da er genauso aussieht wie ein Mensch und sich ebenso kleidet, richten sich im Wesentlichen auf das Deutschland der Köhler'schen Realgegenwart. Dabei taucht die Fiktivgegenwart des Mars nur indirekt auf, indem sie in mehr beiläufigen Bemerkungen durchgängig als positives Gegenbild zu den schlechten deutschen Verhältnissen dient.

Nun gäbe es an den Zuständen im Kaiserreich wahrlich genug zu kritisieren, doch wer meint, der Autor würde jetzt mit den politischen und sozialen Verwerfungen des preußischen Industriefeudalismus aufräumen, wird bitter enttäuscht. Stattdessen sieht sich der Leser mit einer rückwärtsgewandten Weltsicht konfrontiert, die die Industriegesellschaft und die Großstädte als solche verdammt und eine heimelige Idylle herbeisehnt, die zudem noch auf den Schiller'schen Idealismus reduziert wird. Das Buch endet mit der völlig unplausiblen Überzeugung des Autors, dass das, was er für vorbildlich hält, in naher Zukunft auch Wirklichkeit werden würde.

Zudem leidet der Roman *Passyrion über Deutschland* unter einer extremen Handlungsarmut, die durch die weitschweifigen, z. T.

penetranten Belehrungen nicht kompensiert werden kann – im Gegenteil. Inhaltlich hat es eine klare Tendenz zum Biedermeierlichen, ja zum Reaktionären, und der schmalspurige Rückbezug auf Schiller verschlimmert die Angelegenheit, weil er bei allem Respekt vor dem Dichterfürsten zeigt, dass Köhler nichts von den wirklichen Problemen seiner Zeit begriffen hat. Gekrönt wird das die Geduld strapazierende Buch durch eine Kleinkariertheit und Pedanterie, die streckenweise und vom Autor keineswegs beabsichtigt lächerlich wirkt – so z. B., wenn sich Passyrion als Marsianer engagiert für die Beibehaltung der deutschen Groß- und Kleinschreibung ausspricht und gegen die Verwendung von Margarine, den Sittenverfall, die ihm nicht zusagende Mode und gegen den bösen Nietzsche wettert.

Intrus hat seinen Roman wahrscheinlich als großen philosophischen Entwurf empfunden. Heraus kam indes eine nörgelnde Küchenphilosophie im kleinsten Pepita.

Der Astronom Lowell – eine Gefahr für den Mars?
Auch Carl Grunert wechselt in seiner SF-Story ›Der Marsspion‹ (1908) die Perspektive. Doch wie erfrischend setzt sich diese von der Larmoyanz eines Intrus ab.

Wir befinden uns im Observatorium des berühmten Astronomen Lowell. Er beobachtet mit seinem Refraktor den Mars, während sein Assistent Lampland zusammen mit dem erst vor Kurzem eingestellten Mr. Ferrum die belichteten Fotoplatten der letzten Nacht in der Dunkelkammer entwickelt. Lowell und Lampland kommt der neue Mr. Ferrum recht seltsam vor. Das beginnt schon mit seinem Äußeren. Ein fast greisenhaftes, blasses Gesicht sitzt auf einen zierlichen, knabenhaften Körper. Stets trägt der wortkarge und zurückhaltende Mr. Ferrum eine schwarze Binde um die Stirn und an den Händen Gummihandschuhe. Allerdings zeigt Ferrum von Anfang an ein großes Geschick bei seiner Arbeit, und seine entwickelten Fotos sind von ausnehmender Qualität und Klarheit. Das kommt besonders Lowell zupass. Er, der akribisch die Marskanäle erforscht, hat eine neue Entdeckung gemacht. Ein sog. wandernder Fleck, der seine Position von Aufnahme zu Aufnahme verändert, gibt dem Astronomen Rätsel auf. Ein Verdacht keimt in ihm auf. Als er das neuste, besonders gelungene Bild des wandernden Flecks betrachtet, reift in ihm die Überzeugung, dass es sich um ein in der Marsatmosphäre schwebendes, riesiges Objekt handeln müsse.

Derweil häufen sich im Observatorium merkwürdige Zwischenfälle. Ein Kurzschluss in der Dunkelkammer hätte beinahe ein verheerendes Feuer ausgelöst, und eine aktuelle Fotoplatte wird unerklärlicherweise zerstört. Als Lowell und Lampland eines Nachts bei ihren Beobachtungen sind, gibt es plötzlich eine Explosion, die fast den wertvollen Refraktor zerstört hätte. Lampland gewahrt in der abgedunkelten Kuppel einen glühenden Lichtpunkt, auf den er sich stürzt. Tatsächlich handelt es sich um den Attentäter, der aber nach einem Handgemenge entkommen kann. Von diesem Zeitpunkt an bleibt auch Mr. Ferrum verschwunden. Man untersucht die Gummihandschuhe und stellt fest, dass die beiden kleinen Finger nur Attrappen sind – Ferrum hat also nur vier Finger an jeder Hand! Der glühende Punkt war indes ein drittes Auge auf Ferrums Stirn, das er hinter der Binde verbarg. Es gibt keinen Zweifel. Ferrum ist ein Spion vom Mars, der sich in die Sternwarte einschlich, um die Arbeit von Lowell zu sabotieren. Lowell und Lampland schauen sich entsetzt an. Jetzt wissen sie auch, was der wandernde Fleck ist. Es ist ein gigantisches Raumschiff, das sich auf den Weg zur Erde machen will.

Grunerts ›Der Marsspion‹ ist eine gut gemachte, kurzweilige SF-Pointenstory mit Gruselpotenzial, eine hübsche Vignette, die zwar nicht viel Tiefgang hat, aber dennoch zur gehobenen deutschen Unterhaltungs-SF des beginnenden 20. Jahrhunderts gehört. Witzig ist auch der Einfall, dem vom Mars besessenen Lowell einen leibhaftigen Marsagenten auf den Hals zu hetzen.

Der Mars und die Frauen

Die Story ›Die Frauenwelt auf dem Mars‹ (1910) stammt von E. Tanne. Leider weiß man nichts über den Autor oder die Autorin. Aufmerken lässt, dass die Geschichte eine weibliche Ich-Erzählerin hat. Nimmt man die eindeutige Botschaft der Geschichte hinzu, dann spricht m. E.

sehr viel dafür, dass wir es mit einer Autorin zu tun haben. Ich nehme mir also die Eigenmächtigkeit heraus, E. Tanne als Frau zu sehen.

Die Botschaft der Story lautet zusammengefasst: Die Frauen (utopisch dargestellt am Leben der Marsianerinnen) haben sich zwar an der traditionellen Frauenrolle als Dienerin des Mannes und Mutter ihrer Kinder zu orientieren, ansonsten aber sollten sie sich von den Männern fernhalten und ihre eigene weibliche Kultur pflegen. Impliziert wird, dass es in der Marsgesellschaft keine Gleichberechtigung gibt, weil sie auch von den Marsfrauen abgelehnt wird. Ehe- und Aufzuchtpflichten stehen für sie außer Frage.

Was auf dem Mars anders ist, ist die von den Frauen gewollte und praktizierte Separierung von der Männerwelt. Der einzige Freiraum, den die Autorin sieht, liegt in einer Parallelgesellschaft, die für eine gewisse Zeit feminine Autonomie garantiert. Überhöht wird die Absonderung durch eine Mystifizierung des Weiblichen, das viel seelenhafter, gefühlvoller, naturnäher, spiritueller und esoterischer sei als das grobe Maskuline.

2007 hat Detlef Münch eine Sammlung herausgegeben, die den Titel trägt *Die Frau der Zukunft vor 100 Jahren*. Sie enthält fünf *»vergessene feministische Utopien aus den Jahren 1899–1910«*, unter anderem auch die hier in Rede stehende Story von E. Tanne und die in diesem Buch ebenfalls besprochene Geschichte von H. W. ›Das Ewig-Weibliche im Jahr 2500‹ (siehe 15.7.). In der Internet-Rezension ›Masculinfreie Männer und femininfreie Frauen‹ (literaturkritik.de) kritisiert Rolf Löchel, dass die in Münchs Band aufgeführten Texte nur angeblich feministisch seien. Tatsächlich trügen sie nicht zur Frauenemanzipation bei, ja sie seien z. T. sogar explizit antifeministisch .

In diesem Spannungsfeld bewegt sich auch meine Kritik zu E. Tanne. Die verdrehte Geschichte lässt einerseits den Schluss zu, dass die Autorin durchaus merkt, dass die Unterdrückung der Frau im Kaiserreich nicht in Ordnung ist. Bemerkenswert ist zudem, dass Tanne als eine der ganz wenigen weiblichen Stimmen in der zeitgenössischen SF die Frauenfrage thematisiert. Andererseits ist sie aber derart be- und gefangen in ihrer eigenen tradierten Rolle, dass sie an eine echte Befreiung nicht zu denken wagt, sondern ihr einziges Heil in einer partiellen Isolation der Frau vom Mann sieht, eine Art Beginen-Orden ohne Ehelosigkeit. Dass diese Vorstellung emanzipatorisch ist, ist mir nicht einsichtig.

Die SF-spezifische Kritik an ›Die Frauenwelt auf dem Mars‹ bezieht sich auf die Zuordnung der Story zur Weltraum-SF. Selbige ist sehr gewagt, denn im Prinzip interessiert sich E. Tanne gar nicht für den Mars, und eine Weltraumfahrt gibt es bei ihr auch nicht. Die Ich-Erzählerin wird einfach durch eine Traumreise auf den roten Planeten versetzt, der ihr wiederum nur als Kulisse für ihre wenig einleuchtende Botschaft dient.

Vom Verteidigungskrieg zum kolonialistischen Genozid

Fakten über den Autor John Merriman sind mir nicht bekannt. Es gibt lediglich die Vermutung, dass der englisch klingende Autorenname ein Pseudonym ist, hinter dem sich ein deutscher Schriftsteller verbirgt. Der hier zu besprechende Roman *Die Marsmenschen kommen* (1908) firmiert als Band 2 des Serientitels THOMAS ALVA EDISON, DER GROSSE ERFINDER, wobei der real existierende Erfinder Edison zum mythischen Serienhelden stilisiert wird. Ausweislich des Literaturwissenschaftlers Innerhofer erschienen fünf Bände mit den Titeln Bd. 1, *Das lenkbare Luftschiff*; Bd. 2, *Die Marsmenschen kommen*; Bd. 3, *Die künstlichen Menschen*; Bd. 4, *Die Welt verhungert*; Bd. 5, *Der Weltstreik* (vgl. Innerhofer, S. 294 ff.).

Laut Max Popp, Autor der wichtigen Monografie *Jules Verne. Sein Leben, seine Werke, seine Nachfolger* (Reprint-Titel), handelt es sich bei THOMAS ALVA EDISON, DER GROSSE ERFINDER um eine Buchreihe, die in Warenhäusern vertrieben, aber in keinem Buchkatalog angeboten wurde (siehe Popp, S. 188). Offensichtlich war Merriman ein Autor trivialer Schriften, die sich als schnell konsumierbare Wegwerfware in kurzlebigen Nischenformaten am Rande des Literaturmarkts bewegten. Ein weiteres Beispiel hierfür ist Merrimans Erzählung ›Das unsterbliche Automobil‹, die als Heft im Vita Verlag erschien und dann (1913) als Fortsetzungsgeschichte in einer deutschen Zeitschrift. Nun aber zum Inhalt von *Die Marsmenschen kommen*.

Eines Tages regnen Metallkapseln auf Brandenburg herab, in denen sich die Invasoren vom Mars befinden. Sofort verbünden sich die europäischen Nationen gegen den gemeinsamen Feind, und es herrscht Krieg. Die Herren des Mars, Wesen mit schwächlichen Körpern und riesigen Seifenblasen-Köpfen, beanspruchen die Erde für sich, da sie nach ihrer Meinung der Menschheit in

jeder Hinsicht überlegen sind. Notwendige Nährstoffe nehmen sie durch Hautatmung auf, und sie verständigen sich untereinander durch Telepathie. Als Waffen setzten sie ihre Sklavenarmeen ein, die aus monströsen, ziemlich dummen, aber körperlich starken Gorillawesen bestehen und technischen Apparaturen wie z. B. »Vakuatoren« und »Metallvögeln«, die sonnenheiße Strahlen abfeuern.

Doch mit der Überlegenheit der Eierköpfe ist es nicht weit her. Der geniale Edison stellt nicht nur fest, dass die Menschen den Marsherren, die ja Sklavenhalter sind, sozial überlegen sind, sondern er braucht auch nicht lange, um mittels der Elektrizität die Marswaffen unwirksam zu machen bzw. sie gegen die Invasoren selbst zu richten. Mit einem »Elektror« neutralisiert er die »Vakuatoren«, mit künstlichen Blitzen lenkt er die Marsstrahlen um, und mit positiven und negativen Ladungen lässt er die Rüstungen der Sklavensoldaten magnetisieren, sodass sie zu unentwirrbaren Knäueln zusammenkleben. Den Rest verpasst man den ungebetenen Gästen mit biologischen Waffen. Lufttorpedos, gefüllt mit für den Menschen ungefährlichen Bazillen, werden abgeschossen und machen den Invasoren den Garaus.

Doch damit nicht genug. Edison holt zum Gegenschlag aus. Mit einem solar betriebenen »Luftschiff« reist er zum Mars, verbündet sich mit den riesenhaften Gorillasklaven und rottet die widerlichen Blasenköpfe aus. Ergebnis: Jetzt gehört der Mars den Erdbewohnern, und da man den tumben Marsriesen einige Freiheiten gewährt (sie müssen nicht mehr unter der Oberfläche vegetieren), hat man obendrein noch willige Arbeiter gefunden, die den Reichtum vor allem Deutschlands weiter mehren.

Es ist nicht schwer zu erkennen, dass Merriman die Grundidee sowie viele Einzelheiten seines Flickwerks *Die Marsmenschen kommen* von H. G. Wells kopiert hat. Eins aber unterscheidet seinen Roman fundamental von *Der Krieg der Welten*. Ist bei Wells die Geschichte eine anklagende Parabel auf den Kolonialismus, dessen imperialistische Walze gnadenlos über wehrlose Menschen hinweg donnert, so ist Merrimans Elaborat das genaue Gegenteil. Bei ihm wird ein anfangs noch zu rechtfertigender Verteidigungskrieg ganz schnell zu einem imperialistischen Vernichtungskrieg, der mit Eroberungen, Genozid und einer erneuten Kolonialisierung endet. Damit bleibt der Autor mit seinem reißerischen und bedenkenlosen »Hoppla, jetzt komm ich«-Stil dem Zeitgeist in jeder Hinsicht treu. Allerdings muss ergänzt werden, dass die Glorifizierung eines mörderischen Kolonialismus auch in der damaligen europäischen Literatur weitverbreitet und H. G. Wells eher eine Ausnahme war.

Der sterbende Mars

Unter dem Pseudonym Ferdinand Kringel erschien 1907 Waldemar Schillings SF-Roman *Von der Erde zum Mars*. 1913 folgte, diesmal unter seinem richtigen Namen, *Fünf Jahre auf dem Mars*. Über Schilling alias Kringel sind weder Geburts- noch Todesdatum bekannt, geschweige denn Angaben zur Biografie. Lediglich aus den Veröffentlichungsjahren seiner beiden Marsromane lässt sich schließen, dass er ein Zeitgenosse von Laßwitz, Hertzka, Grunert, Hoffmann u. a. war. Für die Geschichte der deutschen Marsliteratur ist er deshalb interessant, weil er sich von der allgemeinen Marsseligkeit abwendet und dunklere Töne anschlägt.

Das kündigt sich bereits am Anfang des Romans *Von der Erde zum Mars. Phantastisch-naturwissenschaftlicher Roman nach eigenen Erlebnissen in acht Kapiteln* mit einer partiellen kosmischen Katastrophe an. Ein Komet streift die Erde und reißt ein Stück Landmasse mit, auf dem sich eine Metallkapsel mit einer Botschaft befindet. Diese in Morsezeichen abgefasste Botschaft hat einen skurrilen Hintergrund. Eine französische Milliardärin hat nämlich verfügt, dass demjenigen drei Milliarden Franc zugesprochen werden, der es schafft, einen ersten Kontakt zum Mars herzustellen. Mit dieser

Verfügung werden 4000 Metallkapseln gefüllt, die auf dem ganzen Globus verteilt werden. Damit hat der zerstörerische Streifschuss auch etwas Positives, denn er sorgt dafür, dass die Kapsel – welch grandioser Zufall – auf den Mars gelangt und dort von dem Marsianer Dr. Martius gefunden wird.

Jetzt kommt der deutsche Hobbyastronom Ferdinand Kringel ins Spiel, der als fiktiver Herausgeber des Buches firmiert und in der Ich-Form die Geschichte erzählt. Deshalb taucht im Titel auch die Behauptung »*nach eigenen Erlebnissen*« auf. Inzwischen hat Martius, der, so grotesk es auch klingt, auf das irdische Geld scharf ist, weil er seiner Geliebten Sabina ein Heim schaffen will, die Zeichen entschlüsselt und startet mit riesigen Lichtanlagen erste Kommunikationsversuche. Selbiges macht Kringel in Berlin-Lichterfelde. Der Kontakt gelingt, und Kringel und Martius einigen sich darauf, das Geld zu teilen. Martius soll im Gegenwert des Betrags per drahtloser Übertragung elektrische Energie bekommen, die er dann an die entsprechenden Marsgesellschaften verkaufen kann.

Durch die immer ausgeklügeltere Nachrichtenübermittlung erfährt man auch mehr über die Marsbewohner und den Mars. Die Marsianer sind dünne, hochgewachsene Riesen von sechs Metern Größe, haben einen sehr breiten Brustkorb, dafür aber keine Zähne, sind völlig haarlos und kurzlebig (keiner wird älter als 35 Jahre). Außerdem ernähren sie sich von Pillen, die alle nötigen Nährstoffe enthalten. Ihre Spezies ist 300.000 Jahre alt und steht entsprechend auf einem hohen technischen und zivilisatorischen Niveau. Allerdings hat die Angelegenheit einen großen Haken, denn der uralte Mars wird immer kälter und trocknet rapide aus. In der aktuellen Romanzeit können die Marsianer deshalb nur noch am Marsäquator leben, der durch die Kanäle mit Wasser von den Polen versorgt wird. Am Ende des Romans gründen die geschäftstüchtigen Kumpane Kringel und Martius eine private Telegrafiestation, durch die gegen klingende Münze irdische und marsianische Geschäftsleute gemeinsame Interessen austauschen können. Eine direkte Reise zum Mars ist jedoch noch immer nicht möglich.

Schillings *Von der Erde zum Mars* ist m. E. von einer merkwürdigen Widersprüchlichkeit gekennzeichnet. Einerseits sind seine Bemühungen, dem Roman eine naturwissenschaftliche Grundlage zu geben, durchaus nicht vergeblich. Damit knüpft er an die belehrende SF-Erzählung an. (Z. B. hält Martius seiner Sabina immer wieder kleinere Vorträge über die Erdlinge.) Schillings Schilderung des Mars ist nach dem Stand seiner Zeit nicht völlig abwegig, und die Beschreibung der Marsmenschen entbehrt nicht einer gewissen Plausibilität. So erklärt er fast exobiologisch den Riesenwuchs aus der geringen Marsgravitation, den breiten Brustkorb mit sehr großen Lungen aus der dünnen Marsatmosphäre und die Kahlheit der Wesen aus dem Alter der Spezies. Auch seine Vorsicht bezüglich der Raumfahrt ist anzuerkennen. Andererseits strotzt das Buch vor unglaubwürdigen, unlogischen und grotesken Ideen, wodurch der Plot oft wie an den Haaren herbeigezogen wirkt.

Um zu einer abschließenden Kritik zu kommen, soll jetzt die Fortsetzung *Fünf Jahre auf dem Mars* von 1913 betrachtet werden. Das Buch bezeichnet der Autor nur noch als phantastischen Roman. Offensichtlich hat er selbst gemerkt, dass sein naturwissenschaftlicher Anspruch nicht durchzuhalten ist. So ist denn dieser Roman auch konzeptionell als reines Fantasiegebilde angelegt, was dadurch unterstrichen wird, dass der Held zum Schluss und sehr konventionell aus einem Fiebertraum erwacht. Er hat sich also alles nur eingebildet.

Besagter Held von *Fünf Jahre auf dem Mars* ist der Naturforscher Julius de Terra. Wie bei Oskar Hoffmann gelangt er ungewollt auf den Mars, jedoch nicht mit einem Transmitter oder Raumschiff, sondern vollends esoterisch durch eine Art Geistreise. De Terra experimentiert nämlich mit 3 kg Radium, einem Stoff, dem zu Schillings Zeiten alles zugetraut wurde. Er wird durch das strahlende Radium in den Weltraum geschleudert, erlebt eine Verwandlung in einen »Astralleib«, der unbeschadet selbst durch Kometen fliegen kann, und materialisiert – warum und wie auch immer – auf dem roten Planeten. Hier muss der wieder fleischlich gewordene Julius feststellen, dass der Mars in nur wenigen Jahren zu einer Eiswüste erstarrt ist. (Man fragt sich, woher plötzlich bei einem angeblich austrocknenden

Planeten das viele Wasser herkommt.) Die Eiszeit hat auch zu einem rasanten Verfall der Marskultur geführt. Es gibt nur noch 10.000 Marsianer, ihre einst glanzvollen Städte sind zerfallen, und man zehrt lediglich von den technologischen Hinterlassenschaften, ohne selbst etwas Neues erschaffen zu können. Mittlerweile sind die einheimischen Riesen um einen weiteren Meter gewachsen, was sie aber noch anfälliger macht.

Die weitere Handlung ist ohne große Bedeutung, rankt sie sich doch um Ernährungsprobleme des Erdlings (er kann die dicken, steinharten Pillen nicht schlucken) und um eine Liebesgeschichte zwischen de Terra und einer marsianischen Zwergin. Das Überleben des Besuchers kann übrigens in bekannt schräger Weise dadurch gewährleistet werden, dass ihn eine Marsfrau wie ein Baby säugt. Doch irgendwann hängt Julius diese Fütterung zum Hals heraus, und er will trotz seiner Liebe unbedingt weg. Bevor sich das Problem der Rückreise stellt, wird Julius wach und ist gerettet.

Betrachtet man beide Marsromane des Autors in der Gesamtschau, so fällt es schwer, zu einer einheitlichen Beurteilung zu kommen, weil die Texte in sich uneinheitlich und widersprüchlich sind. Hat der Autor eine Satire, eine Humoreske, gar eine Schmonzette geschrieben? Was meint er ernst, was nicht? Was hat ihn überhaupt zu seinen Romanen veranlasst? Was will er mitteilen?

Wenn es bei Kringel ein durchgängiges Motiv gibt, so ist es das des Verfalls und des Untergangs. Kringel dreht vor allem im zweiten Buch den Marsmythos um und benutzt ihn, um eine Devolution darzustellen. Da es in den Romanen öfter heißt, dass auch der Erde ein ähnliches Schicksal bevorstehe, wird diese Sicht auf ein allgemeines Weltgesetz des Werdens und Vergehens ausgeweitet, dem man offensichtlich nur mit einem gewissen Galgenhumor begegnen kann. Es scheint, als habe Kringel den vor der Tür stehenden realen Ruin Deutschlands kryptisch an die Wand gemalt, ohne den Ernst und das Ausmaß des Desasters wirklich begriffen zu haben.

Der letzte Marsianer

Die eigentliche literarische Domäne des evangelischen Pastors Friedrich Wilhelm Mader (1866–1945), der ab 1917 Berufsschriftsteller wurde, waren fiktive Abenteuerreisen. In den entlegensten Teilen der Welt gehen seine Helden auf Spurensuche und erleben dabei aufregende Abenteuer. Deshalb erhielt Mader auch den Beinamen »der schwäbische Karl May«. Lebensauffassung und Moral des Autors wurzelten im konservativen Protestantismus, was ihn aber nicht an einer neugierigen Weltoffenheit hinderte. Seine Werke werden von einem leichteren und z. T. witzigen, aber auch gestelzten Ton getragen, und seine Figuren gehen in der Regel sehr menschlich miteinander um. Ein politisch rechter Scharfmacher war Mader nicht, eher schon ein unduldsamer Polemiker, wenn es gegen sein geliebtes Christentum ging. Im Bereich der SF schrieb Mader nur drei Romane, unter denen das Buch *Wunderwelten* (1911) das bekannteste ist. Dieses Werk wird später noch genauer betrachtet (siehe 14.7.). Ich greife aber an dieser Stelle vor, weil sich von den insgesamt 56 Kapiteln des Mader-Romans mehrere mit dem Mars beschäftigen.

Zusammen mit seiner Frau und vier weiteren Personen (sowie zwei Schimpansen) macht sich Lord Charles Flitmore auf in den Weltraum. Sein Gefährt ist das von ihm konstruierte, kugelförmige »Weltschiff Sannah«, das – wen wundert's – mit einem Antigravantrieb gesteuert wird und in seinem Innenleben ebenfalls zeittypisch einem kleinen Häuschen mit bürgerlicher Einrichtung gleicht.

Die erste Entdeckung, die die quirlige Truppe bei der Mars-Annäherung macht, ist, dass es die viel zitierten Marskanäle gar nicht gibt. Nach der Landung stellt man fest, dass der Planet relativ eben und z. T. sumpfig ist, eine atembare Atmosphäre hat und eine Flora und Fauna besitzt, die zwar nicht übermäßig reichhaltig, dafür aber absonderlich ist. Es gibt vierbeinige Vögel, dreibeinige hybride Säugetiere und zweibeinige Insekten. Schon in der ersten Nacht (man kampiert draußen) muss man sich eines Angriffs von drei Meter langen, blutsaugenden Riesenwürmern erwehren. Gerettet werden die Forscher von an Flugsaurier erinnernden Vögeln.

Auf der Suche nach intelligenten Marsbewohnern trifft man auf eine Totenstadt mit vielen aufgebahrten, gut erhaltenen Leichen. Die Marsianer (bei Mader sind es Marsiten) haben eine menschliche Physiognomie. Nur ihre gedoppelte Stirnpartie unterscheidet sie von den Erdbewohnern. Schließlich begegnet die Expedition einem fast tauben Greis, der sich als der letzte Marsit entpuppt. Schnell wird auch der Grund für das Aussterben der Planetenbevölkerung deutlich. Der Mars wird regelmäßig von flächendeckenden Erdbeben und Riesentsunamis heimgesucht. Während sich die Gruppe bei einem

Wunderwelten

Von Fr. Wilhelm Mader.

erneuten Ausbruch der Naturgewalten in sprichwörtlich letzter Sekunde in ihr Schiff und ins All retten kann, muss der letzte Marsit dran glauben.

Die Marsepisode in *Wunderwelten* spiegelt wie bei Kringel den Tod der Marskultur wider. Dabei ist das Geschilderte nicht unbedingt plausibel. Einsichtiger ist dagegen, dass Mader im klaren Gegensatz zum Kringel'schen Fatalismus nicht ein ehernes Weltgesetz im Sinn hatte, dem der Planet zum Opfer fällt, sondern das gängige Bild des Mars in der zeitgenössischen SF attackieren wollte. Mader beschreibt in Wahrheit also nicht das Ende des Mars, sondern das Ende des Marsmythos. Das fängt mit den nicht vorhandenen Marskanälen an und endet mit dem als Allegorie konzipierten letzten Marsmenschen. Auf diese Weise kommt der Autor auch seinem Anspruch nach, den Roman *Wunderwelten* nicht als reines Fantasieprodukt gelten zu lassen, sondern ihm eine wissenschaftliche Basis zu geben, die »*Deutschlands Söhne und Töchter*« (so in einem der Untertitel der Originalausgabe) wertvolles astronomisches Wissen vermitteln soll. Immerhin hatte die Astronomie seit 1909 schlüssig die Nichtexistenz der Marskanäle bewiesen.

Ein spröder Mars des Überlebenskampfes

Zwischen dem glamourösen Mars eines Laßwitz, Daiber und Hoffmann und dem endgültigen Aus bei Kringel und Mader steht Max Heinrichkas Roman *Ein Flug auf den Marsplaneten und eine Reise um den Mars. Die Wunderwelt und das Leben auf dem Marsplaneten* (1918). Heinrichka (von dem ansonsten biografisch nichts bekannt ist) machte sich bereits einen dubiosen Namen mit *100 Jahre deutsche Zukunft* (1913) – siehe 10.8. –, in der er hemmungslos dem deutschen Größenwahn frönt.

In seinem Marsroman backt er nun deutlich kleinere Brötchen, und da ist das Erscheinungsjahr 1918 kein Zufall. Heinrichka hat nämlich schon während der Erstellung des Manuskripts 1917 mitgekriegt, dass Deutschland den Weltkrieg verloren hat. Das macht ihn aber nicht zu einem Geläuterten, der die falsche Ideologie und die Fehlentwicklungen der Vergangenheit erkannt und bereut hat (an beidem hat er ja selbst aktiv mitgewirkt), sondern sein Bemühen ist es, Deutschland bei den jetzt anstehenden Friedensverhandlungen möglichst unangetastet entkommen zu lassen. Zugleich sucht

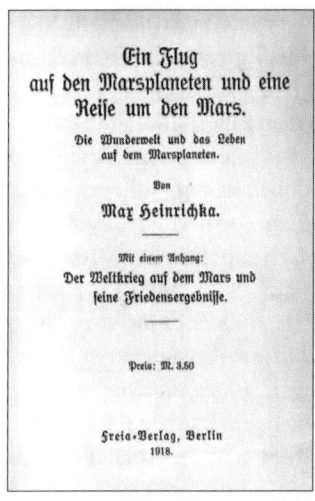

Ein Flug
auf den Marsplaneten und eine
Reise um den Mars.

Die Wunderwelt und das Leben
auf dem Marsplaneten.

Von

Max Heinrichka.

Mit einem Anhang:
Der Weltkrieg auf dem Mars und
seine Friedensergebnisse.

Preis: M. 3.50

Freia-Verlag, Berlin
1918.

er einen Weg, dem demoralisierten Volk neuen Lebensmut einzuhauchen, der aber auch nicht so neu sein soll, dass dadurch die alten, für gut befundenen nationalen Werte über Bord geworfen werden.

In diesem Sinne ist *Ein Flug auf den Marsplaneten und eine Reise um den Mars* nichts anderes als eine mehr oder weniger verklausulierte Beschäftigung Heinrichkas mit der aktuellen Situation des besiegten Deutschlands, und zwar aus der Sicht eines Deutschnationalen, der kein Jota zurücknimmt. Lediglich sein Ton hat sich gemäßigt, weil er bauernschlau begriffen hat, dass es im Moment keinen Platz für Kraftmeierei gibt. Da der Plot des Romans faktisch nichts Neues bietet, kann auf eine Inhaltsangabe verzichtet werden. Dagegen ist es aufschlussreicher zu sehen, wie der Autor seine beiden o. g. Grundintentionen umsetzt.

Seine Absicht, einen milden Frieden für das Reich herauszuholen, führt Heinrichka im Wesentlichen in einem Anhang zum Roman aus, der von einem fünfjährigen Weltkrieg auf dem Mars und den anschließenden Friedensverhandlungen berichtet. Die beiden Marsparteien, die im Roman gleich stark sind, sodass keine von ihnen gewinnen kann, handeln einen für beide Seiten ehrenvollen Frieden aus, der nur dadurch von Dauer ist, weil er die Interessen beider Seiten berücksichtigt.

Mit dieser Implikation hat Heinrichka nicht ganz Unrecht, da die überaus harten Bedingungen des Versailler Vertrags tatsächlich zu einer Destabilisierung der jungen Weimarer Demokratie beigetragen haben. Andererseits übersieht er in seinem fiktionalen Vergleich geflissentlich, dass Deutschland eindeutig besiegt war. Die Siegermächte hätten zwar gut daran getan, den Vertrag zu entschärfen, aber angesichts der Kriegstreiberrolle des Kaiserreichs und einer bedingungslosen deutschen Kapitulation zu erwarten, man käme ungeschoren davon, ist entweder naiv oder unverschämt.

Wie gedenkt Heinrichka, das derangierte deutsche Volk wieder auf Vordermann zu bringen? Seine Antwort demonstrieren die Marsianer im Roman. Da der Planet regelmäßig von schweren Naturkatastrophen (aber auch von Kriegen) heimgesucht wird, ist es nur der harten, unermüdlichen Arbeit und dem zähen Überlebenswillen der Marsbewohner zu verdanken, dass ihre Gesellschaft trotz allem gut dasteht. Was die Marsianer so vorbildlich leisten, sollten auch die Deutschen können, und kontinuierliche harte Arbeit hält bekanntlich (oft) davon ab, sich mit den wahren Ursachen politischer Miseren zu befassen.

Abret/Boia fassen zusammen: »*Für Heinrichka ist das Leben (…) ein unerbittliches Ringen mit den feindlichen Elementen, ein Kampf ums Dasein, und so ist sein Roman kein Hohelied auf Nächstenliebe und Toleranz, sondern eine Verteidigung des Selbsterhaltungstriebs.*« (*Das Jahrhundert der Marsianer*, S. 200) So kann man Heinrichkas sozialdarwinistische Grundeinstellung auch umschreiben.

14.6.   Planeten- und »Sternenwelt«-Romane

Die frühe deutsche Weltraum-SF rankt sich ursprünglich fast nur um den Mond und den Mars. Autoren, die den Stoff für ihre Geschichten im gesamten Sonnensystem oder sogar jenseits von Sol suchen, gibt es anfangs nicht. Das ändert sich, je näher wir dem zweiten Jahrzehnt des 20. Jahrhunderts kommen. Langsam häufen sich in Deutschland Texte mit exaltierten kosmischen Planspielen, exotischen Planeten, fantastischen Aliens und der SF gemäßen, aber auch esoterischen Sternenreisen. Ich denke, dass die Absicht, den Aktionsradius für SF-Geschichten zu erweitern, zusammen mit einem zunehmenden Eskapismus die wichtigsten Beweggründe sind, die den Kern dieser Geschichten ausmachen.

Die Götter sind verrückt geworden

Als Einstieg dient eine vollends groteske Geschichte, die 1908 von einer ansonsten unbekannten Marie Vaertino unter dem Titel ›Die zukünftige Welt. Traum eines Physikers‹ präsentiert wird.

Im deutschen Parlament findet eine Debatte über die Neuordnung des Sonnensystems, ja des ganzen Universums statt. Die Abgeordneten und der Reichskanzler sind in diesem Szenario wie Götter, die mit Sonnen und Planeten herumjonglieren wie kleine Kinder mit Glasmurmeln. Grundlage der göttergleichen Macht ist die Entdeckung des »Germenstroms«, mit dem sich die Schwerkraft beliebig manipulieren lässt. Dieser »Traum eines Physikers« kann nun zur »Germenisierung« wie auch zur »Entgermenisierung« (Erhöhung bzw. Aufhebung der Gravitation) benutzt werden – die Analogie zum Begriff »Germanisierung« liegt auf der Hand. Diverse Vorschläge werden diskutiert. Einer will den Mond auf die Erde stürzen lassen, um neues Siedlungsgebiet zu erschließen. Andere wollen die Schwerkraft der Erde aufheben oder die Planeten des Sonnensystems in die Sonne lenken, um damit möglicherweise lästige Alien-Konkurrenz auszuschalten. Am Ende setzt sich der Vorschlag durch, die Erde in die Mitte der Fixsterne zu versetzen, um sie zum Mittelpunkt und zur Alleinherrscherin des Universums zu machen.

Nähme man die Story ernst, müsste man die verkorksten Weltallingenieure für komplett verrückt erklären und die Vaertino gleich dazu. Da ich unterstelle, dass die Autorin ihr Fantasiegebilde nicht wörtlich gemeint hat, könnte man ›Die zukünftige Welt‹ als Groteske auf den Imperialismus interpretieren. In der Tat lassen sich Parallelen zu dem im imperialistischen Denken üblichen hemmungslosen Verplanen, Verschieben und Benutzen von Völkern und Ressourcen herstellen. Das weitet sich sogar noch aus, weil zum Schluss die durch den Heliozentrismus gekränkte menschliche Eitelkeit mit Hilfe die Wiederherstellung eines universalen Geozentrismus wieder »geheilt« werden soll. Andererseits ist die Story derart verschroben und in ihren Aussagen zu uneindeutig (will die Autorin den Kosmos nun »germanisieren« oder »entgermanisieren«?), dass eine gewisse Ratlosigkeit verbleibt.

Esoterische Reisen und pseudowissenschaftliches Kauderwelsch

Über die Person Otto Schultzky (1848–?), Autor von *Modernismus. Ein Weltraum-Roman*, ist so gut wie nichts bekannt. Sein Roman besteht aus zwei Bänden (Bd. 1: 1. Teil ›Der Großdenker‹, 2. Teil ›Leta, eine Gottesidee‹; Bd. 2: *Die Selbsterlösung*). Er erschien 1911 bzw. 1913 wahrscheinlich auf eigene Kosten des Autors. Held der Romane ist der »Großdenker« und »Erzpriester« Ormud, den Schultzky 1919 in einer Fortsetzung namens *Im Saturnsystem* wieder aufleben lässt.

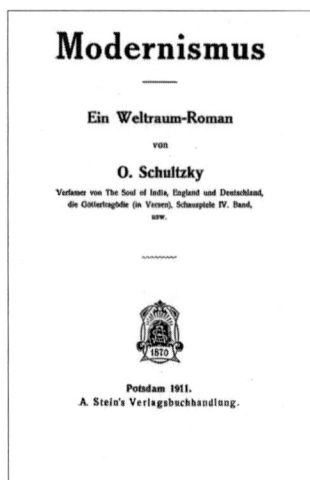

Modernismus

Ein Weltraum-Roman

von

O. Schultzky

Verfasser von The Soul of India, England und Deutschland,
die Götterkomödie (in Versen), Schauspiele IV. Band,
usw.

Potsdam 1911.
A. Stein's Verlagsbuchhandlung.

Der erste Band von *Modernismus* beginnt im Jahr 1910. Das ist genau das Jahr, in dem Papst Pius X. den sog. Antimodernisteneid einführte, d. h. jeder katholische Amtsträger musste sich feierlich gegen das moderne, weltliche Denken aussprechen. (Der Eid wurde erst 1967 wieder abgeschafft und durch ein katholisches Glaubensbekenntnis ersetzt.) Wie in der Realität, so erscheint auch im Roman 1910 der Halley'sche Komet am Himmel, löst aber im Buch eine Glaubenskrise aus. Ormud verlässt die katholische Kirche und wird Astronom. Er sucht das, was er Übernatur nennt. Da er von Tora, der Tochter eines Freundes, bedrängt wird, ihn zu heiraten, flieht er, denn asketisches Genie und Fleischeslust lassen sich nach Ormud nicht vereinbaren. In der keuschen Leta findet »der Großdenker« das Gegenbild zu Tora. Mit Leta geht er eine rein geistige Beziehung ein.

Plötzlich wird Ormud vom Kaiser zum Reichskanzler ernannt – so schnell kann das gehen. Sein Programm zur »*Differenzierung des Geistplasmas*« (I, S. 24) hat den Potentaten restlos überzeugt. In einer »*seelischen Evolution*« sollen »*die germanischen Staaten*« (d. s. England, die USA und vor allem Deutschland) zu »*Weltraummenschen*«, zur »*kommenden Herrenrasse*« und zur »*halbgöttlichen Fixsternmenschheit*« (S. 25) werden. Die Feinde sind »*Lateiner und Slaven, Gelbe und Schwarze*« (S. 41), das orthodoxe Christentum und der Materialismus.

Obwohl sich bei der so definierten Umerziehung erste Erfolge einstellen, bricht Schultzky unmotiviert die politische Karriere seines Helden abrupt ab und lässt ihn, der nebenbei noch nach der inzwischen verschwunden Leta sucht, in England zum Professor für Psychologie avancieren. In dieser Rolle entdeckt er das seltsame Gesetz, dass jeder, der ihm unrecht tut, vom Schicksal bestraft wird. Gleichzeitig wird Europa von Unruhen geschüttelt, weil »*das Genie fehlte*« (I, S. 60). Doch Ormud steht bereit. Er wird zum Dekan eines »*internationalen Forschungspalastes*« in Lothringen ernannt (I, S. 67). Hier vertritt er die These, dass die Seele eine Substanz habe, das sog. Geistplasma. Durch »Differenzierung«(?) – Ormuds altes Programm – könne der Mensch genesen.

Im zweiten Teil des 1. Bandes von *Modernismus* geht es jetzt zusammen mit Leta, die wieder aufgetaucht ist, in den Weltraum. Als Vehikel dient ein Behälter, in dem die Sternfahrer entstofflicht werden, aber bei Bewusstsein bleiben. Wie das gehen soll, darüber schweigt sich der Autor aus. Zuerst besuchen sie den Jupiter, dann die Sonne (die von »Elektren« bewohnt ist), es folgt der Sirius, wo die beiden eine Weltraummenschheit kennen lernen und Ormud eine Wunderheilung durchführt. Danach besucht man den Kometen Antul und den Planeten Gorgo im Sternbild des Perseus, um ziemlich übergangslos wieder im Palast auf der Erde zu landen. Die ganze Reise erweist sich als Traum.

Im zweiten Band von *Modernismus* wird Ormud »*Professor für Übernatur an der Universität Jenska*« (II, S. 59). Viel mehr Handlung hat der Text nicht vorzuweisen. Deshalb kann man Band 2 als Traktat bezeichnen, in dem es Schultzky um eine Systematisierung und Verifizierung seiner vermeintlichen philosophischen Einsichten geht. In der bereits genannten Fortsetzung *Im Saturnsystem* (1919) weitet der »*Superich*« Ormud seinen Kampf folgerichtig gegen »*Republik, Sozialismus und Schacher*« (S. 73) aus.

Wem diese Inhaltsangabe etwas verworren vorkommt, der hat recht. Das liegt aber nicht an mir, sondern an den in Rede stehenden Büchern. So ist es auch nicht leicht, dem Schultzky'schen Schwulst einen einigermaßen verständlichen Sinn abzugewinnen. Ich versuche es trotzdem. Offensichtlich ist es das ursprüngliche Anliegen des Autors, Wissenschaft und (katholische) Religion miteinander zu vereinbaren. Da die traditionelle Kirche dazu nicht in der Lage ist, sieht er sich in bewusster Opposition zu ihr. Das wird durch den offensiven und bei ihm positiv besetzten Begriff des Modernismus unterstrichen. Im Laufe seiner Darstellung wird aber deutlich, dass er die Gewichte immer mehr in Richtung einer neuen Religion verschiebt, die genauso unwissenschaftlich und antirational ist wie der Katholizismus – und Religionen insgesamt. Obwohl er sich auf Kant, Darwin etc. beruft, ist seine »Wissenschaft« ein esoterisches Gebräu aus pseudowissenschaftlichen Phrasen und eklektizistischen Versatzstücken seriöser Philosophien. Geradezu verräterisch ist in diesem Zusammenhang seine aufgedunsene Sprache, mit der er seine Leser quält. Nur ein Beispiel: »*Die Geheimnisse des Werdenden*

krystallisieren heuristisch zur Zeitfläche des Seienden, und verhängnis-
schwer dräut der Zeitkube Übernatur; aber des Genies geistige Emp-
findsamkeit tangiert der Synekdoche Zaubergewirr. Darüber und alle
Rätsel lösend türmt die Zeitdimension; sie ist die Urkraft, woraus Chaos
sich zur Welt differenzierte und zur Wesenheit fortdauernd vergött-
licht.« (I, S. 11) Dieser theatralische, nebulöse, Kompetenz vortäu-
schende, tatsächlich aber nur die blanke Inhaltsleere produzierende
Stil steht bei Schultzky in einem direkten Zusammenhang mit seinen
absurden Inhalten. So werden seine Ergüsse gegen seinen Willen über
weite Strecken zu einer Parodie seiner selbst. Selbstverständlich ist es
legitim, ja erwünscht, wenn ein SF-Autor seine Weltraumgeschich-
ten nicht nur mit wissenschaftlich-technischen, sondern auch mit
politischen, sozialen, philosophischen und religiösen Spekulationen
verbindet. Schultzkys Bände verkommen jedoch zu einem komplett
esoterischen SF-Placebo mit eindeutig faschistischer Tendenz.

Das Universum als Kulisse

Die pauschale Themenbezeichnung »Weltraum-SF« bietet ein weites
Feld mit ausgesprochen vielen Varianten – und das ist gut so. Den-
noch sollte m. E. unterschieden werden zwischen den Texten, die das
All mit seinen nahen oder fernen Planeten vorrangig als Kulisse für
Themen des irdischen Lebens benutzen, und denen, die ein echtes
Interesse an der Bewältigung der Raumzeit, an anderen Welten, an
extraterrestrischen Spezies und an der Wechselwirkung von Mensch
und kosmischer Erfahrung haben. Beide Textarten haben in der
SF ihre Berechtigung. Man sollte nur wissen, dass die unterschied-
lichen Intentionen Auswirkungen auf den Charakter der jeweiligen
Geschichte haben.

Auch wenn es Rezensenten gibt, die Schultzkys *Modernismus* als
neue, spirituelle Kosmologie feiern, die das Universum an sich in
den Mittelpunkt stellt, bin ich der Meinung, dass der Autor zur Kulis-
sen-Gruppe gehört. Schultzky hat in erster Linie die Retortengeburt
einer neuen Religion im Sinn. Deshalb ist bei ihm das Universum nur
die Blaupause, die auf sein Religionskonstrukt gelegt wird.

Andere Autoren gebrauchen ganz im Sinne der traditionellen
Utopie ebenfalls fremde Weltkörper als die altbekannte einsame Insel,
auf der sich das utopische Geschehen abspielen kann. Der irdische
Ort wird einfach ins All versetzt. Eine derartige Insel haben wir z. B.

bei ›Die Frauenwelt auf dem Mars‹ von E. Tanne. Das SF-Ambiente (hier der Mars) ist nicht mehr als eine Staffage, um eine feministisch gefärbte Botschaft zu propagieren. Der Mars als Planet oder die Marsianer als andersartige Spezies interessieren dagegen nicht.

Weitere Beispiele sind Artur Hoerhammers Storysammlung *Nessukarêni und andere Geschichten von irgendeinem Planeten* von 1912 und ›Die Kaiserprüfung. Eine exzentrische Sternengeschichte‹ (1914) von Johannes Cotta (1862–1944). Bei Tanne, Hoerhammer wie auch bei Cotta vermischen sich der Wunsch nach etwas Besserem mit aktueller Politik- und Gesellschaftskritik und satirischen Elementen.

Hoerhammer erfindet den Planeten Hirmon mit Außerirdischen namens Schirben, die recht schnell mit den Deutschen gleichgesetzt werden können, und geht dann mit dem verkappten Hirmon-Kaiserdeutschland ins Gericht. Cotta ist nicht so radikal. Ihn treibt die Frage um, wie die von ihm bejahte Monarchie verbessert werden kann. Er will ein gutes und gerechtes Kaisertum etablieren. Dafür schlägt er ein Auswahl- und Prüfungsverfahren vor, das auf einem anderen Planeten praktiziert wird und dadurch praktikabel erscheint. Die alte Idee von Julius von Voß lässt grüßen.

In *Mallona. Die letzten Zeiten eines untergegangenen Planeten* (1911) von Leopold Engel (1858–1931) begegnet uns noch eine andere Absicht. In diesem Fall interessiert der untergegangene Planet Mallona, der zwischen Mars und Jupiter angesiedelt wird, nur marginal. Oberflächlich geht es um eine Scheinerklärung der Entstehung des Asteroidengürtels, tatsächlich aber um okkulte Hirngespinste. Mallona ist die Metapher, die den Lesern, die sich der Esoterik verweigern, den Untergang prophezeien soll. Generell bezeichnend für diese Art von Geschichten ist, dass die genannten Welten diffus bleiben und der Weltraumflug ganz wegfällt. Dieser wird durch Träume oder spiritistische Geistreisen ersetzt.

Zauberhafte Sternenwelt

Von August Niemann (1839–1919) war bereits die Rede. Er hat den ersten deutschen Zukunftskriegsroman geschrieben und damit zugleich wesentliche Grundmuster dieser höchst problematischen Art von deutscher SF vorgegeben (siehe 10.5.).

In *Aetherio. Eine Planetenfahrt* (1909) gibt sich Niemann deutlich weniger martialisch, obwohl auch dieses Buch keinen Zweifel daran lässt, dass der Krieg aus seiner Sicht eine nicht abschaffbare kosmische Konstante ist. Dennoch weicht der Roman von seiner Raubkriegsfantasie im Jahr 1904 signifikant ab. Das beginnt mit der märchenhaften Eingangssequenz, die sich als Grundakkord im gesamten Buch fortsetzt. So kann die Aussage der Romanfigur Meditor als Motto gelten, das über *Aetherio* steht: »*Denn die Phantasie eilt allen wissenschaftlichen Entdeckungen voraus.*« (S. 20)

Irgendwann in einem Berlin der Zukunft beschließen die drei Protagonisten des Romans – das sind Prinzessin Fantasia und ihre beiden Freunde, der Arzt Dr. Pratico und der Chemiker Meditor – zu fliehen, weil Fantasia vor einer Zwangsehe bewahrt werden soll. Ihnen steht ein von Meditor erbautes Gefährt zur Verfügung, die »Aetherio«. Diese Erfindung gleicht einem funkelnden Riesenkristall, wird vom Weltäther angetrieben und erweist sich als Universalvehikel. Mit ihr kann man durch die Luft schweben, den Weltraum durchkreuzen und sogar ins Erdinnere vordringen. Derart komfortabel ausgestattet fliegt das Trio nach Italien.

Eigentlich will man dort die Erdkruste durchstoßen, denn Meditor vertritt die These, dass die Erde eine Hohlwelt sei. Doch dann richtet sich das Interesse auf den Mond, da der Chemiker auch hier mit einer schrägen Vorstellung aufwarten kann. Der Mond sei demnach gar keine Kugel, sondern eine Schale, ein Stück der gekrümmten Erdoberfläche, das beim Untergang von Atlantis herausgerissen worden sei. Natürlich erweist sich Meditors Idee als richtig. Man durchstößt die Schale (der Mond hat also ab jetzt einen Sprung in der Schüssel) und entdeckt auf der Konvexseite große, seeigelartige Lebewesen, die sich in einer Schlacht gegenseitig massakrieren (Niemanns Kriegsparadigma).

Schnell sucht man das Weite und landet auf der Venus. Der Planet ist praktisch wie die Erde, und auch hier herrscht, wen wundert's, Krieg. Die drei freunden sich mit dem venusianischen Gelehrten Lesneh an, der wegen seiner Theorien über die Entstehung des Sonnensystems bei seinen venusianischen Kollegen in Ungnade gefallen ist. Kurzerhand wird Lesneh mitgenommen, und jetzt geht es zum Mars. Die Marsianer sprechen interessanterweise Englisch und sind engelsgleiche Geschöpfe. Entsprechend besteht der Mars aus Meerschaum, der von der Erde kommt. Nachdem Dr. Pratico eine kurze Liebesaffäre mit der Marskönigin überstanden hat, packt alle das Heimweh. Beim Rücksturz durchschlägt die Aetherio den Erdmantel, und wiederum bestätigen sich Meditors Theorien. Terra ist tatsächlich eine Welt mit einem hohlen Kern, der einem gigantischen Kugelsaal gleicht. In Afrika kommt die Aetherio wieder ans Tageslicht, man findet riesige Diamanten, und alles endet mit einem Happy End.

Zunächst muss aus heutiger Sicht festgestellt werden, dass Niemanns wissenschaftliche Behauptungen im Roman von A bis Z falsch sind. Das hängt zum einen damit zusammen, dass er Theorien aufgreift, die zu seiner Zeit bei vielen Wissenschaftlern durchaus anerkannt waren – so in erster Linie die Weltäther-Theorie. Man meinte, dass die elektromagnetischen Wellen einer Trägersubstanz bedürften, um sich überhaupt fortbewegen zu können. Das sei der ominöse Weltäther, der allerdings deshalb nie nachgewiesen werden konnte, weil es ihn nicht gibt. Einsteins Relativitätstheorie machte auch diese Annahme überflüssig. Zum anderen wob Niemann geradezu lustvoll Mythen, Hypothesen und Spinnereien in seinen Roman ein, die die akademische Welt auch schon zu seiner Zeit zu Recht ablehnte – Katastrophismus statt Evolution, Hohlwelt gegen massive Erdkugel, der Mond als Restschale von Atlantis, die Erde als Geburtshelfer für die anderen Planeten des Sol-Systems, die Erklärung der Erdrotation als Folge des Drucks der Sonnenstrahlung usw. usf. Das Ganze ist wiederum eingebettet in panpsychistische Vorstellungen bzw. in die Idee der Allbeseelung, die der Psychologe, Physiker und Naturphilosoph Gustav Theodor Fechner (1801–1887) vertrat und bei der es letztlich keinen Unterschied mehr zwischen Materie und Geist gibt.

Ich weiß nicht, ob Niemann das alles tatsächlich glaubte, aber unabhängig davon hat man den Eindruck, dass der Autor *Aetherio* auch geschrieben hat, um die etablierte Wissenschaft gehörig zu provozieren. Vermutlich lag er sogar auf der Linie jener irrationalen Kräfte, die das moderne, wissenschaftlich begründete Weltbild im Sinne der sog. Theosophie einer Madame Blavatsky, eines Hörbiger (Welteislehre) oder der Hohlweltlehre in sein Gegenteil verkehren wollten.

Wie dem auch sei. Bei aller verschrobenen Unsinnigkeit der Niemann'schen Wissenschaftsbasis kann man *Aetherio* doch als Roman bewerten, der Poesie und Wissenschaft verbinden will. Das Buch billigt im Gegensatz zu den o. g. Kulissengeschichten den Sternenwelten eine originäre, aus sich selbst heraus entstehende Faszination zu und wird auf diese Weise von einem Sense of Wonder getragen, der in der späteren SF seine ganz eigene Ausprägung fand (siehe z. B. Edmond Hamilton). Mit Blick auf Niemann sagt Roland Innerhofer: »*Es ist gerade diese technizistische und szientistische Mimikry des Märchenhaften und Magischen, die den Reiz von* Aetherio *ausmacht.*« (*Deutsche Science Fiction von 1870 bis 1914*, S. 303).

14.7. Maders Wunderwelten

Kommen wir auf Friedrich Wilhelm Mader zurück. Sein SF-Roman *Wunderwelten* (1911) ist heute noch zumindest als Titel in SF-Kreisen bekannt und wurde von Heyne 1987 in ungekürzter Fassung sogar neu aufgelegt. Das hat seine guten Gründe, denn *Wunderwelten* kann m. E. als erste »echte« deutsche Space Opera gelten, die sich darüber hinaus – mit einer Einschränkung – auch weltanschaulich von der überwiegend rechtsgewirkten Massenware der Kaiserreichs-SF wohltuend abhebt.

Nach der bereits geschilderten Marsepisode (siehe 14.5.) gerät Lord Flitmores fröhliche Truppe mit dem Raumschiff Sannah in einen Meteoritenschwarm, der dem gelehrten Adeligen die Gelegenheit gibt, über seine Theorie zu dozieren, »*dass eben der ganze Weltraum mit verdünnter Luft gefüllt ist.*« (S. 114) Als sie einen kleinen Asteroiden entdecken, der eine atembare Atmosphäre besitzt, gibt es viel zu bestaunen und zu bewundern, da er besonders auf der Nachtseite

mit kristallenen Pflanzen und filigranen Kleintieren wie ein Zaubergarten in den wunderbarsten Farben glitzert und funkelt.

Nun geht es vorbei am Jupiter zum Saturn, dessen Ringe überraschenderweise aus durchgehend festem Material bestehen. Die Landung in der Polgegend des Saturn beweist, dass man dort problemlos atmen kann und der Planet eine begehbare Oberfläche, die Saturnmaterie aber nur eine geringe Dichte hat. Da es lausig kalt ist, fliegt man zum Äquator des Planeten. Wohlige Wärme, eine reizende Landschaft und schmackhafte Früchte empfangen die Besucher. Schnell aber müssen sie bei ihrem Ausflug erkennen, dass die Idylle täuscht, wird doch dieser Teil des Saturn von einer monströsen Insektenwelt bevölkert. Zu allem Überfluss kommt ein Sturm auf. Bei dem Versuch, im Raumschiff Schutz zu finden, erleben die Abenteurer eine böse Überraschung. Mittlerweile haben sich widerliche Riesenkäfer in der Sannah eingenistet, die nur mit vereinten Kräften in die Flucht geschlagen werden können.

Übereilt verlässt man den Saturn und gerät in den Sog eines Kometen, der das Raumschiff mit steigender Geschwindigkeit immer weiter aus dem Sonnensystem heraus zieht. Der Uranus und der Neptun fliegen vorbei, und ein bislang unentdeckter neunter Planet, den man Vulkan tauft, bleibt ebenfalls zurück – übrigens eine interessante Vorwegnahme des Pluto, der erst 1930 entdeckt wurde. Jetzt rast die Sannah mit mittlerweile 50facher Lichtgeschwindigkeit (!) in den interstellaren Raum. Das Ziel ist Alpha Centauri (eigentlich Proxima Centauri), der unserer Sonne am nächsten gelegene, 4,3 Lichtjahre entfernte Stern. Nach einigen aufregenden Intermezzi – z.B. wird die Luft im Schiff immer knapper, bis man feststellt, dass man nur die Türen öffnen muss, um atmen zu können, denn um die kugelförmige Sannah hat sich eine Atmosphäre gebildet – landet die Besatzung auf einem Planeten des Doppelsternsystems Centauri.

Dieser ist eine Offenbarung, weil er in allem dem entspricht, was sich die Menschen unter einem Paradies vorstellen. Die Natur befindet sich in vollständiger Harmonie, und man kann sich schwebend fortbewegen. Kein Wunder, dass er auf den Namen Eden getauft wird. So sind denn auch die feengleichen, friedlichen Edeniten humanoide Edelmenschen, die nicht nur alle ausnahmslos klassisch schön und makellos, sondern auch ethisch und moralisch hochstehend sind und natürlich an einen Gott glauben, der faktisch mit dem christlichen identisch ist. In 12 Kapiteln werden Eden und seine Bewohner, die Vegetarier sind, mehrere tausend Jahre alt werden und weder Krankheiten noch Verletzungen kennen, ausführlich geschildert, wobei sich auch eine Liebesgeschichte zwischen dem jungen Crew-Mitglied Heinz Friedung und der jüngsten, jeden Liebreiz übertreffenden Tochter der edenitischen Gastfamilie, Heliastra, entwickelt. Doch irgendwann müssen die Erdlinge Abschied nehmen. Da Heliastra ihrem Heinz folgen will, wird noch schnell Hochzeit gefeiert, und die Sannah wird zusätzlich mit einem, wie die Edeniten sagen, Parallelantrieb ausgestattet, mit dem Flitmore das Raumschiff endlich perfekt steuern kann.

Im Leerraum zwischen den Sonnensystemen entdeckt die wackere Weltalltruppe einen Dunkelplaneten, der sich gleichsam wie ein Antipode Edens als wahre Höllenwelt entpuppt. Auf ihr hat eine aus ekeligsten Ungeheuern bestehende Flora und Fauna nichts anderes zu tun, als sich selbst gnadenlos zu zerfleischen. Wie es der Romanzufall will, nähert sich just in diesem Augenblick ein zweiter Dunkelplanet. Die Weltkörper kollidieren und vergehen in einer gewaltigen Explosion. Die gigantische Druckwelle beschleunigt die Sannah derart stark, dass sich die auf Jahre geschätzte Rückreisezeit auf wenige Wochen verkürzt. Schon fliegt man an den äußeren Planeten des Sol-Systems vorbei, um entsetzt festzustellen, dass die Geschwindigkeit nicht abnimmt. Die Sannah droht in die Sonne zu stürzen. Glücklicherweise streift man aber nur die Sonnenkorona und wird wie ein Ball um die Sonne herumgeschleudert, um erneut in den Tiefen des Systems zu verschwinden. Erst die Riesenschwerkraft des Jupiter bremst das Tempo des Schiffes auf ein Normalmaß ab. Jetzt kann der Lord die Sannah mit dem Antigravantrieb Richtung Erde lenken und eine glückliche Landung zustande bringen – und zwar in Afrika.

Flitmore will nämlich seinem Schwiegervater, der als burischer Patriarch mit einer großen Sippschaft auf einem landwirtschaftlichen Anwesen lebt, einen Besuch abstatten. Mit großem Hallo feiert die Familie zusammen mit der Sannah-Besatzung ein fröhliches

Wiedersehen. Dann geht es wieder weiter, und nachdem die einzelnen Crewmitglieder in ihren Heimatorten abgesetzt worden sind, erreichen auch der Lord und seine Gattin ihr englisches Schloss. Dort beschließt Flitmore, eine ganze Raumflotte zu bauen, um mit Eden und der Fixsternwelt in Kontakt zu bleiben. Das Flaggschiff der Flotte soll den Namen »Heliastra« tragen.

Maders astronomische und physikalische Romanbasis ist oft brüchig bis falsch (z. B. der luftgefüllte Weltraum, die generelle Lebensfreundlichkeit der Planeten bzw. Asteroiden, die festen Saturnringe, die variierende Lichtgeschwindigkeit usw.). Es gibt aber einen entscheidenden Unterschied zu dem eben besprochenen *Aetherio* von Niemann. Während sich Niemann nicht um wissenschaftliche Plausibilität kümmert, ist Mader sehr wohl bemüht, seine Auffassungen durch entsprechende Quellen zu belegen. Ein dem Roman angehängter Nachweisapparat macht dies deutlich. Bei aller dichterischen Freiheit will Mader seine SF tatsächlich mit Science anreichern, was ihm ab und an sogar gelingt. Das ist anerkennenswert, auch wenn seine nicht immer korrekten Belehrungen zuweilen penetrant wirken.

Gleichzeitig will Mader einen farbigen, ereignisreichen und spannenden Roman vorlegen, was ihm für den Geschmack seiner Zeit ebenfalls gelingt. Zudem schafft er es, die literarischen Wurzeln der SF so miteinander zu kombinieren, dass dabei ein unterhaltsames SF-Werk mit echten Space-Opera-Qualitäten herauskommt. Die glamouröse, abenteuerliche Sternenreise der Sannah wird getragen von fantastischen, romantischen, utopischen und gruseligen Erzählelementen, die in mehr oder weniger wichtige und richtige wissenschaftliche Erläuterungen eingebettet sind.

Allerdings wird Mader, der konservative evangelische Pastor, dann so giftig wie eine Kobra, wenn es um die Verteidigung seines Glaubens geht. In mehreren Passagen von *Wunderwelten* greift er immer wieder mit hämischer Polemik Andersdenkende an (vgl. z. B. S. 121 ff. oder S. 226 ff. im Roman). Mit einer rabulistischen Rhetorik versucht er, seinen Glauben, der sich fast wie der aktuelle Kreationismus anhört, im Sinne einer pseudowissenschaftliche Beweisführung zu verkaufen, indem er ihn wie ein Naturgesetz darstellt. Wer das nicht akzeptieren will, so Mader, muss dumm sein. In dieser Logik lässt er denn auch ausgerechnet einen Professor der Naturwissenschaften sagen: »*Zweifellos wird die Gottesleugnung stets der sicherste Beweis einer geringen Intelligenz sein.*« (S. 232) Dass das Christentum

„Dämonische Phantastik"
Die Schundliteratur-Kampagne
gegen Friedrich Wilhelm Mader

synergenVerlag

und andere Religionen nicht nur, aber zum überwiegenden Teil gerade die Dummen und Einfältigen mobilisieren, scheint Mader entgangen zu sein.

So ärgerlich und störend derartige Ausfälle sind, so versöhnlich stimmen wiederum andere Passagen von *Wunderwelten*, in denen Mader ganz gegen den Zeitgeist einen sehr humanen Standpunkt einnimmt. Z.B. lässt er Lord Flitmore von dem Polarforscher Peary berichten, der den Eskimos ihren wertvollsten Besitz stiehlt (drei Eisenmeteore), diesen für viel Geld verkauft und sich dafür auch noch feiern lässt.

Das sei ein »*Schurkenstreich*«, und in bitterer Ironie ergänzt der Lord: »*Und sehen Sie, so ist unsere europäische und amerikanische Christenmoral.*« (S. 119)

Überhaupt fehlt in *Wunderwelten* geradezu befreiend die gängige Deutschtümelei, die nationalistische Großmannssucht und jede Form der Kriegstreiberei. Im Nachwort zur Heyne-Ausgabe schreibt Dieter Hasselblatt: »*Unüberhörbar ist der Aufruf zur Friedfertigkeit und Verständigung, der von Friedrich Wilhelm Maders Romanen, insbesondere von* Wunderwelten *ausgeht.*« (S. 463) Hervorzuheben sind auch Maders Ansätze einer nachhaltigen Ökowirtschaft, wenn man an Eden denkt, und das Fehlen rassistischer Zungenschläge, was er (pikanterweise ausgerechnet auf der Burenfarm) an dem respektvollen und freundlichen Umgang mit zwei dort lebenden farbigen Mädchen demonstriert.

Überrascht es da, dass Mader zur Zielscheibe hasserfüllter Beschimpfungen wurde? Sein kompromissloses Eintreten gegen die Prügelstrafe an Schulen entfesselte einen empörten Aufschrei in der (prügelnden) Lehrerschaft, und in der Zeit zwischen 1910 und 1912 sah sich der Schriftsteller einer Hetzkampagne ausgesetzt, die ihn als »Schmutz- und Schundautor« und »Verderber der Jugend« diffamieren wollte (vgl. den Dokumentationsband »*Dämonische Phantastik*«).

Alles in allem ist *Wunderwelten* ein wichtiges Werk der frühen deutschen SF, das man nicht missen will. Sieht man von seiner überzogenen Glaubensapologetik ab, so hat es Mader wie Laßwitz,

Hertzka, Daiber, von der Passer, Grunert und wenige andere verstanden, der guten deutschen SF ein erstes Profil zu geben, das gehaltvoll, dynamisch und von bleibendem Wert ist. Die große Bedeutung Maders als fortschrittlicher SF-Autor und als aufrechter Mensch steht außer Frage.

14.8. Das ästhetisch-göttliche All des Paul Scheerbart

Lesabéndio. Ein Asteroiden-Roman (1913) ist der Titel des zweiten großen SF-Romans von Paul Scheerbart (siehe dazu auch 11.3. und 14.3.). Er fällt in allem aus dem Rahmen der kaiserdeutschen SF, hat wohl aber gerade deshalb ein gutes Jahrhundert überlebt – wenn auch mehr oder weniger als Geheimtipp.

Im Mittelpunkt des Romans stehen die Geschehnisse auf dem Asteroiden Pallas. Den Asteroiden gibt es tatsächlich, aber Scheerbart reimt sich eine ganz andere Geschichte zusammen. Zu Beginn des Romans wird bereits berichtet, dass merkwürdigerweise sowohl die Pallasianer als auch die Erdbewohner den kleinen Weltkörper Pallas nennen. Bei den Erdlingen sei das so, weil ein Astronom namens Pallas den Miniplaneten entdeckt habe. In Wirklichkeit wurde er 1802 von Heinrich Olbers entdeckt und nach der griechischen Göttin Pallas Athene benannt. Schon das zeigt: Scheerbart hat alles andere im Sinn als eine auch nur halbwegs wirklichkeitsgetreue Beschreibung des Asteroidengürtels. Entsprechend fantastisch ist das, was folgt.

Das Ambiente: In *Lesabéndio* ist Pallas ein 40 Meilen durchmessender, tonnenförmiger Felsbrocken, den zwei riesige Kegeltrichter durchziehen, die nach oben hin offen sind, sich nach innen hin mit ihren Spitzen in einem zwei Meilen durchmessenden Loch treffen. Über der nördlichen Trichteröffnung schwebt eine geheimnisvolle, gespinstartige Wolke, hinter der man ein »Kopfsystem« vermutet. Pallas selbst hat eine Atmosphäre, eine Vegetation und wird von extraterrestrischen Intelligenzen bewohnt. Die Pallasianer sind hoch zivilisiert und ähneln lebendigen, aufrechtstehenden Röhren, die sich auseinander- und zusammenziehen können und sich durch Sprünge fortbewegen, welche durch einen Saugfuß stabilisiert werden. Oben befindet sich ein flexibler Kopf mit Teleskop- bzw. Mikroskop-Augen. Außerdem haben sie zwei Flügel und vier Arme, ernähren sich von Pilzen, die sie durch die Haut aufnehmen, und pflanzen sich ohne Sex fort, indem dicke Nüsse geknackt werden, aus denen die neuen Pallasianer herausspringen. Wenn sie ihr Lebensende nahen fühlen, werden sie von einem jüngeren Pallasianer durch seine Hautporen »aufgesogen«, sodass sie faktisch in dem anderen weiterleben.

Das Romanpersonal: Wie bei einem Theaterstück werden am Anfang des Romans die handelnden Personen vorgestellt. Der Romanheld ist Lesabéndio, auch Lesa genannt, »*ein Führer, der mehr technische als künstlerische Interessen hat und die Erbauung eines großen Turmes am meisten fördert.*« (S. 6). Ihn umgeben weitere Artgenossen, die die technische, künstlerische und wissenschaftliche Elite der pallasianischen Gesellschaft repräsentieren. Scheerbart bezeichnet sie deshalb als »Führer«. Sie stehen sich teils einvernehmlich, teils mit widerstrebenden Interessen und Vorstellungen gegenüber. Außerdem gibt es noch eine weitere Alien-Spezies, die Quikkoianer. Sie ähneln kleinen Gallertkugeln, sind Gestaltwandler und vom Charakter her drollige Spaßmacher.

Die Handlung: Der Pallasianer Lesabéndio kommt auf die Idee, über dem Nordtrichter des Zwergplaneten einen gigantischen Turm zu errichten, der hundert Meilen über den Pallas hinausragen soll. Angeregt durch den alten und weisen Philosophen Biba will er ergründen, was es mit der mysteriösen Wolke auf sich hat und ob sich noch etwas anderes dahinter verbirgt. Lesa beginnt, für seinen Plan zu werben, und nach und nach zieht er trotz vieler Bedenken immer größere Teile der tonangebenden Elite auf seine Seite, sodass mit dem Turmbau begonnen wird. Das weitere Geschehen wird im Wesentlichen bestimmt durch die sich immer wieder neu anhäufenden technischen Probleme wie auch durch die (durchweg freundlichen und maßvollen) Auseinandersetzungen zwischen den einzelnen Leitfiguren.

Bei einem Ausflug Lesabéndios in den nahen Weltraum entdeckt er einen winzigen Weltkörper, der einer kugeligen Qualle gleicht. Das ist Quikko, die Heimat der Quikkoianer. Von hier aus sieht er auch, dass die Wolke viel näher zum Pallas steht als gedacht und dass sich

Paul Scheerbart
Lesabéndio

Ein Asteroiden-Roman
Phantastische Bibliothek
suhrkamp
taschenbuch

dahinter tatsächlich ein kegelförmiges Gebilde befindet. Zusammen mit zehn Quikkoianern kehrt er auf seinen Asteroiden zurück und verkündet, dass der Turm nur zehn Meilen hoch sein muss, um die Wolke zu erreichen. Damit hat er ein zentrales Argument gegen den Bau ausgeräumt. Man hatte nicht zu Unrecht befürchtet, dass ein Hundert-Meilen-Turm den nur 40 Meilen durchmessenden Pallas völlig aus dem Gleichgewicht bringen würde. Damit hat er nun auch die letzten Zweifler auf seine Seite gezogen, und mit verschärftem Tempo gehen die Arbeiten voran.

Ein neues Problem tut sich auf. Man weiß schon länger, dass eine Berührung der Wolke für die Pallasianer sehr gefährlich ist. Schwere Verbrennungen sind die Folge. Dem setzt man sog. Häute entgegen, mit denen die oberen Turmteile überzogen werden, um sich zu schützen. Als man dem Gespinst immer näher kommt, löst sich ein weiteres Rätsel. Durch die durchsichtigen Häute kann man erkennen, dass in der Wolke zigtausende von kleinen Wesen mit Kugelköpfen, Stielaugen und einem kaum sichtbaren Fadenkörper leben.

Je näher die endgültige Fertigstellung des Turmes mit einer Berührung und Durchdringung der Wolke rückt, desto mehr verwandelt sich Lesabéndio in eine messiasähnliche Gestalt, bei der sich Phasen des Zweifels mit visionären Erleuchtungen abwechseln. Der erste Schritt dieser Umformung besteht in der von allen gewünschten Aufnahme seiner sterbenden Kontrahenten Peka und Manesi in seinen Körper.

Der zweite Schritt: Als der Turmbau beendet ist, wird Lesa in die Wolke geschleudert und erlebt dort die Transformation zu einem kosmischen Wesen, das mit allen astralen Lebensformen Kontakt aufbauen kann (bei Scheerbart sind die Sonnen, die Planeten, die Asteroiden, die Kometen etc. lebendige Entitäten). Auch der Pallas verändert sich. Er vereinigt sich fest mit dem »Kopfsystem«, die Wolke wird zu einem Ring, und die winzige Gallertwelt Quikko umkreist nun als Mond den Asteroiden. Der Weg zu einem vereinigten Kosmos ist frei.

Vergleicht man *Lesabéndio* mit dem Vorläufer *Die große Revolution*, so findet man viele alte Ideen Scheerbarts in diesem Roman wieder (z. B. die parthenogenetische Fortpflanzung oder das Sterben als Aufgehen in einen anderen Körper). Hier werden sie aber mit neuen Einfällen angereichert und zudem tiefer und ausgefeilter dargelegt. In diesem Sinne ist Franz Rottensteiner zuzustimmen, wenn er sagt: »*Von allen Romanen Scheerbarts, der in seinem Werk ein ästhetisches Idealbild des Weltalls, einen Reigen kosmischer Formen*

und Farben entwarf, ist Lesabéndio *wohl der reifste und interessan-
teste.*« (Klappentext der dieser Besprechung zugrunde liegenden
Suhrkamp-Ausgabe) Es gibt nun eine ganze Reihe von Assoziatio-
nen, Aspekten und Bezügen, die sich bei der Lektüre des Romans
einstellen. Die Wichtigsten sollen genannt werden.

Unmittelbar fällt die Analogie zur biblischen Geschichte über den
Turmbau zu Babel auf. Die Analogie erschöpft sich allerdings darin,
dass es profane Wesen gibt, die mittels eines gigantischen Turms in
den Himmel (verstanden als göttliche Sphäre) gelangen wollen. Was
jedoch in der Bibel als von Gott schwer zu bestrafende Hybris des Menschen verdammt wird, ist bei Scheerbart ein notwendiges Mittel zur
geistig-seelischen Weiterentwicklung der Pallasianer. Bei ihm gibt es
auch keinen personalen Gott. Er spricht zwar oft von einem Größeren:
»*Wir müssen uns an das Größere anschmiegen, wir müssen uns ganz
dem Größeren ergeben (…) Und als ein Letztes erscheint nur immer das
endgültige Aufgehen in diesem Größeren*« (S. 49). Aber dieses »Größere«
ist kein jenseitiger Gott, sondern der Kosmos an sich. Dem Autor ist
durchaus bewusst, dass er sich in religiöse Gefilde begibt. »*Man nennt
das zuweilen auf anderen Sternen auch Religion.*« (S. 50) An einen uns
geläufigen, traditionellen Monotheismus-Gott, der bereits vor dem
Beginn der Raumzeit existiert, denkt Scheerbart aber ebenso wenig
wie an eine belletristische Aufbereitung des Christentums.

Die Quintessenz des Romans ist seine bereits den Roman *Die
große Revolution* tragende philosophische Vorstellung, dass alle
Gegensätze und Widersprüche des Lebens zu einem einzigen, sich
in vollständiger Harmonie befindenden Gesamtwesen aufgelöst
werden sollen. So kann man auch sagen, dass Scheerbarts Roman die
bewusste Einswerdung, evtl. sogar die Gottwerdung des Universums
beschreibt – übrigens ein Linie in der SF, die ab und an bei anderen
(späteren) Autoren auftaucht (siehe z. B. Olaf Stapledons Roman *Der
Sternenmacher* von 1936 oder Isaac Asimovs Story ›Wenn die Sterne
verlöschen‹ von 1956).

Dieser Prozess wiederum vollzieht sich im Roman keineswegs
konfliktlos, bewegt sich aber bereits auf einem hohen zivilisatorischen Niveau. Das ist mit Sicherheit einer der Gründe, warum die
fiktiven Pallasianer den Weg beschreiten und nicht etwa die Erdmenschen. Die aggressive Primitivität der menschlichen Spezies macht es
bei aller überbordenden Fantasie selbst einem Scheerbart unmöglich,
sich derartiges beim Homo »sapiens« vorzustellen.

In seinem Protagonisten Lesabéndio kumulieren sich alle Widrigkeiten, die aber stets eine Lösung finden. Da Lesa als herausgehobenes Individuum die kosmischen Umwandlungen durchlebt, wird er zugleich zur Leitfigur für alle Pallasianer. Am Anfang ist er noch ganz Techniker, sodass er in einen gewissen Gegensatz zu den sich missachtet fühlenden Künstlern Peka und Manesi gerät. Indem er beide in sich aufnimmt, glättet sich der Konflikt. Das ist der Beginn seiner eigentlichen Transformation, die aber auch mit Schmerzen und Qualen verbunden ist. »*Der sich selber Quälende kommt immer weiter.*« (S. 156) Ich vermute, dass sich in solchen Passagen eigene Erfahrungen des Autors niederschlagen, ebenso wie in den Sätzen, in denen sich Lesa regelrecht zur lachenden, fröhlichen Gelassenheit zwingt, obwohl ihm ganz anders zumute ist.

Scheerbart schildert Lesas Überwechseln in eine universale Existenz als neue, zweite Geburt. Nach den »Geburtsschmerzen« ist Lesa zu einem Geschöpf geworden, das ansatzweise und rauschhaft die ungeheure Großartigkeit des Alls zu erahnen beginnt. Überhaupt drängt sich der Eindruck auf, dass Scheerbart den gesamten Prozess als einen metaphorisch verschlüsselten Sexualakt schildert. In dieser Kryptik ist der Turm wie ein gewaltiger Penis, die Fadenwesen in der Wolke erinnern an Spermien, das »Kopfsystem« hinter der Wolke, das sich zum Schluss mit dem Pallas vereint, könnte eine Art zu befruchtende Eizelle sein, und er, der neue Lesa, ist sozusagen das Ergebnis einer kosmischen Penetration. Ob man sich für diese eher freudianische Deutung erwärmen kann, mag jeder für sich entscheiden. Ich halte sie jedenfalls für durchaus plausibel.

Syntaktisch ist der Roman nicht mehr ganz so additiv gereiht wie *Die große Revolution*, aber den Verkündigungston behält der Autor bei. Das entspricht dem Inhalt, da Scheerbart hier seine innerste Weltsicht ohne Vorbehalte nach außen kehrt und ihr damit eine manifestartige Bedeutung zuschreibt. Dass Scheerbarts illusorische Esoterik an den harten Realitäten zerschellen muss, kann nicht überraschen. Trotzdem: Als Sense-of-Wonder-Traum vermittelt uns *Lesabéndio* noch heute ein Weltgefühl, welches zu unserer aktuellen Situation bedeutend besser passen würde als jene Verrückten, die im Namen welchen Gottes auch immer morden, foltern und brandschatzen. In dieser Lesart ist Scheerbarts SF-Werk auch ein wichtiges humanitäres Denkmal.

15. SF als Laterna Magica

Zum guten Schluss wollen wir uns einem bunten Portfolio von SF-Storys und Romanen widmen. Sie sind keiner SF-Untergattung explizit zuzuordnen, sondern erzählen einfach nur futuristische Geschichten, die in erster Linie den Menschen die Zeit vertreiben sollten. Dass sich hier zuweilen ebenfalls Fragwürdiges, aber auch Nachdenkliches und Beachtenswertes findet, sei nur am Rande notiert. Diese Art von SF ist wie eine Laterna Magica, die ihre flirrenden Bilder im schummrigen Licht an die Wand wirft, genauso wie es in den USA zuerst die sog. Dime-Novels und dann die Pulps der 1920er- bis 1940er-Jahre gemacht haben.

Die Ähnlichkeit zwischen diesen Formen amerikanischer und deutscher Populärliteratur ist frappierend. Hier wie dort haben wir es mit Geschichten zu tun, die mehr oder weniger nur um eine einzige SF-Idee kreisen, und hier wie dort sind es zumeist Pointenstorys, die den Leser durch einen überraschenden Schluss für sich einnehmen wollen. Im Gegensatz zu den naturwissenschaftlich-technischen SF-Storys verzichten sie auf schulmeisterliche Penetranz und nehmen die erklärende Wissenschaft nicht wirklich ernst. Wichtiger für die Autoren sind die verrückten Verwicklungen, die sich aus den Erfindungen und Wunderapparaten ihrer Protagonisten ergeben, aber auch aktionsreiche Kämpfe und Verfolgungsjagden, die ihre Geschichten spannend und aufregend machen sollen.

15.1. Dumm gelaufen

In einer Monatszeitschrift erschien 1891/92 in Fortsetzungen die Erzählung ›Themis‹ von Ernst Eckstein (1845–1900). Eckstein war zu seiner Zeit ein viel gelesener Autor, der nur ausnahmsweise SF, hauptsächlich aber witzige Geschichten und historische Romane schrieb. Seine Humoreske *Besuch im Carzer* (1872) war außerordentlich erfolgreich und gilt als Vorbild für *Die Feuerzangenbowle* von Heinrich Spoerl. Mit ›Themis‹ greift Eckstein ein SF-Thema auf. Allerdings wird erst im zweiten Teil deutlich, dass es sich um eine SF-Story handelt. Im ersten Teil geht es um eine Kriminalhandlung, in die der junge, unreife Held der Geschichte verstrickt wird. Nachdem sich dies in Wohlgefallen aufgelöst hat, geht es mit dem eigentlichen SF-Geschehen los.

Das zentrale SF-Thema der Story ist die Entdeckung der chemischen Umwandlung von Zellulose in Stärke. Der Chemieprofessor Dr. Altenhöffer, der sich in seiner Forschung diesem Thema widmet und dem Geheimnis auf der Spur ist, unterhält sich mit einem Oberstaatsanwalt. Grund ihrer Bekanntschaft ist der Umstand, dass der gerade frischgebackene Chemiker und neue Assistent des Professors der noch unreife Sohn des Oberstaatsanwalts ist. In dem Gespräch wird mit amüsanten Begleittönen die Bedeutung der Entdeckung herausgestellt.

»›Wenn die Atome der Zellulose ihre Gruppierung veränderten, so würde der Magensaft diese umgewandelte Zellulose ebenso zwingen und sie ebenso leicht verdauen wie jetzt das Stärkemehl.‹

›Das leuchtet mir ein‹, sagte der Oberstaatsanwalt. ›Es klingt ja zunächst, wenn man will, etwas komisch: ein Brett zum Frühstück, eine Latte zum Abendbrot; aber die Komik wird dem Publikum bald vergehen, wenn es sich über die wirtschaftliche Tragweite der neuen Erfindung klar wird.‹

›Diese Tragweite ist allerdings ungeheuer. Die Zukunft der Menschheit scheint auf Tausende von Jahren hinaus gesichert. Die Überbevölkerung ist kein Fluch mehr.‹« (S. 22 f.)

Etwas später wird sogar behauptet, dass mit der revolutionären Entdeckung selbst die soziale Frage gelöst werden könne. So erscheint die Zukunft in den strahlendsten Farben. Doch leider ergibt sich plötzlich eine verhängnisvolle Wendung. Der alte, schwerkranke Wissenschaftler erleidet überraschend einen Blutsturz und liegt im Sterben. Mit seinen letzten Kräften will er dem eilig herbeigerufenen jungen Assistenten die Formel und das Verfahren weitergeben. Doch mitten in seinen mühsamen Erklärungen stirbt er und nimmt das Geheimnis mit ins Grab.

Ecksteins Konstruktion des Gesamttextes ist nicht plausibel, weil der vorgeschaltete Krimi-Plot so gut wie nichts mit dem sich anschließenden SF-Plot zu tun hat. Vermutlich wollte der Autor seine Story nur auf eine gewisse Länge bringen. Da seine SF-Idee dafür nicht ausreichte, fütterte er die Geschichte mit der Krimi-Handlung an, die übrigens auch nicht besonders aufregend ist. Dagegen ist der SF-Teil weit interessanter, und die Schlusspointe eignet sich zumindest dazu, beim Leser noch einmal Aufmerksamkeit zu erregen.

Die eigentliche Bedeutung bekommt ›Themis‹ aber durch die Einführung eines sog. technological fix, d. h. durch den Glauben, dass man mit einer einzigen wissenschaftlichen Entdeckung oder einer einzigen technischen Erfindung alle Menschheitsprobleme mit einem Schlag lösen könne. Dieser (selbstverständlich illusionäre) Gedanke bewegte in der Folgezeit viele SF-Autoren und bekam damit einen gewissen Stellenwert in der Literaturgeschichte der SF. Ich vermag nicht zu sagen, ob Eckstein der Erste war, der den technological fix in die SF einbrachte, aber mit Sicherheit gehört er zu dessen Pionieren.

Die Bedeutung des Story-Titels ›Themis‹ (Themis ist die griechische Göttin der ausgleichenden Gerechtigkeit) kann indes nur erraten werden. Vielleicht wollte Eckstein sagen, dass die Menschheit (inkarniert in dem leichtlebigen jungen Mann) noch nicht reif für einen derart gewaltigen Schritt sei. Jedenfalls wird bei Eckstein nichts aus der so verheißungsvollen Zukunft, weil der Tod wieder einmal die Nase vorn hat. Dumm gelaufen, kann man da nur sagen.

15.2. Bürgerliche Doppelmoral und SF

1899 publizierte ein gewisser Laifo einen SF-Roman mit der Überschrift *Die Y-Z-Strahlen des Professors Dr. Antinom*. Das lässt jeden SF-Fan aufhorchen, denn erstens handelt es sich um einen geradezu klassischen SF-Titel, zweitens weckt er sofort die Assoziation zur Entdeckung des realen Herrn Röntgen, mittels der X-Strahlen feste Materie (also auch den menschlichen Körper) durchleuchten zu können, und drittens denkt er direkt an den in der SF über Jahrzehnte gängigen Topos des »mad scientist« (der verrückte oder weltfremde Wissenschaftler, der nur Unheil anrichtet). Auch der Name »Antinom«, der so viel wie »Gegenname« oder »Gegenpart« bedeutet, macht neugierig.

Professor Antinom hat einen Apparat erfunden, der das Gegenteil des Röntgen-Apparates ist. Das Gerät bildet nicht die festen Bestandteile des menschlichen Körpers ab (Knochen etc.), sondern die Weichteile, deshalb auch Y-Z-Strahlen und nicht X-Strahlen. Antinom will nun,

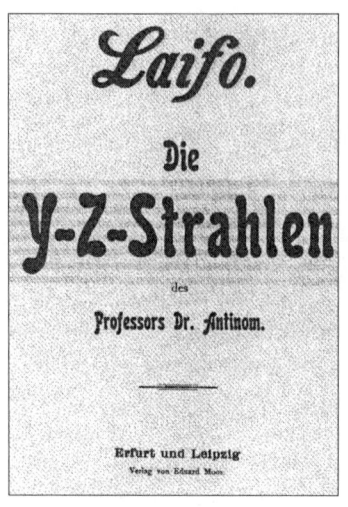

ähnlich wie es mit dem Computertomografen unserer Zeit möglich ist, das Gehirn durchleuchten, wobei er sich erhofft, die geheimsten Gedanken seiner Versuchskaninchen wie in einem Buch lesen zu können. Er lädt zwölf Versuchspersonen ein, die in ihrem Wesen und in ihrer gesellschaftlichen Stellung sehr unterschiedlich sind. Er führt das mit dem nötigen Theaterdonner ausgestattete Experiment durch, das aber folgenlos zu sein scheint. Die Probanden werden nach Hause geschickt. Der Professor glüht indes vor Erregung, steht doch nun die Auswertung seines Versuchs bevor.

Tatsächlich bestätigt sich seine Forschung auf ganzer Linie. Er kann genau erkennen, was sich im Oberflächenbewusstsein der jeweiligen Person während der Untersuchung abgespielt hat (sozusagen die »Correctness-Ebene«). Zugleich vermag er das Unterbewusstsein zu entschlüsseln (das ist die wahre, damit auch entlarvende Denkebene der Person). Bei der Analyse der zwölf durchleuchteten Personen gibt es im Übrigen auch in der optischen Präsentation des Buches eine Besonderheit: Während auf der linken Seite die »offiziellen« Gedanken dargestellt werden, werden parallel dazu auf der rechten Seite die wirklichen Gedanken der Testperson preisgegeben.

Die Ergebnisse sind bezeichnend bis erschütternd. Da gibt es auf der »ersten Platte« den Gerichtspräsidenten, der stolz auf seine Fähigkeiten ist, die ihn in relativ jungen Jahren ein solch hohes Amt erreichen ließen. Ebene 2 entlarvt diese Selbsteinschätzung als Vorwand. In Wirklichkeit waren es nur Protektion und Beziehungen, die ihn auf der Karriereleiter hoch katapultierten. Dann wird ein Politiker vorgeführt, der an die Ziele seiner eigenen Partei nicht glaubt und sich wie eine »männliche Hure« fühlt. Ein drittes Beispiel: Eine Beamtentochter wähnt sich glücklich. Tatsächlich muss sie, die wegen des geringen Gehalts ihres Vaters in Armut lebt, einen alten Mann mit Geld heiraten, der ihr völlig zuwider ist. So geht es weiter.

Das Muster wird schnell klar. Laifo benutzt die Erfindung des Professors, um die heuchlerische Gesellschaft, in der er sich bewegt, zu demaskieren. Die einzige Ausnahme bei den zwölf »Untersuchten« ist ein Landwirt, bei dem beide Ebenen bruchlos übereinstimmen. Vielleicht wollte Laifo den »unverbildeten« Naturmenschen loben, der mit sich im Reinen ist, oder im Gegenzug einen Simpel anbieten, der zu dumm ist, die Gesellschaft zu verstehen.

Der Schluss treibt das Experiment auf die Spitze. Zum Kreis der Versuchspersonen gehört auch Antinoms Frau. Sie, von der er felsenfest geglaubt hat, dass sie ihn bewundert und verehrt, verabscheut ihn in Wirklichkeit und ist todunglücklich. Es wird noch besser. Sie hat einen Geliebten (»*einen stattlichen, schönen Offizier, braun gefärbte Wangen, eine Krafterscheinung*« – S. 169), der sie im Gegensatz zu ihrem Gatten, dem kalten und erotisch unattraktiven Verstandesmenschen, leidenschaftlich erregt und sexuell befriedigt. Ihr Fazit: Ihr Mann sei ein »armer Narr«!

Für Antinom ist diese Wahrheit zu viel. Er fällt vom Stuhl und ist tot. Die Öffentlichkeit interpretiert sein Ableben – wahrscheinlich in derselben Verlogenheit, wie sie bereits vorexerziert wurde – als Überarbeitung. Ein Gedenkstein, von der Universität gestiftet, ist alles, was von diesem »mad scientist« übrig bleibt.

Laifo, von dem mir leider als Realperson nichts bekannt ist, hat mit seinem Roman ein intelligentes Kabinettstückchen kreiert, das so gar nicht in die offiziell propagierte Harmoniegesellschaft passt. Dabei beschäftigt er sich ausschließlich mit der bürgerlichen Gesellschaft, lässt also die Probleme von Kapital und Arbeit außen vor. Genau das macht seinen Text noch brisanter, geht es hier doch um die Verkehrsformen einer Schicht, die nach außen hin Perfektion demonstriert (und daraus einen Herrschaftsanspruch ableitet), sich im Innern aber als marode und wurmstichig erweist. Pfiffig benutzt er das Instrumentarium der SF, um seine Botschaft griffig herauszustellen.

Laifo zeigt, dass man bereits im Kaiserreich nicht darauf verzichtete, im Rahmen der populären (SF-)Literatur eine sehr treffende Gesellschaftskritik zu platzieren – und nebenbei auch noch zur frühen Ausformung eines SF-Topos (»mad scientist«) beitrug. Chapeau!

15.3. Gefrorene Elektrizität

Oskar Hoffmann veröffentlichte 1911 den SF-Roman *Ypsilons Gefrorene Elektrizität*. Der Stoff soll für die vielen Geschichten im Kaiserdeutschland stehen, die dem Kult des genialen Erfinders frönten. Er hat eine spezifische Ikonografie, die aus zwei Grundelementen besteht. Einerseits ist der große Erfinder eine titanische Figur, die sich weit über die Masse der Namenlosen erhebt. Mithin geht es nicht um die Beschreibung von Individualität, sondern um die Kluft zwischen dem Genie und dem anonymen Mittelmaß. Andererseits muss der Heros, in diesem Fall der Geistesriese, oft ein tragisches Schicksal erleiden. Das Profane ist zu klein, um überragenden Menschen auf Dauer eine Heimat bieten zu können. Hoffmanns profaner Plot gibt diesem Metapherngeflecht einen ungewollt plakativen Ausdruck.

In einen Dorf in Hessen-Nassau lebt der Bauernsohn Simon Ellbogen, der sich überraschenderweise als begnadeter Erfinder herausstellt. In dieser Eigenschaft nennt er sich Dr. Ypsilon. Angestachelt durch eine Wette arbeitet er an zwei epochemachenden Erfindungen. Er will Blitze und Licht »gefrieren«, um damit der Menschheit eine unerschöpfliche Energiequelle zu sichern. Mit seinem Assistenten, dem hochbegabten Elektroingenieur Kurt Nobel, startet er auf einer schwedischen Insel einen ersten Versuch. Der bringt zwar noch nicht den ersehnten Durchbruch, führt aber dazu, dass die internationale Finanzwelt auf ihn aufmerksam wird. Diese reißt sich um die neue Erfindung, und als weitere Versuche tatsächlich zum Erfolg führen, scheint Dr. Ypsilon nichts mehr im Wege zu stehen. Leider geht das Schicksal andere Wege. Ausgerechnet während eines Besuchs des Erbprinzen im besagten Dorf kommt es bei einer Demonstration der Erfindung zu einem tragischen Unfall. Elektrische Entladungen zerstören das Haus des Ypsilon, und das geniale Duo wird von seiner eigenen Schöpfung getötet.

15.4. Ein interkontinentales Telefonamt und der Weltäther

Der schon öfter genannte Pädagoge Carl Grunert war auf dem Gebiet der frühen SF-Kurzgeschichte (er nannte sie »Zukunftsnovelle«) ein durchaus ideenreicher Geist. Beseelt von seinen großen Vorbildern Jules Verne und Kurd Laßwitz (wobei es ihm wohl auch H. G. Wells angetan hatte) veröffentlichte er einige bemerkenswerte Kollektionen. 1903 erschien *Im irdischen Jenseits*, 1905 *Menschen von morgen*, 1907 *Feinde im Weltall?* und 1908 *Der Marsspion*. Schon anhand der Titel zeigt sich die große thematische Bandbreite, die er im Sinne einer frühen Hard-SF gestaltet.

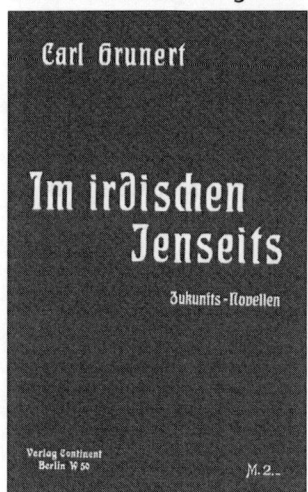

Er bleibt also in seinen Zukunftsausblicken relativ nah an den Möglichkeiten, die ihm die wissenschaftlich-technischen Entwicklungen seiner Zeit als machbar erscheinen ließen. Fantastische Höhenflüge sind letztendlich nicht sein Fall. Schon in seiner ersten Storysammlung *Im irdischen Jenseits* wird das deutlich, obwohl er sich in späteren Erzählungen zuweilen auch Ausflüge in fabulöse Gefilde erlaubt.

In *Der Marsspion und andere Novellen* von 1908 enttarnt er z. B. einen Agenten außerirdischer Mächte (siehe dazu 14.5.), oder er findet die verschollene Zeitmaschine von H. G. Wells, um ihm damit einen Besuch in der Vergangenheit abzustatten (in ›Pierre Maurignacs Abenteuer‹). In ›Mr. Vivacius Style‹ kreiert er einen wichtigen Menschen, der nur noch als Kopf existiert und von einer entsprechenden Apparatur am Leben erhalten wird. Das endet jäh, als ein Feind die Lebenserhaltungssysteme zerstört. In diesem Zusammenhang ist interessant, dass der 1902 in Dresden geborene Deutsche Curt Siodmak, der 1937 wegen der Nazis in die USA emigrierte, 1942 seinen berühmten SF-Roman *Donovans Gehirn* veröffentlichte, dessen Grundidee zweifelsohne der Grunert'schen Story entlehnt wurde – eines der vielen Beispiele dafür, wie ein wichtiger Autor von einem ebenso wichtigen Vorgänger inspiriert wurde, ohne dass es zum Plagiat kommen musste. Fast schon pragmatisch wird Carl Grunert in den SF-Geschichten ›Das Untersee-Telefon-Amt‹ und ›Auf den Schwingen des Weltäthers‹ (beide erschienen in der Kollektion *Im irdischen Jenseits*).

In ›Das-Untersee-Telefon-Amt‹ hat die Deutsche Reichspost mit ungeheuren Kosten auf dem Grund des Atlantiks eine Telefonstation errichtet. Damit wird Anfang des 3. Jahrtausends endlich ein reibungsloser Telefonverkehr zwischen Europa und Amerika garantiert. Der junge, aufstiegsorientierte »Oberpraktikant« Emdner, der vor allem auch deshalb vorwärtskommen will, weil er die Tochter des Telefondirektors in Bremen liebt und heiraten will, wird zu dieser Station versetzt, um sich zu bewähren. Mit ihm wird der Leser in alle technischen Raffinessen und in die Lebensweise der Beamten eingeführt, die in der Unterwasserstation korrekt und gewissenhaft (wie es sich für deutsche Beamte gehört) ihren Dienst verrichten.

Doch kaum hat sich Emdner eingelebt, wird es dramatisch. Das wöchentlich verkehrende Versorgungsschiff wird durch mehrere unglückliche Vorkommnisse aufgehalten. Inzwischen schwindet rapide der Luftvorrat. Zunächst meint man noch, ungefährdet zu sein, denn es gibt schließlich einen Reservetank. Doch entsetzt muss man feststellen, dass der Tank leer ist. Durch haarfeine Risse ist die lebensnotwendige Luft entwichen. Da das Schiff unmöglich noch rechtzeitig das Unterseeamt erreichen kann, sind alle Insassen zum Tod verurteilt. Die Zentrale und der Telefondirektor plus Tochter im heimischen Bremen sind schier verzweifelt.

Da kommt die erlösende Nachricht! Der clevere Oberpraktikant hat einen Weg gefunden, das scheinbar unaufhaltsame Unglück abzuwenden. Durch ein Elektrolyseverfahren hat der naturwissenschaftlich und technisch versierte Jungspund dem Wasser, von dem man ja im Umfeld der Station genug hat, den Sauerstoff entzogen und damit alle Kollegen versorgt. Gerettet! Die Belohnung folgt auf dem Fuße. Emdner wird nicht nur befördert, sondern darf auch die Tochter des Direktors heiraten.

Grunert vermengt recht locker und unbedarft die aus seinem Blickwinkel modernste Technik mit antiquierten Verfahren. So wird nach ihm auch noch im Jahr 2005 fröhlich am Schaltschrank gestöpselt, um die Telefonverbindungen herzustellen. Das ist übrigens eine allgemeine Erscheinung in der SF. (Da wird z. B. der überlichtschnelle

Hyperantrieb bis in die 70er-Jahre hinein mittels Knöpfen, Schaltern und Hebeln bedient.) Das zeigt, dass jeder SF-Autor immer auch Kind seiner Zeit ist und dass sich selbst bei überbordender Fantasie niemand wirklich und umfassend vorstellen kann, wie es denn in der Zukunft sein wird. Bei Grunert schlägt sich das nicht nur in einer völligen Unterschätzung des Tempos nieder, mit dem sich der wissenschaftlich-technische Wandel real vollzieht, sondern auch in der Schilderung einer braven, preußischen Beamtenschaft. Selbst hundert Jahre nach ihm hat sich an der strengen Hierarchisierung im preußischen Beamtentum nichts geändert, sodass es nur so von »Unter- und Oberbeamten« wimmelt.

Zur zweiten Geschichte. Wegen des poetischen Titels ›Auf den Schwingen des Weltäthers‹ könnte man zunächst meinen, Grunert würde uns diesmal in eine märchenhafte SF-Welt entführen. Weit gefehlt! In dieser Story geht es um den drahtlosen Funkverkehr, der zu Grunerts Zeit durch den Italiener Marconi (und andere) die ersten Gehversuche machte. Mit dem Weltäther ist wiederum die damalige (irrige) Annahme der Wissenschaft gemeint, es müsse eine allumfassende Trägersubstanz für elektromagnetische Wellen geben.

Wir schreiben das Jahr 1950. Der junge Erwin besucht Mutter und Schwester, die sich in der Sommerfrische auf der Insel Rügen befinden. Zusammen mit den beiden sucht er dort den älteren Dr. Gurtner auf, den er vom Studium her kennt und der Direktor einer Rügener »Marconi-Station« ist – das ist ein großer Turm mit entsprechenden Funkvorrichtungen. Dr. Gurtner (man beachte, dass Grunert hier die Buchstaben seines Eigennamens umgestellt hat) erweist sich als genialer Konstrukteur, der der drahtlosen Funkkommunikation zum Durchbruch verhilft.

Verwoben mit der technischen Seite der Story ist eine zarte Liebesgeschichte, die sich zwischen Gurtner und der Schwester Erwins, Eveline, entspinnt. Eveline ist aber bereits mit einem anderen verlobt, und das bedeutet immer noch, dass es für den wissenschaftlichen Ingenieur keine Chance auf Eveline gibt. Außerdem ist der Verlobte vertrackterweise auch gleichzeitig der neue Assistent, den Gurtner erwartet. In der Schlusspointe der Geschichte erfährt nun Gurtner genau durch den von ihm perfektionierten Funkapparat, dass besagter Verlobter überraschend vom Ministerium nach Afrika geschickt wurde. Eigentlich ist damit der Weg für ihn frei. Doch der edle Mensch Gurtner verzichtet seinerseits, indem er sich als Freiwilliger umgehend nach Afrika meldet, um die dortige »Kilimandscharo-Station« aufzubauen. Zurück bleibt ein unerfüllter Liebestraum.

Aus heutiger Sicht verwundert schon, dass Grunert seine Helden selbst im Jahr 1950 immer noch an der Funktechnik herumbasteln lässt, obwohl wir ja wissen, dass das Radio und der Rundfunk bereits spätestens seit den 30er-Jahren durch Hitlers »Volksempfänger« zum Massenphänomen geworden war. Grunert scheint also trotz aller Begeisterung für den technischen Fortschritt eher ein Schneckentempo bei diesen Entwicklungen angenommen zu haben – das sieht man auch an seiner vorsintflutlichen Telefonanlage des Jahres 2000 in der letzten Story.

Genauso verschroben wirkt der Autor in unseren Augen, wenn er auf zwischenmenschliche Beziehungen und die Art, mit ihnen gesellschaftlich umzugehen, zu sprechen kommt. Offensichtlich fehlt dem sonst hellen Grunert an dieser Stelle etwas an sozialer Fantasie, meint er doch, dass eine Verlobung auch fast 50 Jahre später noch denselben Stellenwert haben müsste wie zu seiner Zeit. Der schräge Schluss der Story mit den Ehrpuseligkeiten eines Gurtner mag um 1900 diese/n oder jene/n Leser(in) angesprochen haben. Heute, so meine ich, denkt man darüber anders.

Grunert konnte eben nicht aus seiner Haut. Politisch gesehen war er ein konservativer Preuße, sodass er das Kaiserreich mit all seinen gesellschaftlichen Verkehrsformen auch für die kommenden Jahrhunderte als einzige Alternative ansah. Insofern ist er ein schönes Beispiel für eine, diesmal respektable Form der deutschen SF, die fest im konservativen Wertesystem verwurzelt war, aber dennoch Neues erdachte und vor allem ohne deutsches Großmannsgetue, Hasstiraden und Schmähungen andersartiger Menschen auskam. Nicht zuletzt dieser Zug seines Werkes macht Carl Grunert zu einem SF-Autor, dem über die Zeiten hinweg Wertschätzung gebührt.

15.5.   Kleinkriminelle der Zukunft

1909 publizierte A. Ulrich die SF-Story ›Luftdroschke 5599‹. Dieser im Grunde belanglose Text ist unter zwei Gesichtspunkten dennoch interessant. Zunächst zum Inhalt.

Der Autor versetzt uns ca. 60 Jahre in die Zukunft. Der Adlige Baron Artur von Lipski, der gerne auf großem Fuß lebt, ist pleite. Die einzige Möglichkeit, seine miserable Finanzsituation nachhaltig zu verbessern und damit sein luxuriöses Müßiggängerleben weiterführen zu können, besteht in einer reichen Heirat. Er weiß auch schon, wer die Dame sein soll. Es ist Nelli, die Tochter des stinkreichen Fleischfabrikanten Volbrecht, auch der Wurstkönig genannt. Dieser denkt aber nicht im Traum daran, seine Tochter einem abgehalfterten Adeligen zur Frau zu geben. Was tun?

Durch einen Zufall erfährt der Baron, dass die private Fluggondel Volbrechts defekt ist. So hat der Wurstkönig für den anderen Tag die Flugdroschke 5599 bestellt, um sich in seine Fabrik fliegen zu lassen. Von Lipski wittert seine Chance, zumal er sich mit der Führung von Flugschiffen hervorragend auskennt. Er bittet den Droschkenbesitzer, ihm für den nächsten Tag das Fluggefährt zu überlassen. Er habe, so von Lipski, eine Wette verloren und müsse nun für einen Tag den Chauffeur spielen. Ein Scheck, der natürlich ungedeckt ist, lässt den Besitzer schließlich zustimmen.

Am anderen Morgen. Der Baron, als Gondelführer getarnt, taucht bei Volbrecht auf, um ihn wie vereinbart abzuholen. Doch schnell bemerkt der Wurstkönig, dass er nicht auf dem Weg zur Fabrik, sondern auf dem Weg immer weiter nach oben in den Himmel ist. Die Luft wird zunehmend dünner, und Volbrechts Herz rutscht vor Angst in die Hose. Da lässt der Baron die Katze aus dem Sack. Entweder, droht er, werde er mit seinem Passagier bis in den Weltraum steigen, oder aber dieser gäbe ihm seine Tochter. Der vor Furcht fast verrückte Fabrikant verspricht alles. Doch von Lipski weiß, dass der Wurstkönig, sobald er wieder auf der Erde ist, davon nichts mehr wird wissen wollen. Deshalb sinkt er mit der Fluggondel nur bis zum Balkon der Villa des Millionärs, auf dem gerade Nelli steht. Vor Nelli und dem gesamten Hauspersonal als Zeugen lässt er Volbrecht schwören, dass er seine Tochter mit ihm, dem Baron, verehelichen werde. Erst dann wird der schlotternde Wurstkönig erlöst.

Bei der Hochzeit fragt Volbrecht, der übrigens ab jetzt nur noch mit der Pferdekutsche unterwegs ist, seinen ungeliebten Schwiegersohn, ob er ihn denn tatsächlich in den Weltraum entführt hätte. Das wäre doch für beide der sichere Tod gewesen. Der abgefeimte Baron lacht. Natürlich nicht, grinst er, und zwar schon allein aus dem Grund, dass die Fluggondel nur da fliegen kann, wo es Luft gibt.

Wenn ich das gewusst hätte, murmelt der Geprellte.

Der bekannte SF-Autor Frederik Pohl hat einmal gesagt: »*A good science fiction story should be able to predict not the automobile but the traffic jam*«. Was Pohl damit meint, ist klar. In der (guten) SF ist die Prognose einer bestimmten Technik nur der Ausgangspunkt für etwas viel Interessanteres, nämlich der Darstellung ihrer Auswirkungen auf den Menschen.

Unter diesem Aspekt betrachtet ist die Pointenstory von A. Ulrich doch beachtlich, obwohl sie einfach gestrickt ist und auch sonst keine besondere Originalität vorzuweisen hat. Der Autor führt uns anhand der relativ banalen Handlung vor Augen, dass Wissenschaft und Technik erst in der Anwendung durch den Menschen »gut« oder »schlecht« wird. So ist die Fluggondel völlig unschuldig an dem Erpressungsmanöver des Barons, aber die Erpressung ist in diesem Fall nur möglich, weil es die Gondel gibt. Aus neuen Technologien entstehen Veränderungen in der Gesellschaft, z. B. auch neue Arten des Verbrechens, und auch hier fungiert der kriminelle Adlige als Beispiel.

Wenn man sehr großzügig ist, könnte man Ulrichs Geschichte sogar als erste Vorform des SF-Krimis bezeichnen, da sich hier das Verbrechen aus dem SF-Ambiente ergibt. Viele Jahre später hat Isaac Asimov mit seinen SF-Krimis *Der Mann von drüben* (1956) und *Die nackte Sonne* (1957) das SF-Subgenre zur bislang unübertroffenen Meisterschaft geführt.

Gerade dieses SF-Ambiente bleibt bei Ulrich jedoch enttäuschend. Außer der Luftgondel gibt es nichts, was es nicht auch schon 1909 gegeben hätte.

15.6. Luftpiraten, Goldmacher und Agenten

In *Luftpiraten und andere Fluggeschichten* (1910) erhöht Rudolf Martin (1867–1916) das Tempo und lässt einen sympathischen Ganoven von ganz anderem Kaliber zum Zug kommen.

Zum Autor: Nach den spärlichen Berichten, die über den Autor auffindbar sind, war er Regierungsrat im Kaiserlichen Statistischen Amt. Offensichtlich musste er 1908 den Staatsdienst quittieren, weil seine offensiv zur Schau gestellte Flugbegeisterung im Gegensatz zur offiziellen Politik Wilhelms II. stand, die ganz auf den Ausbau der Marine

Die Luftpiraten
von Rudolf Martin
Wolf Wertheim Verlag Berlin

setzte. Das wollten seine Vorgesetzten dem Vernehmen nach nicht dulden.

Rudolf Martin war von der Aviatik regelrecht besessen, da er von ihr letztlich die Lösung aller Probleme erwartete und dem Glauben anhing, sie würde sogar einen neuen, »edleren« Menschentypus erschaffen. Überhaupt war dieser Autor eine facettenreiche und widersprüchliche Persönlichkeit. Einerseits konnte er auf jede Mystik und Überhöhung verzichten, andererseits verlor er sich ins Schwärmerische. Einerseits bewegte er sich im vorherrschenden Zeitgeist (am Imperialismus und einer gewissen »Kriegsnotwendigkeit« zweifelte er nicht), andererseits löckte er zuweilen wider den Stachel eines stumpfsinnigen Rechtskonservatismus, ja ihm war sogar ein Zug ins Anarchische eigen, was die folgenden Geschichten (siehe auch 15.7.) belegen. In gewisser Weise ähnelt Rudolf Martins Wesen dem eines E.T.A. Hoffmann, obwohl Martin nie dessen literarische Höhen erreichen konnte.

In der Titelgeschichte ›Luftpiraten‹, die im von Martin aus gesehen nahen 1915 spielt, wird das Luftschiff dazu benutzt, sensationelle Banküberfälle zu verüben. Martins Held, ein Luftpirat, bewegt sich zwar außerhalb des Gesetzes, wird aber sympathisch geschildert, da er als eine Art Robin Hood der Lüfte fungiert. Nachdem er die Bank von England (und später auch die Spielbank von Monte Carlo) um Millionen von Goldmünzen erleichtert hat, wirft er in der Fortsetzung ›Der Goldregen von Harwich‹ einen Teil der Beute ab, um das Luftschiff leichter zu machen. Nicht ungewollt beglückt er damit die einfachen Leute von Harwich, die zu einem unerwarteten Geldsegen kommen. Gleichzeitig erschüttert er durch seine Husarenstücke das gesamte Bankenwesen, weil das Vertrauen der Einleger in die Sicherheit der Banken nachhaltig erschüttert wurde. Obwohl alle Staatsgewalten hinter ihm her sind, gelingt es ihm durch seine technisch überlegenen Luftschiffe immer wieder, ihnen zu entkommen. So bleibt er unangetastet.

Nicht so leichtfüßig abenteuerlich, dafür aber noch dramatischer geht es in *Der Goldtrust. Internationaler Finanzroman* (1907) des unermüdlichen Oskar Hoffmann (1866–1928) zu – ja, genau der, von dem in diesem Buch schon öfter die Rede war. In seinem *Der Goldtrust* unternimmt Hoffmann den Versuch, die Erosion der globalen Wirtschaft mit all ihren z.T. verheerenden Folgen darzustellen, welche durch eine wissenschaftlich-technische Erfindung ausgelöst wird. Dabei greift er auf die (etwas altbackene) Idee des künstlich hergestellten Goldes zurück.

Einem körperlich missgestalteten, charakterlich dubiosen, aber genialen Russen gelingt es in seinem Labor, künstliches Gold zu produzieren. Damit hält er den Schlüssel zur Weltherrschaft in seinen Händen. Es dauert nicht lange, bis die Weltmächte Wind davon bekommen. Ein gnadenloser Wettlauf um die Goldformel beginnt, und die ganze Welt wird in Kriege und sozialen Aufruhr gestürzt. Die zahlreichen romaninternen Verwicklungen und Wendungen sind in sich wenig schlüssig. So kaufen z.B. die führenden amerikanischen Milliardäre von dem Russen die Formel und versuchen sich anschließend höchstpersönlich als Metallarbeiter, die das neue Gold gießen. Das bekommt ihnen schlecht, denn alle werden mangels Sachkenntnis bei einer Explosion getötet. Schließlich endet der Wettlauf der konkurrierenden Mächte wie das Hornberger Schießen. Der moderne Alchimist stirbt in einem Luftkampf, und die Rezeptur ist verloren.

Als dritten Text in diesem Zusammenhang nenne ich *Das Aeromobil* (1913) von Fritz Holten. Hinter dem Pseudonym Fritz Holten verbirgt sich der Österreicher Johannes Kaltenboeck (1853–1927). Über sein Leben ist wenig bekannt, außer dass er sechs Kinder hatte, schriftstellerisch mehrere Genres abdeckte (vor allem Abenteuergeschichten) und dass er jahrelang die sehr erfolgreiche »Knaben-Zeitung« DER GUTE KAMERAD redigierte. Mit *Das Aeromobil* gelangen wir nach

Martins anarchistischem Luft-Robin-Hood und Hoffmanns weltbewegenden Auseinandersetzungen um die Erfindung eines zwielichtigen Russen zu einem Roman, der uns ins Agentenmilieu entführt.

Der deutsche Professor Heinrich Ehrfried entdeckt (zum x-ten Male) die Antigravitation und setzt sie sofort für die Zwecke der Luftfahrt ein. Es versteht sich, dass bei einem Antigravantrieb Größe und Schwere des Objekts keine Rolle mehr spielen und sich somit ungeheure Möglichkeiten auftun. Das ist natürlich auch anderen, »bösen« Mächten klar, deren Appetit auf der Stelle geweckt ist. Hier nun vermengt Holten seine Geschichte mit einem anderen gängigen rechten Polit-Klischee der Kaiserzeit, der sog. gelben Gefahr. Das sind in diesem Fall die Japaner, die mit einem Spionagetrupp das Versuchsschiff des naiven Professors stehlen und sich in einem Stützpunkt in den Alpen verstecken.

Ein Trio aus wackeren deutschen Kämpen macht sich auf, die Schmach auszubügeln. Sie finden das Versteck der »Gelben«, kommen aber zunächst nicht weiter, weil die geheime Halle in den Bergen von einem elektromagnetischen Schutzschirm umgeben ist. Dann jedoch starten die feindlichen Agenten aus Asien einen Ausbruchsversuch. Das große Metallschiff schwebt wie eine Feder hinauf in den Himmel. Doch es gelingt, das Antigravschiff mithilfe eines neuen deutschen Flugzeugtyps abzuschießen. Die Erfindung bleibt in deutschen Händen, ja man entdeckt sogar Unterlagen, die geheime japanische Verteidigungsanlagen verraten. Es wird zwar nicht offen gesagt, aber implizit liegt es auf der Hand, dass »das Reich« jetzt zum Gegenschlag ausholen wird, um den »Schlitzaugen« eine Lektion zu erteilen.

Holtens Roman macht zum wiederholten Male deutlich, wie sich in der Unterhaltungsliteratur (nicht nur) des wilhelminischen Staates der enthusiastische Luftfahrtboom mit Spekulationen über fantastische Erfindungen, einer abenteuerlichen Handlung und einer rechten politischen Stereotype bruchlos verbanden, ohne dass dieses Gemisch kritisch hinterfragt wurde. Im Gegenteil fasste eine breite Konsumentenschaft diese Botschaften als selbstverständliche Wahrheiten auf.

15.7. Das Ewig-Weibliche – eine Naturkonstante?

Ein mir unbekannter Autor, der mit einem schlichten H.W. zeichnet, trat 1908 mit der SF-Story ›Das Ewig-Weibliche im Jahr 2500‹ an die Öffentlichkeit.

Im Jahr 2500 verliebt sich der »zweite Ingenieur« der Genfer Staatsküche in die »erste Chemikerin« des der Staatsküche angegliederten »organischen Labors«. Das ist ein wesentlicher Grund, warum der Ingenieur, der eigentlich mit seiner Situation unzufrieden ist, aber auch keine großen Alternativen sieht, nicht kündigt. Mit Hilfe von Ton- und Fernsehanlagen dirigiert er den Maschinenbetrieb, benutzt das Fernsehen aber auch dazu, seine Auserkorene mit Namen Tony, die sich ihm gegenüber spröde und abweisend zeigt, heimlich bei der Arbeit zu beobachten. Nebenbei erfährt man, dass man in den Vereinigten Staaten von Europa lebt, in denen fast alles gleich ist (es hört sich also alles recht kommunistisch an). Das »organische Labor« wiederum ist eine Einrichtung, in der die Lebensmittel künstlich hergestellt werden.

Da beide den gleichen Heimweg haben, gehen sie nach Feierabend öfter auch gemeinsam nach Hause, doch zu einer Annäherung kommt es nicht, was maßgeblich an einer Besonderheit der geschilderten Zukunftsgesellschaft liegt. Hier bestimmen die Rangunterschiede, wer wen auch im Bereich menschlicher Beziehungen ansprechen darf. Da der Held der Story nur zweiter Ingenieur, seine Angebetete aber erste Chemikerin ist, muss sie den ersten Schritt machen. Doch Tony scheint überhaupt kein Interesse zu haben. (Ehen werden übrigens in dieser Gesellschaft nur auf Zeit geschlossen.) Da wirft der tief unglückliche Ingenieur ob seiner Erfolglosigkeit das Handtuch, bewirbt sich bei einer anstehenden Marsexpedition, wird auch genommen und ist gespannt darauf, wie die Marsbewohner die irdische Delegation aufnehmen werden. Natürlich sind die Nachrichten voll davon, wobei sein Name selbstverständlich in aller Munde ist.

Dann die große Wende! Völlig überraschend (oder auch nicht) wirft sich Tony dem Ingenieur an den Hals und bittet ihn, ihr Mann zu werden. Der ebenso überrumpelte wie hocherfreute Liebhaber geht sofort auf das Angebot ein, fragt aber verdattert, warum sie das erst jetzt sage. Die errötende Tony meint, sie habe sich »*so geschämt*«. Es gäbe allerdings noch einen zweiten Grund. »*Da wird sie feuerrot, legt ihren Mund dicht an sein Ohr und sagt ganz leise: ›Die Marsdamen‹.*« (S. 217)

Offensichtlich will der ominöse H. W. mit seiner Story belegen, dass es unabhängig von jeder gesellschaftlichen Umgebung psychisch-physische Naturkonstanten im Menschen gibt, die nicht verändert werden können. In diesem Fall ist es das sog. Ewig-Weibliche. Es gäbe nun einmal in der Natur der Frau den Hang, so H. W., sich dem geliebten Mann zu unterwerfen – mag die Gesellschaft auch noch so geschlechtsneutral organisiert sein. Ich meine nicht, dass die Geschichte H. W.s These belegen kann. Mich stört die Selbstverständlichkeit, mit der der Autor das Weibchen-Schema bis in die fernste Zukunft hinein transportiert.

15.8. Futuristische Suffragetten und der Zar

Eine Art Kontrastprogramm zum »Ewig-Weiblichen« bot Rudolf Martin 1910. In der bereits genannten Sammlung *Luftpiraten* publizierte er die Kurzgeschichte ›Fliegende Suffragettes‹ und nahm sich damit im Rahmen einer SF-Story eines politischen Themas an, das die europäischen Gemüter Anfang des 20. Jahrhunderts in höchste Erregung versetzte. Es ging um die sog. Suffragetten, also um Frauenrechtlerinnen, die sich konsequent und teilweise auch militant für das Frauenwahlrecht einsetzten. Eine Hochburg der Suffragetten war London, in dem auch die Handlung spielt.

Exakt am 2.5.1915 starten die Kämpferinnen für »Votes for Women« einen Großangriff auf die männlichen Privilegien. Nur machen sie es diesmal ganz anders als früher. Statt der üblichen Demonstrationen haben sie eine riesige, farbenfrohe Flotte aus Luftschiffen organisiert, die über den Dächern Londons und hier v. a. über dem Parlament kreist. Tonnen von Flugblättern regnen auf die amüsierten Londoner herab. Doch die Hauptwaffe der Suffragetten ist der Höllenlärm, den sie erzeugen. Die Propellergeräusche, das Motorengedröhn und unzählige Hupen und Sirenen machen ihre Forderung unüberhörbar. Die Polizei, die sonst gewalttätig gegen die Demonstrantinnen vorzugehen pflegt, ist diesmal machtlos. Am Himmel gibt es nichts abzusperren, einzukreisen und abzuriegeln, und den Radau kann die Polizei auch nicht unterbinden. So sind die männlichen Abgeordneten im Parlament der akustischen Krawallattacke hilflos ausgeliefert. Um endlich wieder Ruhe zu haben, stimmen sie entnervt dem Gesetz zu, das den Frauen endlich das Wahlrecht gibt.

Diese witzige und ungewöhnliche SF-Story von Rudolf Martin ist ein Lichtblick in der frühen deutschen SF-Literatur. Schließlich wird nicht nur mit wohltuender Leichtigkeit ein Thema angesprochen, das ansonsten für die heftigsten, verkniffensten und emotionsgeladensten Debatten sorgte, sondern auch noch eine amüsante Lösung des Konflikts angeboten, die zwar wirklichkeitsfremd ist, aber originell und literarisch gut umgesetzt wird. Was will man mehr?

Anscheinend fand Martin seine Idee selbst so gut, dass er sie noch einmal in der Story ›Eine Revolution von oben‹ (1910) verwendete. In dieser geht es um den russischen Zaren, der despotisch die Duma (das russische Parlament) übergeht und die russische Verfassung von 1905 im fiktiven Jahr 1915 selbstherrlich außer Kraft setzt. Die Empörung ist groß, doch keiner kann dem Zar etwas anhaben, da Polizei und Armee niemanden an ihn heranlassen. So bleibt nur noch der Luftweg. Wieder erscheint eine Luftschiffflotte, diesmal über dem Palast von Nikolaus, und zwingt ihn, die Verfassung wieder einzusetzen.

Was in ›Fliegende Suffragettes‹ noch neu und lustig war, hat sich in ›Eine Revolution von oben‹ schnell verbraucht. Der Charme der Idee ist verflogen, und in diesem Fall kann nicht ignoriert werden, dass die »politische Lösung«, die Martin anbietet, völlig unrealistisch ist. Schade. Der Autor hätte gut daran getan, auf diese Story zu verzichten.

15.9.   Der universale Konsumtempel

Abschließend soll Friedrich Thieme (1862–1945) zu Wort kommen, weil seine SF-Story – ungewöhnlich für das sonst übliche SF-Ambiente nicht nur dieser Epoche – ihre Grundidee aus dem Alltäglichen nimmt.

Obwohl Thiemes eigentliches Metier allgemeine Erzählungen und Kriminalromane waren, wagte er sich zuweilen auch an futuristische Geschichten heran.

Thieme hatte eine kaufmännische Ausbildung genossen und einige Jahre in diesem Bereich gearbeitet. Als Mann vom Fach griff er auf seinen Erfahrungsschatz zurück und kreierte mit ›Das Warenhaus der Zukunft. Humoristische Skizze‹ (1909) eine SF-Story, die ebenso fragwürdig wie in Teilen hellsichtig an ein Phänomen anknüpfte, das zu seiner Zeit (jedenfalls in den Metropolen) bereits Realität war, aber auf erstaunliche Weise weitergesponnen wurde. Die Rede ist von dem großen, pompös ausgestatteten Kaufhaus mit einem Komplettangebot alles unter einem Dach.

Thieme wählt für den Plot das Jahr 1940, extrapoliert seine Wirklichkeit also ca. 30 Jahre in die Zukunft. Hier betritt der »*Neger*« Mato Basso, Sohn eines schwerreichen afrikanischen Goldminenbesitzers, das »*Weltwarenhaus Universal in Berlin*« (S. 169). Der Vater des stattlichen jungen Mannes hat nämlich beschlossen, dass sein Sprössling ein vollendeter Gentleman werden soll. Ausgerüstet mit üppigen Geldreserven und einem Empfehlungsschreiben des deutschen Konsuls seiner fiktiven Heimat wird er fürstlich empfangen. Automatisch öffnen sich die Türen, »*worauf er selber mitsamt dem Boden, auf dem er sich befand, plötzlich in sanfte Bewegung versetzt und unter den Klängen einer einschmeichelnden Musik und ohne jede Bemühung seinerseits in das Innere der mit geradezu kaiserlichem Pomp ausgestatteten Empfangshalle befördert*« (S. 170) wird.

Selbstverständlich spricht man an der Rezeption sämtliche Weltsprachen. Bei dem »*Negerdialekt*« Bassos reicht das jedoch nicht. Da hilft ein »*Sprachautomat*«, der die richtige Sprache ermittelt, sodass der junge Schwarze sein Anliegen verständlich machen kann. Man offeriert ihm ein Rundum-Paket, das zehn Tage dauert und 10.000 Mark kostet (Sonderleistungen nicht inbegriffen).

Los geht die Sache mit einer deftigen Portion Rassismus. Der »*Neger*« hat nämlich den innigen Wunsch, ein Weißer zu werden. Offensichtlich kann man nach Thieme nur ein Gentleman sein, wenn man europäisch wirkt. (Sollte der Autor diese Geschmacklosigkeit »humoristisch« gemeint haben, bleibt einem das Lachen im Hals stecken.) Die »*medizinische Abteilung*« des Superkaufhauses übernimmt den Auftrag. Das Hauptmittel bei der »*Hautbleichung*« sind

Röntgenstrahlen, die die schwarzen Pigmente zerstören. Schon nach kurzer Zeit hat sich die Haut so weit aufgehellt, dass Basso zwar noch immer kein lupenreiner Weißer ist, aber als »*kaffeebrauner Spanier*« durchgehen kann. (Die bedenkenlose Bombardierung mit harter Strahlung und deren Folgen waren zu dieser Zeit noch kein Thema.)

Nach dieser Rosskur durchläuft Basso eine Reihe von Stationen, die ihn seinem Ziel immer näher bringen. Er wird gebadet, frisiert und äußerst elegant eingekleidet. Nachdem man festgestellt hat, dass »*sein Gehirn das eines Halbtalents zweiter Ordnung (sei)*« (S. 175), beginnt ein auf ihn zugeschnittenes, umfassendes Ausbildungsprogramm. Durch eine Art Hypnoschulung erlernt Basso in kürzester Zeit die Grundlagen der deutschen Sprache inklusive des Lesens und Schreibens. Während des fünften bis siebten Tages werden ihm Grundkenntnisse der gebildeten Konversation, der Wissenschaften und der Künste beigebracht. Am Tag Acht macht er im 3-D-Kinosaal des Warenhauses eine filmische Reise um die Welt, während am neunten Tag »*der gute Ton und die Regeln des Anstands*« (S. 178) auf dem Programm stehen. Nachdem er auch noch das Fahrradfahren, Reiten, Kutschieren und Fechten erlernt hat, erklärt der Generaldirektor am zehnten Tag stolz, Bassos Erziehung sei nun erfolgreich abgeschlossen.

Jetzt, so meint der Afrikaner, fehle ihm nur noch eine repräsentative Villa mit allem, was dazugehöre, und eine passende Frau. Auch das ist für das Warenhaus der Zukunft kein Problem. Für eine halbe Million Mark verschafft man ihm ein Luxusanwesen in Berlin-Tiergarten und zudem eine »*allerliebste Blondine aus adligem Hause, hochgebildet, geistvoll, sanften Charakters, doch ohne Vermögen. Sie sehen und lieben war für den Exneger eins (…).*« (S. 182) Damit alles seine endgültige Ordnung hat, wird kurz vor Schließung des Hauses auch noch schnell die Trauung vollzogen. Am Ende des Par-Force-Ritts meint Basso: »*Diese großen Warenhäuser sind wahre Weltwunder. Sie handeln mit allem, mit sauren Gurken, Autos, Gemälden, Villen, Gentlemen und Frauen. Es gibt einfach nichts, was man in ihnen nicht haben kann.*« (S. 183)

Über den Humor in Thiemes »humoristischer Skizze« lässt sich streiten. Immerhin: Die Passage, in der es um die Liaison zwischen Basso und der Blondinen geht, ist für eine Story des Jahres 1909 durchaus erstaunlich, wird doch an dieser Stelle nicht über »Rassenschande« lamentiert, sondern die Verbindung zwischen einem schwarzen Mann und einer weißen Frau wird als komischer Effekt inszeniert – ohne Zweifel ebenfalls eine Herabsetzung, die aber erträglicher ist als die zu dieser Zeit üblichen Hasstiraden.

In der SF-Perspektive hat Thiemes Zukunftsvision aber einen anderen Kern. Sie perfektioniert nämlich den kapitalistischen Verwertungsprozess bis in den letzten Winkel. Denn: ›Das Warenhaus der Zukunft‹ hat sogar die ärztliche Betreuung, den Immobilienmarkt, die Partnervermittlung, Schulen und sonstige staatliche bzw. kirchliche Kompetenzen ersetzt (siehe die Trauung). Kein Wunsch bleibt offen, vorausgesetzt man kann ihn bezahlen.

Sieht man von dem rassistischen Grundtenor der Story ab, so muss dem Autor ein gewisser Weitblick bescheinigt werden. Ist es nicht so, dass wir bereits heute in Form des Internets genau das totale Warenhaus haben, wie Thieme es beschrieben hat? Von einer virtuellen Welt konnte der Autor noch nichts ahnen, geschweige denn wissen, aber seine inhaltlichen Implikationen kommen unserer aktuellen Wirklichkeit bereits verdächtig nahe. Und wenn man davon ausgeht, dass eine stets präsente, räumlich und zeitlich unbegrenzte Konsumbefriedigung eher noch zunehmen wird, dann hat Thiemes Warenhaus der Zukunft in seiner schnurrigen Naivität tatsächlich etwas Drolliges an sich. Unsere Konsumzukunft nähert sich dagegen dem Unheimlichen an.

VIII. Zusammenfassung

1. Die Geschichte der deutschen Science Fiction beginnt zwischen 1810 und 1820 mit Julius von Voß und E. T. A. Hoffmann, doch erst ab 1871 nimmt sie unter anderem mit Kurd Laßwitz Fahrt auf und entwickelt sich im deutschen Kaiserreich zu einem regelrechten Boom auf dem Bücher-, Zeitungs- und Heftemarkt.

2. Die Kaiserreichs-SF, die vor allem von Jules Verne beeinflusst wird, ist eine in Teilbereichen extrem politische Literatur, wobei zwei Varianten zu unterscheiden sind. Die erste Variante repräsentiert eine SF, die ausdrücklich politisch sein will und aus ihren politisch-ideologischen Absichten keinen Hehl macht. Um die jeweilige Botschaft zu transportieren, bedient man sich durchweg der utopischen bzw. dystopischen Methode. Die zweite Variante ist die unterhaltend-belehrende SF, die zuerst einmal nur spannende Geschichten im Zukunftsgewand erzählen will. Sie arbeitet vornehmlich mit Pointen. Nichtsdestotrotz ist auch sie implizit politisch.

3. Innerhalb der bewusst politischen SF dieser Ära gibt es zwei Hauptrichtungen: die progressive SF und die reaktionäre, gar faschistische SF.

4. Die progressive SF will die industriefeudalistische Gesellschaft reformerisch oder revolutionär im Sinne von Demokratie, Entfaltung der Menschenrechte und sozialer Gerechtigkeit umgestalten. Sie orientiert sich an der Aufklärung, fasst Wissenschaft und Technik als Instrumente zur Humanisierung des Lebens auf und ist somit alles in allem fortschrittsoptimistisch. Die progressive SF ist unter Wilhelm II. durchaus ein nennenswerter Faktor im publizistischen Kampf der Weltanschauungen, bleibt aber durch den grundständig rechten Zeitgeist dieser Epoche in der Defensive und verliert, je näher der reale Krieg heranrückt, immer mehr an Boden.

5. Die Gegenbewegung dazu ist die reaktionäre und faschistische SF. Ihr menschenverachtendes Weltbild bekämpft nicht nur alle Bestrebungen einer humanen Vernunft mit äußerster Härte, sondern geht noch einen Schritt weiter, indem sie teilweise die Grundlagen eines faschistischen Systems ausformuliert. Damit gehört dieser Teil der Kaiserreichs-SF zu den ideologischen Wegbereitern des späteren Nazi-Deutschlands.

6. Eine gewichtige Strömung innerhalb der antidemokratischen und inhumanen SF ist die sog. Zukunftskriegsliteratur. Sie hat das Ziel, die Kriegsbegeisterung und damit die Kriegsbereitschaft zu fördern, was ihr über weite Strecken auch gelingt.

7. Neben der ausdrücklich politischen SF gibt es die Variante, die in erster Linie unterhalten und auch wissenschaftlich belehren will. Ihr Interesse gilt vornehmlich wissenschaftlichen und technischen Spekulationen, wundersamen Apparaten, genialen Erfindern und futuristischen Abenteuern. In der Regel ist diese SF naiv fortschrittsgläubig, technikeuphorisch und machbarkeitsorientiert. Ihre sprachlichen und stilistischen Mittel zielen auf Spannung, Thrill, Sensationen, Gruseleffekte und Pointen ab. Hier und da treten mystische, okkulte und spiritistische Versatzstücke hinzu, um den Nimbus des Geheimnisvollen zu verstärken. Diese Art der frühen deutschen SF entspricht in Plot und Aussage am ehesten dem, was man aus der US-amerikanischen Dime- und Pulp-SF der ersten Hälfte des 20. Jahrhunderts kennt.

8. Dennoch verzichtet auch die frühe deutsche Unterhaltungs-SF nicht auf politische Töne, da sie fast nie ohne ideologisch-propagandistische Implikationen auskommt. Das können durchaus demokratisch gefärbte Einsprengsel sein. Zum überwiegenden Teil reproduziert diese SF aber unreflektiert die gängigen nationalistischen, rassistischen und reaktionären Klischees der Zeit. Bezeichnend ist auch, dass sich die oft um mehrere Jahrhunderte in die Zukunft versetzten Fiktivwelten von der politisch-sozialen Lebenswirklichkeit der Autoren kaum oder gar nicht unterscheiden. Man hantiert zwar mit dem Antigrav-Raumschiff, bleibt aber soziokulturell der treudeutsche Preuße im Plüschsalon.

9. Dementsprechend dominiert ein ausgeprägter reaktionärer Modernismus die Kaiserreichs-SF. Das heißt: In diesem großen Segment ist der Fortschrittsbegriff ganz eng auf Wissenschaft und Technik und auf eine Vermehrung der Macht des deutschen Reiches beschränkt. Politisch-soziale Kreativität ist dagegen nicht gefragt, zumal viele Autoren/innen, die sich im Genre versuchen, dazu auch nicht in der Lage sind. Eine Ausnahme sind jene, die der progressiven SF zugeordnet werden können.

10. Der reaktionäre Modernismus ist Ausdruck des Widerspruchs zwischen sich explosionsartig entwickelnder Wissenschaft, Technik und Ökonomie einerseits und einer reformunfähigen Gesellschaftspolitik andererseits. So entsteht ein intellektueller und gefühlsmäßiger Bruch. Man bejaht rein utilitaristisch die szientistische Dynamik der Moderne, versucht aber mit allen Mitteln, ihre politisch-sozialen Veränderungen zu unterdrücken. Folglich klammert man sich in der Regel an autoritäre oder offen diktatorische Regulierungsmodelle und lenkt das politisch-soziale Konfliktpotenzial auf sog. innere und äußere Feinde ab.

11. Die Ursache des Bruchs liegt in der geistigen und emotionalen Nichtbewältigung der Industriegesellschaft, die durch die besondere Form des preußischen Industriefeudalismus mit seiner verhängnisvollen Tradition des Militarismus und Chauvinismus noch verstärkt wird. Diese Gemengelage schlägt sich in allen Literaturgenres des Kaiserreichs nieder, findet aber in der SF ihre ganz spezifische Ausprägung, weil sie sich im Gegensatz zu allen anderen Genres ausdrücklich (mehr) mit den Möglichkeiten und (weniger) mit den Gefahren der epochalen Umwälzung beschäftigt. So vermag die SF in Teilen durchaus ein Gefühl für das Tempo und die historische Einmaligkeit dieses Vorgangs zu erzeugen, gleichwohl fehlt den meisten Autoren die Kraft und/oder der Wille, intelligente Antworten auf die politisch-sozialen Erosionen zu geben. Auch hier sind es wieder die fortschrittlichen SF-Schriftsteller/innen, die die Ausnahme von der Regel bilden.

12. Deshalb ist die SF als deutsche Nationalliteratur von ihren Anfängen bis weit in die 1950er-Jahre hinein durch eine ihr ganz eigene Dialektik geprägt. Progressive Utopie vs. reaktionären Modernismus, Aufklärung vs. Esoterik, Evolution vs. Devolution,

Fortschrittsoptimismus vs. Katastrophe, Maschine vs. Romantik, Lebensrecht vs. Sozialdarwinismus, Solidarität vs. Überlegenheitsprinzip – das sind nur einige der zentralen Zeitsignaturen, in denen die junge deutsche SF den Widerspruch zwischen rückständigem Gesellschaftssystem und vorwärtsstürmendem Wissen und Können mehr oder weniger fantastisch abbildet.

13. Die o. g. Phänomene sind keineswegs auf das Reich der Hohenzollern beschränkt. Das Europa vor dem ersten Weltkrieg glich durch seine ähnlichen Probleme und seine verschachtelten Bündnissysteme einem Pulverfass, das jederzeit explodieren konnte – was dann ja auch geschah. Nationalismus, Chauvinismus, Rassismus und faschistische Tendenzen gab es auch in anderen Ländern, und deshalb gab es auch in der europäischen SF dieser Zeit entsprechende Produkte.

14. Die Wendung hin zum späteren Nazi-Terror mit einem industriell organisierten Genozid bleibt indes eine schreckliche deutsche Singularität. Sie rechtfertigt die Betonung der Rolle, die die rechtspopulistische und rechtsextreme SF für die weitere deutsche Entwicklung gespielt hat.

15. Diese Akzentsetzung darf allerdings nicht den Blick darauf verstellen, dass die deutsche SF in ihren ersten hundert Jahren auch einen reichen Schatz an kreativen Ideen, animierenden Utopien, unkonventionellen Vorstellungen, großen Namen, wichtigen Werken, humanen Visionen und neuen literarischen Wegen vorzuweisen hat.

16. So wie eine Leistung der gesamten SF darin liegt, die real existierende, sich immer weiter entwickelnde Welt von Wissenschaft und Technik zum Gegenstand der Literatur (und der sonstigen Künste) gemacht zu haben, so besteht eine spezifische Leistung der sich entfaltenden deutschen SF darin, diesen Wandel gegen den Widerstand der intellektuell herrschenden, technikfeindlichen und romantisierenden Kreise als literaturwürdig durchgesetzt zu haben. Dass sich große Teile der Kaiserreichs-SF dann wiederum von genau diesen Kreisen vereinnahmen ließen, spricht nicht gegen das Genre, sondern gegen den Zeitgeist, der wie ein Miasma alles durchdrang.

17. Gerade die SF der wilhelminischen Ära ist ein herausragendes Beispiel für den ideologischen Einfluss der Unterhaltungsliteratur auf das Denken und Fühlen breiter Bevölkerungsschichten. In der Wechselwirkung zwischen der Aufnahme bestehender Denk- und Gefühlsstrukturen und der Produktion ergänzender bzw. neuer Fiktionen werden Meinungen und Vorstellungen bestätigt, verfestigt, ausgebaut oder sogar neu implementiert und auch radikalisiert. In diesem Kontext wird die SF nicht nur in Deutschland vom Zeitspiegel zur Wirklichkeitsmaschine. Sie spiegelt nicht nur wider, sondern ist selbst Gestaltungselement. In wessen Geist das geschieht, bleibt eine Frage ihrer Macher.

Anhang

Literaturverzeichnis

1. Primärliteratur

Anonyma
(Unter »Anonyma« werden Werke aufgeführt, bei denen es weder ein Pseudonym noch eine sonstige Autorenkennzeichnung gibt. Entsprechend sind der Autorenname sowie weitere Autorendaten unbekannt.)
›Eine Reise im Jahr 1970‹ in: DAS NEUE UNIVERSUM, Jg. 30, Berlin – Leipzig 1909
Krieg-mobil 19.., Berlin 1913
Der Krieg der Zukunft, DAS NEUE UNIVERSUM, Jg. 30, Berlin – Leipzig 1909

A
Andersen, Hans Christian, ›Die Muse des neuen Jahrhunderts‹ (1861). ›In Jahrtausenden‹ (1853) in: *Sämtliche Märchen und Geschichten*, Sammlung Dieterich, Band 132 u. 133, Leipzig 1953
A. O. K. (d. i. Anton Oskar **Klaußmann**), *Der Luftkrieg der Zukunft* in: BIBLIOTHEK DER UNTERHALTUNG UND DES WISSENS, Bd. 2, Stuttgart – Berlin – Leipzig 1908
Atlas, Martin
a) *Die Befreiung. Ein Zukunftsroman*, Leipzig 1910
b) *Titan. Ein literarischer Luftschiffer- und Zukunftsroman*, Leipzig 1913

B
Bebel, August, *Die Frau und der Sozialismus*, Zürich 1879
Bellamy, Edward, *Ein Rückblick aus dem Jahr 2000 auf das Jahr 1987*, Berlin – Bonn 1978
Bilz, Friedrich Eduard, *Der Zukunftsstaat. Staatseinrichtung im Jahr 2000. Neue Weltanschauung. Jedermann wird ein glückliches und sorgenfreies Dasein gesichert*, Leipzig 1904

Bleibtreu, Karl
   a) *Völker Europas...! Der Krieg der Zukunft*, Berlin 1906
   b) *Die »Offensiv-Invasion« gegen England. Eine Phantasie*, Berlin 1907
   c) *Weltbrand. Roman*, Berlin 1912
Brehmer, Arthur (Hrsg.), *Die Welt in hundert Jahren*, Berlin 1909

C
Chesney, George Tomkyns, *Die Schlacht von Dorking*, o. O. 1871
Colomb, P. und andere, *Der große Krieg von 189?. Ein Zukunftsbild*, autorisierte Übersetzung aus dem Englischen von Dr. Emil Albert Witte. Mit einem Vorwort von Generallieutenant z. D. H. v. Below, 5. Aufl. Berlin 1894
Conrad, Michael Georg, *In purpurner Finsternis. Roman-Improvisation aus dem 30. Jahrhundert*, Berlin 1895
Cotta, Johannes, *Die Kaiserprüfung. Eine exzentrische Sternengeschichte*, Dresden 1914

D
Daiber, Albert
   a) *Die Weltensegler. Drei Jahre auf dem Mars, der reiferen Jugend erzählt*, Stuttgart 1910
   b) *Vom Mars zur Erde. Eine Erzählung für die reifere Jugend*, Stuttgart 1914
Dominik, Hans
   a) ›Die Nahrung der Zukunft‹ (1907), in: **Päch**, Susanne (Hrsg.), *Ein neues Paradies. Klassische Science Fiction-Erzählungen*, München 1977
   b) ›Die Reise zum Mars‹ (1908), in: ebd.
   c) ›Ein Experiment‹ (1913), in: ebd.
   d) ›Ein neues Paradies‹ (1910), in: ebd.
Doyle, Sir Artur Conan, ›Die Unterseeboote des Kapitän Sirius‹ in: *Klar Schiff! Seekriegsnovellen 1914/15*, Heilbronn 1915
Dressler, Hermann
   a) *Ein Opfer und andere Luftschiffernovellen*, Wien – Leipzig 1911
   b) ›Mondvögel‹, in: ebd.
   c) ›Ein Marstelegramm‹, in: ebd.

E
Eckstein, Ernst, ›Themis‹, in: Velhagen & Klasings Monatshefte Jg. 1891/92 Bd. 2, Berlin – Leipzig 1891/92
Elcho, Rudolf, *Freiland*, Berlin – Leipzig – Wien – Stuttgart 1898

Engel, Leopold, *Mallona. Die letzten Zeiten eines untergegangenen Planeten*, Lorch 1911

Excelsior (d. i. Siegmar Baron von **Schultze-Galléra**), *Michael der Große. Eine Kaiserbiografie der Zukunft*, Leipzig 1912

F

Falb, Rudolph u. **Blunt**, Charles (d. i. Arthur **Brehmer**), *Der Weltuntergang*, Berlin 1899

Faulhaber, Hermann, *Das Goldene Zeitalter der Zukunft. Eine Erzählung aus den Jahren 2000-2030*, Schwäbisch-Hall 1896

Felden, Emil, *Menschen von morgen. Ein Roman aus zukünftigen Tagen*, Leipzig 1918

Flammarion, Camille, *Urania*, Pforzheim 1894

Frank, Herbert, ›Die Wunder der geheimnisvollen Insel‹, DAS NEUE UNIVERSUM 1915

Frank, Leonhard, *Der Mensch ist gut. Novellen*, Zürich – Leipzig 1918

G

Goethe, Johann Wolfgang, *Faust II*, Leipzig 2002

Gregorovius, Emil, *Der Himmel auf Erden in den Jahren 1901 bis 1910*, Leipzig 1892

Graf Bernstorff, *Deutschlands Flotte im Kampf. Eine Phantasie*, München 1909

Graf Teja (d. i. Thomas **Westerich**), *Der Abgrund. Bilder aus der deutschen Dämmerung im Jahr 2106*, Leipzig 1914

Greinz, Rudolf, *Der jüngste Tag*, Erfurt – Leipzig 1893

Grunert, Carl
    a)   *Im irdischen Jenseits. Zukunfts-Novellen*, Berlin 1904
    b)   ›Auf den Schwingen des Weltäthers‹, in: ebd.
    c)   ›Das Untersee-Telephonamt‹, in: ebd.
    d)   *Der Marsspion und andere Novellen*, Berlin – Leipzig 1908
    e)   ›Das Ende der Erde?‹, in: ebd.
    f)   ›Der Marsspion‹, in: ebd.

H

Hackmann, August, *Der Kampf um die Weltmacht oder Der Fliegende Mensch. Friedens- und Kriegsfahrten an Bord des Sirius*, Karlsruhe – Leipzig 1917

Hardt, Hans (d. i. Paul **Albrecht**), *Im Zukunftsstaat. Roman*, Leipzig – Berlin – Paris 1905

Haushofer, Max, *Planetenfeuer. Ein Zukunftstraum*, Stuttgart 1899

Heinrichka, Max

    a) *100 Jahre deutsche Zukunft. Ein kurzer phantastisch-historischer Rückblick aus dem Jahr 2021, dem Jahr der Wiederkehr der Gründung des Deutschen Reiches*, Leipzig 1913

    b) *Ein Flug auf den Marsplaneten und eine Reise um den Mars. Die Wunderwelt und das Leben auf dem Marsplaneten*, Leipzig 1918

Hertzka, Theodor

    a) *Freiland. Ein sociales Zukunftsbild*, Leipzig 1890

    b) *Eine Reise nach Freiland,* Leipzig 1893

    c) *Entrückt in die Zukunft. Sozialpolitischer Roman*, Berlin 1895

Heymann, Robert, *Der rote Komet* (Bd. 2 der Heftreihe WUNDER DER ZUKUNFT. ROMANE AUS DEM DRITTEN JAHRTAUSEND), Leipzig – Berlin 1909

Hoerhammer, Artur, *Nessukarêni und andere Geschichten von irgendeinem Planeten*, München 1912

Hoffmann, E. T. A.

    a) *Der Sandmann*, Berlin 1998

    b) *Die Serapionsbrüder*, Gesammelte Werke Bd. 4, Teil 1, Berlin 1978

Hoffmann, Oskar

    a) *Der Goldtrust. Internationaler Finanzroman*, Berlin – Leipzig 1907

    b) *Die Eroberung der Luft. Kulturroman vom Jahre 1940*, Berlin – Leipzig 1908

    c) *Mac Milfords Reisen im Universum. Von der Terra zur Luna oder Unter den Seleniten. Astronomische Erzählung*, Rhoda 1902

    d) *Unter Marsmenschen*, Breslau 1905

    e) *Ypsilons Gefrorene Elektrizität*, 1911

Holten, Fritz (d. i. Johannes **Kaltenboeck**), *Das Aeromobil. Eine Erzählung für die reifere Jugend*, Stuttgart – Berlin – Leipzig 1913

Hoppenstedt, Julius, *Ein neues Wörth. Ein Schlachtenbild der Zukunft*, Berlin 1909

H. W., ›Das Ewig-Weibliche im Jahr 2500‹ in: BIBLIOTHEK DER UNTERHALTUNG UND DES WISSENS, Jg. 1908, Bd. 6, Stuttgart – Berlin – Leipzig 1908

I

Intrus (d. i. Paul Oswald **Köhler**), *Passyrion über Deutschland. Beobachtungen und Kritiken eines Marsbewohners, Aus dem Marsischen von Intrus*, Rostock 1905

J

Jacobsen, Friedrich, *Die letzten Menschen*, Leipzig 1905
Jemand (siehe Bertha v. **Suttner**)

K

Kellermann, Bernhard, *Der Tunnel*, Berlin 1983
Kepler, Johannes, ›Somnium‹ in Walter Dyck (Hrsg.): *Gesammelte Werke*,
  München o. J.
Kotzebue, August von, *Die hundertjährigen Eichen oder Das Jahr 1914. Ein
  Vorspiel mit Gesängen und Tänzen*, in: *Aus August von Kotzebue's hinter-
  lassenen Papieren*, Leipzig 1821
Kraft, Robert, *Die Weltallschiffer*, Bd. 4 der Heftserie AUS DEM REICH DER
  PHANTASIE, 1901
Kringel, Ferdinand (siehe Waldemar **Schilling**)

L

Laifo: *Die Y-Z-Strahlen des Prof. Dr. Antinom*, Frankfurt – Leipzig 1899
Lamszus, Wilhelm: *Das Menschenschlachthaus. Bilder vom kommenden
  Krieg*, Hamburg – Berlin 1912
Laßwitz, Kurd:
  a) *Traumkristalle* (Erzählungen), München 1981
  b) ›Auf der Seifenblase‹, in: ebd.
  c) ›Prinzessin Jaja‹, in: ebd.
  d) ›Aladins Wunderlampe‹, in: ebd.
  e) ›Wie der Teufel den Professor holte‹, in: ebd.
  f) ›Apoikis‹, in: ebd.
  g) ›Bis zum Nullpunkt des Seins‹, in: ebd.
  h) ›Psychotomie‹, in: ebd.
  i) *Auf zwei Planeten. Roman*, Jubiläumsausgabe, München1998

M

Mader, Friedrich Wilhelm, *Wunderwelten*, München 1987
Martin, Rudolf
  a) *Luftpiraten und andre Fluggeschichten*, Berlin 1910
  b) ›Eine Revolution von oben‹, in: ebd.
  c) ›Fliegende Suffragettes‹, in: ebd.
  d) ›Luftpiraten‹, in: ebd.
  e) ›Der Goldregen von Harwich‹, in: ebd.
Maurus, *Ave Caesar! Deutsche Luftschiffe im Kampfe um Marokko*, Leipzig
  1909.

Meister, Friedrich
a) ›Nach der Revolution‹, in: *Universum*, Illustrierte Familien-Zeitschrift, Jg. 6, Nr. 23, Dresden – Leipzig – Stuttgart – Wien 1889/90
b) ›Montezuma‹, DAS NEUE UNIVERSUM 1891, in: siehe **Päch**, Susanne (b)

Mereschkowsky, C. von, *Das irdische Paradies. Ein Märchen aus dem 27. Jahrhundert*, Berlin 1903

Merriman, John
a) *Thomas Alva Edison, der große Erfinder*, Bd. 2, *Die Marsmenschen kommen*, Berlin 1908
b) ›Das unsterbliche Automobil‹, o. O. und o. J.

Meyer, P,: ›Ein Flug zum Monde‹, in: DAS NEUE UNIVERSUM, 22. Jg., 1901

Michaelis, Richard, *Ein Blick in die Zukunft. Eine Antwort auf: Ein Rückblick von Edward Bellamy*, Leipzig 1890

Miehlke, Holger (Hrsg.), *Die Dominik-Jubiläums-Edition*, München 1997 ff. (21 Bände)

Münch, Detlef (Hrsg.), *Die Frau der Zukunft vor 100 Jahren. Fünf vergessene feministische Utopien aus den Jahren 1899-1910 zur Emanzipation und Frauenwelt der Zukunft*, Dortmund 2007

N

Niemann, August
a) *Der Weltkrieg. Deutsche Träume*, Leipzig 1904
b) *Aetherio. Eine Planetenfahrt*, Regensburg 1909

O

Otto, Berthold, *Der Umsturz. Briefe und Gespräche*, Leipzig 1896

P

Päch, Susanne (Hrsg.)
a) *Ein neues Paradies. Klassische Science Fiction-Erzählungen*, München 1977 (mit W. **Jeschke**).
b) *Als der Welt Kohle und Eisen ausging*, München 1980

Parabellum (d. i. Ferdinand **Grautoff**), *Bansai!*, Leipzig 1908

Passer, Arnold v. d. (d. i. Franz Lewi **Hoffmann**), *Mene tekel! Eine Entdeckungsreise nach Europa*, Erfurt – Leipzig 1893

Paul, Jean, *Des Luftschiffers Giannozo Seebuch*, Frankfurt/Main 2007

Peters, Karl, ›Die Kolonien in 100 Jahren‹, in: Artur **Brehmer** (Hrsg.), *Die Welt in 100 Jahren*, Berlin 1910

R

Richter, Eugen, *Sozialdemokratische Zukunftsbilder. Frei nach Bebel*, Berlin 1891

Rosegger, Hans Ludwig, *Der Golfstrom*, 1913

Ross, Colin, ›Als der Welt Kohle und Eisen ausging‹, in: DAS NEUE UNIVERSUM 1913, in: siehe **Päch**, Susanne

S

Sandt, Emil, *Cavete! Eine Geschichte, über deren Bizarrerien man nicht ihre Drohungen vergessen soll*, Berlin 1907

Scheerbart, Paul
- a) *Die große Revolution. Ein Mondroman*, Leipzig – Weimar 1983
- b) *Lesabéndio. Ein Asteroiden-Roman*, Frankfurt/M. 1986
- c) *Die Entwicklung des Luftmilitarismus und die Auflösung der europäischen Land-Heere, Festungen und Seeflotten. Eine Flugschrift*, Berlin 1909

Schilling, Waldemar
- a) *Von der Erde zum Mars*, Leipzig 1907 (als Ferdinand **Kringel**)
- b) *Fünf Jahre auf dem Mars*, Kattowitz 1913

Schrill, Ernst (d. i. Samuel **Keller**), *Menschwerdung. Sozialer Roman aus der Gegenwart*, Hagen 1902

Schultzky, Otto
- a) *Modernismus. Ein Weltraum-Roman*, 2 Bände, Potsdam 1911/1913
- b) *Im Saturnsystem*, o. O. 1919

Seestern (d. i. Ferdinand **Grautoff**), *1906. Der Zusammenbruch der alten Welt*, Leipzig 1905

Shelley, Mary W., *Frankenstein oder Der neue Prometheus*, Gütersloh o. J.

Siodmak, Curt, *Donovans Gehirn*, München 1984

Stolle, Ferdinand, ›Eine Zeitreise aus dem Jahr 1811 ins Jahr 1857‹ in: Illustrirter Dorfbarbier, Jg. 1857, Nr. 24, Leipzig 1857

Stolze, Franz, *Das entschleierte Bild zu Sais. Sozialer Roman*, Rostock 1904

Suttner, Bertha von
- a) *Das Maschinenalter. Zukunftsvorlesungen über unsere Zeit*, Zürich 1889 (unter dem Pseudonym **Jemand**), auch: *Das Maschinenzeitalter*, 3. Auflage von *Das Maschinenalter*, Dresden 1899 (diesmal unter dem richtigen Namen)
- b) *Der Kaiser von Europa. Nach dem Englischen des F. A. Fawkes*, Berlin 1897
- c) *Schach der Qual. Ein Phantasiestück*, Gesammelte Schriften Bd. 10, Dresden 1907

    d) *Die Waffen nieder! Eine Lebensgeschichte*, Dresden – Leipzig – Wien 1896

T

Tanne, E., *Die Frauenwelt auf dem Mars*, Duvenstedt – Hamburg 1910
Thieme, Friedrich, *Das Warenhaus der Zukunft. Humoristische Skizze*, in: Bibliothek der Unterhaltung und des Wissens, Jg. 1909, Bd. 1, Stuttgart – Berlin – Leipzig 1909

U

Ulrich, A., *Luftdroschke Nummer 559*, in: Bibliothek der Unterhaltung und des Wissens, Jg. 1909, Bd. 12, Stuttgart – Berlin – Leipzig 1909

V

Vaertino, Marie, *Die zukünftige Welt. Traum eines Physikers*, Dresden 1908
Venir, A., *Ein Blick nach vorn. Staatssozialistischer Zukunftsroman*, Leipzig 1906
Verne, Jules
    a) 20-bändige Taschenbuchausgabe, Frankfurt/M. ab 1968, hier:
    b) *Reise zum Mittelpunkt der Erde*, Bd. 1
    c) *Fünf Wochen im Ballon*, Bd. 2
    d) *Von der Erde zum Mond*, Bd. 4
    e) *Reise um den Mond*, Bd. 5
    f) *20.000 Meilen unter den Meeren*, Bd. 6
Von einem deutschen Dichter (d. i. Paul Georg **Münch**), *Hindenburgs Einmarsch in London*, Leipzig 1915
Voß, Julius von
    a) *Ini. Ein Roman aus dem ein und zwanzigsten Jahrhundert*, Berlin 1810
    b) *Berlin im Jahr 1924, Lustspiel in zwei Aufzügen*, in: *Auswahl neuer Lustspiele für das Königliche Hof-Theater in Berlin*, Berlin 1824

W

Wagebald, Michael, *Europa in Flammen. Der deutsche Zukunftskrieg von 1909*, Berlin 1908
Wells, H. G.
    a) *Die Zeitmaschine*, München 2000
    b) *Der Krieg der Welten*, Zürich 1974
    c) *Die ersten Menschen auf dem Mond*, München 1998

2. Sekundärliteratur

A

Abret, Helga und **Boia**, Lucian, *Das Jahrhundert der Marsianer*, München 1984

Aldiss, Brian W., *Der Millionen-Jahre-Traum. Die Geschichte der Science Fiction*, Bergisch Gladbach 1980

Alpers, Hans Joachim, *Lexikon der Science Fiction Literatur*, 2 Bände (Bd. 1 mit Werner **Fuchs** und Ronald M. **Hahn**, Bd. 2 mit Werner **Fuchs**, Ronald M. **Hahn** und Wolfgang **Jeschke**), München 1980

B

Bibliographisches Institut (Hrsg.), *Meyers Handbuch über die Literatur*, Mannheim 1964

Both, Wolfgang, *Rote Blaupausen. Eine kurze Geschichte der sozialistischen Utopien*, Berlin 2008

F

Friedrich, Hans-Edwin, *Science Fiction in der deutschsprachigen Literatur. Ein Referat zur Forschung bis 1993*, Tübingen 1995

Frey, Hans
   a) *Philosophie und Science Fiction*, Berlin 2013
   b) *J. G. Ballard. Science Fiction als Paradoxon*, SFP 25, Berlin 2016

G

Galle, H. J.
   a) *Groschenhefte. Die Geschichte der deutschen Trivialliteratur*, Frankfurt/M. – Berlin 1988
   b) *Bibliografisches Lexikon der utopisch-phantastischen Literatur*, Meitingen 1987 (Ergänzung 1991)

Granier, Gerhard, *Magnus von Levetzow, Seeoffizier, Monarchist und Wegbereiter Hitlers. Lebensweg und ausgewählte Dokumente*, Boppard 1982

H

Hasselblatt, Dieter, ›Nachwort‹, in: *Friedrich Wilhelm Mader, Wunderwelten*, München 1987, S. 454 ff.

Hauschild, Vera, ›Paul Scheerbart, Die große Revolution. Ein Mondroman‹, Nachwort, Leipzig – Weimar 1983, S. 185 ff.

I

Innerhofer, Roland, *Deutsche Science Fiction 1870-1914. Rekonstruktion und Analyse der Anfänge einer Gattung*, Wien – Köln – Weimar 1998

L

Löchel, Rolf, ›Masculinfreie Männer und femininfreie Frauen‹, Internet-Rezension auf: literaturkritik.de

Lörwald, Berni und **Schardt**, Michael M. (Hrsg.), Über Paul Scheerbart. 100 Jahre Scheerbart-Rezeption in drei Bänden, Paderborn 1992

M

Miehlke, Holger (Hrsg.), *Die Dominik-Jubiläums-Edition*, München 1997 ff. (21 Bände)

Münch, Detlef (Hrsg.), *»Dämonische Phantastik«. Die Schundliteraturkampagne gegen Friedrich Wilhelm Mader*, Dortmund 2016

N

Nagl, Manfred, *Science Fiction in Deutschland*, Tübingen 1972

P

Päch, Susanne

a) ›Die Zukunft von damals‹, in: Susanne **Päch** (Hrsg.), *Als der Welt Kohle und Eisen ausging*, München 1980

b) ›Nachwort‹, in: Susanne **Päch** und Wolfgang **Jeschke** (Hrsg.), *Hans Dominik, Ein neues Paradies. Klassische SF-Erzählungen,* München 1977

Popp, Max

a) *Jules Verne. Des großen Romantikers Leben, Werke und Nachfolger*, Wien – Leipzig 1909 [recte: 1908]

b) als Faksimile-Reprint *Jules Verne. Sein Leben, seine Werke, seine Nachfolger*, Ulm 1999

R

Ritter, Claus

a) *Start nach Utopolis. Eine Zukunfts-Nostalgie*, Berlin 1978

b) *Anno Utopia oder So war die Zukunft*, Berlin 1982

c) *Kampf um Utopolis oder Die Mobilmachung der Zukunft*, Berlin 1987

Rottensteiner, Franz und **Koseler**, Michael (Hrsg.), *Werkführer durch die utopisch-phantastische Literatur*, Meitingen 1989

S

Salewski, Michael, *Zeitgeist und Zeitmaschine*, München 1986

Saprà, Nessun (d. i. Klaus **Geus**), *Lexikon der deutschen Science Fiction und Fantasy 1870-1918*, Oberhaid: Utopica 2005

Schenkel, Elmar, ›Wie die Menschen außerirdisch wurden. Aliens in der frühen Science Fiction 1880-1940‹, in: siehe **Weber**

Schütz, Hans-J., ›Vorwort‹, in: *Edward* Bellamy, *Ein Rückblick aus dem Jahr 2000 auf das Jahr 1887*, Berlin – Bonn 1978

Schweikert, Rudi, ›Von Martiern und Menschen oder Die Welt, durch Vernunft dividiert, geht nicht auf‹, Nachwort, in: Kurd **Laßwitz**, *Auf zwei Planeten*, München 1998

W

Weber, Thomas P. (Hrsg.), *Science & Fiction II*, Frankfurt/Main 2004

Autoren- und Titelverzeichnis

Bitte beachten Sie auch die nachfolgenden Seiten …

Farah Mendlesohn & Edward James

Eine kurze Geschichte der Fantasy

Fantasy ist, obwohl Literaturkritiker wie Akademiker dies gerne ausblenden, das einfluss- und erfolgreichste Genre des 21. Jahrhunderts. Einige der frühsten Bücher unserer Kultur, darunter das *Gilgamesch*-Epos und die *Odyssee*, handeln von Ungeheuern, Wundern, phantastischen Reisen und Magie. Gegenwärtig reicht das Spektrum der Fantasy von weltweit rezipierten mehrbändigen Serien bis zu anspruchsvollsten Nischenpublikationen.

Die vorliegende Einführung stellt das Genre in den Zusammenhang der europäischen Literatur, erzählt seine Geschichte von den Anfängen bis zu den Ursprüngen der modernen Fantasy im 20. Jahrhundert und widmet sich in ihren Hauptkapiteln der Zeit seit Tolkiens *Herr der Ringe*, vom Fantasy-Boom der 70er- und 80er-Jahre über den Erfolg der *Harry Potter*-Serie bis hin zu aktuellen Entwicklungen

Deutsche Erstausgabe
Aus dem Amerikanischen von Simone Heller
Klappenbroschur | 328 Seiten | € 24,90
ISBN 978-3-944720-25-8

Auch als E-Book erhältlich.

GOLKONDA VERLAG
www.golkonda-verlag.de

H. P. Lovecraft

Das übernatürliche Grauen in der Literatur

In seinem erstmals 1927 erschienenen Großessay *Supernatural Horror in Literature* erzählt H. P. Lovecraft seine persönliche Geschichte der Horror-Literatur – von den Anfängen in der Antike bis zu den Autoren, die er noch selbst kannte. Dabei legt er einen deutlichen Schwerpunkt auf die unheimliche Phantastik, eine Tradition, der er sich ganz verschrieben hatte. Bei aller Subjektivität ist diese Genreeinführung in ihrer Prägnanz und in ihrem kritischen Urteil bis heute unübertroffen.

Die vorliegende Neuübersetzung legt großen Wert auf Lesbarkeit und Textnähe. Eine ausführliche Einleitung von S. T. Joshi, dem Verfasser der maßgeblichen Lovecraft-Biographie und Herausgeber seines Gesamtwerkes, informiert über Entstehung und Wirkungsgeschichte. Ein dichtes Netz von Anmerkungen beleuchtet in Zitaten aus Essays und Briefen Lovecrafts weitreichende Beschäftigung mit den behandelten Autoren und Texten. Eine umfassende, um deutsche Ausgaben ergänzte Bibliographie bietet einen Überblick über die relevante Primär- und Sekundärliteratur. Die definitive Ausgabe eines Sachbuch-Klassikers!

Herausgegeben und mit einer Einleitung & Anmerkungen versehen von S. T. Joshi
Mit einer Bibliographie von S. T. Joshi & Robert N. Bloch
Aus dem Amerikanischen von Alexander Pechmann
Klappenbroschur | 241 Seiten | € 16,90
ISBN 978-3-944720-21-0

Auch als E-Book erhältlich.

GOLKONDA VERLAG
www.golkonda-verlag.de

Evolutionäre Spekulation ist bis heute eines der Hauptthemen der Science Fiction. Wolfgang Neuhaus bietet mit seinen Essays, die über viele Jahre in DAS SCIENCE FICTION JAHR erschienen sind, einen Einblick in die unterschiedlichen Schreibweisen, die im Genre möglich sind: von der Space Opera bis zum Cyberpunk, von literarischen Gedankenexperimenten bis hin zu kosmischen Visionen. Ergänzend werden einige Beispiele der visuellen SF vorgestellt.

MEMORANDA

Ein MEMORANDA-Buch
im Golkonda Verlag
ISBN 978-3-946503-34-7
362 Seiten | 18,90 Euro
auch als E-Book erhältlich

www.golkonda-verlag.de | www.memoranda.eu

SF PERSONALITY

In der Reihe SF PERSONALITY werden seit 1994
Person und Werk ausgewählter Science-Fiction-
Autoren vorgestellt und ausführlich besprochen.
Ab Band 25 wird die Reihe bei MEMORANDA
in neuer Ausstattung weitergeführt.

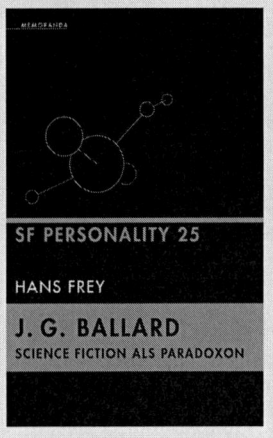

SF PERSONALITY 25

HANS FREY

J. G. BALLARD
SCIENCE FICTION ALS PARADOXON

ISBN 978-3-944720-79-1
417 Seiten | 24,90 Euro

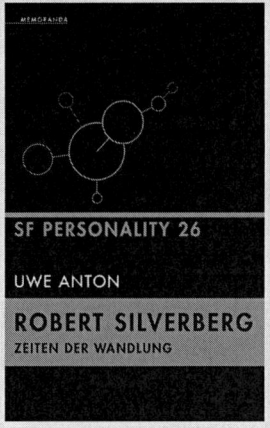

SF PERSONALITY 26

UWE ANTON

ROBERT SILVERBERG
ZEITEN DER WANDLUNG

ISBN 978-3-946503-30-9
512 Seiten | 18,90 Euro

MEMORANDA

MEMORANDA-Bücher
im Golkonda Verlag

auch als E-Book erhältlich

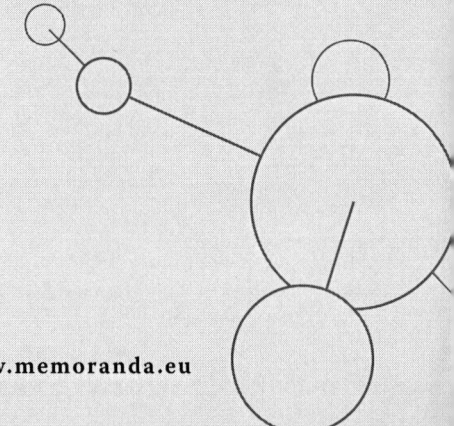

www.golkonda-verlag.de | www.memoranda.eu

Der Hugo Award ist weltweit der wichtigste und bekannteste Preis für Science-Fiction-Werke. Er wird seit 1953 von den Mitgliedern der World Science Fiction Convention während einer feierlichen Zeremonie in zahlreichen, gelegentlich wechselnden Kategorien vergeben.

In den drei Bänden der Reihe werden die ausgezeichneten Werke und die Preisträger aus dem Zeitraum 1953 bis 2017 gewürdigt und einzeln vorgestellt, und zwar nicht nur die bedeutenden Romane oder Filme, sondern auch Illustratoren, Herausgeber und Fans. Ein großartiges Lesebuch wie auch ein äußerst nützliches Nachschlagewerk für alle, die sich für die Science Fiction interessieren!
Band 3 erscheint im Frühjahr 2018.

MEMORANDA

Memoranda-Bücher
im Golkonda Verlag

I: 978-3-944720-71-5
II: 978-3-944720-73-9
III: 978-3-944720-75-3

auch als E-Book erhältlich

www.golkonda-verlag.de | www.memoranda.eu